정신병을 팝니다

정신병을 팝니다

신자유주의는
어떻게
우리 마음을
병들게 하는가

제임스 데이비스 지음

이승연 옮김

사월의책

정신병을 팝니다

1판 1쇄 발행 2024년 11월 15일
1판 3쇄 발행 2025년 2월 20일

지은이 제임스 데이비스
옮긴이 이승연
펴낸이 안희곤
펴낸곳 사월의책

편집 박동수
디자인 김현진

등록번호 2009년 8월 20일 제2012-118호
주소 경기도 고양시 일산서구 중앙로 1388 동관 B113호
전화 031)912-9491 │ 팩스 031)913-9491
이메일 aprilbooks@aprilbooks.net
홈페이지 www.aprilbooks.net
블로그 blog.naver.com/aprilbooks

ISBN 979-11-92092-42-3   03330

* 책값은 뒤표지에 있습니다.

차례

일러두기

1. 미주가 아닌 모든 주는 옮긴이 주이다.

2. 원문의 이탤릭체는 강조의 의미로 사용된 경우 고딕체로, 책 제목을 가리키는 경우 겹낫표(『 』)로 표시했다.

3. 책 제목과 저널명은 겹낫표(『 』)로, 기사 제목은 홑낫표(「 」)로 표시했다.

4. 원문의 세미콜론, 콜론, 하이픈 전부 및 괄호 일부는 기호 사용의 맥락을 고려해 풀어서 옮겼다.

서론

지난 40년간 의학은 놀라운 속도로 발전해 왔다. 소아 백혈병의 사례를 생각해 보자. 1970년대 후반에 이 슬픈 질병에 걸린 아이의 생존율은 20% 남짓에 불과했다. 그러나 오늘날 백혈병에 걸린 어린이의 생존율은 80% 전후이다. 이는 이 분야의 의술이 지난 40년 동안에만 300%나 개선되었음을 의미한다.[1] 이런 경이로운 위업은 소아 종양학에만 한정된다고 할 수 없는데, 의학의 거의 모든 다른 분야에서도 이처럼 놀라운 발전이 나타났기 때문이다. 그러나 내가 "거의"라고 한 것은, 유감스럽게도 한 가지 예외가 있기 때문이다. 그 예외는 바로 정신의학과 정신 건강이라는 분야이다.

사실 이 분야는 지난 30년 동안 임상 결과 면에서 대체로 발전이 나타나지 않았을 뿐만 아니라, 몇몇 측정치에 따르면 퇴보하기까지 했다.[2] 지난 20년 동안 수백억 파운드가 정신의학 연구에 투자되었음에도 불구하고,[3] 매년 180억 파운드가 영국 국민보건서비스(NHS)의 정신 건강 서비스로 쓰이고 있음에도 불구하고, 거의 25%의 영국 성인이 매년 정신과 약물을 처방받고 있음에도 불구하고, 이런 예외가 여전히 존재한다.[4] 이렇게 높은 지출과 광범위한 보장에도 영국의 정신 건강은 지난 20년간 나아지지 않고 있다. 오히려 상황은 더 나빠진 것처럼 보인다. 그렇다면 왜 역대 정권은 조치를 취하는 데 계속해서 실패해 온 것일까? 이게 다 빈약한 투자와 부족한 자원 때문일까, 아니면 정신 건강에 대한 우리의 접근 방식에 정치인들이 직면하기를 거부하는 어떤 불길한 문제가 있기 때문일까?

이 책에서 나는 어떻게 역대 정권과 거대 기업들이 1980년대부터 정신 건강에 대한 새로운 시각을 고취해 왔는지를 밝힘으로써 이 질문에 답하려고 한다. 이 새로운 시각은 회복탄력성이 있고, 긍정적이며, 개인주의적이고, 무엇보다 경제적으로 생산적인, 즉 신경제가 원하고 필요로 하는 새로운 종류의 인간상을 중심에 두는 비전이었다. 이러한 변화의 결과, 정신 건강에 대한 모든 접근 방법은 이와 같은 시장의 요구를 만족시키기 위해 근본적으로 개조되었다. 우리는 "건강 회복"을 "일터 복귀"와 동일시한다. 우리는 유해한 사회적, 정치적 환경과 노동 환경을 비난하는 대신 잘못된 뇌와 정신을 탓한다. 우리는 장기적으로는 수백만 명의 발전을 저해하고 있는 수익성 높은 약물 처방을 옹호한다. 거대 제약 기업에는 좋은 소식일 수도 있지만 말이다.

나는 이러한 정신 건강의 시장화된 시각이 어떻게 우리의 고통에서 더 깊은 의미와 목적을 빼앗아 갔는지를 보여주고자 한다. 결과적으로, 우리의 고통은 더 이상 변화를 향한 강한 요구나 잠재적으로 변혁적이거나 시사적인 무언가로 여겨지지 않는다. 지난 수십 년에 걸쳐 우리의 고통은 오히려 소비의 계기로 변화했다. 모든 산업은 이러한 논리를 바탕으로 지속되어 왔으며, 삶의 무수한 고통에 대해 자아중심적인 설명과 해결책을 제공해 왔다. 화장품 산업은 노화에서, 다이어트 산업은 신체적 불완전함에서, 패션 산업은 유행에 뒤처지는 것에서, 제약 산업은 소위 문제적인 뇌 화학물질에서 우리의 불행을 찾는다. 각각의 산업은 각자에게 수익성 있는 방식으로 감정적 성공을 위한 비책을 내놓지만, 모든 산업은 고통에 대한 똑같은 소비지상주의적 철학을 공유하고 옹호한다. 즉 당신의 주된 문제는 자신의 어려움(노화, 트라우마, 슬픔, 불안, 비애)을 어떻게 이해하고 다룰지를 잘못 배웠다는 것이 아니다. 당신이 고통을 경험한다는 사실 그 자체가 문제이며, 이는 소비로 해결할 수 있는 무언가이다. 고통이야말로 새로운 악(惡)이며, 정확한 "치료"를 소비하지 못하는 것이야말로 새로운 부정의이다.

이 책은 1980년대 이래로 어떻게 이러한 시장 친화적 의제가 영국과 서구 사회 전반에 해를 끼치기 시작했는지에 관한 이야기이다. 이는 정신 건강에 대한 우리의 모든 접근 방식이 우리에게 진정제를 주는 것에 집착하도록 했고, 우리의 불만을 탈정치화하여 생산성을 유지하면서도 현재의 경제적 상황에 복종하도록 만들었다. 경제적 노예 상태를 개인의 진정한 건강과 발전보다 중시하게 되면서 우리의 우선순위는 극적이고도 위험한 방향으로 어긋나게 되었으며, 역설적이게도 더 많은 고통이 그 비극적 결과물이 되었다.

나는 이 지배적이지만 그릇된 방향의 접근 방식을 바로잡기 위해, 그리고 우리의 정신적이고 감정적인 고통의 진정한 근원을 이해하고 해결하기 위해 이 책을 집필했다. 이를 위해 정신 건강 및 관련 분야의 리더들, 즉 고위 정치인들, 공직자들과 공무원들, 선구적인 학문적 사상

가들을 만나 대화하며 여러 곳을 여행했다. 관련 문헌과 기록 보관소를 돌아보는 데 몰두했으며, 정신 건강 분야를 내부로부터 변화시키기 위해 권력의 회랑을 샅샅이 훑는 데 많은 시간을 썼다. 이러한 활동을 통해 나는 오늘날의 정신 건강 위기를 불러온 사회경제적 원인에 대한 귀중한 통찰을 얻게 되었으며, 그 결과 때로 이상하기도 하고 당황스럽기도 한 폭로들이 이 책의 페이지 곳곳을 채우고 있다.

앞으로 읽게 될 장들에서 당신은 과잉 의료화*의 문제점에서부터 지나친 정신과 약물 처방, 늘어나는 낙인, 증가하는 장애, 효과 없는 치료의 과대평가, 부진한 임상 평가에 이르기까지 우리를 도와준다고 하는 바로 그 전문 분야들이 어떻게 다양한 방식으로 우리에게 해를 끼쳤는지를 보게 될 것이다. 그러나 가장 중요한 점은, 이러한 문제들이 진공 상태에서 탄생한 것이 아니라 1980년대 이래로 우리를 통치해 온 새로운 형태의 자본주의 아래에서 번창해 왔다는 사실이다. 이 새로운 자본주의는 경제의 요구를 우리 자신의 요구보다 중시하며, 우리의 절망이 가진 심리사회적 근원을 보지 못하도록 우리를 마비시킨다. 결과적으로, 우리는 실제보다 훨씬 더 큰 효과가 있다고 믿어지는 정신 건강에 대한 개입들을 통해서 인위적으로 진정된 상태를 유지하는 국가로 빠르게 변모하고 있다. 이러한 개입들은 우리를 해치고 우리의 발전을 저해하는 사회적이고 관계적인 조건에 맞서고 도전하기보다는, 교묘한 방식으로 순응하고 견디는 법을 우리에게 가르친다.

* 이때 "의료화"는 비의학적 문제가 질병이나 질환과 같은 의학적 문제로 정의되고 치료되는 일련의 과정을 지칭한다. (피터 콘래드, 『어쩌다 우리는 환자가 되었나』 참조.)

2013년 11월, 맨해튼 어퍼웨스트사이드의 작고 허름한 아파트에서 나는 정신 건강 분야의 역사상 가장 영향력 있는 책일지도 모르는 『정신 질환의 진단 및 통계 편람』(*Diagnostic and Statistical Manual of Mental Disorders*), 줄여서 DSM이라고도 알려진 책의 판매 부수를 검색해 보고 있었다. 현재 5판까지 출판된 DSM은 푸른빛과 은빛으로 된 표지를 가진 947페이지가량의 두꺼운 책이다. DSM은 정신의학계에서 존재한다고 믿는 모든 정신 질환을 나열하고 정의하고 있으며, 해마다 전 세계 수천만 명의 사람들이 이 책을 통해서 진단을 받고 있다.[5]

내가 DSM의 판매량을 보고 있었던 것은 다음 날 컬럼비아 대학에서 DSM의 탄생 과정에 대해 2시간가량의 강의를 해야 했기 때문이었다. 2009년에서 2012년 사이에 나는 내가 속한 대학의 보조금을 받아 DSM의 탄생 과정에 관한 연구를 진행하며, 워싱턴 DC에 있는 DSM 기록 보관소를 꼼꼼히 조사하고 DSM의 주요 설계자와 집필자를 인터뷰하고 있었다. 내가 수집한 데이터는 당시에 주요 신문과 의학 저널에서 이루어지고 있었던, DSM에 대한 전 세계적인 비판을 지지하는 것으로 보였다.[6]

이곳저곳 뻗어 나가던 이 "슬픔의 책"에 대한 주된 비판은, 1980년대 이래로 이 책이 정신 질환의 영역을 정당화가 불가능한 수준으로 확장해 온 결과, 점점 더 많은 인간 삶의 영역을 포괄하게 되었다는 것이다. 이는 존재한다고 믿어지는 정신 질환의 수를 급격히 늘리고(1970년대 초반에는 106개였던 것이 오늘날에는 370개가 되었다), 정신 질환을 구성하는 요소의 기준을 지속적으로 낮춘 (누구나 쉽게 "정신적으로 병든" 사람으로 분류될 수 있도록 한) 결과였다.[7] 이러한 과정은 우리가 일상적으로 겪는 인간적 고통 대다수가 부당하게 의료화되고, 병리화되며, 투약의 대상이 되는 결과를 낳았다. 커다란 상실로 인한 슬픔, 오르가슴을 느끼는 데 겪는 어려움, 학교에서의 집중력 부족, 트라우마 경험, 공적인 행사로 인한 불안, 일터에서의 실적 부진은 DSM이 정신 질환의 증상이라고 의학적으로 재분류한 수많은 인간적 고통 중 단지 몇 가지에 불과하다.

국제적인 비판을 강화한 것은 이러한 확장이 어떠한 실제적인 생물학적 정당화도 없이 일어났다는 사실이다. 일반 의학에서 다루는 대다수의 신체적 질병(심장병, 암, 감염병 등)과 달리, DSM에 등재된 대다수의 정신 질환에 대한 생물학적 원인은 발견된 바가 없다. 아직도 정신의학적 진단을 검증할 수 있는 혈액 검사나 소변 검사, 스캔이나 엑스레이 같은 객관적인 검사 방법이 없는 이유이다. 애초에 검사 대상이 되는 생물학적 이상이 발견된 적이 없다. 달리 말하면, 정신의학적 진단명들은 치료를 통해 찾아내고 "치유"할 수 있는, 알려진 생물학적 병리와 대응되지 않는다. 이런 진단명들은 DSM을 편찬한 정신의학 위원회들이 이상이 있거나 병적이라고 규정한 감정과 행동의 집합에 붙여진, 사회적으로 구성된 꼬리표들에 불과하다.

신경생물학적 연구의 발전이 DSM의 확장을 추동한 것이 아니라면, 어떤 근거로 이 매뉴얼이 그렇게 빠르게 확장될 수 있었던 것일까? 바로 다음 날 세미나에서 이 질문에 대해 논의하게 되었고, 나는 먼저 DSM의 확장이 상당 부분 위원회에서의 합의를 통해 이루어졌다는 내용의 연구들을 인용하는 것으로 시작했다. 다시 말해, DSM의 확장은 정신의학자들이 모여 만들어진 조그만 팀에서 새로운 질환들이 고 안되고 포함되어야 하는지, 어떻게 그것들을 정의해야 하며 진단을 받 기 위해 증상이 어떤 기준을 충족해야 하는지에 관해 그들끼리 합의에 도달하는 것을 통해 이루어졌다.[8] 이러한 합의가 대체로 매우 빈약하 고 논란이 많은 증거에도 불구하고 이루어졌다는 사실은 정신의학 공 동체에서 오랫동안 논쟁의 대상이 되어 왔다. DSM의 중대한 분기점 이 되는 판본(DSM-III)을 만든 가장 중요한 인물 중 한 명의 말이 이를 잘 요약하고 있다. "(DSM의 집필을 인도할 만한) 체계적인 연구는 매우 적 었으며, 이미 있는 연구들 대부분은 산발적이고, 비일관적이고, 모호한 엉망진창의 연구들이었다. 나는 우리 중 많은 이들이 우리가 내릴 결정 의 기반이 될 만한 좋은 과학, 탄탄한 과학이 양적으로 매우 부족하다 는 것을 인지하고 있었다고 생각한다."[9]

증거들이 산발적이고 모호했다면 어떻게 DSM 위원회가 합의에 도 달할 수 있었던 것일까? DSM의 가장 중요한 현대적 판본과 관련된 기 록 자료와 인터뷰 자료에 의하면, 이러한 합의는 대개 위원회 투표를 통해 이루어졌다.[10] DSM-III 위원회의 주요 회원 중 하나는 나에게 일 반적인 투표 과정을 이렇게 묘사해 주었다. "어떤 사안들은 서로 다른 여러 회의에서 토의가 되기도 해요. [때로는] 이어서 그 사안에 관한 제 안서를 주고받고, 그러고 나면 그냥 투표가 있는 거죠. (…) 손을 들어서 요, 사람이 그렇게 많지 않거든요." 다른 사람은 이렇게 말하기도 했다. "우리는 데이터가 별로 없었고, 그래서 임상적 합의에 의존해야 했는 데, 확실히 매우 형편없는 방법이기는 합니다. 하지만 그게 최선이었어 요. (…) 사람들의 의견이 나뉘면, 결국 문제가 투표에 의해 결정됐죠."[11]

그렇다면 DSM이 다양한 인간 경험을 대략 370개의 서로 다른 정신의학적 질환으로 분류한 것이 탄탄한 신경생물학적 연구의 결과는 아니다. 이러한 분류는 대개 소규모의 선택된 DSM 정신의학자 집단이 투표를 바탕으로 내린 판단에 근거한 것이다. 이러한 판단은 당시에 비준을 거쳐 매뉴얼에 포함되었다는 바로 그 사실을 통해 과학적으로 정당화되는 것처럼 보인다.

(DSM 전임 의장 3명을 포함해) 대부분의 정신의학자가 제약 산업과 금전적 유대를 맺고 있었다는 사실 또한 사소하다고 볼 수 없다. 제약 산업이 이처럼 금전적 이해관계가 얽혀 있는 정신의학자들이 설계한 DSM의 광범위한 확장을 통해 막대한 수익을 올려 왔다는 사실을 고려한다면 말이다.[12]

나는 맨해튼의 아파트에 앉아 DSM의 판매 부수를 검색해 보다가, 얼마 지나지 않아 우연히 나를 바로 앉게 한 웹페이지를 방문하게 되었다. 그게 무엇인고 하니, DSM의 가장 최신 판본인 DSM-5가 왜인지 아마존 베스트셀러 목록의 1위를 차지했다는 것이었다. 더 이상한 사실은, 2013년에 DSM-5가 출판된 이래 6개월 동안 그 책이 내내 아마존에서 상위 10위권에 들었다는 것이다. 이게 얼마나 대단한 일인가 하면, 이때 해리포터 신간은 6위였고, 『그레이의 50가지 그림자』는 9위였다. DSM-5가 한 권에 자그마치 88달러(문고본 기준)나 한다는 사실은 나를 더 어리둥절하게 했다. 그러면 대체 누가 이렇게 방대하고 비싼

고통의 사전을 사고 있었던 것일까?

다음 날, 나는 뉴욕 대학의 심리학과에서 일하고 있는 교수에게 이 질문을 던졌다. 그는 뉴욕주의 일차 의료 부문에서 연구를 진행하며 왜 DSM 판매량이 그토록 높은지를 알아냈다고 했다. "핵심은 제약 업계가 DSM을 대량 매수해서 나라 전역의 임상가들에게 무료로 나누어 주고 있었다는 거죠. 그게 판매 부수가 상승하고 있는 이유에요." 그가 보기에 제약 업계가 이런 일을 하는 이유는 명백했다. "거의 모든 종류의 고통이 DSM에 걸려들 수 있으니, 그 책을 퍼뜨리는 건 그냥 좋은 장사죠. DSM은 진단 숫자를 늘리고 그와 함께 처방도 늘릴 테니까요." 실제로 DSM의 역사상 가장 중요한 의장인 로버트 스피처가 나중에 인정했듯이, DSM이 고통을 광범위하게 의료화하고 있다는 사실에 "제약 회사들은 즐거워했다." 그 매뉴얼이 제약 회사들의 상품을 위한 거대하고 수익성 있는 시장을 창출하고 있었기 때문이다.[13]

제약 업계의 DSM 유통에 대한 위의 주장[14]은, 대서양 양쪽에서 제약 회사들이 정신과 약물을 공격적으로 홍보하기 위해 지난 30년 동안 사용한 전략에 대해 우리가 알게 된 사실과 완벽하게 일치한다. 사실 1990년대 이래 제약 산업은 영국과 미국 정신의학계의 주된 경제적 후원자가 되어 왔으며, 정신의학적 연구·교육·관행의 형성에 중대한 역할을 했다.[15] 제약 산업은 또한 많은 영향력 있는 정신 건강 자선단체, 환자 모임, 정신의학과 주임교수들,[16] 그리고 당연하게도 DSM 출판사[미국 정신의학회(APA)를 지칭함 — 옮긴이]를 포함하는 주요 정신의학 전문가 조직에 불투명한 자금을 댔다.[17]

게다가 제약 산업은 거의 모든 정신과 약물(항우울제, 항정신병제, 진정제)의 임상시험에 자금을 대거나, 이를 의뢰, 설계 또는 시행하기도 했다.[18] 이는 기업들이 자사에 유리하기 그지없는 증거를 말 그대로 창조하는 것을 가능하게 했고, 때로 그것은 자사 상품을 정당화하기 위해 설계된 수상쩍은 연구 관행을 통해 이루어졌다.[19] 이러한 관행에는 부정적인 데이터 은폐, 학술 논문 대필, 유효성 있는 외양을 위한 결과 조작, 불편한 해악의 은폐, 금전적 인센티브로 저널과 편집자 유혹하기, 겉만 번드르르하고 기만적인 의료 마케팅 캠페인 뒤에 있는 엉터리 과학 숨기기가 포함된다.[20] 우리는 또한 무수히 많은 학술 연구를 통해 주요 정신과 약물 연구자들 대다수가 (연구비, 자문료, 연사료, 기타 사례금의 방식으로) 산업계의 돈을 받는다는 사실과, 이처럼 경제적으로 얽힌 관계가 입증 가능한 편향 효과를 가져오는 방식에 대해서도 알고 있다.[21] 이는 산업계에서 돈을 받는 임상가, 연구자, 조직과 DSM 위원회 구성원이 그러한 경제적 유대가 없는 사람들에 비해 그들의 연구, 임상 실천, 교육 및 공식적 보고들에서 제약 기업의 상품을 홍보하고 옹호할 가능성이 훨씬 높다는 것을 뜻한다. 이러한 유대 관계가 지난 30년간 정신의학계를 어지럽혀 왔다는 점을 고려하면, 감정적 고통을 약물 처방 대상으로 만드는 것과 과잉 의료화가 동시에 확산되어 왔다는 사실이 전혀 놀랍지 않을 것이다.[22]

하지만 이 책은 제약 회사와 기성 정신의학계의 위험한 동맹에 관한 책은 아니며, 그 주제에 대해서는 나의 이전 책 『균열』(*Cracked*)에서 더 본격적으로 다루었다. 본서는 후기 자본주의의 광범위한 사회적, 경제적 환경이 어떻게 지금의 매우 의료화되고, 시장화되고, 탈정치화된 감정적 고통의 관리 방식을 자유로이 번창하도록 내버려두었는지에 관한 책이다. 가장 중요한 결과에 관한 수많은 지표가 이러한 방식에 명백한 결함이 있다는 것을 보여주는데도 말이다.

영국 국민보건서비스(NHS)의 자체적인 정신 건강 태스크포스에 의하면, 정신 건강상의 결과는 최근 몇 년간 악화해 왔으며, 자살률 또한 마찬가지이다.[23] 실제로 2006년 이래로 정신 건강 서비스를 이용하는 사람들의 자살률은 11% 증가했으며,[24] 서비스에 대한 접근성이 확대되고 있음에도[25] 1980년대 이래 정신 질환의 유병률은 전혀 감소하지 않았다.[26] 게다가 우리 사회는 지난 50년간 (대체로 일반 의학 분야에서 이루어진 생의학적 진보 덕에) 기대수명이라는 면에서는 놀라운 성과를 이룩했지만, 심각한 정신 건강 문제로 진단을 받은 사람들과 그렇지 않은 사람들의 기대수명 격차는 1980년대 이래로 두 배나 늘어났다.[27] 실제로 영국에서 심각하고 지속적인 감정적 고통을 겪는 사람들의 사망률은 이제 일반 인구 사망률의 3.6배에 달하며, 이러한 진단을 받은 사람들은 평균적인 사람에 비해 대략 20년 빨리 사망한다.[28]

이렇듯 대단히 심각한 통계가 나타난 것에는 많은 이유가 있다. 정신 건강 문제로 진단을 받은 사람들은 차별, 사회적 고립과 배제, 열악한 사회 서비스 및 정신 건강 지원 서비스와 싸워야 한다. 그뿐만 아니라, 신체적 고충이 부당하게 정신 건강 문제에 의한 것으로 여겨져 이에 대한 검사 및 치료를 받기가 더 어려워지는 현상인 "진단의 그림자화"(diagnostic overshadowing)처럼 잘 포착되지 않는 요인에 의해서도 영향을 받는다.[29] 하지만 이러한 요인들이 나쁜 지표들이나 더 낮은 사망률에 영향을 줄 수 있다 할지라도, 모든 것을 설명하지는 못한다. 여기에는 특히 항정신병제, 항불안제, 항우울제와 같은 정신과 약물 자체의 해로운 효과를 둘러싼 우려가 커지고 있다는 사실이 빠져 있다.

예를 들어, 특히 지난 20년간 항우울제 처방이 두 배 증가한 국가들(예컨대 영국, 미국, 호주, 아이슬란드, 캐나다)에서 우리는 같은 기간 동안 정신 건강 장애도 두 배 늘어나는 것을 목격했다. 이것은 많은 나라에서 처방의 증가가 정신 건강 장애가 늘어나는 데 책임이 있음을 의미하며, 이는 약물이 효과가 있다고 했을 때 예상하던 것과는 정반대의 결과이다. 2장에서 살펴보겠지만, 이렇듯 우려스러운 상관관계는 우리의 철저하게 약물 중심적인 접근이 왜 정신 건강 분야의 성과가 다른 보건 의료 분야에 비해 한참 뒤떨어지는지를 부분적으로 설명해줄 수도 있다. 특히 정신과 약물의 장기복용이 수많은 문제의 증가와 연관된다는 사실을 고려하면 더욱 그렇다. 이러한 문제에는 의학적 도움에 대한 의존,[30] 체중 증가,[31] 재발률,[32] 치매를 비롯한 신경퇴행성 질환의 위험,[33] 장기적이고 심각한 금단 증상의 가능성,[34] 성 기능 장애,[35] 기능적 결과 악화, 사망률[36] 등이 포함되어 있다.

약물 개입에 대한 과도한 의존이 장기적으로는 이득보다 해악이 더 많다는 것을 데이터가 보여준다면, DSM과 같은 진단 매뉴얼에 의해 광범위하게 촉진되는 과잉 의료화 또한 그 자체로 나쁜 정신 건강 결과에 기여하는 중요한 원인이다. 어떤 사람들은 정신과 진단을 받음으로써 인정받는 기분을 느꼈다고 보고하며 그 진단을 중심으로 자신의 정체성을 구축하기도 하지만, 연구는 우리의 정신적 고통을 정신적 "질환", "질병" 혹은 "기능 장애"로 재구성하는 것(이는 현재 영국에서 NHS 서비스를 받기 위해 필요한 전제조건이기도 하다)이 회복에 악영향을 미칠 수 있다는 것을 보여준다. 이런 문제를 "의학적" 문제나 "정신 질환"으로 부르는 관점이 부추기듯, 사람들이 자신의 문제가 생물학적 이상에 뿌리를 두고 있다고 믿게 되었을 때 특히 그렇다.[37] 예를 들어, 자신의 문제가 화학적 불균형에 의해 초래되었다고 믿는 사람들은 이러한 가설을 거부하는 사람들에 비해 회복에 대해 더 비관적인 시각을 보이며, 더 강한 자기낙인과 자기비난을 경험하고, 더 나쁜 기대를 형성할 뿐만 아니라,[38] 치료가 끝난 이후에 더 많은 우울 증상을 경험한다.[39] 자신의 고통에 대한 생물유전학적인 설명을 수용하는 사람들에 대해서도 유사한 결과가 발견되었는데,[40] 이러한 설명은 많은 경우에 환자들과 정신 건강 전문가들의 낙인화하는 태도를 증가시킬 뿐만 아니라,[41] 자신의 상태가 만성적이라고(즉 평생 지속된다고) 믿는 사람들의 절망감을 가중시킨다.[42]

우리의 고통을 의료화하는 것이 이처럼 해로운 결과를 가져올 수 있는 이유 중 하나는, 사람들이 자신을 "정신적으로 아픈" 것으로 정체화하게 되면, 스스로를 정상적인 삶에 건강하게 참여하고 있는 사람이라고 생각하거나 자신의 운명을 통제할 수 있는 사람이라고 믿는 것이 더 어려워진다는 데 있다. 이들은 이제 정신 질환을 지닌 사람이 되며, 이는 그를 다른 사람과 구별되게 하고 정신의학의 권위에 장기적으로 의존하게 한다. 결과적으로 그들은 자신의 미래에 대한 전망과 야망을 다시 생각하거나 심지어 하향 조정하고, 주체성의 일부분을 포기하라는 미묘한 암시를 받게 된다. 이 모든 것이 많은 사람들에게 자기낙인, 자기비난과 비관주의를 강화할 수 있다. 의료화는 또한 다른 사람들이 진단을 받은 사람을 대하고 인식하는 방식에도 부정적인 영향을 줄 수 있다. 예를 들어, 우리는 감정적 문제들이 의학적이지 않고 심리적인 문제로 묘사될 때에 비해 이 문제들이 질병이나 질환의 프레임에서 묘사될 때 다른 사람에 대한 공포심, 의심과 적대감이 커질 가능성이 더 높다는 사실을 알고 있다.[43] 오번 대학의 한 연구팀은 연구 참가자들에게 특정한 테스트에서 실패한 경우 두 "환자" 집단에게 약한 또는 강한 전기 충격을 주라고 지시했다. 연구 결과는 뇌에 기반을 둔 생화학적 질환으로 고통받는다고 여겨지는 사람들이 과거의 심리사회적 사건으로 인해 생긴 문제로 고통받는다고 여겨지는 사람들보다 더 빠르고 강한 충격을 받게 되었다는 것을 보여주었다.[44] 감정적 고통을 뇌에 기반한 의학 용어로 이해하는 방식이 연구 참가자들에게 부지불식간에 영향을 미쳐, 의료화된 사람들을 덜 인간적으로 대하도록 하는 것처럼 보인다.

우울증과 같이 가장 덜 낙인화된 진단명을 받은 사람들에게조차 비슷한 형태의 낙인이 존재한다. 예를 들어, 아직도 우울증이라는 진단명을 받은 사람들은 그렇지 않은 사람들에 비해 의지가 약하거나 성격에 결함이 있는 사람, 개인적인 약점에 시달리는 사람, 또는 게으르고 예측할 수 없는 사람으로 여겨질 가능성이 높다.[45] 또한 사람들이 조현병처럼 더 심각한 진단명을 받게 되면 굉장히 예측 불가능하고 잠재적으로 위험한 사람으로 보일 가능성이 더 커지며, 이는 사회적 거부를 통해 그들의 고립감을 악화시킬 수 있다.[46] 실제로 연구자들이 사람들에게 잘못된 진단을 내린다고 해도 대중은 여전히 해당 환자들의 행동을 낙인화할 가능성이 높다. 환자들이 지극히 평범하게 행동하는데도 말이다. 달리 말하면 이러한 꼬리표들은 진단을 받은 사람들에 대한 대중적 인식을 형성하는 강력한 문화적 영향력을 행사한다. 이러한 부정적인 인식이 당사자와는 아무런 관련이 없더라도 그렇다. 의료화가 결과지표에 미치는 영향을 분석한 역사상 가장 큰 규모의 메타 연구가 "의료화는 낙인에 대한 치료가 되지 못하며 회복에 대한 장애물을 형성할 수 있다"[47]고 결론짓는 것은 이런 이유 때문인지도 모른다. 우리가 낙인과 그로 인한 다양한 해악을 줄이고 싶다면 낙인을 가중시키는 의료화를 줄여야 한다고 이 연구는 시사하고 있다.[48]

―――――――

20년 전과만 비교해 보더라도, 정신 건강에 대한 공적 담론은 대단히 증가했다. 우리는 그 어느 때보다도 우리의 사적인 고통에 대해 터놓고 싶어 하고, 또 터놓을 수 있다. 이는 물론 좋은 일이다. 그러나 상황을 더 좋게 만들기 위해서는 이것만으로 충분하지 않다. 더 중요한 것은 누군가가 용기 있게 고통을 고백했을 때 그 고통 자체가 어떻게 이해되고 관리되는지, 그리고 이것이 인간적이고 효과적인 방식으로 이루어지는지이다. 그리고 이 부분을 실행하는 것에 대해서라면, 우리는 아직 갈 길이 멀다. 우리는 수도 없이 다양한 방식을 통해 "이야기를 하는 것이 좋다"는 권고를 받지만, 사람들이 실제로 이야기를 했을 때 막상 이들을 기다리고 있는 반응은 대체로 상당히 동질적이고 예상 가능하다. 우리가 이러한 메시지를 학교에서 접하건, 일터에서 접하건, 집이나 소셜 미디어에서 접하건, 대개 이러한 메시지의 밑바탕에는 우리의 고통을 교묘하게 병리화하고 탈정치화하는 의료화된 철학이 가득하다. 그리고 우리 모두가 기꺼이 마음을 터놓으라는 요구를 받는 포스트 코로나 세상에서는, 고통의 증가가 정신 질환의 증가로 재구성되고 이에 대한 정신과 처방 또한 더욱 늘어남에 따라, 이러한 철학의 효과는 점점 더 퍼질 일만 남았다.

이러한 문화가 지속해서 확장되고 있음을 고려하면, 우리는 건강 부문에서 가장 나쁜 결과에 대한 책임이 있음에도 불구하고 이러한 문화가 번창하는 이유가 무엇인지를 반드시 질문해야만 한다. 이 질문에 답하기 위해 나는 우리가 거대 제약 기업과 정신 건강 전문가들의 막강한 힘과 야망을 넘어, 고통에 대한 특정 이데올로기가 지난 30년간 우리 삶을 지배하도록 만든 더 넓은 정치적이고 경제적인 배치에 대해 살펴봐야 한다고 생각한다. 이를 통해서만 비로소 우리는 인간을 희생하고 경제적 비용을 감수하면서까지 우리의 결함 있는 시스템을 계속해서 작동시키는 다양한 숨겨진 메커니즘에 대해 이해할 수 있을 것이다.

1부
새로운 아편

1
경제적 서곡

2017년 10월, 나는 의회 보좌관과 함께 국회 의사당의 중앙 복도를 따라 걷고 있었다. 좁은 복도로 들어서자, 보좌관은 갑자기 걸음을 멈추고 나를 조그만 밀실로 안내했다. "여기서 기다려 주시기 바랍니다." 그는 명랑하게 얘기하며 벽에 늘어선 초록색 가죽 벤치를 가리켰다. 그러고서 목재 판으로 된 커다란 문으로 들어갔다가 잠시 후 다시 나왔다. "이쪽입니다." 미소 지으며 그는 말했다. "그분이 지금 당신을 만날 준비가 되었다고 합니다. 주어진 시간은 30분뿐입니다. 그분이 시간을 더 드릴 수도 있겠지만, 워낙 바쁜 하루였어서요."

상원의 북적이는 의원 휴게실에 들어서자마자, 나는 인터뷰 대상자를 찾아 방을 살살이 뒤졌다. 이내 그가 템스강이 내려다보이는 장중한 고딕 양식의 창문으로 둘러싸인 조용한 방 한구석에 앉아 있는 것을 발견했다. 내가 다가가자, 그는 한 손을 내밀고 다른 한 손으로는 팔걸이를 붙잡아 몸을 지탱하며 천천히 일어났다. "환영합니다, 제임스." 그는 친절하게 말했다. "앉아서 커피 한잔합시다." 내가 그의 맞은편에 있는

플러시 천으로 된 의자에 앉자, 갑자기 가장 영향력 있는 현대 정치인 중 한 사람, 대처 시대 영국의 역사적인 경제 개혁을 주도하고 우리 모두가 살아가는 새로운 스타일의 자본주의를 진두지휘한 남자를 인터뷰하고 있다는 것이 초현실적으로 느껴졌다.

나는 오랫동안 내 마음을 사로잡아 온 사건에 대해 탐구하기 위해 영국의 전 재무부 장관인 나이절 로슨 경을 만나고 있었다. 그 사건은 그때로부터 약 35년 전에 다우닝가 10번지[영국의 총리 관저―옮긴이]의 한 방에서 이루어진, 마거릿 대처 수상과 저명한 저널리스트 로널드 버트 사이의 만남과 관련된 것이었다. 그 만남에서 버트는 2년 전의 당선 이래 대처가 대처 정부의 성과에 만족하고 있는지를 알고 싶어 했다. 한 시간 동안은 정보에 밝은 사람이라면 놀랍지 않을 만한 이야기들이 주로 오갔다. 무언가 예상하지 못한 일, 어쩌면 일어나지 말았어야 할 사건이 벌어지기 전까지는 말이다.

버트는 남은 임기 동안 수상으로서 대처가 우선시하는 사항이 무엇인지를 질문했다. 대처는 지난 30년 동안 정치가 너무 지나치게 사회주의적인 방향으로 변화했으며, 사람들이 그들 자신과 서로에게 기대기보다는 국가에 과도하게 의존하게 되었다고 단언하는 것으로 답했다. "그런 접근법은 틀렸습니다." 대처는 단호하게 말했다. "우리는 접근법을 바꿔야 합니다."

그러고서 대처는 어떻게 접근법을 바꾸겠다는 것인지 설명했다. "제가 경제 정책을 펼치겠다는 게 아닙니다." 그는 진지하게 말했다. "제 말은 접근법을 바꾸는 데 착수하겠다는 것입니다. 경제를 바꾸는 것은 접근법을 바꾸기 위한 수단입니다. 접근법을 바꾸는 것은, 실제로는 국민의 마음과 영혼을 살피는 일입니다. **경제는 수단이며, 목표는 마음과 영혼을 바꾸는 것입니다."**[1]

이러한 고백은 오랫동안 나를 사로잡아 왔는데, 이 고백이 대처 정치 철학의 핵심 원칙을 분명히 드러내고 있었기 때문이다. 그러니까 경제 개혁은 그 자체가 목적인 것이 아니라, 대처가 더 큰 사회적 선이라고 믿는 것을 실현하기 위한 수단, 즉 국민 전체의 마음과 정신을 변화시켜 사람들을 더 나은 사람으로 거듭나게 만들기 위한 수단이라는 철학 말이다.

나는 로슨 경에게 말했다. "경제 개혁을 통해 인간을 바꾸겠다는 대처의 목표는 중요한 질문을 제기합니다. 대처의 신경제가 달성하고자 했던 국민 정신의 변화란 어떤 것들입니까? 경께서 생각하시기에 대처 수상은 우리의 집단적인 마음과 영혼이 어떤 방향으로 분투해 나가야 한다고 생각한 것 같습니까?"

"글쎄요, 제임스." 로슨이 천천히 대답했다. "내 생각에, 마음과 영혼에 관해 얘기할 때 대처는 경제 개혁을 통해 육성하고 발전시킬 수 있는 자립, 독립, 자기책임 같은 중요한 덕목이 있다고 강하게 믿고 있던 것 같습니다."

그는 현대 자본주의의 경전, 애덤 스미스의 『국부론』에 대해 언급하면서 더 자세히 설명했다. "아시다시피, 애덤 스미스에 의하면 국가의 부는 실제 금으로 구성된다는 견해가 널리 퍼져 있습니다. 그러나 금은 국가의 부와는 아무 관련도 없습니다. 어느 국가이건 국가의 진정한 부는 자신과 자녀의 삶을 개선하기 위해 일하는 사람들에게 있습니다. 스미스에게 **진짜** 금은 금고에 있는 것이 아니라, 국민들이 **어떤 사람인지**

와 그들이 무엇을 **했는지**에 있었습니다."

로슨과 대처가 보기에 그들이 전임자들로부터 물려받은 1970년대 경제는 근면, 경쟁력, 자기주도성이라는 황금 같은 덕목을 전혀 장려하지 않았다. 오히려 의존성, 안일함, 정부 지원을 받을 권리처럼 질이 나쁜 것들을 육성했다. 로슨 경은 이렇게 말했다. "1970년대에 큰 정부는 우리에게 심각한 문제였습니다. 인간 본성 자체에 모욕적인 일이었죠. 국가의 피조물이 되는 것은 의존성을 초래합니다. 우리는 높은 수준의 자립이 좋은 사회를 만든다고 믿었으며, 지금도 그렇게 믿습니다. 그래서 그런 면에선, 네, 마거릿이 옳았습니다. 경제를 개혁하려는 우리의 목표는 경제를 한참 넘어서는 것이었습니다."

로슨 경의 말을 들으며, 촛불을 켜놓고 가족과 식사를 했던 어린 시절의 기억이 불현듯 떠올랐다. 그날 저녁에는 집에 불이 전혀 들어오지 않았고, 그것이 약간 불길하게 느껴지기도 했다. 나는 누이가 어머니에게 왜 이렇게 어두운지 물어봤던 것을 기억한다. 어머니의 대답은 우리가 이해할 수 없는 방식으로 무언가 심각한 일이 일어나고 있음을 암시했다. "에너지를 절약해야 해서 어두운 거란다. 국민 대부분이 불 없이 오늘 밤을 보내야 해."

내가 묘사한 장면은 1970년대 중반, 극심한 경제적 불안정과 더불어 산업계에서 광범위한 소요 사태가 나타났던 시기에 일어난 일이다. 급등하는 인플레이션이 중대한 문제였고, 이는 1970년대 초에 있었던 석유 파동으로 촉발되었다. 이로 인해 당시 노동당 정부는 임금 상승을 촉구하는 노조의 요구를 거절하게 되었다. 정부가 버티는 동안 노조들은 맞서 싸웠고, 그 결과 전국 가정의 상당수가 광범위한 파업과 정전을 겪었다.

대처에게 이 파업은 1970년대 경제 정책에 뿌리를 둔 깊은 국가적 병폐의 또 다른 증상에 불과했다. 그가 보기에 점점 더 강해지는 노조의 힘은 노동 인구에게 특권을 가졌다는 이기적인 느낌을 부추기고 있었으며, 복지 국가의 확장은 국가에 대한 의존과 경제적 무기력에 대해 보상을 주고 있었다. 게다가 기업에 대한 엄격한 규제가 혁신을 가로막고 있었고, 핵심 부문의 국유화가 경쟁 정신을 억누르고 있었다. 결과적으로, 너무 많은 개인들이 국가를 관대한 아버지처럼 여기게 되었다. 대처는 이것이 개인의 주도성, 독립성, 책임감을 좀먹고 있다고 보았다. 영국이 번영하려면 국가가 만들어낸 이러한 국민성의 결함을 도려낼 필요가 있었다. 경제 개혁이 그 수술 방법이 되고, 도덕적·경제적 건강이 국가적 차원의 보상이 될 것이었다.

국민성의 타락이라고 여겨진 것이 대처의 개혁이 겨냥한 주된 목표물이었던 한편, 대처는 1970년대 사회질서를 거부함으로써 제2차 세계대전의 종식 이래 영국과 유럽 선진국 대다수를 지배했던 경제적 세계관 전체를 거부하고 있었다. 로슨 경은 내게 이렇게 확언했다. "우리에게는[1980년대 우리 행정부에게는] 사회민주주의의 시도가 실패했다는 매우 강한 느낌이 있었습니다. 그것을 무엇으로 대신해야 할지가 우리의 질문이었습니다."

대처 정부가 1970년대의 실패한 시도라고 보았던 것은 1950년대와 1960년대에 광범위한 경제적 번영과 성장을 가져왔던 것과 동일한 경제적 세계관이었다. 이전의 패러다임을 어떤 명칭으로 부르건("사회민주주의" "규제자본주의" "전후의 합의" "케인스식 자본주의"), 이 명칭들은 모두 오늘날에 비해 정부가 경제에서 더 중심적인 역할을 하는 형태의 자본주의를 지칭한다(물론 코로나 시기의 긴급 조치는 제외하고). 본질적으로 전후의 이러한 "규제자본주의" 시기에는 정부가 경제를 규제하는 데 핵심적인 역할을 수행하고, 국가 기관과 기반 시설을 개발하고, 공공 서비스에 적극적으로 투자하며, 시장의 힘을 억제함으로써 번영하는 평등한 사회를 만들 수 있다는 생각이 받아들여지고 있었다.

1950년대와 1960년대에 걸쳐, 서유럽에서 동아시아와 미국에 이르기까지 이 모델을 받아들인 곳에서는 국가를 막론하고 긍정적인 경제적, 사회적 발전이 뒤따랐다.[2] 이 시기는 많은 선진국에서 사회보장과 건강 보험이 확대되고 역사적으로 낮은 수준의 실업률이 나타났던 때였다. 곧 꾸준한 경제 성장이 표준이 되었고, 이러한 패러다임이 지배적인 지역들은 연평균 4~5%의 경제 성장률을 달성했다. 이러한 이유로, 이 시기는 흔히 자본주의의 황금기로 불리곤 한다. 개인 부채가 낮고, 불평등이 감소하며, 임금이 상승하고, 사회적 자유주의와 시민의 권리가 증대되고, 사회적 이동성이 증가하며, 실업이 거의 사라지고, 산업·과학·기술 혁신이 꾸준하고 생산적인 속도로 나아갔으며, (적어도 서구 국가들 사이에서는) 지속적인 국제 평화가 지켜졌던 시기였다.[3]

그렇다면 대처는 1970년대를 거부함으로써 1950년대와 1960년대 그리고 1970년대 일부에 걸쳐 높은 수준의 지속적인 경제적 번영을 가져왔던 경제 및 사회 모델 전부를 거부하고 있던 셈이다. 이제부터 낡은 패러다임인 규제자본주의는, 사회에서 시장의 힘을 증대시키고 대처의 정치 엘리트가 찬양하는 경쟁력, 자립, 기업가 정신, 생산성과 같은 개인적 자질을 북돋우는 새로운 경제 질서인 새로운 자본주의, 신자유주의로 대체될 것이었다.

대처는 시장이 자기 일을 하도록 속박을 풀기 시작했다. 이제부터 국가는 경제에서 자신의 역할을 줄이고, 기업은 훨씬 더 자유롭게 사업을 확장할 수 있게 되며, 국유산업은 민영화되고, 수많은 노동·복지·사회 보호가 축소될 것이다. 1985년 미국 의회에서 대처는 로널드 레이건 대통령이 이미 미국에서 시행한 개혁의 성과를 추켜세우며, 어떻게 영국이 미국을 모방함으로써 이를 빠르게 따라잡고 있는지를 설명했다.

> 이제 서쪽에서 해가 떠오르고 있습니다. (의회의 박수) 여러 해에 걸쳐 영국의 활력은 국가에 대한 과도한 의존으로 인해 무뎌지고 말았습니다. 우리의 산업은 여러분이 전혀 따른 적 없는 방식으로 국유화되고, 통제되며, 보조금을 받았습니다. 우리는 여러분이 한 번도 잃어버린 적 없는 기업가 정신을 회복해야 합니다. 여러분이 따르고 있는 정책의 상당수는 우리도 따르고 있는 것입니다. 여러분은 인플레이션을 낮췄고, 우리 또한 그렇게 했습니다. 여러분은 규제 및 통제와의 전쟁을 선포했으며, 우리도 마찬가지입니다. (…) 그러나 무엇보다도 우리는 역사상 가장 거대한 규모의 민영화 프로그램을 실행하고 있습니다. (큰 박수) 불과 몇 년 전만 해도 영국에서 민영화는 허황된 꿈으로 여겨졌습니다. 이제 그것은 현실이며 대중적인 것이 되었습니다. 국회의원 여러분, 이것이 바로 자본주의입니다. 소수가 아닌 다수에게 부를 가져다주는 시스템입니다. (기립 박수)[4]

어떻게 이러한 전면적인 경제적 변화가 사회의 심층 구조뿐만 아니라 우리의 심리적·개인적·도덕적 삶의 내적 구조까지도 변모시켰는지를 이해하려면, 우리는 먼저 20세기 후반 영국과는 한참 떨어진 시기와 장소로 우회해 봐야 한다. 자본주의가 처음으로 대규모 산업 확장을 겪고 있던 시기이자, 우리가 아는 가장 급진적인 경제 사상 중 몇 가지가 태동하고 있던 장소로 말이다.

1844년 8월, 20대 중반의 두 지식인이 파리의 팔레 광장에 있는 카페 드 라 레장스에서 만났다. 두 사람은 뒤이은 대화에 너무나 몰입하여, 그 대화는 이후 열흘간 매일 이어졌다. 두 사람이 서로와 무관하게 이미 도달했던 급진적인 결론이 두 사람 모두를 사로잡았다. 그것은 당시 유럽 전역을 휩쓸고 있던 산업혁명이 다수에게 타격을 주고 소수를 부유하게 만들고 있다는 결론이었다. 이는 산업 소유주들과 공장에서 일하는 노동자들 사이의 관계, 즉 근본적인 착취 관계로 인해 발생하는 것이었다. 균형을 회복하려면 노동자들이 자신의 경제적 이익이 새로운 노동관계를 정립하기 위한 투쟁에 달려 있다는 사실을 깨달아야 한다고 두 사람은 확신했다. 노동자들에 대한 착취를 금지하고 이익을 더 균등하게 분배하며 이와 동시에 노동자들의 기본적인 존엄과 권리를 존중하는 새로운 노동관계 말이다.

파리의 카페에 있던 첫 번째 인물은 맨체스터에 위치한 공장에서 노동자들이 겪고 있던 절박한 곤경을 관찰함으로써 이러한 결론에 도달했다. 노동자들의 열악한 노동 환경에 대한 그의 도덕적 충격은, 그가 노동자들 중 한 여성을 만나 사랑에 빠지게 되면서 더욱 강해졌다. 그 여성은 메리 번스라는 이름의 스무 살 여성으로, 나중에 그의 아내가 되었다. 도덕적 분노와 뜨거운 열정으로 가득 찬 그는 당대의 산업주의를 비판하는 정치적인 소책자들을 집필하기 시작했다. 이 글들은 머지않아 그의 맞은편에 앉아 있던 남자의 수중에 들어갔는데, 그는 단지 조금 덜 낭만적인 과정을 거친 여정을 통해 동일한 결론에 도달했다. 그 여정은 파리의 살롱에서 다른 젊은 급진적 사상가들과 어울리는 것과 철학 및 정치경제학 문헌에 대한 광범위한 탐독을 포함했다. 이후 열흘 동안 펼쳐진 대화에서 두 사람은 마침내 새로운 집필 프로젝트를 함께하기로 약속했다. 6개월 후, 이 약속은 『신성가족』이라는 제목의 책으로 구체화되었다. 그 책의 작가는 물론, 프리드리히 엥겔스와 카를 마르크스였다.

두 남자는 공장 노동자들 스스로가 억압이 자연스럽고 피할 수 없는 것이라고 순응할 때에만 노동자에 대한 착취가 성공할 수 있다고 믿었다. 그들의 관심사는 노동자들에게 이러한 순응이 얼마나 깊게 각인되어 있는지였다. 이러한 순응은 노동자들을 (자신에 대한 억압을 심화하는) 노예 상태에, (건설적인 변화를 위해 힘을 합치는 것을 막는) 서로에게서 소외된 상태에 놓았다. 억압적인 노동 조건은 그들 자신에게 필수적인 인권과 인간적 필요로부터 분리되고 소외될 만큼 사람들의 인간성을 말살시켰고, 그들을 도덕적, 정치적으로 담보 상태에 놓이게 했다. 그리고 이처럼 무기력하고 정치적으로 무력한 상태에서 그들에게 남은 것은 그들이 견디고 있는 고통스러운 억압을 보상하기 위한 진정제인 환상과 마취제뿐이었다. 마르크스와 엥겔스가 카페에서 만나기 전에, 마르크스는 이미 그러한 진정제들 중 가장 강력한 한 가지가 무엇인지를 밝히는 데 착수했다. 그것은 바로 기성 종교였다.

마르크스는 종교가 자기도 모르는 사이에, 만약 진정되지 않았다면 노동자들을 개혁을 위한 투쟁으로 이끌었을 고통을 진정시킴으로써 공장 노동자들에 대한 착취를 뒷받침하고 있다고 느꼈다. 마르크스의 관점은 고통이 언제나 사회 개혁의 강력한 원동력이었다는 생각에 기반하고 있었다. 사람들이 자신의 절망을 온전히 경험하게 되면, 절망의 원인을 찾아내어 타도하고자 할 수밖에 없다는 것이다. 마르크스는 종교가 노동자들의 고통을 억압된 상황에 대한 정당한 반응이 아니라, 이 생에서 인내한다면 다음 생에서 두둑이 보상받을 수 있는 경건한 경험, 다시 말해 "경건한 삶의 전형적 특징"으로 재구성함으로써 이러한 자연스러운 과정을 방해하고 있다고 믿었다.

마르크스는 기독교가 고통을 종교적 미덕으로 삼음으로써, 사람들에게 자신을 해치는 억압적 조건에 대항하고 그것을 변화시키기보다는 이를 수용하고 견디는 법을 간접적으로 가르치고 있다고 보았다.[5] 다른 진정제들과 마찬가지로, 종교는 가혹한 사회적, 경제적 현실로부터 일시적인 유예만을 제공할 뿐이었다. 그러나 장기적으로 그것은 사회 개혁을 향한 인간적 본능을 억압하고 해로운 환경과 제도가 존속하게 만들어 결국에는 더 큰 해악을 불러올 수 있었다. 이러한 견지에서 마르크스는 필요한 사회적 변화를 향한 투지를 진정시키는 종교야말로 대중의 진정한 아편이라고 규정했다.

사회학과 학생이라면 누구나 마르크스가 가한 비판의 이러한 측면을 잘 알고 있겠지만, 우리는 이러한 비판이 당대에 얼마나 급진적이었는지를 잊곤 한다. 실제로 종교에 대한 그의 초기 저작은 사회과학 분야에서 전적으로 새롭고 이후로도 오래 지속되는 탐구 형식, 즉 사회의 주요 제도들(종교, 교육, 법, 미디어, 의학)이 어떻게 그것이 뿌리내리고 있는 특정한 경제 체제의 목표에 봉사하게 되는지에 초점을 맞추는 탐구 형식을 정립하는 데 도움을 주었다.[6] 마르크스의 초기 분석은 어떻게 종교가 1800년대 중반의 산업자본주의에 봉사했는지에 한정된 것이었지만, 사회의 모든 제도가 점진적으로 당대의 주된 경제적 목표에 부합하게 된다는 근본적인 발상은 20세기 사회과학에 거대한 영향을 미치게 되었다. 이러한 발상을 동원하는 사람이 경제적 좌파이건 우파이건, 카를 마르크스에 더 공감하건 프리드리히 하이에크에 더 공감하건 말이다.

한 세기에 걸쳐 이러한 형태의 사회과학은 마르크스주의자, 중도주의자, 신자유주의 자본주의자 등 이를 활용하는 사람이 누구든 상관없이 사회·정치 사상에 막대한 영향을 미쳤다. 다양한 사회제도가 경제의 뜻을 만족시키려고 애를 쓰는 동안 경제 형태가 이러한 사회제도를 재구성하게 되는 수많은 방식을 규명하는 연구가 급증하게 되었다.[7] 이는 특히 종교처럼 인간의 고통을 직접적으로 설명하고 관리하는 사회제도들에 잘 적용되었다. 어찌 되었건 전체 인구에서 충분한 비율이 특정한 경제적 배치 아래 고통받게 된다면, 그러한 경제적 배치는 오래 지속되지 못할 것이다. 사람들은 민주적 절차를 통해, 조직적 항의를 통해, 혹은 이런 방법이 실패한다면, 시민 소요사태를 통해 저항하게 될 것이다.

사실상 마르크스가 종교에 대한 분석을 통해 발견한 것은 고통을 이해하고 관리하는 데 책임을 지는 사회제도들이 경제의 목적에 아주 중요한 역할을 한다는 사실이다. 이러한 제도들은 고통의 진정한 원인을 보지 못하도록 사람들을 진정시킴으로써 (즉 올바른 사회적 해결책을 찾을 수 있는 길을 끊어버림으로써) 정치적으로 위험한 감정들을 완화하는 힘을 가지고 있었다. 이러한 이해가 마르크스주의로부터 떨어져 나와 주류 사회과학의 일부가 되자, 이러한 이해는 정신 건강 분야에도 적용되기 시작했고 1980년대부터 여러 새로운 통찰이 등장했다. 이러한 통찰은 우리의 고통이 명백한 경제적 목적을 위해 잘못 해석되고, 부당하게 이용되며, 탈정치화되는 특정한 방식들을 드러냈다. 그러한 방식들에 대한 대략적인 목록을 만들어 본다면 다음과 같을 것이다.

- 현재의 경제를 비판으로부터 보호하는 방식으로 인간의 고통을 개념화한다. 다시 말해, 고통의 원인을 사회적인 것보다는 개인적인 것으로 재구성함으로써, 문제가 있고 바뀌어야 하는 것은 경제적, 사회적 체제가 아니라 자기 자신이라고 믿게 한다.

- 경제의 목적과 부합하는 방식으로 개인의 웰빙을 재정의한다. 웰빙은 개인이나 공동체에 실제로 좋은지 여부와 관계없이, 경제 성장과 생산성 향상에 기여할 수 있는 감정, 가치, 행동(예컨대 개인적 야망, 경쟁력, 근면한 노력)을 포함하는 것으로 특징지어져야 한다.

- 경제에 부정적인 영향을 미칠 수 있는 행동과 감정을 더 많은 의학적 개입이 필요하다는 증거로 만든다. 기존의 질서를 뒤흔들고

교란하는 감정이나 행동(예컨대 낮은 근로자 만족도)은 강력한 금융 기관과 엘리트들의 경제적 이득을 좌절시킬 수 있기 때문에 의료화되고 치료되어야 한다.

- 고통을 더 많은 소비를 위한 활발한 시장 기회로 삼는다. 대기업이 소위 해결책들을 제조하고 판매하기 시작하면서, 고통은 대기업에게 매우 수익성 있는 시장이 될 것이다. 이 해결책들이란 수익을 늘리고 이윤과 더 높은 주식 가치를 창출할 수 있는 것들이다.

이제 조금 음모론적으로 들린다는 이유로 위에 제시된 방식들을 무시하고 싶은 유혹이 들 수도 있지만, 이를 폭로한 사람들은 이러한 방식들이 조그만 밀실에서 계산된 의도를 바탕으로 계획적으로 만들어졌다고 주장한 적은 전혀 없다. 이 점을 이해할 필요가 있다.[8] 그들의 주장은 그보다 더 미묘한 것이다. 즉 어떤 제도이건 성공하기 위해서는 그 사회가 원하는 것에 광범위하게 적응해야 한다는 것이 그들의 요지이다. 그리고 정신 건강의 경우, 이러한 전략들은 정신 건강 분야가 일련의 새로운 경제적 배치 아래 존속하기 위해 분투하는 과정에서 자연 발생적으로 생겨났다. 더 넓은 경제에 호의적인 정신 건강 이데올로기의 수용은 정신 건강 산업 전체를 변화시킬 뿐만 아니라, 모든 세대의 심리적 세계관을 바꾸는 데 기여할 것이었다. 이런 점에서 마거릿 대처가 국민의 마음과 영혼을 바꾸기 위해서는 전반적인 경제적 접근법을 바꾸어야 한다고 말한 것은 옳았다. 그것이야말로 사람과 제도가 궁극적으로 추구하는 방향에 강력한 영향을 미칠 수 있는 가장 확실한 메커니즘이기 때문이다.

　새로운 자본주의를 향한 거대한 경제적 변화가 새로운 정신 건강 이데올로기의 부상을 통해 어떻게 우리의 마음과 영혼을 재형성하기 시작했는지를 이해하려면, 먼저 지난 35년간 가장 많이 시행된 정신 건강 치료법을 살펴보는 것이 타당하다. 그것은 바로 우리 모두가 항우울제라고 알고 있는 블록버스터급 베스트셀러 정신과 약물 처방이다.

2
빛과 약물을 확산하는 새로운 문화

2020년 4월, 영국 경제는 현대 자본주의 역사상 가장 중대한 불황을 겪고 있었다. 코로나19 감염이 급증하면서 결과적으로 나라 전체가 봉쇄 조치의 제한을 받았고, 상업적 삶과 공동체적 삶의 수레바퀴는 요동치며 멈췄다. 사무실, 상점, 레스토랑, 헬스장, 학교, 호텔, 관광지가 모두 텅 비었고, 그 결과 수천억의 수익이 몇 주 만에 날아갔으며, 경제는 재앙적인 경제 지표들로 요동칠 수밖에 없었다. 그런 수치들은 전례가 없는 것이었다. 영국에서만 한 달 만에 GDP가 20% 하락했고, 서비스 부문은 25% 축소되었으며, 실업자 수가 150만 명으로 늘어났고, 정부 차입금은 1,000억 파운드를 넘어섰다.[1]

그러나 암울한 결과 지표가 쌓이는 와중에도 한 가지 경제 변수는 비관적인 통계에 역행하고 있었다. 상품과 서비스에 대한 접근이 차단되자 사람들이 돈을 쓸 만한 곳도 적어지게 되었다. 자연스럽게 수백만 명의 사람들이 저축을 시작했고, 이와 함께 오래지 않아 수백만 명의 사람들이 개인 부채를 갚기 시작했다. 봉쇄 조치가 예기치 않게 절약을 부추기면서 영국의 소비자 부채는 2020년 4월에만 74억 파운드나 감소했는데, 이는 영란은행이 기록한 사상 최대 규모의 감소이다.[2] 이러한 경제 지표가 인상 깊은 이유는 1980년대 이래로 거의 방해를 받지 않고 진행된 추세에 역행하는 것이기 때문이다. 1980년대는 가계부채가 요즘과 같은 전례 없는 수준을 향해 치솟기 시작했던 시기이다. 이와 같은 부채 증가는 1980년대 중반 신용카드 시장에 대한 규제 완화와 함께 시작되었는데, 이는 사람들이 적절한 조사를 받지 않고도 훨씬 쉽게 대출을 받을 수 있게 했다. TV 화면에 우리의 "유연한 친구"라고 떠들어대는 비자 카드 광고가 넘쳐나던 시기였다. 카드 광고는 여태까지는 우리의 경제적 사정을 한참 넘어서는 물건이었던 것들을 소비하려는 욕구를 만족시켜 주겠다고 말하고 있었다.

처음에 좌파 성향의 노동당 정부는 이러한 신용 개혁을 비판했다. 그러나 1990년대가 되면 저리 융자를 널리 보급하려 한다는 측면에서는 두 당 사이에 별 차이가 없었고, 2000년대가 되면 아예 아무런 차이도 찾기 어려웠다. 이는 양당 모두가 쉬운 대출이야말로 궁극적으로 새로운 자본주의 경제라는 기계의 움직임을 좌우하는, 결코 없어서는 안 될 톱니바퀴라는 사실을 이해하게 되었기 때문이다.

어떻게 현대 경제라는 기계에서 소비자 부채가 중요한 톱니바퀴가 되었는가에 관한 역사는 매우 흥미롭다. 간단히 말해서, 그 역사는 1970년대 인플레이션 상승이 무엇보다 노동자에게 과도한 임금을 줄 것을 요구하는 노조 때문이었다는 생각으로 거슬러 올라간다. 이러한 믿음에 이끌려 대처 정부는 노조의 힘을 해체했고, 그 결과 노동자들에게 더 적은 임금을 지급할 수 있게 되면서 고용주들은 더 많은 몫을 거둘 수 있게 되었다. 인간 노동의 상당 부분을 대체한 새로운 기계 기술의 도입과 더불어 국내의 일을 해외의 값싼 노동자에게 외주하게 되면서, 임금 하락 추세는 더욱 강화되었다. 이러한 변화가 이전의 일자리 상당수를 불필요한 것으로 만들면서 고용 시장의 경쟁은 빠르게 더욱 치열해졌고, 이는 임금을 더욱 하락시키는 결과를 가져왔다.

이러한 변화는 임금을 낮추고 인플레이션을 억제하는 데 도움이 되기는 했지만, 경제에 더 깊은 구조적 문제를 야기했다. 낮은 임금은 사람들이 상품과 서비스에 소비할 수 있는 돈을 수중에 더 적게 가지고 있다는 것을 의미했고, 당연하게도 소비와 이윤에도 악영향을 줄 수 있었다. 결과적으로 이는 투자를 위협하고, 잠재적으로 더 많은 실직, 더 낮은 소비, 더 강한 경제적 위축의 악순환으로 이어질 수 있었다. 이와 같은 급격한 하락에 대한 두려움은 역대 정부들이 1980년대와 1990년대 그리고 그 이후까지 신용대출을 그토록 쉽게 이용할 수 있게 만든 이유를 설명해 준다. 부채는 임금이 바닥을 칠 때도 활발한 소비 지출을 유지할 수 있도록 만들어 주기 때문이다. 그런 점에서 부채는 더 깊은 구조적 문제를 덮고 있는 반창고가 되었다. (42쪽의 그림 1을 보라.)

개인 부채를 경제의 더 깊은 구조적 문제로부터 우리를 보호하기 위한 일종의 경제적 반창고로 사용하는 것은 중대한 사회적 효과를 발생시켰을 뿐만 아니라, 우리 개인적 자아의 정신 역동을 형성하는 데에도 책임이 있었다. 달리 말하자면, 마거릿 대처가 말했듯이 점점 더 많은 부채를 지게 되는 사람들의 "마음과 영혼"을 형성하는 데 말이다. 1970년대까지만 해도 주택담보대출 외에 다른 개인적인 빚을 지는 것은 특정한 낙인이 수반되는 일이었다. 만약 당신이 어떤 식으로든 빚을

천 단위

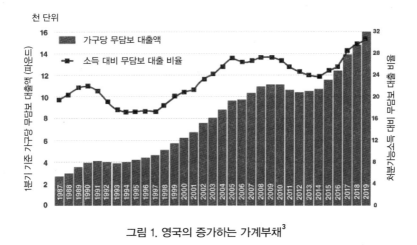

그림 1. 영국의 증가하는 가계부채[3]

진다면 그것은 투자 목적의 부채여야 했다. (소비하기 위해, "남들에게 뒤처지지 않기 위해", "수지를 맞추기 위해" 지는) 다른 형태의 빚은 손대선 안 될 것으로 여겨졌다. 강한 문화적 관습과 신용 규제의 결합으로 가계부채는 1950년대, 1960년대, 1970년대 내내 낮게 유지되었다.

하지만 앞서 서술한 규제 완화와 경제의 구조적 변화로 인해 대중의 태도 또한 완화되어, 빚을 내는 것은 현대적 삶에서 거의 필수적인 요소가 되었다. 1980년대 이래 대출이 점점 더 흔한 것이 되면서, 20대와 30대의 젊은 성인이 1980년대 이전 30년 동안에 살았던 젊은 성인에 비해 부채를 떠안을 확률은 50% 높아졌다.[4] 부채를 진 상태는 빠르게 정상화되었다. 그리고 이와 함께 부채를 진 바로 그 사람들의 심리적 세계관 또한 바뀌기 시작했다. 점점 더 많은 부채를 지는 일은 사람들이 자신과 미래에 대해 상상하는 방식 또한 바꾸고 있었으며, 태도와 행동에 있어 전례 없는 대규모의 변화를 가져오고 있었다.

이를 이해하기 위해 우리가 빚을 질 때 심리학적 관점에서 어떤 일이 일어나는지를 생각해 보자. 우리가 현재의 어떤 요구를 만족시키기 위해 빌린 돈을 사용하면 즉시 이 돈을 갚는 데 얽매이게 되며, 이는 미래와 관련한 우리의 선택에 영향을 미치게 된다. 이것은 사회비평가 노엄 촘스키가 학자금 대출이 궁극적으로 해롭다고 주장한 이유이기도 하다. 어린 나이에 과도한 부채를 지는 것은 학생들이 가장 폭넓은 시야를 가져야 할 시기에 그들의 시야를 제약하기 때문이다. 많은 돈을 빌려야 하는 현실이 들이닥치면, 더 많은 학생들이 실용적이고 재정적인 차원에서 생각하도록 강제될 것이며, 자신이 생각하기에 가장 높은 연봉을 받을 수 있는 직업으로 이어지는 안전한 학과에서 공부하기를 선택하게 될 것이다. 이는 등록금이 높아질수록 창의적인 학과와 인문학 학과의 지원자가 줄어드는 현상을 설명해 준다.[5] 이는 또한 왜 오늘날 학생들이 일찍부터 재정적으로 보수적인 성향이 강해지는지도 설명해 주는데, 부채를 통해 학생들이 빚을 갚아나가는 삶을 좇도록 사회화되기 때문이다. 촘스키가 보기에, 부채는 학생들을 경제 순응주의자로 만들고, 그들이 진입하고 있는 체제의 경제 현실에 반대하기보다는 이를 수용하도록 강제한다. 다시 말해, 부채는 신자유주의로 편입시키는 사회화의 강력한 형태로, 젊은이들이 일찍부터 현재의 경제 상태에 복종하도록 강제하는 것이다.

부채가 우리의 사고방식과 행동 방식을 바꿀 뿐만 아니라 우리의 자유를 침해한다는 견해가 위와 같은 비판을 뒷받침한다. 빚을 갚아야 한다는 것은 우리의 선택권을 축소시킴으로써, 우리가 직접 원하지 않았던 미래의 의무와 활동에 우리를 가둔다. 이런 의미에서 "미래의 나를 담보로 돈을 빌린다"는 흔한 표현은 사실상 "나의 미래 자유를 담보로 돈을 빌린다"는 것을 의미한다. 내가 오늘 빌린 돈은 오늘의 나를 해방하겠지만, 내일의 나를 옭아맨다. 그에 비해 부채를 지는 것은 너무 쉽게 느껴진다. 종속이 다른 날로 미뤄지면, 단기적으로는 장점만이 느껴진다. 합리적 투자를 위한 부채(물론 학자금 대출도 잠재적으로 이런 형태를 띨 수 있다)를 넘어선 대부분의 부채는 투자와 전혀 관련이 없고, 다만 소비주의 경제에서 합리적으로 기능하거나 생계를 유지하거나 또는 어떤 경우에는 생존하기 위해 노력하는 것과 관련된다.

2008년 경기침체 이후 사회적인 차원과 개인적인 차원을 아우르는 부채의 영향은 광범위하게 보도되어 왔다. 그러나 부채는 경제의 더 뿌리 깊은 문제들이 얼마나 많은 반창고 붙이기 식의 해결책으로 관리되어 왔는지를 명백히 보여주는 수많은 예시 중 하나일 뿐이다. 1980년대 이래로 다른 경제적 반창고들이 출현하게 되었고, 이는 단지 임금, 세금, 부채, 소비에만 국한되지 않았다. 우리는 머지않아 교육, 지방정부, 국민보건서비스, 그리고 물론 정신 건강 분야를 포함하는 우리의 공공 서비스 전반에 걸쳐 경제적 반창고가 활용되는 것을 보게 될 것이다. 여기서 소비자 부채의 활용과 상응하는 또 다른 반창고 붙이기가 안전하고, 효과적이며, 유용한 치료를 보편화한다는 명분 아래 예상치 못한 방식으로 급속히 확산하게 되었다. 그리고 짐작하다시피 바로 여기서 항우울제 이야기가 등장한다.

2007년, 퓰리처상 최종 후보이자 하버드 대학 사프라 센터 선임연구원이었던 로버트 휘태커는 직업적 삶의 궤적을 바꿔 놓게 될 새로운 연구 논문을 접했다. 이 논문은 당시에 별다른 주목을 받지 못했지만, 휘태커는 그 논문의 연구 결과가 종래의 임상 지식을 완전히 뒤집어 놓을 수 있다고 믿었다. 본질적으로 그 논문은 많은 정신과 약물이 장기 복용 시에 그 약물에서 도움을 받아야 할 사람들 다수에게 해가 된다는 것을 보여주었다.[6]

이 연구는 일리노이 대학의 마틴 해로 교수가 수행한 것으로, 『신경 질환과 정신 질환 저널』(*Journal of Nervous and Mental Disease*)에 게재되었다. 해로 교수의 연구는 그때까지 수행되었던 정신과 약물 장기 복용에 관한 연구 중 가장 포괄적인 연구였다. 해로는 연구에서 조현병 진단을 받은 대규모 환자 코호트*를 추적하여 첫 진단을 받고 항정신병제 치료를 받은 이후 5년, 10년, 15년 후에 얼마나 잘 지내고 있는지를 조사했다. 결과는 예상과는 정반대였다. 모든 환자가 시작점에서 동일한 진단을 받았지만, 가장 차도가 좋았던 환자들은 몇 년간 계속 약물을 복용한 환자들이 아니라 조기에 약물 복용을 중단한 환자들이었다. 예를 들어, 4년 반이 지난 시점에서 약물을 끊은 환자들의 약 39%가 완전한 회복의 단계로 들어선 반면, 약물을 계속 복용한 환자들 중에서는 6%

---

* 코호트 연구는 특정한 하위집단이 시간이 지남에 따라 어떻게 변동하는지를 조사하는 연구로, 이때 이 집단을 코호트라고 한다. (Earl Babbie, 『사회조사방법론』 참조.)

만이 같은 결과를 보였다. 10년이 지나자 간극은 더욱 벌어져 약물을 복용하지 않는 환자들의 44%가 완치 상태였던 반면, 약물을 계속 복용하는 환자들은 6%만이 완치되었다. 게다가 약물 복용을 중단한 환자들의 77%가 어떤 정신병적 증상도 겪고 있지 않았지만, 여전히 약물을 복용하는 환자들은 21%만이 같은 결과를 보여주었다. 실제로 어떤 증상이나 기능적 결과(불안 수준, 인지 기능, 업무 능력 등)를 분석하든 약물을 복용하지 않는 집단의 성과가 훨씬 더 좋았다. 연구 결과는 약물을 더 오래 복용할수록 모든 측정치에서 더 나쁜 결과가 나타난다는 것을 보여주었다.

이제 이 연구에 대해 다음과 같은 반응이 나올 것이 분명하다. 그냥 증상이 경미한 사람들은 스스로 약물을 중단하기로 선택했고, 증상이 심각한 사람들은 약물을 계속 복용하기로 선택한 게 아니냐고 말이다. 어쩌면 그게 약물을 계속 복용한 사람들이 장기적으로 더 나쁜 경과를 보여준 이유일지도 모른다. 처음부터 그들이 더 심각한 고통을 겪고 있었기 때문이다. 물론 이러한 비판은 해로의 연구에 매우 치명적일 수도 있었다. 해로가 전체적으로 보았을 때 약물을 중단한 중증 환자 집단이 약물을 계속 복용한 경증 환자 집단에 비해 더 좋은 경과를 보였다는 놀라운 연구 결과를 발견하지 않았더라면 말이다.[7] 다른 말로 하면 그의 연구 결과는 주요 정신 장애를 가진 사람들 대부분이 평생 약을 복용해야 한다는 정신의학계의 통념과 완전히 모순되는 것이었다.

기이하게도 정신의학 공동체에서는 많은 사람이 이 대단히 유의미한 발견을 무시했지만, 휘태커의 반응은 확연히 달랐다. 몇 년 전, 하버드 의과 대학의 출판 관리자로 일한 직후, 휘태커는『매드 인 아메리

카』라는 제목으로 여러 수상 경력에 빛나는 비판적 정신의학사를 저술한 바 있었다. 2002년에 출간된 이 책은 20세기 정신의학 치료법의 흥망성쇠를 기록했다. 휘태커는 한때 정신의학이 매우 효과적이라고 추앙했던 치료법(전두엽 절제술, 인슐린 혼수 요법, 발열 치료법)이 여러 번에 걸쳐 결과적으로 환자들에게 매우 해로운 것으로 증명되어가는 과정을 보여주었다. 그런 다음 그는 최신의 정신과 약물을 둘러싼 선전 또한 유사한 길을 걷고 있는 것은 아닌지 의문을 제기했다. 제약 업계와 업계가 후원한 정신과 의사들이 종종 부정적인 데이터를 조작하거나 은폐하거나 그저 무시하면서 이러한 약물의 가치를 지나치게 과장해온 것으로 드러났듯이, 언젠가 우리는 오늘날의 호들갑스러운 약물 과잉 처방을 돌아보면서 이 또한 또 다른 큰 실수였다고, 결과적으로 해로운 과대광고였다고 여기게 될까?

2002년 저서에서 휘태커는 이 질문에 답하지 않았지만, 이제는 해로의 2007년 연구가 심각한 문제를 해결하기 위한 정신과 약물의 장기 복용이 많은 환자의 삶을 더 나쁘게 만들고 있다는 사실을 보여줌으로써 설득력 있는 답을 제공하는 것처럼 보였다. 런던에 있는 내 사무실에서 휘태커를 인터뷰했을 때, 나는 해로의 연구가 그의 차후 연구에 어떤 영감을 주었는지 물었다. 휘태커는 이렇게 답했다. "해로의 연구는 제가 『매드 인 아메리카』에서 추정했던 내용뿐만 아니라, 그때부터 수많은 환자가 제게 해준 이야기를 확증해 주는 것으로 보였습니다. 장기 치료를 받는 동안 증상이 좋아지는 게 아니라 더 나빠지기만 했다는 이야기 말입니다. 그리고 조현병 진단을 받은 환자들에게 이것이 사실이라면, 이런 현상은 우울증, 양극성 장애 같은 다른 진단을 받은 환자들에게도 일어나고 있던 걸까요? 저는 그 질문의 답을 찾아야 했습니다."

휘태커가 개시한 새로운 연구의 출발점은 참신했다. 그는 정신 장애 발병률에 대한 정부 자료를 꼼꼼히 살펴보며, 정신과 질환으로 장애 수당을 받는 사람들의 수를 분석하는 것으로 시작했다. 이는 새로운 정신과 약물의 등장이 국가의 정신 건강 추세에 어떤 영향을 미쳤는지 알아보기 위한 것이었다. 그리고 이때 그는 무언가 당황스러운 사실을 발견했다. 미국, 영국, 스웨덴, 아이슬란드, 핀란드, 호주, 캐나다에 이르기까지 어떤 나라의 정신 장애 발병률을 평가하건, 1980년대 이후 정신 건강 장애율은 일관되게 상승하고 있었다. 선진국 전역에서 정신 장애(불안, 우울, 조현병, 양극성 장애)로 장애 수당을 받는 사람들의 수가 빠르게 증가하여 대부분의 서구 국가에서는 이 수가 지난 35년간 세 배 이상 증가했다.[8]

하지만 이게 다가 아니었다. 이와 같은 정신 장애의 급증과 함께, 관련된 또 다른 증가 추세가 나타났다. 휘태커가 말하길, "어디서건 정신 건강 장애율이 급증하는 곳에서는 항우울제, 항정신병제, 진정제 등과 같은 정신과 약물 처방 건수 또한 엄청나게 증가하는 것을 볼 수 있습니다." 다른 말로 하면, 전 세계 여러 나라에서 정신과 약물 처방과 정신 장애는 나란히 증가하고 있었다. 휘태커의 그래프(그림 2)를 보면 그가 어떤 의미로 말했는지 알 수 있다.

휘태커가 내게 말하길, "이 데이터를 처음 접했을 때, 저는 이 데이터가 단순히 상관관계 이상을 의미하는지를 알아야 했습니다. 약물 복용 증가와 장애의 증가가 인과적으로 연결될 만한 어떤 경로가 있었을까요?" 그가 포착한 또 다른 중요한 추세를 고려할 때, 이 질문은 그에게

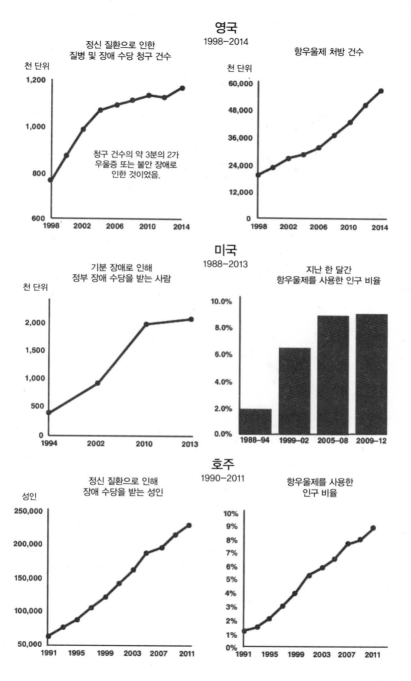

그림 2. 다양한 국가에서 나타나는 항우울제 사용과 정신 질환으로 인한 장애[9]

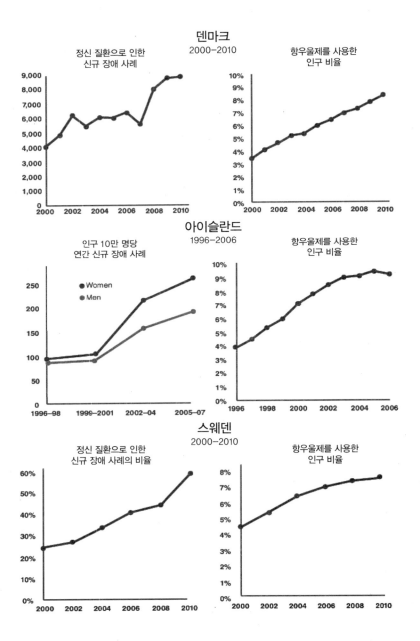

덴마크
2000-2010

정신 질환으로 인한
신규 장애 사례

항우울제를 사용한
인구 비율

아이슬란드
1996-2006

인구 10만 명당
연간 신규 장애 사례

- Women
- Men

항우울제를 사용한
인구 비율

스웨덴
2000-2010

정신 질환으로 인한
신규 장애 사례의 비율

항우울제를 사용한
인구 비율

특히 문제적으로 다가왔다. 항우울제 사용이 증가하는 곳이면 어디서 건, 불안, 우울, 양극성 장애처럼 항우울제 처방을 통해 치료되어야 할 바로 그 문제로 인해 초래되는 유형의 장애도 증가하는 것을 볼 수 있었던 것이다. 약물에 기반한 우리의 치료 패러다임이 어떤 예상치 못한 방식으로 오늘날의 정신 장애 대유행을 부채질하고 있던 것은 아닐까?

이 질문에 답하기 위해 휘태커는 주요 정신 장애로 진단받은 사람들의 장기적 전망에 약물이 미치는 영향을 다룬, 1950년대 이후에 수행된 연구 중 그가 찾을 수 있는 모든 연구를 수집하는 고된 작업을 시작했다. "조현병, 양극성 장애, 주요 우울증과 같은 장애는 평생 가는 질환이고 평생에 걸친 약물치료를 요구한다는 것이 통념입니다. 그러나 1950년대 이래로 수행된 연구를 정말로 들여다보면 전혀 다른 무언가가 드러나는 것을 발견할 수 있습니다." 실제로 휘태커가 연구를 시작하며 서서히 드러난 이야기는 해로의 2007년 연구를 지지하는 것으로 나타났다. 전반적으로 정신과 약물을 계속 복용한 사람들이 약물을 중단한 사람들에 비해 장기적으로 훨씬 나쁜 경과를 보였기 때문이다.

휘태커가 발견한 핵심 증거 중 하나는 1950년대에 미국 버몬트 주립 병원에서 얻은 데이터에 기반하고 있었다.[10] 당시 버몬트 병원은 269명의 중년 환자를 퇴원시켜 지역사회로 돌려보냈고, 이들은 모두 조현병 진단을 받은 상태였다. 20년 뒤, 연구자들은 해당 코호트의 환자 중 아직 생존해 있는 모든 환자(168명)를 추적하여 그들의 삶이 어떻게 변했는지 살펴보았다. 좋은 소식은 이들 중 총 34%가 완치되었다는 것이었다. 그들은 무증상으로 지역사회에서 독립적으로 살아가고 있었다. 다시 말해 친밀한 인간관계가 있었고, 직업을 갖고 있거나 다른 방식으로 생산적인 시민으로서 온전한 삶을 살고 있었다. 그러나 그다음에 연구자들이 발견한 것은 예상 밖이었다. 이 34%의 환자가 가진 공통점이 바로 "약물 복용을 중단한 지 오래되었다"는 것이었기 때문이다. 게다가 약물 없는 삶은 그들과 회복하지 못한 사람들을 구별짓는 핵심 요인이었다. 이러한 결과를 통해 연구자들은 조현병으로 진단받은 사람들이 "평생 약을 먹어야 한다"고 말하는 것은 "미신"이라는 결론을 내렸다.[11] 결국 그들의 연구는 상당수의 사람이 약물 없이도 잘 살아가고 있음을 분명하게 보여주었다.

이 연구가 뜻밖이기는 해도 예외적인 것은 아니다. 연구는 휘태커가 발굴하고 있었던 데이터의 일반적인 요점과 일치했다. 그는 소라진[*]과 같은 정신과 약물을 복용하는 사람들이 같은 진단을 받았지만 약물을 복용하지 않는 환자들에 비해 병원에 오래 머무르게 되었다는 결과를 보여주는 과거의 연구들을 발견했다.[12] 또한 항우울제의 장기적 사용이 평생 우울하게 될 위험을 증가시킨다는 것을 시사하는 연구를 발견했고, 일반적인 우울증을 겪는 사람이 약물을 오래 복용할수록 더 심한 양극성 장애 진단을 받는 쪽으로 바뀌게 될 수 있다는 연구도 접하게 되었다.[13] 나아가 항우울제에 장기간 노출되는 것이 우울 삽화들 사이의 "간격을 줄임"으로써, 환자들이 우울한 상태로 있는 기간을 사실상 늘리고 있다는 사실을 밝힌 연구들도 발견했다. 그가 발견한 연구들의 분량이 매우 큰 관계로 여기서 모두 다루기는 어렵지만, 아래에 그의 조사 결과 중 몇 가지를 나열해 보았다.

[*] 클로르프로마진의 상품명으로, 최초의 항정신병제로 평가된다.

• 『영국 일반 진료 저널』(*British Journal of General Practice*)에 발표된 한 연구는 우울증 환자를 두 집단으로 나누어 한 집단에만 항우울제를 주었다. 항우울제를 복용한 집단은 3개월 이후부터는 차도가 없었지만, 항우울제를 복용하지 않은 집단은 계속해서 호전되었다. 연구자들은 12개월이 지난 시점에 연구가 종료되었을 때, "약물을 복용하지 않은 환자들이 [증상 완화와 진단 상태 측면에서] 더 나아졌으며 (…) 초기 검사 점수를 조정한 후에도 마찬가지였다"고 썼다. 이는 항우울제가 장기적으로 더 나은 결과를 가져올 것이라는 예상과는 다른 결과이다.[14]

• 취리히 응용과학대학 연구팀은 우울증 및 양극성 장애 진단을 받은 환자들에게 항우울제가 장기적으로 회복을 저해하고 재입원 위험을 증가시킬 수 있다는 사실을 발견했다. 연구팀은 항우울제 복용자들의 재입원율이 높은 것은 항우울제 장기복용의 부작용 때문일 수 있다고 결론지었다. 그들이 말했듯이, "따라서 우리의 연구 결과는 항우울제가 장기적으로 유익하다는 주장에 이의를 제기하며, 긴 안목으로 보면 항우울제가 이득보다 해악을 초래할 가능성을 제기한다."[15]

• 국립정신건강연구소의 전 소장이 『미국 정신의학 저널』(*American Journal of Psychiatry*)에 발표한 연구는 약물 장기 복용이 "신경 기능에 장기간 지속되는 상당한 변화"를 야기했다는 것을 보여주었다. 몇 주가 지나면, 환자의 뇌는 "정상 상태와 질적으로나 양적으로 다른" 방식으로 기능하게 된다.[16] 이러한 변화(혹은 약물에 대한 신경 적응)는 약물 중단 후 향후 발생하게 될 우울 삽화에 뇌가 취약해지는 원인이 될 수도 있

다. 예를 들어, 『심리학 최신 연구』(Frontiers in Psychology)에 연구를 발표한 연구팀은 "항우울제 중단 후 재발(다시 우울한 상태로 돌아가는 것) 위험이 위약을 먹고 관해된 후의 재발 위험보다 높다"는 것을 보여주었다.[17] 이러한 연구 결과는 2년이 경과하면 항우울제를 사용하는 사람들이 항우울제를 사용하지 않는 사람들에 비해 재발 확률이 높아진다는 것을 보여준 연구[18]와, 장기적으로 봤을 때 항우울제 복용자들이 항우울제를 복용하지 않는 사람들에 비해 반복적인 우울 삽화를 겪고 우울증으로 인해 장애를 겪을 확률이 훨씬 높다는 것을 밝힌 다른 연구 결과에 의해 뒷받침된다. 따라서 이 연구의 저자들은 "항우울제 치료 증가가 모집단에 가져다주는 건강상의 이점을 확증하는 역학적 증거의 부재에 대해 다룰 필요성이 증가하고 있다"고 결론짓는다.[19]

• 세계보건기구(WHO)에서 실시한 연구는 유사한 연구 중 가장 대규모로 수행된 비교 연구로, 더 많은 환자가 항정신병제를 처방받는 국가에서 조현병의 장기적 경과가 더 나쁘다는 사실을 발견했다. 예를 들어, 해당 연구는 5년 후 가장 좋은 증상 및 기능상의 경과는 환자의 90%가 항정신병제를 복용하는 선진국이 아니라, 평균적으로 약 15%의 환자들만이 항정신병제를 복용하는 나이지리아, 콜롬비아, 인도와 같은 국가에서 나타났다는 사실을 밝혀냈다. 저자들은 "두 가지 환경에서 조현병 예후 차이가 나타나는 주된 이유는, 증상의 완전한 관해를 달성하거나 유지하는 일에 있어 선진국 환자들 다수가 실패하고 있다는 사실에서 찾을 수 있다."고 진술하고 있다.[20] 이것이 약물이 목표로 하는 바로 그 효과라는 사실을 생각하면, 다소 아이러니한 말이다.

• 『미국 정신의학 저널』에 발표된 연구는 6년이 지난 시점에서 항우울제 복용자들이 항우울제를 복용하지 않은 사람들에 비해 주요한 사회적 역할 수행의 중단을 경험했을 가능성이 세 배 높았고, 정상적인 생활을 하지 못하게 되었을 가능성은 거의 일곱 배 높았다는 것을 보여주었다. 이 기간 동안 항우울제 복용자들은 경제적 지위가 눈에 띄게 나빠지는 것을 경험했으나, 항우울제를 복용하지 않은 사람들의 경우 59%가 임금 상승을 경험했다.[21]

전반적으로 보기에 드러나고 있는 그림이 그렇게 좋아 보이지는 않았다. 휘태커가 말하길, "약물에 대해 처음부터 회의적이기는 했지만, 그래도 밝혀지는 이야기들의 일관성에 놀랄 수밖에 없었습니다. 서로 전혀 다른 유형의 연구들이 여러 번 반복해서 같은 결과를 보여주었습니다. 정신과 약물은 진단의 종류를 막론하고 장기적 경과를 악화시킨다는 결과 말입니다."

하지만 이게 전부가 아니었다. 휘태커가 밝혀내고 있는 이야기는 지난 30년간 발표된 가장 중요한 정신약리학 연구 중 하나와 일치하는 것으로 보였다. 해당 연구는 하버드 대학의 연구진에 의해 수행된 연구로, 1895년 이래 "주요 정신 장애"의 치료에 관한 모든 결과 데이터를 검토한 것이었다. 그 연구는 모골이 송연한 결과를 보여주었다. 20세기에 걸쳐 환자 치료 결과의 극적인 향상을 보여준 다른 모든 의학 분야와 달리(대각선으로 올라가는 선을 상상하면 된다), 정신의학 분야에서는 그런 종류의 향상이 전혀 나타나지 않았던 것이다. 오히려 정점을 찍었다가 다시 저점으로 내려왔다(선이 낮은 곳에서 시작하여 약간 위로 올라갔다가 다시 내려가는 모양새이다). 1895년부터 1955년까지는 호전된 주요 정신 장애 환자의 비율이 약 35.4%였다. 1970년대가 되면 이 호전율은 48.5%까지 올라간다. 하지만 1970년대 이후로 이 수치는 빠르게 내려가기 시작하여 1950년대 이전 수준인 약 36.4%까지 하락한다.[22] 이러한 결과는 하버드 연구진이 현대 정신의학에서 좋은 결과를 얻을 가능성이 "세기의 전반기 동안 나타났던 결과와 통계적으로 구별할 수 없는 수준으로 낮아졌다"고 결론을 내리도록 했다.

휘태커가 말하길, "이 매우 영향력 있는 연구에서 딱 한 줄기 희망이 있다면, 1960년대에는 환자들의 상태에서 분명히 중간 정도의 호전을 볼 수 있었다는 사실입니다." 그렇다면 1960년대에는 어떤 일이 벌어졌기에 일시적으로나마 이처럼 중간 정도의 호전이 가능했던 것일까? "환자 치료를 획기적으로 바꾸어놓은 새로운 약물 치료법이 출시되고 있었고, 효과적인 약물이 더 좋은 결과로 이어졌기 때문이라는 것이 공식적으로 알려진 해석입니다. 그러나 이러한 설명은 타당하지 않습니다. 1970년대, 1980년대, 1990년대에 더 많은 약물이 처방되었음에도 좋은 결과가 계속해서 나타나지 않았고, 오히려 다시 나빠지기까지 했기 때문입니다. 이는 약물이 효과가 있다고 가정했을 때 예상했던 결과와는 정반대입니다."

그러면 1960년대에 중간 정도의 향상이 나타난 것에 대해 더 그럴듯한 설명이 있는 것일까? 휘태커에 의하면, "이때는 정신 질환에 대한 낡은 우생학 이론이 자취를 감추어 가던 시기였으며, 전두엽 절제술이 더는 지지를 받지 못하기 시작한 시기이자, 정신병원들이 문을 닫고, 조현병 진단을 받는 사람들이 줄어들고(그래서 회복하는 사람들이 많아지고),

정신 질환자로 규정된 사람들에 대한 사회적 태도가 더 관대하게 바뀌던 시기였습니다. 이 모든 요인이 1960년대에 나타난 작은 진전을 설명하는 데 도움이 됩니다. 이 시기 이후로 성과가 떨어진 것은 우리가 약물 처방이 급증하는 시기인 현대로 들어섰기 때문입니다. 약물 처방이 증가하는 곳에서라면 어디서건, 임상 성과가 떨어지고 정신 질환으로 인한 장애가 증가하는 것을 볼 수 있죠."

2010년 그의 책이 출판되기 전날, 로버트 휘태커는 초조했다. "특히 두 가지가 저를 불안하게 만들었습니다. 연구 문헌이 너무 방대해서 제가 무언가를 놓친 것은 아닐까 두려웠습니다. 혹시 편견 때문에 제가 찾고 싶은 것만 찾게 된 것은 아닐까요? 하지만 다른 한편으로는 제가 철저히 검토했다는 것을, 편향을 방지하기 위해 장기 복용에 대한 거의 모든 연구를 전부 검토했다는 것을 알고 있었습니다. 두 번째 불안은, 제가 접한 연구의 상당수에서 연구자들이 (연구의 초록과 토론 부분에서) 까다로운 데이터를 기존의 이야기에 끼워 맞추려고 노력하며 설명을 얼버무리고 있었다는 것입니다. 결과적으로 저는 연구자들의 의견은 보여주지 않고 이러한 연구들에서 나온 데이터를 제시하는 데 집중했는데, 이는 저를 다소 난처한 입장에 놓았습니다. 데이터를 정확하게 보여주기 위해 세심히 주의를 기울였음에도 불구하고 연구자들이 제가 그들의 연구를 잘못 인용했다고 말하지 않을까 싶었던 겁니다."

『약이 병이 되는 시대』(원제 *Anatomy of an Epidemic*)는 즉각적이고 격렬한 반응을 낳았다. 휘태커가 말하길, "반격이 성공적으로 조직되었죠." 미국에서 가장 저명한 정신의학자들이 줄지어 가차 없는 비판을 써냈다.[23] 하지만 비판이 쏟아지는 와중에도 휘태커는 다음에 일어날 일에 대해 준비하지 않았다. "이런 맹비난 가운데서도 불안감은 줄어들고 자신감은 높아지는 것을 경험했습니다. 검토에 검토를 거듭하고 토론에 토론을 거듭해도 제가 데이터를 잘못 인용했다고 주장하는 연구자는 없었고, 책의 중심 주장에 대한 반증을 아무도 제시하지 않았다는 단순한 이유 때문이었죠." 휘태커의 책에 가해졌던 주된 비판들을 살펴보면 그의 말이 무슨 뜻인지 이해할 수 있다.

첫 번째로 흔한 비판은 1980년대 이래 진단 범주의 수가 극적으로 증가한 결과 더 많은 사람이 정신 질환자로 분류되었고, 이로 인해 장애 수당을 청구하는 사람도 더 많아졌다는 것이다. 휘태커는 이렇게 답했다. "어떤 집단에 전염병이 돌고 있고 그 질병에 효과적인 약을 개발한다고 상상해 봅시다. 그리고 이러한 질병을 더 잘 식별하게 되어서 이제 더 많은 사람이 효과적인 치료를 받게 되었다고 상상해 봅시다. 그러면 질병으로 인한 집단 내 사망자 수는 증가하는 것이 아니라 감소해야 마땅합니다. 그렇기에 정신과 약물이 장기적으로 효과가 있는 치료법이라면, 진단과 치료가 증가하는 것이 장애의 증가로 이어지지 않아야 합니다. 하지만 바로 이것이 지금 일어나고 있는 일입니다."

다음으로 흔한 비판은 더 강력한 비판이었다. 1990년대 영국과 미국의 복지 개혁은 가난한 사람이 보조금을 받는 것을 훨씬 더 어렵게 만들었으며, 이로 인해 많은 사람이 장애 복지를 대체 소득원으로 찾게 되었다는 것이다. 휘태커는 이러한 비판이 부분적으로 사실일 수도 있다며 동의를 표했지만, 데이터는 복지 및 건강 체계와 정책의 차이, 복지에 대한 관용과 접근성의 차이에도 불구하고 여러 국가(스웨덴, 덴마크, 아이슬란드, 미국, 영국)에서 정신 장애로 인한 장애 수당 지급이 일관되게 증가하고 있음을 보여준다. 휘태커가 지적하길, "이 모든 서로 다른 복지 시스템에서 공통된 것은 개별 복지 정책과 무관하게 정신과 처방이 증가하고 있다는 것입니다."

휘태커가 자주 들었던 마지막 비판은 "상관관계가 인과관계는 아니다"라는 오래된 비판이었다. 처방과 장애가 동시에 증가한다고 해도, 이것이 전자가 후자의 원인임을 증명해 주는 것은 아니라는 것이다. 정신 질환에 대한 인식 제고가 처방과 장애 모두가 증가하게 된 원인일 수도 있었다. 하지만 휘태커는 이러한 해석은 전체적인 그림과 맞지 않는다고 강조했다. 이러한 상관관계는 약물 사용이 장기적 결과의 악화로 이어지며, 가벼운 "질환"을 더 심각한 질환으로 바꿀 수 있음을 명확하게 보여주는 다른 데이터의 맥락에서 보아야 한다는 것이다. 그는 "모든 데이터를 함께 보면 인과적 관계가 분명해집니다."라고 말했다.

하지만 휘태커의 입지를 다져 준 것이 반박의 부실함만은 아니었다. 그의 책이 출간된 후 등장한 연구 결과가 그의 입지를 강화하는 데 한몫했다. 『약이 병이 되는 시대』가 출간된 지 3년이 지난 후, 『미국 의학협회지』(*Journal of the American Medical Association*)는 주요 정신 장애를 진단받은 환자들의 항정신병제 장기복용 경과에 관한 첫 번째 무작위 대조군 임상시험 연구를 발표했다.[24] 해당 연구 결과는 다시 한 번 휘태커의 주장을 강하게 지지했다. 환자들을 두 집단에 무작위 할당해 한 집단은 약물을 계속 복용하게 하고 다른 집단은 약물을 서서히 중단하게 한 결과, 시간이 지날수록 약물을 중단한 집단이 약물을 계속 복용한 집단보다 훨씬 나은 결과를 보여주었다. 7년이 지난 뒤 그들의 기능 회복률은 약물을 계속 복용한 환자들(17.6%)에 비해 두 배(40.4%) 증가했는데, 이는 물론 휘태커의 책이 예측한 바대로였다. 결국 미국 국립 정신건강연구소 전 소장 토머스 인셀이 "정신병 초기에는 매우 중요한 것으로 보였던 항정신병제가 장기적으로는 회복 전망을 악화시키는 것으로 나타났다"고 인정하면서 이 연구가 가진 골치 아픈 함의는 전 세계적으로 상당한 양의 보도로 이어졌다. 인셀이 이어서 말하길, "어떤 사람들에게는 약물 장기복용이 건강을 완전히 회복하는 데 방해가 될 수 있다. (…) 우리는 장기적인 관점에서 정신병을 가진 사람 중 일부에게는 약물을 처방하지 않는 것이 더 나을 수도 있지 않을지 질문해야 한다."[25]

2017년에는 휘태커의 연구를 지지하는 또 다른 근거가 등장했다. 『심리치료와 심신의학』(Psychotherapy and Psychosomatics)에 실린 항우울제 장기복용에 대한 대규모 연구는 환자 3,300명의 9년에 걸친 경과를 분석했다.[26] 결과는 다시금 휘태커의 주장과 일치했다. 9년째가 되었을 때 약물을 복용해온 환자들은 약물을 중단한 환자들보다 훨씬 더 심각한 증상을 겪고 있었다. 심지어 약물을 전혀 복용하지 않은 사람들이 장기적으로 약물을 복용한 사람들보다 더 나은 경과를 보여주었다. 이 연구는 항우울제가 단기적으로는 도움이 될 수 있지만 장기적인 항우울제 사용은 해로운 것으로 보인다고 결론지었다.

이런저런 자료들이 계속해서 휘태커의 입지를 강화해 주는 한편으로, 오래지 않아 권위 있는 신경생물학 연구가 한층 더 무서운 부분을 드러냈다. 미국의 신경과학 권위자 중 한 명인 낸시 안드레아센 교수는 약물 장기복용이 뇌에 어떤 영향을 미치는지 탐구하는 연구팀을 이끌었다. MRI 스캔은 특정한 항정신병 약물 장기복용이 "뇌 조직 부피가 작아지는 것"(백질과 회백질 모두 감소)과 관련된다는 사실을 드러냈다. 결정적으로 이러한 퇴화는 이전의 생각처럼 "질환"의 증상이 아니라, 장기적인 정신과 약물 사용의 결과였다. 동물 연구에서는 이러한 퇴화 효과가 오래전부터 발견되었지만, 약물 복용의 결과로 나타난 뇌 수축이 인간에게서도 발견된 것은 처음이었다.[27] 『뉴욕 타임스』와의 인터뷰에서 안드레아센이 자신의 연구에 대해 말했듯이, 이 약물들은 잘 알려진 효과 외에도 "전두엽이 서서히 위축되도록 하는 효과 또한 가져온다."[28] 명망 있는 학술지인 『미국 의학 협회지』에 발표된 대규모 무작위 대조군 연구에서도 이러한 위축이 또다시 확인되었다. 해당 연구는 항정신병제가 뇌의 여러 영역을 손상시키며, 이러한 손상에는 피질 두께의 위축 또한 포함되어 있음을 보여주었다. 연구자들이 다소 절제된 투로 결론짓듯이, "정신 장애와 신경 장애에서 피질 두께의 축소가 바람직하지 못한 것으로 해석된다는 사실을 고려하면, 우리의 연구 결과는 항정신병 약물의 득과 실을 재평가하는 것을 지지할 수 있다."[29]

이러한 모든 연구 결과를 함께 고려해 보면, 국제적으로 상당수의 저명한 연구자들이 우리의 처방 관행을 근본적으로 개혁하라고 요구하는 것도 이상한 일이 아니다. 2020년에 『영국 의학 학술지』(British Medical Journal)에 발표된 논문들만 보더라도, "광범위한 처방은 정신 장애나 자살을 감소시키지 못했고, 이는 항우울제의 효과와 안정성에 대한 근거 평가에 의문을 제기한다. (…) 제한된 효능과 장기적인 안전성 우려를 고려하면, 영국에서 현재와 같은 수준의 처방률은 공공 보건의 주요한 문제이다."[30] 같은 진술을 접하게 된다. 『영국 의학 학술지』에 게재된 다른 글을 인용하면, "항우울제의 이점은 미미한 것으로 보이며, 일반적인 주요 우울 장애 환자들에게는 전혀 중요하지 않을 수 있다. 타당한 증거가 잠재적인 유익한 효과가 해로운 효과보다 크다는 것을 보여주기 전에는 주요 우울 장애가 있는 성인에게 항우울제를 사용해서는 안 될 것이다."[31]

따라서 지난 15년간의 연구가 1990년대 후반과 2000년대의 항우울제 낙관론을 요란한 소리와 함께 붕괴시킨 것이 사실이다. 그럼에도 불구하고 베스트셀러 정신과 약물의 쇠락한 명성을 되살리려는 간헐적인 시도들이 있었다. 최근에 세간의 이목을 끈 이러한 시도 중 하나는 2018년 전 세계 언론의 헤드라인을 장식한 대규모 메타 연구의 발표 직후에 이루어졌다. 안드레아 치프리아니(Andrea Cipriani)와 동료들이 수행한 이 연구는 명망 있는 의학 학술지 『랜싯』(The Lancet)에 게재되었다.[32] 이 연구는 항우울제가 위약(설탕 알약)에 비해 더 나은 효과를 보이는지에 대한 논쟁에 종지부를 찍기 위해 역사상 가장 많은 수의 항우울제 임상시험을 종합해 평가했다. 우리가 이미 알고 있듯이 평균적으로 항우울제는 경도에서 중등도의 우울증에 대해서는 위약보다 나은 효과를 보이지 않았다. (경도에서 중등도의 우울증을 겪는 수백만 명의 사람들이 이 약을 처방받고 있는데도 말이다.)[33] 그럼에도 치프리아니의 연구는 중증 우울증으로 분류된 소수의 환자에게는 항우울제가 위약보다 나은 효과를 보여주었다고 결론지었다. 이러한 결론은 연구가 언론에 보도될 때 여러 원로 정신과 의사들이 가장 긍정적인 방향으로 결과를 과대 선전하도록 했고, 이는 전 세계 언론 보도에 큰 영향을 미쳤다. 헤드라인을 장식한 언론 보도자료 논평들은 다음과 같다. "이 메타 분석은 마침내 항우울제를 둘러싼 논란에 종지부를 찍었다", "항우울제는 효과가 있고 대부분의 사람에게 부작용은 그만한 가치가 있다", "우울증을 겪으며 지금 항우울제를 복용하고 있는 수백만 명의 사람들에게 (…) 이 연구는 이런 약물들이 안전하고 효과적이라는 것을 보여준다".

이런 진술을 읽는 사람들 대부분은 아래의 두 가지 사실에 대해서는 모르고 있었을 것이 분명하다. 첫째, 이 논평들은 모두 제약 업계와 강한 금전적 유대를 맺고 있는 정신과 의사들이 발표한 것이라는 사실, 둘째, 이 논평들은 치프리아니가 수행한 연구의 중대한 한계를 얼버무리고 있다는 사실 말이다. 나와 동료들이 『랜싯』에 게재한 반박 논문에서 지적했듯이,[34] 치프리아니가 발견한 위약과 항우울제 사이의 차이는 너무 작아서 실제로는 "임상적 유의성"에 도달하지 못하고 있었다. 이는 실제 개인의 경험 속에서 위약과 비교했을 때 항우울제의 임상적 이점을 체감하기가 무척 어렵다는 것을 의미한다.[35] 게다가 치프리아니의 연구는 항우울제를 8~12주 동안 복용한 환자들에 대해서만 살펴보았다. 그렇기에 그의 연구 결과는 대다수의 사람이 몇 개월이나 몇 년간 항우울제를 복용하는 오늘날 대부분의 항우울제 복용자들에게는 유의미하지 않다. 마지막으로, 장기간 항우울제를 복용한 사람들을 분석하면 치프리아니가 발견한 것보다 효과가 훨씬 작을 뿐만 아니라,[36] 앞서 언급한 휘태커의 책이 명확히 보여주듯 실제로 많은 사람의 우울증 경과를 악화시키는 것으로 나타났다.

2016년 노르웨이 보건부는 선정된 정신병원에 "투약 없는 치료"를 도입할 것을 4개 지역 보건 당국에 지시했다. 이러한 지시는 오랫동안 약물 처방을 정신과 의사 업무의 핵심으로 여겨온 노르웨이 주류 정신의학계의 반대에 반하는 것이었으며, 그들은 이러한 계획이 위협적이라고 느꼈다. 그러나 노르웨이 정부는 원로 정신과 의사들의 수많은 항의와 경고를 들어주는 대신 환자들의 목소리를 가장 중시했다. 노르웨이 정부는 강요된 약물 치료 없이 자신의 어려움을 다루려고 하며, 보다 전인적이고 관계적인 방식으로 도움을 받고자 하는 환자 단체의 요구에 귀를 기울였다.

정부가 흔치 않은 일(기존 합의에 저항하는 환자들의 목소리를 듣는 일)을 실천한 것은 노르웨이 문화에 깊게 뿌리내린 원칙, 즉 보통 사람들의 우려가 사회 정책에 영향을 미칠 수 있게 하고 무시되어 온 목소리를 듣는다는 원칙과 일관되는 것이었다. 이 원칙은 과거에 젠더 평등과 동성애 권리, 낙태 권리 운동의 영역에서 여러 진보적인 사회 개혁을 이루어 냈다. 그리고 이제 정부는 이 원칙을 정신 건강의 세계에도 적용함으로써 환자들의 항의를 듣기 시작했다. 약물의 실패에 대한 제도적 차원의 부정이 만연하고, 더 나은 대안이 존재한다는 생각을 거부하는 보수적인 관점이 너무나 널리 퍼져 있고, 정신과 병동에서는 학대가 넘쳐난다는(환자들이 구속받고 과잉 처방을 받는데도 거의 아무도 그들의 목소리를 들어주지 않는다는) 항의 말이다. 노르웨이 정부는 환자들의 이러한 항의가 근거 없이 이루어진 것이 아니라는 사실을 곧 알게 되었다. 실제로 환자 단체들은 이를 뒷받침하는 증거를 꼼꼼하게 수집했고, 이것이 보건부에 전달되자 국면이 바뀌었다. 당시 보건부 장관이었던 벤트 회이(Bent Høie)가 말하길, "제게 있어 이런 결정을 내린 계기는 환자들이 명확하게 표현한 요구였습니다. (…) 투약 없는 치료는 정신 건강 서비스를 변화시키고 현대화하는 데 중요한 한 걸음입니다."

　노르웨이 정부에 제출된 증거의 핵심은 로버트 휘태커의 책과 그가 집대성한 광범위한 검토자료였다. 실제로 노르웨이 보건부에 로비를 벌인 서비스 사용자 집단들은 휘태커를 그들의 권리를 옹호하는 투사로 추앙하며, 그를 독립적이고 정직한 연구 조력자로 여겼다. 이들은 또한 심각한 고통을 겪고 있는 사람들이 약물을 전혀 사용하지 않거나 최소한으로 사용하면서 회복할 수 있도록 성공적으로 돕고 있는 전문가 운동과 환자 주도 운동의 증가에서 추가적인 영감을 얻었다. 예를 들어 라플란드 북부 외곽에서는 '오픈 다이얼로그'(Open Dialogue)라는 기획이 오랫동안 실시되어, 치료 초기부터 약물을 줄이는 것에 명확하게 중점을 두고 공동체적이고 대인관계적인 지지를 제공함으로써 최소한 [일반 치료와 — 옮긴이] 비등한 수준의 회복을 달성하고 있었다. '목소리를 듣는 사람들의 네트워크'(Hearing Voices Network)나 '소터리아 하우스'(Soteria House)와 같은 다른 국제적 사용자 운동 및 센터들에서도 같은 결과가 나타났는데, 둘 모두 좋은 결과와 높은 만족도[37]를 달성해 왔으며 몇몇 사례에서는 전통적인 치료보다 더 우수한 결과를 달성했다.[38] 이들은 고통을 의료화되지 않은 방식으로 표현하는 한편, 회복을 돕기 위해 공동체 속에서 지지를 제공하고 약물 중단을 지원함으로써 이러한 성과를 내고 있었다.

노르웨이를 떠나 영국으로 돌아오면, 우리는 덜 개방적인 환경을 마주하게 된다. 몇몇 진보적인 실천들에도 불구하고,[39] 그리고 영국의 서비스 사용자 집단 상당수에서 고통에 대한 의료화된 접근 방식에 불만이 커지고 있음에도 불구하고, 정신과 약물에 대한 국가적 애착은 그 어느 때보다 강한 것처럼 보인다. 주요 정신 장애로 진단받은 사람들이 장기적으로 혹은 평생 동안 정신과 약물을 복용하게 하는 것이 언제나 지배적인 정신의학적 접근 방식이기는 했지만, 우리는 이제 의원에서 일반 주치의가 처리할 수 있는 종류의 경도나 중등도 수준 정신 건강 문제에 대해서도 약물을 장기 처방하는 것이 표준이 되고 있음을 목도하고 있다. 실제로 지난 10년간 항우울제 처방이 두 배로 증가한 주된 원인은 영국 전역에서 항우울제 장기복용이 급증했기 때문으로, 매년 항우울제를 중단하는 사람보다 더 많은 사람이 항우울제 복용을 시작하고 있다.

오늘날 영국에서는 약 440만 명의 사람들이 2년 이상 항우울제를 복용하고 있다. 이러한 장기복용자 상당수가 어려움을 극복했고 약물을 적극적으로 중단해야 한다는 것을 아는데도 말이다.[40] 이처럼 불필요한 장기 처방은 막대한 공적 비용을 초래할 뿐만 아니라 막대한 인적 비용까지 초래한다. 앞서 보았듯 점점 더 많은 사람이 장기복용이 초래하는 악영향으로 인해 불필요하게 장애를 얻고 있기 때문이다.

최근 『영국 일반 진료 저널』(British Journal of General Practice)에 출판된 한 논문은 왜 사람들이 항우울제와 같은 약물을 중단해야 할 때조차 약물을 끊는 것이 불가능해 보이는지를 조명하고 있다. 해당 논문은 환자들이 (그리고 놀랍게도 담당 의사 또한) 약물 중단이 가져올 결과에 대해 종종 심하게 불안해 하는 이유를 설명한다. 이러한 공포는 지난 30년간 정신의학에서 일차 진료로 수출된, 항우울제와 우울증에 대한 잘못된 신화들에 의한 것이다. 이러한 신화에는 주요 우울증은 대개 지속적인 치료를 요하는 만성적인 즉 평생 가는 상태라는 입증되지 않은 거짓된 믿음이 있으며, 약물을 복용하는 도중에 나타난 호전은 대부분 약물 때문이지 (상황 변화, 위약 효과, 우울증의 자연적 경과에 의한 호전 같은) 다른 요인 때문이 아니라는 믿음이 있다. 이러한 신화를 믿는 사람들에게 항우울제를 중단하는 것은 권장할 만한 일로 여겨지지 않는다. 왜냐하면 의사들이 말하듯 "환자의 균형 상태를 깨트릴 이유는 없지 않은가?"[41]

위와 같은 신화들이 불필요한 항우울제 장기 소비를 촉진하는 요인이기는 해도, 다음에 제시될 요인에 비하면 별 것 아니다. 그것은 바로 항우울제 중단에 뒤따르는 모든 금단 증상은 경미한 수준이며 잠깐 동안만 (대개는 1~2주 동안만) 지속된다는 지배적인 신화이다. 이러한 신화는 항우울제 프로작을 만든 제약회사 일라이 릴리가 자금을 지원하여 개최한 1996년의 심포지엄에서 그 유래를 찾을 수 있다. 이 회사에서 자금을 지원받은 정신과 의사들로 구성된 위원회는 이 심포지엄에서 항우울제 중단이 별일이 아니며 일주일이면 해결된다는 합의에 도달했다. 실제로 이를 확증하는 연구가 없음에도, 여기서부터 결국 이러한 신화가 전 세계의 임상 지침에 자리를 잡게 되었다. 이 신화가 임상 실천에 뿌리를 내리자, 당시 심각하고 장기간에 걸친 금단 증상을 접한 의사들은 자주 이러한 증상을 부정하고 환자가 원래 가지고 있었던 문제가 재발했다고 믿곤 했다. 결과적으로 약물은 다시 처방되곤 했으며 장기복용이 그 뒤를 이었다. 이러한 역학 관계는 2004년에 임상 지침이 발표된 이후 영국인이 항우울제를 복용하는 평균 기간이 두 배로 늘어 난 이유를 부분적으로 설명할 수 있다.

2년 전, 종합적으로 보았을 때 항우울제 금단 증상이 임상 지침에서 인정한 것보다 더 심각하고, 장기간 지속되며, 보편적이라는 사실을 보 여준 연구가 등장하자, 마침내 이 신화가 뒤집혔다.[42] 해당 연구는 항우 울제 사용자의 약 50%가 금단 증상을 경험했으며, 이 중 절반은 자신의 금단 증상이 심각한 수준이라고 보고했고, 상당한 비율의 사용자가 몇 주, 몇 달, 혹은 그보다 긴 기간 동안 금단 증상을 겪었다는 사실을 드러 냈다. 2019년, 이러한 발견은 마침내 영국의 항우울제 국가 임상 지침 이 개정되는 결과로 이어졌고, 이 개정안이 왕립 정신의학 협회에서 채 택되는 일대 전환이 일어났다. 이제 심각하고 장기적으로 지속되는 금 단 증상이 공식적으로 인정되고, 금단 증상을 재발로 오인하는 경우가 줄어들고, 약물이 불필요하게 다시 처방되는 일도 더 적게 발생함에 따 라, 결과적으로 장기 처방이 줄어들게 될 것으로 기대된다.

잘못된 신화가 장기 처방 유행을 부채질하는 유일한 요인은 아니다. 금단 증상에 대한 오진과 약물 중단에 대한 사람들의 공포에도 불구 하고, 많은 사람이 단지 다른 대안이 거의 없다는 이유로 약물 복용을 시작하거나 지속하기를 택한다. 지난해 영국에서는 740만 명의 성인 이 NHS에서 항우울제를 처방받았지만, 심리치료를 받도록 의뢰되어 온 사람은 100만 명에 불과했다. 이는 사람들이 약물을 선호하기 때문 이 아니다. 일반 주치의와 상담하는 사람들 대부분은 대화 치료[43]나 어 떤 형태로든지 사회적 지원을 받는 것을 선호한다. 이는 오히려 우리의 서비스에 심리사회적 대안이 너무나 적어서, 국민 10명 중 1명이 NHS

심리치료를 받기 위해 1년 이상(나머지 사람들의 경우에는 몇 주나 몇 달) 기다려야 하기 때문이다.[44] 따라서 약물이 압도적으로 흔한 정신 건강 개입이 된 것은 높은 안전성이나 효과, 바람직함 때문이 아니라, 몇십 년간 지속된 만성적인 서비스 자금 부족, 영향력 있는 제약 업계와 정신의학계 이해관계의 지배, 그리고 (나중에 살펴보겠지만) 후기 자본주의의 선호에 깔끔하게 부합하는 약물 우선 접근법 때문이었다. 이런 점에서 볼 때 이러한 개입들이 번창한 것은 국민의 감정적 삶을 개선했기 때문이 아니라(사실 그 반대일 확률이 더 높다), 이 개입들이 우리의 정신 건강 부문과 경제 전반에 해를 입히는 구조적 문제로 인해 초래된 더 깊은 병폐에 대한 반창고로 기능했기 때문이었다.

────────────

나는 가계부채에 대한 논의로 이 장을 열었다. 이제 그 이유를 이해할 수 있을 것이다. 1980년대 이후로 부채와 약물이 사회적으로 작동해 온 방식에는 무언가 기이한 유사성이 있다. 1970년대에는 부채의 사용과 약물의 사용 모두가 그리 대단치 않은 수준이었으나, 1980년대 이래 수십 년 동안 부채와 약물의 사용은 폭발적으로 증가했다. 그리고 부채와 약물 모두에 합리적인 사용처가 있다 할지라도(빚은 합리적 투자를 위해서, 몇몇 약물의 사용은 단기적 차원에서 가장 심각한 고통의 안정을 위해서라는 이유로), 가계부채와 약물 소비는 대부분의 경우 장기적으로 유해한 것으로 보인다. 그러므로 부채와 약물 소비 모두가 사상 최고치를 기록하고 있는 것은 사람들의 삶을 개선하는 것, 최소한 깊이 있고 지속 가능한 의미에서 삶을 개선하는 것과는 아무런 관련이 없다. 오히려 그것은 부채와 약물이 감추려고 해온, 우리 사회의 깊은 구조적 문제에 대한 반응이다. 이런 의미에서 부채와 약물 모두는 우리 시대의 완벽한 진정제로 거듭났지만, 이는 로버트 휘태커의 책과 같은 연구들이 우리에게 상기해 주었듯이, 궁극적으로는 문제를 해결하기보다 더 많은 문제를 야기할 수 있다.

하지만 둘 간의 유사성은 여기서 끝나지 않는다. 거대 기업들의 수중에 어마어마한 부를 쏟아 넣는 것 외에도, 부채와 약물은 이념적으로도 작용하여 사회적 문제를 (이들 기업의 상품이 치료할 수 있다고 알려진) 개인적/내적 장애로 재분류했다. 부채를 통한 개입은 우리의 병든 재정 건강의 원인이라고 생각되는 경제적 무능함을 표적으로 삼고, 정신의학적 개입은 우리의 병든 정신 건강의 저변에 있는 것으로 생각되는 생물학적 이상을 표적으로 삼는다. 부채를 통한 개입과 약물을 통한 개입은 제각기 소위 개인적 결함을 치료한다고 주장함으로써, 새로운 자본주의 사상, 제도, 정책의 모든 인과적 책임을 교묘하게 면제한다.

이어지는 장에서 우리는 어떻게 일터, 학교, 치료 클리닉, 취업 센터 등 정신 건강 개입이 이루어지는 다른 장소에서도 이러한 탈정치화의 역학이 작동하는지 살펴볼 것이다. 오늘날 이 모든 개입은 새로운 자본주의에서의 사회적 곤경으로 인해 발생한 문제들을 손쉽게 개인적 질병, 문제, 혹은 위협으로 재구성하고 있다. 다음 장에서 나는 새로운 자본주의의 사고방식과 행동 방식을 지지하는 이러한 개입들이 이념적으로 만연하게 된 경로를 탐색하고자 한다. 이 논의의 시작점은 우리가 깨어 있는 시간 대부분을 보내는 사회제도, 다시 말해 일상 업무의 세계가 될 것이다. 이곳은 다른 어떤 장소보다도 감정적 고통을 효과적으로 관리하는 것이 개인뿐 아니라 더 광범위한 정치 경제를 위한 가장 큰 경제적 이익을 가져다줄 것으로 믿어지는 장소이기 때문이다.

3
현대적 노동이 낳은 새로운 불만

1980년대 이래로 서구의 직장 생활에는 지각변동이 일어났다. 규제 자본주의 시대에 영국 경제를 지배했던 제조업 부문이 서서히 쇠퇴하면서(1970년대 경제의 40%를 차지했던 것이 오늘날에는 10%까지 쪼그라들었다), 새로운 자본주의 아래 서비스업 부문이 폭발적으로 확대되었다. 이 부문의 주된 목표는 상품을 만드는 것이 아니라 상품을 판매하는 것으로, 여기에는 우리가 매일 소비하는 것들, 즉 제품, 서비스, 의료, 여가, 관광, 교육, 금융 서비스가 포함된다. 제조업 부문이 고갈되는 동안 서비스업 부문은 점차 번창했고, 2018년에 이르러 영국 전체 경제의 80%를 차지하게 되었다.[1]

서비스업 부문으로의 국가적 전환은 영국의 직장 생활에 중대한 변화를 불러왔고, 직장 생활에 새롭고 독특한 요구사항을 가져왔다. 첫째, 2000년대부터 평균 노동 시간이 상당히 증가했는데, 이는 새로운 24시간 서비스 경제에서 초과 근무가 거의 의무 사항이나 다름없게 되었기 때문이다.[2] 둘째, 서비스업 부문이 쉽게 이직할 수 있는 유연한 근로자를 요구하게 되면서, 어떤 종류의 직장이건 한 직장에서 보내는 평균 근속 기간이 거의 절반으로 줄어들었다.[3] 이제 평균적인 근로자들은 6년에 한 번씩 직장을 바꾼다.[4] 2015년부터 이와 같은 유연성 요구는 "긱 경제"의 부상을 가속화했으며, 이제 영국에서는 약 500만 명의 사람들이 안정적인 고용을 누리지 못하고 임시 또는 일용직으로 일하고 있다.[5] 마지막으로, 서비스 경제는 부동산 가격이 가장 가파르게 오르는 도심지에서 주로 운영되기 때문에 더 많은 사람이 교외 지역에서 더 저렴한 집을 찾기 시작했고, 그 결과 평균 통근 시간은 거의 5시간(런던 거주자의 경우 거의 7시간)으로 늘어났다.[6] 간단히 말해, 이러한 변화는 우리가 지난 40년간에 비해 더 오래 일하고, 더 멀리 통근하며, 더 자주 이직한다는 것을 의미한다.

이러한 변화들은 지역사회의 결속력, 개인 생활과 가정 생활, 직업 안정감과 감정 건강에 상당한 파급효과를 가져왔다. 그리고 우리의 직장 생활에 더 심대한 결과를 가져온 또 다른 변화들도 있었다. 이러한 변화들은 일터 자체가 근로자에게 부과하는 요구사항과 관련되며, 이 요구사항은 우리가 어떤 사람인지를 결정하는 가장 핵심적인 부분까지 파고든다. 오늘날 현대의 노동자는 매우 특별한 방식으로 과거의 평균적인 노동자와 아주 다르게 보고, 다르게 느끼며, 다르게 행동한다. 그리고 이는 곧 살펴보겠지만, 오늘날 일하는 사람들의 정신 건강과 감정 건강에 심대한 영향을 미쳤다.

서비스업 부문이 확대되고 있던 1980년대 중반, 어떤 문제가 발생했다. 이 문제는 오래지 않아 사업체들이 연간 수백만 파운드의 비용을 소모하게 할 예정이었다. 고용을 하고 보니, 너무 많은 사람이 직무를 위해 필요한 개인적 자질을 갖고 있지 않은 것으로 드러났던 것이다. 이는 고용주들이 새로운 직원을 뽑았다가 해고할(그리고 해고가 성공적이면 비용이 큰 고용 절차를 다시 시작할) 수도 있고, 직원들이 당장은 갖고 있지 않은 자질을 주입할 수 있으리라는 희망을 갖고 직원 교육에 적극 투자할 수도 있다는 것을 의미했다.

런던에서 보스턴, 맨체스터에서 뉴욕에 이르기까지 기업체들은 이 문제와 씨름했다. 오래지 않아 단순하지만 혁명적인 사고방식이 등장하게 되었다. 그냥 입사 시험 첫 단계의 일환으로 모든 지원자가 성격 검사에 응시하게 하면 되는 것 아닌가? 잠재적 직원들이 기업체가 가장 원하는 성격 특징을 가지고 있는지 검사해 본 다음 바람직한 심리적 프로파일(profile)을 갖지 못한 사람들은 제외해 버리는 방식으로, 기업체들은 값비싼 실수를 저지르는 것을 면할 수 있었다. 1980년대에 소수의 기업이 도입했던 이 성격 검사들은 빠르게 유행하여 2014년에는 포춘 500대 기업의 80%가 이 검사들을 사용하게 되었으며,[7] 미국과 영국에서는 부문에 따라 다르지만 취업 지원자의 13%에서 65% 정도가 이 검사에 응시해야 한다.[8]

2017년에 나는 런던의 로열 코트 극장에서 젊은 극작가 모임을 위한 정신 건강 세미나를 진행한 뒤, 런던 슬론 광장에 위치한 북적이는 카페에서 이런 취업 지원자 중 한 사람을 만났다. 24세의 재능 있는 작가 나탈리는 작가 경력을 시작하기 위한 그의 분투에 대해 열정적으로 이야기했다. 돈도, 지위도, 직업 안정성도 없이, 그는 런던시에서 임시직을 잡고 파트너가 자는 동안 밤에 글을 쓰고 있었다. 런던시에서 나탈리가 하는 일에 대해 말하던 중, 나는 세미나에서 잠깐 다루었던 주제인 성격 검사라는 주제로 돌아오게 되었다. 나탈리는 이렇게 쏘아붙였다. "그 시험에서 가장 엿같은 점은, 제가 그 시험을 아주 형편없이 친다는 거예요. 저는 거기 앉아서 질문에 정말 정직하게 답하려고 노력해요. 작가로서 저는 내향적이고, 과감하고, 창조적이고, 예측 불가능하고, 반항적일 수도 있다고요. 그래서 전 그대로 쓰죠. 그런데 그러면 절대 직업을 얻을 수가 없는 거에요. 진짜 말도 안 돼요! 엄청 의기소침해진다고요."

인터넷 검색을 좀 해본 뒤에 나탈리는 성격 검사 응시 기술에 통달하게 되었다. "어떻게 검사를 속일 수 있는지를 알려주는 웹사이트가 말 그대로 몇백 개는 있어요. 구하려는 직업의 종류에 따라서 어떤 네모칸에 표시해야 하는지를 알려주는 거죠. 사람들은 당신이 직장을 구하려면 속임수를 **써야만 한다**고, 당신의 고용주가 원한다고 생각되는 사람을 모방해야 한다고 주장해요. 돈 좀 버는 게 좋은 사기꾼이 되는 것에 달려 있다는 걸 금방 깨달았죠."

나탈리는 쾌활하게 이 모든 이야기를 했지만, 사실 나탈리는 이런 가면을 쓰고 시스템을 속이는 것에 대한 죄책감을 느꼈다. 직업을 얻기 위해 특정한 성격을 가장하는 것에 대한 죄책감을 느꼈던 것이다. 명백한 사실은, 직업 시장에서 우위를 점하기 위해 검사 결과를 조작하는 사람이 나탈리 한 사람은 아니었다는 것이다. 가장 대규모이자 가장 최근에 수행된 성격 검사에 관한 연구가 밝히고 있듯, 응시자의 절반 이상은 그들이 생각하기에 바람직한 특성을 강조하고 그들의 직업적 기회를 위험에 빠트릴 것 같다고 생각되는 특징은 감추는 방식으로 검사 결과를 조작한다.[9] 다른 말로 하면, 나탈리는 미래의 고용주가 가장 원하고 있다고 생각되는 페르소나를 찾아내고 이를 수행하면 승리하는 정교한 성격 게임에 휘말린 수많은 사람 중 한 명이었다.

내가 노동 심리학의 권위자이자 뉴욕 대학의 명망 있는 글로벌 고등 연구소(Global Institute for Advanced Study) 선임 연구원인 데이비드 프레인 박사에게 이 화제를 꺼냈을 때, 박사는 현대 일터에서 점점 증가하고 있는 성격에 대한 집착에 대해 잘 알고 있었다. "더 산업적이었던 1980년대 이전의 경제에서는 일터에서 생산적인 직원이 누구인지 알아차리는 게 상대적으로 쉬웠죠. 그냥 노동 시간 1시간당 몇 단위의, 혹은 몇 개의 상품을 만들었는지를 측정하는 것에서부터 시작하면 되었습니다. 그런데 새로운 서비스 경제에서 무언가를 만드는 일이 점점 덜 보편적인 일이 되면서 생산량은 더 비물질적인 형태로 변화했고, 분명하게 정의하는 것이 더 어려워졌으며, 이는 노동자들의 실제 생산성을 측정하는 것을 훨씬 더 어렵게 만들었습니다."

그리하여 1980년대와 그 이후부터, 대기업은 새로운 서비스 경제에서 가장 성공 가능성이 큰 종류의 노동자를 찾기 위한 새로운 방식들을 개발하기 시작했다. "오래 지나지 않아 그들은 이제 이윤을 남기는 것이 노동자들의 **실제 행동**과 직접 관련된다는 사실을 깨달았습니다. 말하자면, 미소지으며 서비스를 제공할 수 있는 그들의 능력 말이죠." 이어서 그가 말하길, "그래서 그들은 우리의 개인적 특성, 성격, 직업 정신과 회사에 대한 헌신에 더 집중하게 되었습니다. 그리고 이는 우리의 행동, 다시 말해 우리가 어떻게 보이고, 관계를 맺으며, 행동하는지를 더 강력하게 통제하는 것으로 이어졌죠."

　서로 다른 직업들은 서로 약간씩 다른 노동자로서의 자질을 요구하지만, 넓은 의미에서 "좋은 노동자"는 프레인이 썼듯이, "직업 정신이라는 사회적 규범에 통달한 모습, 헌신과 열정, 조직의 목표에 대한 지지"를 보여주는 노동자이다.[10] 근본적으로 기업체들은 협동적이고, 긍정적이고, 다정하며, 야망 있고, 가능하면 외향적이고, 너무 고집스럽지 않은 사람들을 찾는다. 이러한 사람들은 기업의 이미지, 이윤과 단체정신에 좋다고 여겨진다. 1980년대와 1990년대에 걸쳐 노동 문화가 변화하게 되면서, 좋은 노동자에 대한 우리의 개념도 변화하게 되었다. 당신이 무엇을 하는지나 무엇을 생산하는지보다 당신이 어떤 사람인가 혹은 어떤 사람처럼 보이는가를 더 강조하는 개념으로 말이다.

　2015년 1월 5일, 런던 지하철을 타고 통근하는 사람들은 좌석 위에 설치된 곡선 형태의 광고판에서 희한한 광경을 보게 되었다. 이 기차 저 기차 할 것 없이, 이 광고판들은 굵은 헬베티카 글꼴로 쓰인 다음의 세 문장 중 하나로 꽉 차 있었다.

단지 우리를 계속 일하게 만들려고 누군가 무의미한

일들을 계속 만들어내는 것만 같다.

엄청나게 많은 사람이 속으로는 딱히 별 필요가 없다고
생각하는 일을 하면서 하루를 보낸다.

사실 속으로는 내 직업이 존재하지 말았어야 한다고 느끼면서
어떻게 일터에서의 존엄에 대해 말하기 시작할 수 있을까?

런던 지하철에서 볼 수 있는 또 하나의 기행에 사람들이 씁쓸하게 웃고 넘어갔으리라 생각했을지 몰라도, 실상은 그렇지 않았다. 이 포스터들은 트위터에서 광풍을 불러일으켜 몇천 명의 사람들이 이 글을 온라인에 올리고 활발하게 토의하기 시작했다. 머지않아 익명으로 배부된 이 포스터들이 아침 통근자들의 심금을 울린 것이 분명해졌다.

이 포스터들이 발행되었을 때와 거의 같은 시기, 나는 정신 건강 및 일과 삶의 균형 간의 관계를 탐구하는 엑세터 대학의 연구 계획에 참여하고 있었다. 연구 참여의 일환으로, 나는 포스터에서 표현된 정서들, 즉 노동자들의 깊은 불만과 공허함이라는 확산하는 감각에 초점을 맞추기 시작했다. 이러한 불만이 특히 우리의 일터에서 어떻게 해석되고 다루어지는지에 대한 학술 문헌을 탐색하기 시작하면서, 나는 런던 지하철의 메시지들이 기이하리만치 선견지명이 있었다고 생각하게 되었다.

내가 찾아본 연구들의 정의 및 측정 방식이 각자 달랐음에도, 연구들은 일관되게 "불만족스러운" "몰입해 있지 않은" 분류에 속하는 근로자가 (3분의 2가량으로) 가장 많다는 것을 보여주었다.[11] 이는 영국 노동자의 대부분이 자신이 하는 일에 대한 긍정적인 감정적 몰입을 경험하지 못하고 있다는 것과(이는 그들을 소위 냉담한 감정 상태에 놓았다) 그들의

일을 싫어한다는 것, 혹은 둘 다라는 것을 의미했다. 다시 말해 그들은 일터에서 불만족스러워하고, 지루해하거나, 불행해하고 있었다. 이는 더 최근인 2018년에 수행된 연구와도 일치하는 사실로, 이 연구는 영국인의 55%가량이 일터에서 과도한 중압감에 시달리고, 지쳐 있으며, 자주 비참해 할 뿐만 아니라,[12] 거의 40%의 사람들이 자신의 직업이 세상에 아무런 의미 있는 기여도 하지 못한다고 느끼고 있다는 것을 드러냈다. 더 놀랍게도, 46%의 사람들이 그들의 직업이 완전히 무의미하다고 느끼고 있었다.[13] 런던 지하철 포스터 문구 중 하나를 약간 바꿔 한마디로 말하자면, 우리 중 많은 사람이 속으로는 딱히 별 필요가 없다고 생각하는 일을 하면서 하루를 보낼 뿐만 아니라 상당히 높은 비율로 우리의 일이 무의미하고 불만족스럽거나 감정적으로 몰입할 수 없다고 느끼기도 한다.

노동자들의 불만족과 정서적 이탈 수준은 시간에 따라 괄목할 만한 변화를 보여준다. 예를 들어, 1970년대 이래 이 수치들은 계속해서 증가해 연구에 따라 다르지만 8~19%가량 높아졌다.[14] 1970년대에도 불만 수준이 이상적이었던 건 아니지만 그 수치는 훨씬 나빠졌다. 하지만 이보다 더한 것은, 이처럼 증가하는 노동자들의 불만과 공허함이 오늘날 영국 경제를 지속적으로 괴롭혀온 다른 문제와 밀접한 관련이 있다는 사실이다. 그 문제는 바로 성격 검사를 개발함으로써 다루려고 했던 문제인, 나쁜 노동 생산성이라는 문제였다. 전국적으로 노동자들의 불만이 점차 증가하면서 생산량이나 생산성에서의 성장은 점차 감소하게 되었다.[15] 마치 시소처럼 두 가지 추세는 반비례 관계에 있다.

기업체들이 올바른 부류의 사람들을 모집하기 위해 애를 쓰는 동안,

일터에서는 잘못된 부류의 감정들이 생겨나기 시작했다. 불만, 정서적 이탈, 공허함, 허무함이라는, 대차대조표를 널리 해롭게 하는 감정들 말이다. 상당한 비용을 요구하는 이런 감정들을 성격 검사로 방지할 수 없다면, 이러한 감정들을 직접 겨냥하는 다른 개입들을 받아들일 필요가 있는지도 몰랐다. 그리하여 커지고 있는 노동자들의 고통은 커다란 잠재적인 시장, 다시 말해 이렇게 점점 높아지고 있는 노동자들의 불만족 수준을 낮춰줄 수 있다고 주장하는 모든 산업을 위한 수익성 높은 시장을 열어 주고 있었다.

2000년대 중반이 되면 수많은 정신 건강 자문 회사가 각자의 웰빙 프로그램을 개발하고 포장해서 공공 부문과 민간 부문의 다양한 고용주들에게 널리 판매하기 시작했다. 처음에는 희한한 강좌나 계획 무더기였던 것이 향후 10년에 걸쳐 영국 노동 환경의 구석구석으로 퍼지게 될 때까지, 우리의 노동 환경에는 점차 정신 건강 프로젝트 및 여러 다른 프로젝트들이 생겨났다. 사실 영국에만 80개가 넘는 웰빙 제공자가 있으며,[16] 이들은 모두 그들의 서비스가 직장에서의 더 큰 행복과 생산성을 가져다줄 것이라고 제안한다.

오늘날에는 우리가 취업으로 가는 관문을 지키고 있는 성격 검사를 통과하면 그 너머에서는 웰빙 운동이 우리를 기다리고 있다. 앞으로 보게 되겠지만, 이 웰빙 운동은 매우 중대하고 광범위한 영향을 미치는 방식으로 직장에서의 까다로운 감정을 이해하고, 개념화하며, 관리하는 방법을 가르친다.

2018년 2월 19일, 맬컴 앤더슨이라는 이름의 대학 강사가 평소대로 새벽 4시 40분에 일어나 카디프 대학에 있는 그의 사무실에 가기 위해 56마일을 이동했다. 아침 수업 학생들이 쇄도하기 전에, 그는 대학 도서관 꼭대기까지 느슨하게 감겨 올라가는 빈 계단을 올라갔다. 도착해서 그는 큰 창문을 열고, 위험하게 난간 위로 올라가 100피트 아래의 땅으로 몸을 던졌다. 잠시 후, 겁에 질린 청소부가 누가 쓰러져 누워 있는 것을 보고 그를 돕기 위해 달려왔다. "도와주세요, 도와주세요." 맬컴은 의식을 잃기 전 마지막으로 간신히 신음 소리를 냈다. 그는 아내와 세 아이를 남겨둔 채 오래지 않아 그날 아침에 병원에서 숨을 거두었다.

그의 죽음으로부터 몇 주 후, 그의 사무실에 있는 잠긴 서랍 속에 들어 있었던 유서가 마침내 공개되었다. 맬컴은 더는 과중한 업무량을 견딜 수 없다고 썼다. 압박이 너무나 커서 그는 다른 방법을 찾을 수 없었다. 몇 주, 몇 달간 그는 감당 가능한 수준을 한참 넘어선 업무량 속에 홀로 고통받았고, 아무도 그가 필요로 하는 방식으로 개입할 수 없는 것만 같았다. 그는 여러 차례 경영진에게 업무 할당량에 대해 항의했으나, 언제나 도움 안 되는 똑같은 답변만을 받았다고도 썼다.

내가 다른 강사에게 맬컴의 자살에 대해 이야기했을 때, 그는 명백히 감정적인 모습이었다. "이 사건 전체가 어떤 굉장히 심각한 문제를 분명히 보여줍니다. 제 말은, 대학이 한창 "2주간의 웰빙 기간"에 있을 때 이 유서가 발표되었다는 사실이야말로 비극적인 아이러니라는 겁니다. 직원들과 학생들의 정신 건강을 향상하고 이런 끔찍한 사건에 대한 보호책이 될 수 있도록 고안된 프로그램 말이죠. 하지만 2주간의 웰빙 기간은 사람들이 업무량이나 다른 실질적인 문제에 대해 이야기하게 끔 격려하지 않았고, 의미 있는 해결책을 제공하지도 않았습니다. 알다 시피, 그건 다 무료 야유회에 오세요! 라던지, 자전거를 타러 가세요, 자 전거 타기는 당신의 건강과 웰빙에 좋으니까요! 같은 거죠. 실질적이거 나 구조적인 변화가 실행 가능한 해결책으로 제시되지는 않았습니다. 맬컴이 필요로 했던 종류의 변화들 말이죠."

맬컴 앤더슨이 이렇듯 팽창하는 웰빙 산업을 접할 수 있었다면, 그는 무엇을 배울 수 있었을까? 그리고 그가 배운 것이 그의 죽음으로 이어 진 사건들을 방지할 수 있었을까?

이 질문을 다루기 위해, 가장 크고 가장 성공한 일터에서의 웰빙 제 공자인 정신 건강 응급 처치(Mental Health First Aid), 줄여서 MHFA를 소 개하려고 한다.[17] MHFA는 2007년 영국 보건부의 후원을 받아 영국에 서 처음 시작되었으며, 지금은 전 세계 24개국에서 운영되고 있다. 본 질적으로 MHFA의 세계적인 임무는 소위 "정신 건강 응급 처치 요원" 들의 국제적 군단을 만드는 것이다. 기본적으로 이들은 직장에서 "정신 건강 문제를 얻고 있는 사람들을 식별하고, 이해하며, 도울 수 있게" 하 는 MHFA의 하루 코스 또는 이틀 코스를 통해 훈련을 받은 직장 동료 들이다.[18]

2007년 이래 MHFA는 거의 50만 명 이상의 "응급 처치 요원"을 훈 련시켰으며, 2019년에만 7만 명 이상의 사람들이 훈련을 받았다. 이들 은 전국의 다양한 일터에서 일하고 있다. MHFA 서비스 활용의 급증 은, 직장에서의 정신 건강 악화와 이로 인해 고용주들에게 발생하는 수십억 달러의 비용을 해결해 줄 수 있다는 MHFA의 주장에 도움을 받아 이루어졌다.[19] 직원의 생산성과 충성심을 높이는 동시에 잦은 결근과 많은 비용을 초래하는 병가를 줄일 수 있는 서비스라는 마케팅을 성공적으로 이뤄내면서, MHFA는 오늘날 고용주에게 매력적으로 보이게 설계된 매우 단순한 논리에 의존하고 있다. 즉, 무엇을 구매하건 우리의 서비스가 주는 (금전적인 이득뿐만 아니라 다른 면의 이득도 포함된) 웰빙상의 이득이 비용보다 훨씬 클 것이라는 논리이다.

2019년 6월, 이러한 마케팅 수사를 염두에 둔 채, 나는 영국 전역에서 훈련을 받고 있는 점점 더 커지는 정신 건강 응급 처치 요원 군단에 가입하기 위해 내가 일하는 대학의 인사과에 200파운드의 하루치 훈련비를 달라고 설득했고, 이는 어려운 일이 아니었다. MHFA와 처음 몇 번의 메일을 주고받고 나서 한 주가 지났을 때, 나는 런던 서부의 조그만 컨퍼런스룸에서 12명의 다른 수강생들과 앉아 있게 되었다. 여기서 우리는 앞으로 7시간에 걸쳐 정신 건강 응급 처치 요원이 된다는 것이 무엇을 의미하는지 그 기초를 배우게 될 예정이었다. 우리에게 배정된 MHFA 교육자인 모건은 꾸준히 파워포인트 슬라이드를 넘기며, 어떤 것이 실제 정신 질환인지, 동료들에게 정신 질환이 나타나는 것을 어떻게 알 수 있는지, 언제 어떻게 도움을 줄 수 있게끔 개입해야 하는지, 그리고 동료가 아프다고 생각될 때 동료 직원을 누구에게 소개해야 하는지에 대해 알려주었다. 이 내용이 7시간 만에 익히기에는 너무 많다고 느껴진다면, 걱정하지 마시라. 언제든 비용에 포함되어 있는 MHFA 매뉴얼을 참고하면 된다. 이 매뉴얼은 모든 관련된 질문들과 FAQ에 대해 명확하게 답변해 줄 것이다.

쉬어 가는 토의 시간 중 한 번은, 커피를 마시며 수다를 떨고 있는 우리 그룹에서 조용히 빠져나와 강사에게 다가가 몇 가지 질문을 하려고 했다. "오늘 아침 프레젠테이션 잘 들었습니다, 모건 님. 하지만 제가 걱정되는 게 있는데요." 나는 사교적인 인사 몇 마디를 나눈 뒤 말했다. "MHFA는 '질병' '장애'라는 의학적 단어를 굉장히 느슨한 방식으로 사용하는 것처럼 보입니다. 프레젠테이션에서 질병이라고 묘사된 문제들 상당수는 사실 비의료적으로 보는 게 더 적절한 문제일 수도 있습니다."

예시를 들고자, 나는 우리 그룹이 방금 전에 토의했던 사례 연구인 루이즈라는 중년 여성의 사례를 상기시켰다. 루이즈는 8년간 회사에 다녔고 회사를 다니는 동안 항상 좋은 성과를 보였다. 하지만 최근의 업무 평가회에서 루이즈는 자신이 잠을 설치고 있고, 일터에서 집중하기 어려우며, 기운이 없고, 눈물이 차오른다고 말했다. 우리 그룹은 최근에 그의 업무량이 증가했다는 것을 알고 있었다. 그러나 그들은 이 사실의 중요성에 무관심해 보였고, 실상 일터에서 일어나는 어떤 일에 대해서도 관심이 없어 보였다. 대신에 그들은 루이즈가 전형적인 우울증 징후를 보여주고 있다는 것과, 그래서 전문적 도움이 필요할지도 모른다는 것에 동의했다.

(루이즈가 어떤 도움을 받아야 하는지 추천하려는 태도를 바탕으로) 루이즈에게 **무슨 문제가 있는지**를 생각해 보게 함으로써, 루이즈에게 **무슨 일이 일어났는지**에 대한 논의에서 벗어나라고 강조하는 것이 MHFA 접근 방식의 핵심이다. 예를 들어, MHFA는 고통받는 사람 중 어떤 이들에게는 "일터에서 약간의 합리적인 조정이 필요할지도 모른다"고 인정하기는 한다. 그러나 응급 처치 요원들이 어떻게 이러한 조정을 가능하

게 할 수 있는지 생각해 보는 훈련을 받지 않는다는 것은 명백하다. 오히려 그들은 자신이 고통받고 있다고 판단한 사람들이 "적절한 전문적 도움"을 구하도록 유도하라는 요구를 받는다. "약물, 상담, 심리치료"처럼 더 빠르게 회복하여 일터의 요구로 되돌아갈 수 있게 해주는 종류의 도움 말이다. 응급 처치 요원은 사람들이 이러한 제안에 긍정적으로 반응하지 않을 때, "치료를 받는 것과 관련해 개인이 경험하는 장애물이나 내키지 않는 마음"을 찾아내 없앨 수 있도록 하라는 요구를 받는다.

나는 모건에게 말했다. "이 모든 것과 관련해 우려되는 것은, MHFA 훈련의 취지가 대체로 경영자들과 일터의 조직문화에 도전하도록 격려하거나 힘을 부여하는 것에 있기보다는, 이런 것들을 탐구하는 데 전혀 관심이 없는 정신 건강 서비스를 받을 수 있게 꾀를 내라고 요구하는 것에 있다는 겁니다. 이는 우리의 고통을 의료화하는 것으로 이어지고, 결과적으로 우리의 고통을 환경보다는 자기 자신에 뿌리박고 있는 문제로 다루는 것으로 이어질 수밖에 없습니다."

모건은 다소 놀란 것처럼 보였고, 이내 퉁명스럽게 답했다. "우리가 규칙을 만든 게 아니에요. 우리는 그냥 정신 질환의 알려진 증상들을 개괄하고 어떻게 그것들을 알아차리는지 알려줘서, 필요한 상황에 사람들을 전문가에게 소개해 도움을 받을 수 있게 하는 겁니다." 공정하게 말하자면, 물론 그가 맞다. MHFA가 규칙을 만들어내는 것은 아니다. MHFA는 그저 응급 처치 요원들에게 규칙대로 하는 법을 알려주는 것일 뿐이다. 하지만 이 조직이 이러한 규칙에 대해 의문을 품지 않는 것도 사실이다. 실제로는 그러한 규칙을 지지한다고까지 말할 수도 있다. 우리가 근로자의 고통에 대한 의료화된 이해 방식을 무비판적으로 옹호하기 시작하면 다른 심각한 질문들이 뒤따를 수밖에 없는데도 말이다. 우리의 환경, 즉 사회적 상황이나 우리의 직업이 우리의 불행에 책임이 있다는 생각은 어떻게 되는 것일까? 점점 더 많은 사람이 자신의 직업이 불만족스럽거나 무의미하다고 느낀다는 사실은? 이러한 사실이 그들의 정신 건강에 영향을 미치지는 않을까? 이러한 것들에 대해서는 일언반구 언급조차 하지 않음으로써, MHFA가 무비판적인 의료화, 나아가 노동자의 고통에 대한 탈정치화와 공모하는 것은 아닐까? 아니면 심지어 그것들의 홍보 대사가 되고 있는 것은 아닐까?

모건과 나는 쉬는 시간이 끝날 때까지 계속 이야기를 나누었고, 나중에 다시 이야기하기로 합의했다. 모건과 다시 일대일로 대화를 나누지는 못했지만(그는 이제 나를 피하는 것 같았다), 어찌어찌 점심시간 동안 다른 응급 처치 요원 몇 사람을 불러 모아 그들이 내 우려에 공감하는지 물어볼 수는 있었다. 런던의 한 중견 기업 인사부 부장인 데이비드가 자신감 넘치게 말하길, "이런 코스들이 존재한다는 게 대단한 거죠. 제가 일을 시작할 때만 해도 사무실에서는 내색하지 않는 게 미덕이었어요. 제 생각엔, 이게 그런 문화를 바꾸는 데 도움이 되는 것 같아요." 나는 내색하지 않는 문화가 어리석고 유해하다는 것에 동의했지만, 그러면 그들이 마음을 터놓은 다음에는 무슨 일이 일어나느냐고 물었다. 그 사람들이 실제로 도움되는 방식으로 자신의 문제를 이해하라는 요청을 받게 되는가? 정말로 우리 같은 응급 처치 요원들이 각자의 주치의와 상담하라는 조언을 주어야 하는가?

"그게 뭐가 잘못됐나요?" 데이비드가 물었다. "거기서 그들이 필요로 하는 도움을 받는 게 분명하잖아요?"

"그들의 문제가 상황적이지 않을 때, 사회적이지 않을 때, 일로 인해 발생한 게 아닐 때 그렇겠죠." 나는 대답했다. "일반 주치의가 어떻게 그런 문제를 해결할 수 있을까요, 특히 5분밖에 안 되는 상담에서 말이죠. 그들은 그렇게 할 수 없고, 더구나 그렇게 하도록 훈련을 받지도 않은 게 사실입니다. 그 사람들은 그 대신에 처방을 받게 될 확률이 더 높고, 이는 일터에 있는 무언가가 아니라 지금 교정 대상이 되고 있는 자신 안의 무언가로 강조점을 옮겨 버립니다." 나는 데이비드와 몇 번 더 즐겁게 이야기를 주고받았다. 데이비드의 휴대전화가 울리기 시작하고, 내가 제인에게 다가가기 전까지는 말이다.

알고 보니, 제인은 나를 제외하고 이 코스를 듣고 있는 유일한 연구자였다. 그는 사우샘프턴 대학에서 통계학자로 일하며, 일차 진료 서비스를 위해 인구학적 정보를 분석하는 일을 하고 있었다. "지난해에 직장에서 정신 건강 문제가 여러 번 발생했거든요. 그래서 여기에 왔어요. 제가 이런 문제 중 몇 가지에 관심을 보이자, 부서에서 제가 여기에 오도록 추천했죠."

나는 제인에게 코스에 대해 여태까지 어떤 인상을 받았는지 물어보았다. "음, 몇몇 연구에 대한 이야기는 좀 의심스럽긴 해요. 특히 결과에 대한 부분 말이죠. MHFA가 일터에서 어떤 식으로든 긍정적인 효과를 발휘하는지에 대해서는 제가 본 바가 없네요." 그가 계속해서 말하길, "정신 건강 응급 처치 요원들이 실제로 동료들이나 회사에 도움이 되는지에 대해서는 아무 말이 없어요."

제인이 맞았다. 이 문제에 대한 연구는 전혀 없었다. MHFA 웹사이트는 4건의 연구만을 인용하고 있었는데, 이들 중 MHFA 서비스가 실제로 근로자들의 정신 건강을 향상하고 그들의 마케팅이 주장하듯이 생산성을 높이고 비용을 절감하는지에 대해 다룬 연구는 하나도 없었다. 연구는 그 대신 훈련이 끝난 뒤에 응급 처치 요원들이 정신 건강 문제에 대해 더 잘 알게 되었고 자신감을 얻게 되었다고 느끼고 있는지 아닌지만 분석했다. MHFA에서 수십만 명의 영국인들이 훈련을 받고, 전 세계가 이 코스에 수억 파운드의 비용을 지불하고 있다는 사실에도 불구하고, MHFA 서비스가 정신 건강 응급 처치 요원들 외에 다른 어떤 사람에게라도 이득이 된다는 연구 결과는 전혀 없다.

이러한 지지 근거의 부재는 MHFA에만 해당되는 것이 아니며, 급성장하고 있는 전국의 웰빙 제공자들에 대해서도 마찬가지다. 영국 정부의 공중보건국(Public Health England)은 이러한 웰빙 프로그램들에 대한 첫 번째 대규모 검토를 의뢰했는데, 한 군데도 그들이 직접적으로 노동 생산성을 높이고 잦은 결근을 줄였으며 직원들의 웰빙을 향상했다는 증거를 내놓지 못했다. 마음챙김에 기반한 한 온라인 교육원만이 자사 프로그램이 스트레스와 불안을 줄였다는 것을 증명할 수 있었다. 하지만 사실 마음챙김 교육원이 직장 프로그램은 아니었던 것을 생각하면, 애초에 이 프로그램이 왜 검토에 포함되었는지 어리둥절해진다.

웰빙 프로그램들에 대한 이 연구가 그 프로그램들이 넌지시 제시한 주장을 지지하지 않는 것처럼 보이는 것을 생각하면, 이와 같은 정부 의뢰 연구가 강한 주의를 요구하는 말 몇 줄을 담고 있었으리라고 예상할 수 있다. 그런데 현실은 그렇지 않았다. 그 대신 우리는 칭찬과 낙관주의적인 말을 듣게 되었다. "이 연구는 다양한 수준의 목표와 이해관계자로 이루어진 복잡한 환경에 대한 통찰을 제공한다. 직장 웰빙 부문은 활발하지만, 건강과 웰빙 면에서의 성과에 대한 강력한 증거를 제시하는 능력 면에서는 아직 성장 단계에 있다."[20]

이러한 직장 프로그램이 근로자들로 하여금 자신의 직장 생활 환경을 비판적으로 돌아보도록 고무했다면, 그때도 이 연구가 이렇게 관대했을까? (그리고 이 서비스들이 고용주들에게 그토록 인기가 많았을까?) 일선 관리자에게 현대적 노동이 우리를 비참함과 절망에 빠트릴 수 있는 수많은 방식에 대한 의식을 제고시키는 웰빙 코스를 들을 수 있게 비용을 지불해 달라고 요청한다고 상상해보라. 노동자들의 고통이 점점 커지는 위기는 정신 질환의 유행보다는, 제자리에 머무르는 임금에서부터 점점 증가하는 임금 불평등, 고용의 단기주의, 더 길어진 노동 시간, 맞벌이를 하라는 압박 증가, 노조에 기반한 일터의 보호책 감소, 더 낮은 고용 안정성과 서비스업 부문의 빠른 확장에 이르는 수많은 요인으로 인해 초래된 노동자들의 불만과 정서적 이탈 때문이라고 가르치는 강좌를 위해 그들이 비용을 지불한다고 상상해보라.

MHFA와 같은 웰빙 프로그램들이 이런 까다로운 사회적 관심사들과 완전히 동떨어져 있다는 사실은 이들이 시장에서 펼치려는 야망이라는 관점에서 본다면 지극히 당연한 일이다. 상품을 효과적으로 판매하기 위해서는 그들의 고객들, 다시 말해 그들에게 돈을 주는 회사와 기관들에게 그 상품이 매력적이어야 하기 때문이다. 근로자들의 고통에 대한 책임을 노동의 조직적이고 사회적인 맥락과 분리해, 자아의 더 내밀한 구조 속에 있는 것으로 자리매김하는 서비스보다 더 매력적인 것도 없다. 다른 말로 하면, 직장에서의 정신 건강에 대한 자문 회사라는 비즈니스 모델은 근본적으로 조직들이 흔쾌히 돈을 지불할 만한 종류의 메시지에 기반한다. 직장 복귀 정책을 우선시하고 노동 환경의 책임을 면제해 주는 동시에, 조직이 (그리고 이러한 프로그램이 자금을 확보하는 데 도움을 주는 정부가) 나쁜 정신 건강을 해결하려고 노력하고 있다는 위선적인 선언을 할 수 있게 만들어 주는 종류의 메시지 말이다.

———————

2011년, 캐나다 정신 건강 협회(Canadian Mental Health Association)는 협회 웹사이트에 짧은 애니메이션을 올렸고, 이 애니메이션은 빠르게 유명해졌다. 여섯 살 소녀의 내레이션이 들어간 이 애니메이션은 소녀가 그린 일련의 그림을 보여주고 있다. 첫 번째 그림은 소녀와 소녀의 아버지가 정원에서 공놀이를 하며 웃고 서로 껴안는 그림이었다. 배경에서는 해가 밝게 빛나고 커다란 분홍색 꽃이 피어나고 있다. 이 그림을 배경으로 소녀가 말하길, "우리 아빠는 세상에서 가장 좋은 아빠예요. 아빠가 일하러 가기 전까지, 우리는 같이 놀고, 웃고, 즐거운 시간을 보내요."[21]

소녀가 "일"이라는 말을 하자마자, 어둠이 깔린다. 다음 그림에서 소녀의 아버지는 매우 슬퍼하며 자동차를 타고 일하러 가고 있는데, 머리 위로는 먹구름이 지고 붉은 눈물이 아버지의 뺨을 타고 흐른다. 이어서 축 처진 곰인형을 안은 채 매우 슬픈 얼굴을 한 소녀의 그림이 나타난다. 소녀가 풀 죽은 목소리로 말하길, "아빠가 집에 돌아올 때, 아빠는 너무 지치고 슬퍼 보여요. 내 곰돌이가 아빠를 다시 행복하게 만들어 줄 수 있으면 좋겠어요." 소녀의 마지막 그림은 결국 소녀의 아버지가 자기 책상에 앉아 손에 얼굴을 묻고 혼자 있는 모습을 보여준다.

이 동영상이 물론 매우 감동적이기는 하지만, 감동만으로는 이 동영상이 그처럼 광범위한 영향력을 행사한 이유를 설명할 수 없다. 강렬한 감정 펀치를 날리는 것 말고도 이 동영상이 잘하는 일이 있었다. 이 동영상은 아버지가 일터에서 겪는 불행의 본질과 원인을 의도적으로 모호하게 남겨 두어 일터에서 비참함을 느끼는 사람이라면 누구나 자신의 경험을 투사하기 쉽게 했다. 이런 방식으로 이 이야기는 매우 개인적인 것으로 다가오고, 일터에서 어떤 이유로든 불만족스러움을 경험하고 있는 사람들에게 말을 건다. 동영상을 통해 가능한 많은 관객과 개인적인 연결고리를 수립하고 난 뒤, 웹페이지는 당신 자신이 일터에서 겪고 있는 심적 고통에 대한 해결책들을 고려해 보라고 제안한다. 첫 번째 해결책은 "인생의 모든 우여곡절에 대처하는 데 도움이 되도록 당신의 정신 건강 수준이 어떤 면에서 향상될 수 있는지" 찾아내는 데 도움을 주기 위해 고안된 온라인 설문조사이다. 설문조사의 30개 문항은 개인적 회복탄력성, 유연성, 삶을 즐길 수 있는 능력, 자기실현의 수준을 평가한다. 문항을 다 채우면, 설문조사의 알고리즘이 당신이 이런 부분에서 정신 건강을 달성하기 위해 어떤 개인적 자질을 개발하고 향상하는 데 뜻을 두어야 할지를 계산하기 시작한다. 다음 검사인 일과 삶의 균형 퀴즈는 당신이 친구, 가족, 취미 및 업무 외적인 관심사에도 충분한 시간을 쏟고 있는지를 정확하게 알려줄 수 있다고 주장한다. 당신이 충분한 시간을 쏟지 않는다면, 삶을 행복한 균형 상태로 되돌리기 위해 약간의 조정이 필요할지도 모른다.[22]

두 검사는 모두 충분히 무해해 보이지만, 그 은밀한 메시지는 훨씬 덜 결백하다. 검사는 당신의 심적 고통은 당신 자신의 삶에서 무언가가 엉망이기 때문이며 당신 자신에게 그것을 바로잡을 수 있는 자유가 있다고 암시한다. 아마도 당신은 일과 삶의 균형을 쇄신하거나, 더 유연해지거나, 회복탄력성을 갖추거나, 자기실현을 더 잘해야 하는지도 모른다. 노골적으로 그렇게 이야기하지는 않더라도, 핵심적인 메시지는 변화해야 하는 것은 바로 당신이고, 그 변화는 당신의 손에 달려 있다는 것이다. 당신이 겪는 고통의 외적 원인과 해결책에 관한 질문은 전혀 제기되지 않는다. 사람들이 정말로 변화를 위해 필요한 시간이나 경제적 자유를 가지고 있기는 한지에 관한 질문도 마찬가지이다.

우리 대부분이 가족 및 친구와 더 많은 시간을 보내고 싶어 하지만, 노동 시간을 줄이는 것은 소수만이 누릴 수 있는 사치이다. 자기실현 또한 충분히 매력적으로 들리기는 하지만, 자신을 공허하게 하고 소진되게 만드는 일에서 회복하는 데 대부분의 여가 시간을 소모해야 하는 60%의 사람들에게 자기실현이 어떻게 가능할까? 물론 웹페이지상으로는 유연성 및 회복탄력성 계발이 설득력 있게 들리기도 하지만, 이러한 특징을 계발하는 것이 정말로 당신의 웰빙을 향상할까 아니면 당신이 인간 본연의 욕망과 필요에 역행하는 종류의 일에 더 잘 적응하게 만들까? 현실 세계는 이러한 캠페인이 쉽게 내세우는 이상적인 자기 향상 전략들을 쉽게 수용할 수 없도록 만든다. 그리고 이 전략들은 어떤 좋은 의도가 있건, 어떨 때는 차라리 안 보는 게 나은 현실로부터 눈을 돌리게 하는 비현실적인 전략들이다.

우리가 살아가는 환경과 우리의 관계를 변화시키는 대신 우리 자신을 변화시키라는 지배적인 테마는 다음의 마지막 예시에서도 볼 수 있다. 이 예시는 영국 자문, 조정 및 중재 기구(ACAS)가 수행하고 정부의 비즈니스혁신기술부(Department for Business Innovation and Skills)가 자금을 제공한 최근의 국가적 계획과 관련된다.[23] 2015년에 도입된 이래, ACAS가 추진해온 "일터에서의 긍정적 정신 건강 증진" 캠페인의 핵심은 전국의 관리자들에게 직원들의 정신적 고통이나 "질환"을 찾아내고 관리하는 방법을 교육하는 것이었다. 현재 진행 중인 MHFA 캠페인과 마찬가지로, ACAS는 노동자들에게 발생한 정신 건강 문제를 조기에 발견할 수 있다면 향후 노동 생산성 저하로 인한 막대한 비용 손실을 막을 수 있다고 본다. 그렇다면 관리자들은 노동자들의 심적 고통에 어떻게 개입하라는 조언을 받는가?

먼저 그들은 직장에서 겪는 심적 고통의 광범위한 사회적 원인에 대해 너무 깊게 생각하지 말라는 이야기를 듣는다. 어쨌거나 정신 질환에는 "많은 가능한 원인"이 있다. 그리고 "이러한 원인 중 일부는 직장에 있는 문제와 관련될 수 있다. (…) 대개 이러한 것들[직장에서의 문제들]은 이미 존재하는 의학적 혹은 개인적 문제를 악화시킨다." 다른 말로 하면, 직장에서의 문제들이 노동자들의 심적 고통과 관련이 있을 수도 있지만, 그렇다고 해서 이 문제들이 원인이 되는 경우는 드물다. 왜냐하면 당신 속에 이미 존재하고 있었던 어떤 결함이, 이런 결함이 없는 경우에 비해 이 문제들에 더 큰 영향을 받게 만들기 때문이다.

관리자들은 정신 질환을 발견하려고 노력하면서 경계를 늦추지 말아야 하는데, 정신 질환은 "신체 질환보다 눈에 띄지 않고", 근로자들은 "자신의 증상을 감추기 위해 전심전력을 다할 수도 있기" 때문이다. 정신적으로 아픈 사람들을 탐지하는 데 있어 이와 같은 장애물이 있음에도 불구하고, 관리자들은 "돌아다니면서 보는 것이나 팀 회의에서 보게 되는 것들에 주의를 기울이고자" 열심히 노력하기만 한다면 이들을 찾아낼 수 있다고 교육받는다. 소위 정신 질환의 징후들에 정통해지면 된다고 말이다. 그러면 관리자들이 동료들에게서 포착해야 할 "정신 질환"의 전형적인 징후들이라는 게 **대체** 무엇일까? 다행히도, ACAS가 제공하는 목록이 있다.

- 말수가 적고 침울한 행동을 보임
- 실적 부진
- 시간 엄수를 하지 못함
- 현명치 못한 의사 결정
- 에너지 부족
- 설명 없는 결근이나 병가의 증가

어떤 사람이 직장에서 이러한 문제 중 하나를 겪는 데에는 수많은 합리적인 이유가 있을 수 있다는 것을 생각하면, ACAS가 왜 이런 징후들이 소위 질병의 증상으로 재구성되어야 하는지에 대해 아무 근거도 내놓지 않는 것이 이상하다. 사실 이러한 징후들은 전부 우울증이나 불안에 대한 그 어떤 종류의 공식적인 진단 기준에도 부합하지 않으며(물론 이런 기준에도 문제가 없는 건 아니다),[24] 이 모든 징후가 여러 비의료적인 방식으로 해석될 수 있다. 이러한 모습을 노동자들의 불만과 정서적 이탈의 징후로 해석해 보는 것이 첫걸음이 될 수 있다.

관리자들이 정상적인 인간 행동을 의료화하는 방법을 배우고 나면,

그들은 이제 "문제에 관여하라"는 요구를 받는다. 여기에는 "근로자의 문제를 깊게 이해하기 위해 근로자와 라포 형성하기"가 포함되며, 이는 그 사람에게 딱 맞는 "최고의 대처 전략"을 찾을 수 있게 한다. 피상적인 차원에서 직접적인 노동 환경을 약간 수정하는 것(책상 정리 도와주기, 공원 산책 권유하기, 해야 할 일 목록 쓰기)도 이러한 전략에 포함될 수 있다. 그러나 이러한 수정 전략이 효과가 없다면, 동료를 상담소나 근로자 지원 프로그램, 혹은 (다음 장에서 살펴볼) 심리치료 같은 전문 임상 서비스에 소개해 주어야 한다는 조언을 받는다.[25] 그리고 이러한 치료는 최소한의 소란과 최소한의 비용으로 사람들을 일터로 돌려보내는 일을 돕기 위해 설계되어 있다.

요컨대, 점점 더 늘어나고 있는 직장에서의 웰빙 개입에 대해 조사해 보면, 급성장하는 정신 건강 자문 회사의 세계에서 MHFA는 전혀 특별하지 않다는 사실을 알 수 있다. 오히려 MHFA는 오늘날의 삶에서 노동으로 인한 고통을 이해하고 다루는 방식을 의료화하고 재구조화하느라 분주한, 빠르게 팽창하는 사회적 운동의 전형적인 예시에 불과하다.

맬컴 앤더슨이 스스로 목숨을 끊은 뒤 6개월이 지났을 때, 카디프 대학의 교수들은 할 만큼 한 상태였다. 이제 카디프 대학에서 일하는 500명 넘는 학자들이 직장 내 고충을 조명하는 공동 공개 성명을 발표하며 직접 행동에 나섰다. 대학은 직장에서의 심적 고통에 대한 더 깊

은 제도적이고 사회적인 원인을 다루지 않았고, 의도적으로 문제를 직시하지 않은 채 "눈 가리고 아웅"하고 있었으며, 해결책으로 내세운 새로운 정신 건강 프로그램은 "불충분한 반창고"에 불과했다.[26] 카디프 대학의 한 학자가 나에게 말했듯이, "이러한 일터 프로그램은 그저 시선 끌기일 뿐이에요. 이건 구조적이고 조직적인 근원을 가진 노동 문제를 탈정치화하는 겁니다. 사실은 한층 더 음험한 의도가 있다고 할 수도 있죠. 그들은 우리가 심적 고통에 대해 말하는 방식을 통제하려고 하면서, 항상 조직의 책임을 면제하는 방향으로 그것을 바꾸려고 합니다."

물론 이런 프로그램을 옹호하는 사람들의 상당수는 일과 감정 건강 사이의 연결고리를 강조하고, 너무 열심히 오래 일하는 것이 유해하다고 주장하는 한편, 고용주들과 관리자들이 감정적 어려움을 겪는 피고용인들에게 공감하는 태도를 보여야 한다고 주장함으로써, 그들이 없어서는 안 될 공공 서비스를 수행하고 있다고 반박할 것이다. 고통받는 사람들에게 그들의 메시지가 도움이 되는 때와 장소에 한해서는 옹호자들의 주장에도 일리가 있다. 하지만 카디프 대학의 많은 학자들은 이러한 프로그램이 우리의 담론적 방향을 교묘하게 틀어버리는 정치적 도구가 될 수 있음을 깨달아 나가고 있었다. 그것은 직장 생활을 괴롭히는 주된 문제에 (특히 직장 생활이 지난 30년간 변화해온 방향에 대해) 도전하는 방향에서 벗어나게 하는 한편, 어떤 식으로든 우리 자신에게 잘못이 있고 우리에게는 고통을 치료할 수 있는 (돈 드는) 서비스가 필요하다고 생각하게 하는 쪽으로 담론의 향방을 틀어버리는 것이다.

많은 학자들이 이처럼 비판적인 관점을 가지고 있음에도, 이런 프로그램이 점점 더 많은 인기를 구가하고 있다는 것은 우리 대부분이 그리

비판적이지 않을지도 모른다는 것을 시사한다. 그리고 여기에는 합리적인 이유가 있는지도 모른다. 어찌 되었든 이러한 프로그램들은 주로 관리자들과 직원들을 겨냥하고 있고, 이들은 대개 고생이 많고 피곤하며 과로하고 있는 데다, 시간과 직업 안정성도 부족하고 때로는 현실에 도전하기 위한 비판적 자원도 결여하고 있다. 또한 이 프로그램들은 수많은 현대적 노동 형태에 광범위하게 퍼진 무상감을 간과하며, 취업 시장을 조형하는 경제에 대한 비판적 숙고를 피한다. 더 넓은 인간 잠재력의 함양 대신 노동자의 생산량과 생산성 증가가 개입의 주된 목적이 되어야 한다는 주장을 은밀하게 수용함으로써, 이러한 프로그램들은 훨씬 깊고 복잡한 뿌리를 가진 문제들에 대한 간편하고 매력적인 해결책을 제공한다. 나아가 기업과 정치인들에게 도덕적 정당화를 제공하기도 한다. 기업과 정치인들은 서비스와 자금을 빌미로 자신들이 선의를 갖고 정신 건강 문제를 진지하게 받아들이고 있다고 주장하기 때문이다.[27]

이와 같은 자문 회사들이 조직에 제공하는 명백한 이점들을 고려하면, 효과에 대한 증거가 없는데도 불구하고, 다시 말해 그 어떤 연구도 이 자문 회사들이 사람들을 덜 괴로워하게 하고 더 생산적으로 만든다는 것을 보여주지 않음에도 불구하고, 이러한 회사들이 번창하는 것도 놀랄 일은 아니다. 어쩌면 기업과 조직의 이해관계라는 관점에서 봤을 때는 애초에 효과가 있는지가 핵심이 아닌지도 모른다. 어찌 되었건 이러한 프로그램들은 직장에서 심적 고통을 겪게 되는 원인에 대한 서사를 통제하는 데 도움을 줌으로써, 심각한 상황에서도 돈벌이에 도움이 되는 상당한 가치를 창출한다. 고통스러운 직장 경험을 공적 담론의 장에서 빼내 상담실이라는 사적 영역에 놓음으로써, 현대적 노동의 부정적 효과는 의료화되고 개인화되고 탈정치화될 수 있으며, 결과적으로 더 안전하고 조용하며 은밀한 방식으로 분산될 수 있다.

———

2019년 10월, 런던에서 열린 왕립정신과협회 회의에 참석한 후 건물을 떠나던 중, 나는 안내 데스크 뒤쪽 벽면에 붙은 커다란 현수막을 보게 되었다. 현수막에는 밝은 녹색 글씨로 "정신 건강 응급 처치"(Mental Health First Aid)라는 문구가 새겨져 있었다. 어떻게 했는지는 몰라도 MHFA가 영국 정신의학계의 중심부까지 비집고 들어온 것이다. 현수막이 중앙 로비의 눈에 잘 띄는 곳에 걸려 있다는 사실은 협회의 공식적인 승인에 대한 상징이자, 어떤 충성 서약이 이미 확고해졌다는 사실에 대한 상징이기도 했다. 결국 두 조직 모두의 핵심에는 일반적인 형태의 감정적 고통에 대한 의료화가 있었고, 두 조직 모두가 사회적이고 심리적인 문제에 대해 항우울제와 같은 약물을 사용할 것을 명백하게 촉구한다(MHFA에서는 이러한 내용이 암시적으로만 전달되긴 하지만). 이런 자문 회사의 확산에 대해 어떻게 생각하건, 이 현수막은 그들이 주류의 지지를 받고 있다는 사실을 보여주며, 나아가 그들이 지난 수십 년에 걸쳐 성장해온 정신 건강 시스템에 대한 생의학의 맹습과 이념적으로 궤를 같이하고 있다는 사실을 드러낸다. 불만족스러워하고 정서적으로 몰입하지 못하는 노동자들로 하여금 의학적이고 심리학적인 개입을 받도록 하는 정신 건강 시스템 말이다. 이러한 개입이 어떤 식으로 작동하는지가 바로 다음 장에서 다룰 주제이다.

4
직장 복귀를 위한 새로운 심리치료

2005년 1월, 두 남자가 영국 총리전략기획실에서 연설을 하기 위해 내각사무처의 한 방에 들어섰다. 총리전략기획실은 공직자들과 하원 의원들, 수석 고문들로 꽉 들어차 있었다. 그들 모두가 정부를 괴롭히는 문제, 즉 어떻게 위기에 빠진 정신 건강 시스템을 고칠 것인가 하는 문제에 대해 답을 듣기를 바라고 있었다. 수백만 명이 매년 정신과 약물을 처방받고 있음에도 불구하고, 최근의 증거는 이러한 약물들이 본래 추정했던 것보다 훨씬 덜 안전하고 덜 효과적이라는 것을 밝히고 있었다. 게다가 수천 명의 환자들이 약물 외의 다른 대안을 제공받지 못하고 있다는 불만을 터뜨렸고, 전체 NHS 예산의 1% 미만이 심리 상담에 쓰인다는 것이 밝혀지자 상황은 점점 더 정치적인 색채를 띠게 되었다. 이는 대화 치료를 받기 위해 평균적으로 8~12달을 기다려야 한다는 것을 의미했다. 임상 효과를 평가하는 정부의 독립 기구인 영국 국립보건임상연구원(NICE)마저 현재와 같은 상황은 지속 불가능하다고 선언하는 형국이었다. 그리하여 영국 정부에서는 중요한 질문들이 반향을 일으키고 있었다. 어떻게 안전하고 경제적이면서 효과적인 방식으로 더 많은 치료를 제공할 수 있을까? 국가적 필요에 부응하면서도 정부의 예산 제한에 딱 들어맞는 국가적인 치료 공급 방식이 있을까?

자신이 답을 가지고 있다고 생각한 두 남자가 총리전략기획실에 들어섰다. 첫 번째 남자는 런던경제대학(LSE)에서 실업이 초래하는 경제적 부담을 연구하며 커리어를 쌓았고, 현재는 나쁜 정신 건강으로 인해 경제에 초래되는 비용을 연구하는 데 착수한 직업 경제학자 리처드 레이어드 경이었다. 두 번째 남자는 인지행동치료(CBT)를 홍보하는 데 많은 시간을 투자해온 심리학 교수 데이비드 클라크였다. 인지행동치료는 공직자들에게 중요한 문제, 즉 사람들을 빠르고 저렴한 방식으로 치료해서 직장으로 돌려보내는 문제에서 우수한 성과를 보여주었다고 알려져 있었다.

국가 차원의 심리치료 프로그램이 어떻게 전국에서 운영될 수 있을지에 대한 자신의 비전을 내세울 수 있는 시간으로 50분이 주어졌다. 주장은 간결하고 효과적이어야만 했다. 레이어드는 경제적 차원의 주장을 제시하며 말문을 열었다. 우울과 불안은 노동능력상실 급여, 생산성 및 세입 하락으로 영국 경제에 매년 120억 파운드가량의 비용을 초래한다. 영국 정부가 국가적인 심리치료 서비스에 매년 6억 파운드가량을 지출할 수 있다면 이 비용은 제값을 하는 것을 넘어 사람들의 생산성을 유지하고 그들을 일하는 상태로 만드는 한편 보조금을 받지 않게 함으로써 15억 파운드가량을 절약하게 만들어 줄 것이다.[1] 이제 그는 청중들의 관심을 한몸에 받았다.

그러자 케임브리지 출신 학자 데이비드 클라크도 자신감 있게 나섰다. 그는 아마 청중이 금방 지지를 보낼 것이라고 속으로 자신감을 가졌는지도 모른다. 클라크는 인지행동치료(CBT)의 장점들을 홍보하는 것으로 말문을 열었다. CBT는 상대적으로 새로운 치료 방식으로, 사람들의 관점을 바꾸는 것에 가장 중점을 두는 치료이며 사람들이 자신이 처한 상황에 더 잘 적응할 수 있도록 돕는다. CBT의 이론에서는 사람들이 계속해서 우울하거나 불안한 것은 비합리적이거나 왜곡된 방식으로 생각하거나 행동하기 때문이며, 사람들의 사고방식과 행동방식을 바꾸면 그들이 느끼는 방식도 바뀔 것이라고 본다. 이러한 관점에서 보면, 고통을 유발하는 어떤 사고 장애를 밝히고, 이에 도전하고, 사고방식을 고쳐야 할 필요가 있다. 이와 같은 인지적 재구조화를 통해 고통받는 사람을 더 긍정적인 인생관으로 이끌어 줄 수 있는 것이다. 나중에 NHS 웹사이트에 게시된 것처럼, "CBT의 목표는 당신이 삶에 대해 더 긍정적으로 생각하는 것을 돕고 도움이 되지 않는 행동 패턴으로부터 해방되게 하는 것입니다." 이러한 목표를 달성하기 위해 심리치료사들은 새로운 목표를 설정하고 부정적인 사고 패턴을 뿌리 뽑도록 할 것이다. 따라서 CBT는 주로 상황보다는 사람을 (사람의 태도, 믿음, 행동을) 바꾸는 것에 관한 치료이다. 사람들이 자신의 직업에, 사회에서의 일과 가정에서의 일에 더 잘 적응할 수 있도록 돕는 것이다.

레이어드와 클라크의 합동 프레젠테이션은 눈에 띄는 성공을 거두었다. 그들이 제공한 비전은 수백만 명의 사람들에게 잠재적인 회복을 약속했고, 나쁜 정신 건강으로 인한 경제적 부담을 극적으로 완화해 주겠다고 장담했다. 그 비전은 또한 사람들이 겪는 문제의 원인을 그들의 상황이나 환경이 아니라 온전히 그들 자신 속에, 그들의 정신 병리 속에 있는 것으로 돌렸기 때문에 정치적으로 위협적이지도 않았다. 치료를 받는 것은 고통이 이미 의료화되었을 때에만, 다시 말해 고통이 우울, 불안이나 더 심각한 내적 정신 장애의 차원에서 재정의되어 정상적으로 보이는 사회적 세계에 대한 역기능적인 반응으로 의료화될 때에만 가능했기 때문에, 그들의 관점은 더욱 지지를 받게 되었다. 다른 말로 하면, 그 서비스는 고통의 의료화(따라서 탈정치화)가 치료를 받기 위한 전제 조건이라는 것을 명확히 했다. "진단적 평가 없이는 치료에 대한 접근도 불가능하다"는 게 그들의 격언이었다.

노동당 정부는 이러한 비전에 너무나 깊은 감명을 받아 다음 선거 공약에서 특히 레이어드와 클라크가 옹호한 방향과 일치하는 쪽으로 심리치료를 대폭 증가시키겠다고 약속했다. 레이어드와 클라크는 6개월 내로 새로운 국가적 치료 프로그램을 설계하고, 지도하고, 실행하라는 요청을 받았다. 이 치료 프로그램은 '심리치료에 대한 접근성 향상 프로그램'(Improving Access to Psychological Therapies), 줄여서 IAPT라고 불리게 될 예정이었다.

2006년이 되자 IAPT가 첫선을 보였고, 2개의 치료센터로 시작한 것이 1년 만에 10개로 늘어났다. 2008년까지 32개의 IAPT 치료 센터가 문을 열었고, 오늘날에는 치료 센터가 220개에 이른다. 간단히 말해, 오래지 않아 IAPT 프로그램은 전 세계에서 가장 야심차고 신속하게 시행된 국영 치료 계획 중 하나로 알려지게 되었다. 치료를 받는 사람들의 수(2005년에 도입된 이래 거의 1000만 명)와 IAPT가 달성하고 있는 것처럼 보였던 탄탄한 결과라는 차원에서 IAPT의 성공이 홍보되었다. IAPT의 명성이 높아짐에 따라, 그 프로그램의 두 설계자인 클라크와 레이어드 또한 영국의 정신 건강 부문에서 거의 연예인에 준하는 명성을 얻게 되었다. 미디어 또한 이에 반응하여 IAPT의 확대 속에서 영국의 병든 정신 건강이 구원받고 있다는 사실에 열화와 같은 성원을 보내는 기사들이 연이어 작성되었다. 2011년에는 새로운 연립 정부마저 설득된 상태였다. 놀랍게도, 긴축의 시기에 그 프로그램은 향후 몇 년에 걸쳐 서비스에 투입될 5억 파운드의 추가적인 자금을 약속받았다.

2010년, 맨체스터에 기반을 둔 60대 중반의 점잖은 임상심리학자 마이클 스콧 박사는 IAPT 환자들을 평가하면서 무엇인가 이상한 부분을 깨닫기 시작했다. 스콧은 학자이자 임상가로 일하는 한편, 20년간 법정에서 전문가 증인으로 활동하면서 다양한 사고에 연루된 사람들의 배상 사건을 몇백 건이나 검토해 왔다. 이러한 평가 활동의 일환으로 그는 사람들의 진료 기록에 접근할 수 있었는데, 여기에는 사고 이전 또는 이후에 IAPT 치료를 이용한 이들의 기록이 포함되어 있었다.

그의 연구에 대해 논하면서 그가 말하길, "그런 이야기를 끊임없이 들었어요. IAPT는 나에게 그냥 도움이 안 된다고 하는 이야기 말이죠. 무엇 때문에 고통받고 있는지와 관련 없이 말입니다. IAPT가 그저 나와 무관하다고 느껴서 IAPT 치료를 그만두기도 하고, (대체로 6회기 전후의) 치료를 지속했을 때도 자신이 달성한 결과에 전혀 감명을 받지 않았다고 하기도 해요. 어떨 때는 치료를 빨리 끝낼 수 있지 않을까 싶어서 자기 치료사한테 나아진 척을 하는 사람들도 봤습니다."

이처럼 부정적인 이야기들을 듣고 또 들으면서 2012년이 되었을 때 스콧은 IAPT에 보고되고 있는 결과들의 정확성에 대해 점점 더 회의적인 시각을 갖게 되었다. 그들은 왜 스콧이 법정에서 일하면서 듣게 되었던 부정적인 보고 내용보다 훨씬 더 찬란한 그림을 그리고 있던 것일까? 스콧은 IAPT 치료의 효과가 어떻게 평가되는지에 대해 더 자세히 알아봄으로써 이 주제를 탐구하려고 했다.

가장 먼저 그의 이목을 사로잡은 문제는 IAPT의 성과에 대한 데이터를 수집할 책임이 IAPT에게 있었다는 사실이다. 거래표준기관이라던지 아니면 다른 어떤 조직이라도 IAPT에게 책임을 물을 만한 조직이 존재하지 않았으며, 독립적인 평가는 이루어지지 않고 있었다. "그래서 저는 괄목할 만한 성과 중 얼마만큼이, 적어도 일부분이라도, IAPT가 자기 숙제를 스스로 채점한 결과물일지를 궁금해하기 시작했죠." 이 시점에서 스콧은 자신이 IAPT의 진정한 효과에 대한 독립적인 평가에 착수함으로써 이 문제를 좀 더 체계적으로 다룰 수 있는 독특한 위치에 있다는 것을 깨달았다.

그는 IAPT 서비스를 거쳐 간 65명의 사례를 검토하는 것에서 시작했다. 그의 방법론은 소송 청구자들의 정신 건강을 평가하는 표준적이지만 효과적인 절차를 따르는 것이었다. 여기에는 개방형 문답의 심층 면접, 표준적인 진단 평가 시행, 모든 치료 및 진료 기록에 대한 검토가 포함되어 있었다. 데이터를 분석하고 난 뒤, 그는 치료 대상이 되는 질환의 종류와 무관하게 실제 IAPT 치료로 회복되고 있다고 말할 수 있는 사람들의 비율은 16% 정도밖에 되지 않는다는 것을 발견했다. 이는 IAPT가 공개적으로 발표하고 있는 내용과는 상당히 상충되는 결과였다. 스콧이 나에게 말하길, "공식적인 IAPT 결과를 보면, 절반 정도 (46%)의 사람들이 IAPT 치료 덕에 회복하는 것으로 보입니다. 그런데 여기서 제가 발견한 건 어떤 식으로든 좋은 경험을 보고하는 건 오로지 아주 적은 수의 사람들뿐이라는 겁니다."

―――――――

스콧의 연구를 자세히 보면, 몇 가지 단점이 있는 게 사실이다. 전체 65명의 표본은 작다. 이 표본은 또한 재해 보상을 요구하는 사람들로 구성되어 있는데, 이들이 보상금을 탈 확률을 높이기 위해 회복률을 낮게 보고했을 가능성도 있다. 이는 스콧의 연구에 치명적인 한 방이 될 수도 있었다. 표본의 20%가 사고를 당하기 전에도 IAPT 치료를 받았다는 사실이 존재하지 않았다면 말이다. 이는 이들의 치료 성과가 그들의 청구 내용과는 아무 관련이 없음을 의미한다. 게다가 이 20%의 사람들은 표본에 속한 다른 모든 이들과 똑같은 회복률을 보고했는데, 이는 이들이 보상금을 받을 확률을 높이기 위해 회복률을 낮게 잡지 않았음을 의미한다.

그러므로 스콧의 연구에 한계가 있다 하더라도 이러한 한계가 그의 연구 결과를 무력화하기에 충분하지는 않다. 스콧의 연구 결과는 왜 그가 발견한 회복률(16%)이 IAPT가 보고하는 회복률(46%)보다 훨씬 낮은지에 대해 질문을 제기한다. 나는 그에게 이 질문을 던졌다.

스콧이 답했다. "음, IAPT의 공식 통계가 어떻게 수집되는지를 볼 필요가 있습니다. 왜냐하면 처음엔 긍정적인 결과처럼 보였던 것이 실상은 전혀 그렇지 않았거든요."

그의 말뜻은 이렇다. IAPT에는 세 종류의 환자가 있다. 치료를 의뢰받았으나 전혀 나타나지 않는 환자, 치료를 받지만 곧 그만두는 환자, 대체로 2회기에서 6회기 사이쯤에 치료를 완수하는 환자. 스콧이 말하길, "IAPT가 46%의 환자들이 치료를 받아 회복된다고 주장하는 건, IAPT가 마지막 부류의 환자들에 대해서만 평가를 실시하기 때문입니다. 치료를 실제로 완수한 환자들이요." 이는 전체 IAPT 환자의 절반, 실제로 치료를 중단한 절반이 최종 결과에는 반영되지 않는다는 것을 의미한다.[2]

비판자들이 이들의 누락에 주목하는 이유는 회복에 관한 연구를 하려면 중도에 치료를 중단한 사람들 모두를 최종 결과에 포함하는 것이 올바른 방법이기 때문이다. 그렇게 하지 않으면 회복률을 긍정적인 방향으로 인위적으로 부풀릴 수 있다. 어찌 되었건 우리는 많은 사람이 치료가 그들에게 효과가 없고, 그들의 필요에 부합하지 않거나, 아니면 그야말로 해를 끼친다고 생각하기 때문에 치료에서 중도하차한다는 것을 안다. 스콧이 열정적으로 말하길, "그리고 이것이 제가 IAPT가 결과를 조작한다고까지 말하는 이유입니다. 그들의 서비스가 최대한 성공적으로 보일 수 있도록 데이터를 분석하고 보고함으로써 결과를 조작하는 거죠."

그럼 IAPT의 방식대로 하지 않고 치료를 중간에 중단한 사람 모두를 최종 회복 결과에 포함하면 어떻게 될까? 체스터 대학의 심리치료 센터에서 실제로 그렇게 해본 결과, IAPT 치료를 받아 회복된 환자의 수는 갑자기 46%에서 23%로 감소했다. 우연히도 이는 스콧의 연구 결과에서 도출된 16%라는 회복률에 훨씬 가깝다. 다른 말로 하면, 결과를 적절하고 표준적인 방식으로 분석했을 때 IAPT 치료의 결과로 회복된 사람은 10명 중 2명 정도에 불과하며, 이는 IAPT가 공식적으로 보고하는 10명 중 5명 정도라는 수치에 비해 한참 낮다.[3]

10명 중 2명이라는 게 매우 나쁜 결과처럼 보인다면, IAPT가 회복을 정의하는 방식에 대해 질문한다면 이젠 어떤 일이 일어날지를 생각해 보자. 회복이라는 건 개인의 정신 건강 문제가 사라졌다는 것인가, 아니면 그들이 느끼는 방식에 눈에 띄는 의미 있는 변화가 나타났다는 것인가, 아니면 친구나 가족이 그들이 평상시 모습대로 돌아왔다는 것을 눈치챘다는 것인가? 사실 IAPT가 정의하는 회복은 이런 것들과는 아무런 관계도 없다. 아래의 사고 실험이 왜 그런지를 설명하는 데 도움이 될 것이다.

기분이 좋지 않아 IAPT 치료를 받도록 의뢰되었다고 생각해 보자. 치료를 시작할 때 얼마나 우울하거나 불안한지를 1점에서 20점까지의 점수로 평가하는 두 개의 질문지를 작성하라는 요청을 받는다. 상태가 나쁘다고 생각될수록 더 높은 점수를 받게 된다. 치료가 종결될 때까지 매 치료 회기가 끝날 때마다 이 질문지를 다시 작성해야 한다. 치료가 끝난 뒤의 점수가 처음에 받은 점수보다 낮다면, 이는 호전되었음을 의미한다. 그렇다면 회복된 것으로 분류되기 위해서는 마지막 점수가 얼마나 낮아져야 하는 것일까? IAPT는 이렇게 말한다. "치료 시작 시점에서 우울증의 임상적 역치 바로 위에 걸치는 점수를 받았고(임상적 역치는 10점이므로, 11점을 받았다고 해보자), 치료 종료 시점에서 이러한 역치 바로 밑에 있는 점수(예를 들어 9점을 받았다고 해보자)를 받은 사람은, 더 이상 임상적으로 유의미한 증상이 없다는 의미에서 "회복한" 상태가 될 것이다." 그 말인즉슨, IAPT는 고작 2점밖에 향상되지 않았어도 공식적으로 회복한 것으로 분류할 수 있다는 것이다. 2점이라는 향상은 너무나 미미해서 실제 경험에서는 거의 아무 차이도 없다는 것밖에 의미하지 못하겠지만 말이다. 다시 말하자면, 기묘한 일이지만 전혀 회복하지 않았다고 느끼는데도 불구하고 회복된 것으로 분류될 수 있다.

이런 상황이 너무나 기이하게 보여, 나는 IAPT 데이터를 수집하는 기관인 보건사회복지정보센터(Health and Social Care Information Centre)에 연락해 회복된 것으로 분류된 23%의 환자 중 몇 명이 수치상 2~3점만 호전되었는지 문의하기로 결심했다. 그들은 그들의 분석이 이러한 문제에 대해서 주의 깊게 들여다보지 않았다고 답했다. 그들이 내게 말해줄 수 있는 것은 IAPT 환자들이 평균적으로 얼마나 회복되는지뿐이었다. 불안에서 회복되고 있는 얼마 안 되는 환자들은 평균적으로 5점 전후의 회복을 보였으며, 우울의 경우에는 7점 전후의 회복을 보였다. 객관적인 시각에서 이러한 사실에 대해 생각해 보면, 잠을 조금 더 잘 잤고 조금 더 잘 집중하고 있다면 5~7점 정도는 올릴 수 있는 것을 고려할 때 이러한 향상조차도 대단한 임상적 성공을 보여주는 것은 아닐 수 있다.

노골적으로 말하면, IAPT 치료의 결과로 회복하고 있는 10명 중 2명의 사람들은 평균적으로 매우 적은 정도의 호전을 보여주며, 때로는 임상적으로 유의미하지 않은 방식의 호전을 보여준다. "그리고 더 우려되는 사실은 이 정도의 경미한 회복은 치료와는 아무런 관련이 없을 수도 있다는 겁니다." 스콧이 말한 바는 다음과 같다. IAPT는 IAPT 서비스를 통해 회복된 환자들을 "통제집단"과 비교하지 않는다. 같은 문제를 가지고 있지만 (위약을 받는 것처럼) 다른 치료를 받았거나 아예 치료를 받지 않은 환자 집단 말이다. 스콧이 계속해서 말하길, "이와 같은 통제집단 비교 없이, IAPT를 통해 회복된 환자 10명 중 2명이 사실 치료 없이도 회복할 수 있었던 것은 아닌지 아는 것은 불가능합니다."

이것이 그토록 심각한 문제인 까닭은 다음과 같다. 우리는 사람들이 가장 저기압일 때, 아마도 일이나 인간관계에서 일이 잘 풀리지 않을 때 정신 건강 서비스를 받게 될 수밖에 없다는 사실을 안다. 하지만 시간이 지나면서 사람들은 흔히 약간의 변화를 주게 마련이고, 이는 치료를 받는 것과 무관하게 호전으로 이어질 수 있다. 예를 들어 사람들은 식단의 작은 변화, 운동량의 증가, 가정이나 일터에서의 조정, 혹은 (위약이건 아니건) 그들이 먹는 약물의 효과로 호전을 볼 수 있다. (IAPT 환자의 대부분은 항우울제를 복용하고 있다.) "그리고 이것이야말로 통제집단 연구가 필수적인 이유입니다." 스콧이 말했다. "환자들이 치료 때문에 회복하고 있는 건지, 아니면 전혀 다른 어떤 것 때문에 회복하고 있는 건지를 알아야 해요. 그런 정보가 없다면, 어떤 긍정적인 임상 결과에 대해서도 그 원인을 아는 게 불가능합니다."

그의 논점이 더욱 선견지명이 있는 이유가 있었으니, 가장 최근에 가장 대규모로 시행된 우울증으로부터의 회복에 대한 메타연구는 23%의 환자가 아무런 치료를 받지 않고도 3달 이내에 자연적으로 자신의 우울증 증상을 극복했다는 사실을 보여주었다.[4] 그리고 23%라는 수치는 데이터를 정확히 분석했을 때 도출되는 IAPT의 23% 회복률과 정확히 일치한다. 다른 말로 하면, 환자에게 IAPT를 실시하는 것은 평균적

으로는 아무런 치료를 하지 않는 것 이상의 효과가 없는지도 모른다.[5]

어떤 관점에서 보건, IAPT 이야기는 IAPT의 결과가 용인 가능한 수준에 근접한다는 확신을 주지 않는다. 하지만 이게 끝이 아니다. IAPT 가 매년 수십만 명의 환자에게 실망을 안겨주고 있을 뿐만 아니라, 어떤 사람들에게는 심각한 해를 끼치기까지 한다는 증거가 증가하고 있기 때문이다. 그리고 이들은 우리가 전혀 예상하지 못한 부류의 사람들이다.

2015년, 영국 심리학회는 IAPT 센터에서 주로 일하는 1,300명 이상의 심리치료사들에게 그들의 감정 상태에 대한 설문 조사를 시행했다.[6] 그 결과 나타난 수치들은 예상보다 더욱 심각했다. 이 수치들은 IAPT 치료사로 고용되는 것이 영국의 그 어떤 다른 직업이나 산업군에서 일하는 것보다 훨씬 더 정신 건강에 나쁘다는 것을 드러냈다. 조사 대상이 된 심리치료사들 중 거의 절반이 우울증으로 고통받고 있다고 보고했으며, 3분의 2가 그들의 직업이 매우 심한 스트레스를 준다고 보고했고, 3분의 1이 장기적이고 만성적인 질환을 얻었다고 보고했다. 마지막으로, IAPT의 낮은 성공률을 감안하면 당연하게도 전체 치료사의 절반이 그들이 하고 있는 일이 실패했다고 느낀다는 것을 보고했다. 영국 심리학회가 결론짓듯이, "전체적인 그림은 번아웃, 낮은 사기와 걱정스러운 수준의 스트레스 및 우울을 보여준다."[7] 그런 다음 보고서는 IAPT 직원들이 보고하는 일반적인 불행 고백 몇 가지를 인용했다.

목표 지향은 삶의 불행의 원천이다.

나는 너무나 실망해서 그냥 사직했다.

나는 내 일기장에 사직서를 가지고 다닌다. 내가 싸움을 포기하기
일보직전이라고 느껴서.

IAPT는 어떤 식으로도 직원의 피드백과 조언을 듣지 않는, 정치에
의해 움직이는 괴물이다. 우리가 듣는 건 오직 **"목표치"**에 대한 이야
기뿐이다!! 그리고 더 열심히 하라는 이야기.

IAPT에서 일한 경험에 관해 이 보고서와 다른 보고서들을 살펴보게
되면, 진실로 직원들을 괴롭히는 것이 무엇인지에 관해 어떤 패턴이 드
러나기 시작한다. 우리는 서류 작성하기, 목표치 달성하기, 결과 측정
치에서 높은 점수 받기에 집착하는 노동 문화에 대한 불만들을 듣게 된
다. 우리는 가장 적은 회기로 좋은 결과를 뽑아내야 한다는 강한 압박
에 시달리는 직원들의 이야기를 듣게 되고, 치료가 끝나기 전에 그만두
어버리는 환자들에 관한 이야기를 듣게 된다. 우리는 자주 회복이 부진
하거나 피상적 수준이라는 것을 듣게 되며, 자신의 전문성을 넘어서는
사례들을 다뤄야 하는 직원들에 대해 듣게 된다. 우리는 IAPT 치료사
의 상당수가 그들이 가진 자원으로 할 수 있는 것을 한참 넘어서는 것
을 달성해야 한다는 압박으로 인해 압도되고 사기가 꺾인 상태라는 것
을 듣게 된다. 하지만 무엇보다도 우리는 어떻게 이와 같은 목표지향적

문화가 IAPT 서비스에 만연한 데이터 조작으로 이어지고 정부가 설정한 목표에 맞도록 수치들이 조작되면서 서비스와 일자리가 존속할 수 있는지를 듣게 된다. 이러한 주제는 내가 IAPT 직원과 했던 인터뷰에서도 주기적으로 등장했다.

> 우리가 무대 뒤에서 좋은 일을 하려고 애쓰는 동안, 문제를 직면할 일이 없게끔 목표치에 맞게 데이터가 조작되고 있는 거죠. (…) 이건 전문가로서 가져야 할 정직함에 어긋나는 거예요. 거짓말에 가까운 것을 유지하는 일을 돕는 거죠. (IAPT 서비스 전 책임자 에마 러셀 박사)

> 우리 센터에서는 환자들이 자기 설문지를 끝마치지 않으려고 하면, 관리자들이 우리에게 그걸 직접 채우라고 해요. "관대해져야" 한다는 게 그 저의라나요. (웨스트 런던의 IAPT 전 노동자)

> 대기 목록과 관련된 목표치를 채우기 위해 우리는 사람들에게 사소한 개입들을 제공하지만, 사실 그건 그들에게 진짜 필요한 게 아니에요. 그건 우리가 더 좋은 결과를 얻기 위해 제공하는 거였죠. (IAPT 전 팀장)

> 2회기에 걸쳐 어떤 임상 측정을 하면, IAPT 컴퓨터 시스템은 내담자가 치료를 시작한 것으로 간주해요. 제대로 된 치료가 전혀 제공되지 않았는데 말이죠. 대기 시간 목표치를 달성할 수 있도록 돕는 이런 노골적인 데이터 조작의 예시가 수많은 IAPT 서비스에서 나

타나고 있어요. (IAPT 전 임상 팀장, 제임스 비니 박사)

우리는 결과가 안 좋으면 서비스가 위험에 처할 거라는 사실을 압니다. 그리고 그렇게 되면 사람들이 구할 수 있었던 유일한 도움이 끊기는 거죠. 이런 게 우리의 수치화에 영향을 미쳐요. (현 IAPT 근로자)

IAPT 직원이 내게 이야기하길 워크숍에서 "IAPT 환자"들만 받으라는 이야기를 듣는다고 하더군요. 더 좋은 회복률을 보일 것 같은 환자들 말이죠. (IAPT 연구자)

더 많은 예시를 늘어놓을 수도 있겠지만 그럴 필요는 없을 것 같다. 이러한 고백과 다른 고백들은 어떻게 만연한 감시와 감사 문화가 현장에서 일하는 사람들의 행동과 경험을 재구성하는지를 보여준다. "목표를 달성"하는 것이 서비스와 직업을 유지하는 데 필수적인 것이 되어버렸기 때문이다.

로지 리스크 교수는 깊은 환멸을 느껴 IAPT 서비스를 떠난 뒤 영국에서 가장 저명한 IAPT 연구자가 되었으며, 특히 직원들의 경험에 관해 연구하고 있다. 내가 런던 서부에 있는 리스크 교수의 집에서 그를 인터뷰할 당시 그가 말하길, "IAPT의 설계자들은 치료사들이 치료라는 일에 얼마나 깊은 소명 의식을 가지고 임하는지를 이해하는 데 실패했습니다. 이와 같은 헌신 덕에 형편없는 임금과 긴 노동 시간을 견딜 수 있는 건지도 모르는데 말입니다. 하지만 IAPT에서는 이러한 헌신이 착취당하고 있어요. 소명 의식은 왜곡되어 전혀 다른 의제에 봉사하고 있습니다. 치료사들이 만나는 이들이 가진 심리적인 요구를 우선시하는 대신, 목표치를 채우고 효율성 목표를 달성하는 것을 우선시하는 의제 말이죠. 직원들 상당수가 직무 수행의 매 순간마다 자신이 더는 믿지 않는 어떤 일을 하도록 강요당하고 있어요. 이렇게 되면 너무 많은 압박감을 받게 되는 거죠. 이것이 IAPT 직원들 사이에서 심리적 고통, 분노, 허무감, 그리고 아주, 아주 깊은 수준의 환멸이 점점 늘어나고 있는 이유입니다."

리스크 교수는 이처럼 널리 퍼진 번아웃과 고통의 원인이 1980년대 이래 영국 정부가 지속적으로 채택해온 공공 부문 이데올로기에 있다고 암시하고 있었다. 이 이데올로기는 자연 상태에서 정부 지원을 받는 기관(학교, 병원, 대학)은 필연적으로 비효율적인 경향을 보일 수밖에 없다는 믿음에 기반한다. 그 철학에 의하면 이는 그러한 기관들이 시장의 경쟁적인 세계 바깥에서 작동하기 때문이다. 공공 서비스에도 시장이 주는 압박, 요구, 생산성을 재현하기 위해 정부는 서비스가 달성해야 하는 수많은 목표치와 실패했을 때의 불이익을 도입했다. 처음 이러한 방향의 변화를 시작한 것은 대처 정부로, 대처 정부는 NHS에 (위탁 사업체들이 자원을 얻기 위해 경쟁해야 하는) 내부 시장을 도입하고, 직원과 기관의 실적 부진을 처벌하는 새로운 경영 관리 방식을 도입했다.

영국 신노동당이 바통을 이어받아 여러 개혁을 도입했다. 이 개혁으로 (성과가 급여와 직결되는) 성과급과 더불어 NHS 서비스가 정부 계약을 따내기 위해 민간 공급자와 경쟁해야 한다는 사고방식이 도입되었고, 캐머런, 메이, 존슨 정부 동안에도 이러한 개혁은 빠르게 진행되었다. 다른 말로 하면, 1980년대 이래 연이어 집권한 정부들은 민간 부문을 바쁘게 탈규제화하면서, 공적 부문에서는 반대로 서비스가 더 효율적이고 비즈니스적으로 보이게끔 새로운 목표치와 인센티브, 경쟁 정책을 도입해 점점 더 많은 통제를 가하고 있었다. 저명한 정치경제학자 레이먼드 플랜트가 말하듯, 지난 30년간의 정권들은 국가의 역할을 축소하기는커녕 사실상 더 큰 "시장 국가"를 만들었다.[8] 이러한 시장 국가는 정부가 서비스를 민영화할 수 없는 상황 속에서 정부 간섭을 활용해 공공 기관을 시장의 모습으로 개조해낸다.

IAPT의 사례에서 이러한 개혁은 직원들과 센터들에게 목표지향적 강박을 심어 효율성을 증명하고 제고하도록 했을 뿐만 아니라, IAPT 서비스 자체를 더 광범위한 차원의 생산성을 높이기 위한 도구로 바꾸어 놓았다. 고통받는 사람들을 직장으로 돌려보내는 방식으로 말이다. 영국 최대의 IAPT 센터 책임자였던 에마 러셀 박사에게 제일선에서 일하던 여러 해 동안의 경험에 대해 물었을 때, 그는 이렇게 말했다. "IAPT의 모든 것은 처음부터 우울증에 비용을 매기는 일에 관한 것이었습니다. 전부 다 사람들을 일터로 돌려보내는 일에 관한 것들이었죠. 병가를 줄이는 일이나 일하지 않는 사람이 일하게 만드는 일 말입니다. IAPT 치료사들이 이제는 취업 센터에 있는 이유죠." 지난 장에서 본 MHFA와 같은 직장 자문 회사가 이제는 불만족스러워하고 있는 노동자들을 자주 IAPT 치료 프로그램에 보내는 이유이다. "사고방식이 다 이어져 있는 거죠." 러셀 박사가 말했다. "다 똑같은 오래된 정치적 논리의 일부인 겁니다. 대부분 사람이 직장 복귀 목표치를 달성하려고 치료를 받지는 않는데도요."

IAPT를 업무 몰입도를 높이고 장애와 실업 수당을 낮추기 위한 메커니즘으로 활용하는 것은 직원들의 소진과 우울증을 유발하는 훨씬 더 강력한 동인일 수도 있다. 결국 러셀이 비교적 성공적인 IAPT 센터의 선임 임상가 직책을 사임한 것은, 러셀의 직원들이 경험했던 목표의 충돌이라는 딜레마 때문이었다. 치료사들에게 가장 중요한 것은, 사람들이 자신의 고통을 극복하고, 자신의 상황과 목표, 관계에 대한 통찰을 발달시키며, 정부가 아니라 환자 자신이 긍정적이라고 정의하는 변화를 촉진하는 것이기 때문이다. 반면 IAPT에게 가장 중요한 목표는 최대한 많은 사람을 최대한 빨리 치료해서 생산성을 회복하고, IAPT의 효율성과 비용 대비 효과를 증명하는 일인 것처럼 보인다. 직장 복귀 정책이 얼마나 성공적인지를 세심하게 감독하는, 매 회기가 끝날 때마다 환자가 작성해야 하는 직무 평가서에도 이러한 목표가 반영되어 있다.

러셀이 말하길 "우리는 만족스러운 일을 하는 것이 웰빙에 얼마나 중요한지 압니다. 그러나 직장 복귀 정책은 돌아가거나 새로 진입할 수 있는 좋은 일터가 항상 있는 건 아니라는 걸 고려하지 않아요. 정신 건강에 좋거나 사람들의 자존감을 올리는 데 도움이 되는 일 말입니다. IAPT가 일과 관련된 성과에 덜 쫓길 수 있다면 이러한 요인에도 훨씬 민감해지겠죠." 목표지향적 IAPT 유토피아의 냉철한 계산에서는, 의미 있는 일과 의미 없는 일, 영감을 주는 일과 우울감을 낳는 일 사이에 존재하는 중대한 차이가 완전히 무시된다. 0시간 근로, 시간제, 저임금, 불안정 일자리에 이르기까지, 어떤 일자리이건 일로 돌아가기만 하면 더 큰 통계적 선에 이바지하는 기록으로 여겨진다. 일이 웰빙에 미치는 영향은 어떤 종류의 일을 하는지에 달려 있다는 명백한 증거가 있는데도 말이다. 예를 들어, 연구들은 좋은 일자리에서 나쁜 일자리로 옮기는 것이 우리의 정신 건강에 해로운 영향을 미친다는 것, 그리고 의미 있고 흥미롭고 안정적인 일자리만이 감정 건강에 도움이 된다는 것을 보여준다.[9] 하지만 IAPT 연구자이자 치료사인 폴 앳킨슨이 우리에게 상기시키고 있듯, "[우리 경제에] 그런 일자리는 점점 더 희귀해지고 있으며, 정신 건강 진단명에 따라붙는 낙인을 안고 살아가는 사람들에게 이런 일자리가 주어질 가능성은 낮다는 것을 모든 사람이 압니다." 그럼에도 불구하고 IAPT 프로그램은 뻔뻔스럽게도 "일은 당신에게 좋다"는 전제에 기반을 두며, 이러한 전제의 명백한 뉘앙스와 한계에 대한 정직한 인정은 눈 씻고 찾아봐도 없다.[10] 요약하면, 우리 모두는 (특히 일이 만족스러울 때) 사람들이 일터로 복귀할 수 있도록 돕는 것이 중요한 사회적 시도라는 것을 알고 있지만, 치료 서비스가 그러한 결과를 (회복의 유용한 부차적 효과로 보는 대신) 주된 목표로 삼게끔 설계된다면 문제가 생길 수밖에 없다.

———

IAPT 프로그램이 환자와 치료사 모두에게 어떤 영향을 미치는지 들여다보면, IAPT의 사례가 정말로 보여준 것은 무엇인지를 질문하게 된다. 이 사례는 여러 가지 중요한 주제, 예를 들어서 거짓된 효율성의 모습을 지어내기 위해 데이터가 어떻게 조작될 수 있는지, 어떻게 목표지향적 문화가 개개인의 돌봄 욕구를 좌절시키는지, 그리고 어떻게 충분히 효율적인 치료법이 많은 비용을 소모하면서도 비효율적으로 작동할 수 있는지에 관한 것이다. 이 모든 교훈이 중요하다는 것은 확실하지만, 이것들이 IAPT 이야기에서 얻을 수 있는 교훈의 핵심은 아니다. 내가 보기에, IAPT의 사례는 어떤 서비스가 겉보기와는 다를 수 있다고 폭로하는 것을 넘어서, 어떤 공공 서비스들이 어떻게 그리고 왜 실패하게 되는지에 대한 논쟁, 우리의 정치 생활의 핵심에 자리한 논쟁을 일깨워주고 있다.

한편으로 IAPT와 같은 국영 서비스의 실패는 얼마나 엄격한 목표를 세우건 국가는 본질적으로 서비스를 제공하는 데 있어 민간 부문보다 비효율적일 수밖에 없다는 사고방식을 지지하는 근거로 해석될 수도 있다. 어찌 되었건 민간 단체가 IAPT 같은 규모의 실패를 저지른다면, 스스로 실패를 바로잡던지 아니면 망하는 수밖에 없기 때문이다. 달리 말하면, 시장이야말로 비효율성을 가장 잘 바로잡을 수 있는 곳이다. 하지만 이러한 해석에는 민간 산업에서도 (실패를 스스로 바로잡는 게 아니라) 실패가 묻히거나 긴급 구제를 받는 일이 비일비재하며, 국영사업이 신속하고 효율적인 개혁을 거치는 경우도 수도 없이 많다는 문제가 있다. 그러므로 민영화가 **항상** 서비스 실패에 대한 최선의 해결책이 된다는 것은 잘못된 생각이다. 그리하여 적어도 현재로서는 NHS 내적인 논의가 진전을 이루게 되었다. 의료 서비스를 전부 민영화해야 하는지에 대한 논의에서 나아가, 어떠한 종류의 국영(혹은 국영과 민영의 혼합) 서비스를 제공하는 것이 바람직한지에 대한 논의가 이루어지고 있는 것이다.

따라서 IAPT의 실패는 IAPT가 특정한 형태의 국영사업이었기 때문이지, IAPT가 국영사업이기 때문이 아니다. IAPT의 철학적 DNA에는 서비스와 관련된 사람들의 핵심적인 욕구, 예를 들어 환자들의 고통을 의미 있는 방식으로 극복하고자 하는 욕구나 전문가들의 소명 의식과는 무관한 정치적이고 경제적인 열망이 새겨져 있다. 오히려 IAPT는 더 넓은 경제의 포부, 예를 들어 2005년에 데이비드 클라크와 레이어드 경이 매년 경제에서 수십억 파운드를 아낄 수 있다는 약속과 함께 정부에 자신들의 비전을 내놓으며 밝힌 포부를 실현하는 것을 목표로 한다.

이러한 관점에서 보면, IAPT 서비스가 실패하는 것은 치료 자체가 효과가 없어서가 아니라, 실용적인 국가 재정적 의제에 기여하려는 목적에서 심리치료의 가치와 실천을 유용하고 왜곡했기 때문이다. 이런 점에서 IAPT는 대부분의 치료사가 이해하는 방식으로 사람들을 치료하기 위한 일이었던 적이 한 번도 없으며, 오히려 추상적인 경제적 목표에 기여하기 위해 치료를 활용하는 일이었다. IAPT 직원들 및 환자들과 이야기를 나누어 보면 IAPT의 실패에 대한 이와 같은 설명이 이들의 경험과 가장 잘 부합하는 설명이라는 것이 명확해진다. 효과 없는 치료라는 부당한 대우를 받은 이들을 만나건, 스스로 믿지 않는 목표로 인해 사기가 저하된 이들을 만나건 말이다.

2015년, 당시 영국 재무장관이던 조지 오스본은 춘계 예산 발표에서 IAPT 노동자들이 영국 전역의 350개 취업 센터에 배치될 예정임을 밝혔다. 동시에, IAPT 서비스에는 취업 상담사들이 배치될 예정이었다. 노동지향적인 이 주고받기에서 IAPT 환자들은 이제 일터로 돌아가라는 격려와 일자리 조언을 받고, 실업자들은 일터로 돌아가게 해주는 치

료를 받을 수 있게 되었다. MHFA 같은 직장 내 자문 회사를 통해서건, 지역 보건의나 지역 취업센터를 통해서건, 어떻게 IAPT 시스템으로 왔건 간에, 회복은 고용주와 더 광범위한 경제의 요구를 지지하는 방식으로 측정되리라고 예상할 수 있다. 이들을 지지해 주는 이러한 방식은 다음 장에서 볼 수 있듯 사회의 취약계층 중 하나를 관리하는 방법으로 활용되고 있다. 특히 코로나 이후로 계속해서 증가하고 있는 실업자들 말이다.

5
실업의 새로운 원인

비바람이 몰아치는 어느 목요일 저녁, 나는 슬라우 교외의 한 드라이브스루 카페에서 자바 칼릴을 만났다. 우리 두 사람은 카페 문이 바람에 열릴 때마다 들이닥치는 차디찬 물안개 바람을 견디고자 핫 초콜릿을 주문했다. 자리에 앉자마자, 자바는 그가 결혼해서 아이가 넷이며 현재 40대 후반이라는 사실을 알려주었다. 그는 온화하면서도 총기 있는 눈빛과 부드럽고 신사적인 태도를 갖추었는데, 이는 거의 어린아이를 연상케 하는 연약함과 극명한 대조를 이루었다. 그의 부모는 그가 태어나기 전에 파키스탄에서 슬라우 지역으로 이민을 왔으며, 자바는 슬라우를 벗어나고 싶다고 생각해 본 적이 한 번도 없었다. 그 지역의 사람들은 모두 자바를 인기 많고 배려심 깊은 공동체의 일원, 가까이하고 싶은 가정적인 남자로 생각했다. 그는 술을 마시지도, 담배를 피지도 않았다. 그는 일을 쉬는 법도 없었다. 주말이면 즐거이 아들의 지역 축구팀 매니저 노릇을 했다. 나는 만나자마자 그에게 호감을 느꼈다.

내가 자바를 만나기 위해 온 것은 그에게 매우 인상 깊은 이야기가 있었기 때문이었다. 6년 전 주중의 어느 평범한 날, 새벽 5시에 누군가 그의 집 문을 쾅쾅 두드렸다. 그가 문을 열자, 현관에는 두 명의 경찰관이 있었다. 처음에 자바는 안도감을 느꼈다. "아, 저희 집 TV를 찾으셨나 봅니다." 그가 말했다. 두 달 전, 누군가 자바의 가족이 사는 집에 침입했는데, 이상하게도 없어진 것은 TV뿐이었다. 경찰관들은 당황하여 서로를 쳐다보더니, 자바에게 온 건 TV 때문이 아니라고 말했다. 그게 아니라 그들은 여러 건의 사기죄로 자바를 체포하러 왔다는 것이다.

그 뒤로 6개월에 걸쳐 자바의 삶은 악몽 그 자체로 돌변했다. 그의 아내가 세 번째 아이를 출산한 지 얼마 되지 않은 때였는데, 자바는 체포되어 기나긴 재판에 휘말리게 된 충격으로 새로운 가정사에 제대로 참여할 수가 없었다. 영국 언론은 그 사건을 광범위하게 보도하기 시작했고, 자바는 가계를 책임지는 유일한 수단인 그의 직업을 잃게 될까 전전긍긍했다. 지역 주민들도 수군대기 시작했다. 자바가 정말 중죄를 저지른 걸까? 오래지 않아 그가 사랑했던 많은 사람이 그에게 등을 돌렸고, 그의 자식들도 그에게 질문을 던지기 시작했다. 세 달 동안 진행된 피 말리는 재판 동안, 그는 매일 레딩으로 가는 기차를 탔다. "왜 매일 시내에 나가세요, 아버지?" 그의 아이들은 묻곤 했다. 자바는 자식들이 그가 철도역에서 일하게 됐다고 믿도록 내버려 두었다. 재판이 가장 까다로운 단계에 있을 때 그는 아내와 자식이 자는 동안 뜬눈으로 밤을 지새며 때로는 홀로 울기도 했다.

대체 무슨 일이 일어나 자바가 절망의 구렁텅이에 빠지게 된 걸까?

내가 그의 법정 변호사 바르톨로뮤에게 했던 질문이었다. "자바는 취업 알선 에이전시에서 일했습니다." 그가 내게 말해 주었다. "실업자들,

특히 장애가 있거나 일을 찾지 못한 전력이 있는 사람들에게 일을 찾아 주는 일이죠. 에이전시는 이 사람들이 일을 찾는 데 도움이 되는 기술과 훈련을 제공해 주었습니다." 그 에이전시는 정부 노동연금부(DWP)의 자금 지원을 받아 운영되었고, 서비스 대가로 수수료를 받았다. 더 많은 사람을 일하게 만들수록 더 많은 돈을 받게 되는 것이었다.

자바가 에이전시에서 일한 지 몇 년이 지났을 때, 비리가 발생하기 시작했다. 중책을 맡은 직원들이 고위 경영진에게서 더 많은 사람을 더 빨리 일터로 보내라는 엄청난 압박을 받고 있었다. "직원이 매주 4명 이상을 일터로 보내면 보너스를 받게 되어 있었죠." 자바가 말했다. "그런데 이러한 목표를 달성하지 못하면 직업을 잃을 수도 있다는 암시가 있었습니다." 이것이 자바의 일이 꼬이기 시작한 배경이었다. 압박감 속에서 어떤 리크루터들은 자신이 직업을 찾아줬다는 가상의 인물들을 만들어내기 시작했다. "재판 진행 중에 저는 리크루터들이 우리가 지금 있는 이 카페 같은 곳에 가서 최근에 고용된 사람을 찾기도 했다는 걸 알게 되었습니다." 그가 내게 말했다. "그러고 나서는 작은 대가를 주고 우리 에이전시를 거쳐 취업한 걸로 등록하게끔 설득하는 거죠."

자바는 이런 일들이 있는 줄 몰랐다. 리크루터들과 달리 그의 직무는 일자리를 찾아주는 것이 아니라 주변적인 행정 업무를 처리하는 것이었다. 또한 리크루터들과 달리 그는 수수료를 받으며 일하지 않았기 때문에, 가짜 취업 사례로 생기는 보너스가 그에게 오는 일은 없었다. 그가 말하길, "거기서 4년간 일하면서 보너스를 받은 건 아이들 중 한 명이 태어났을 때뿐이었습니다. 20파운드짜리 바우처를 받았죠." 그의 급여는 고정되어 있었기 때문에 수수료를 받으려고 불법적인 일을 할 이유가 전혀 없었다. 그에게 잘못이 있다면 거짓이라는 사실을 모른 채 거짓된 답안지들에 사인했다는 것밖에 없었으며, 상사의 지시에 따라 어떤 취업자를 위한 답안지를 하나 쓴 것밖에 없었는데, 그는 그 답안지가 사용될 거라는 사실을 알지 못했다.[1] 법원은 자바가 알았어야 했다고 판단했고, 그로 인해 자바는 법적 책임을 지게 되었다. 그의 동료 여섯 명은 사기죄로 감옥에 갔지만, 당연하게도 판사는 자바에게 자비를 베풀어 사회봉사명령에 집행유예를 내렸다.[2] "그렇긴 하지만 지금도 그 사건으로 고통받고 있어요." 자바가 말했다. "이 일을 씻어낼 수 있을지 모르겠습니다."

자바가 일하던 회사는 A4e라 불리는 곳으로, 실업자들에게 일자리를 찾아주는 일을 정부로부터 위탁받은 수많은 기업 중 하나이다. A4e가 실업 시장에서 하는 역할을 더 잘 이해하려면, 먼저 1980년대 중반으로 돌아가 볼 필요가 있다. 1980년대는 영국의 복지 시스템이 대대적인 개혁을 겪고 있던 시기이자, 1930년대의 대공황 이후로 영국의 실업률이 최고치를 찍은 시기였으며, 작지 않은 불안 속에서 대처 정부가 취업난 문제에 종지부를 찍으려는 노력을 시작한 시기이기도 했다.

대처가 펼친 실업 전략의 주된 목표는 복지제도를 완전히 개혁하는 것으로, 대처는 복지제도가 실업 상태를 지나치게 편안한 상태로 만들어준다고 믿었다. 대처가 시행한 1986년의 사회보장법은 실업 수당 자격을 따내기도 유지하기도 어렵게 만들었다. 복지 수당은 이제부터 자산 조사 결과에 따라 지급되고 제한된 시간 동안만 지급될 것이었으며, 너무 오래 수당을 받는 사람들에게는 불이익과 직업 훈련이 기다리게 될 것이었다. 역사가 플로렌스 서트클리프-브레이스웨이트가 말했듯이, 목표는 복지 국가를 완전히 철폐하는 것이 아니라 가장 가난한 소수를 위한 최저 수준의 소득 보장만이 남을 때까지 복지 국가를 서서히 도려내고 또 도려내는 것이었다.[3]

하지만 복지 지원을 받는 것을 더욱더 어렵게 만든 것이 대처가 시행한 유일한 개혁은 아니었다. 대처의 개혁과 함께, 무엇이 실직을 초래하는지를 설명하는 새로운 서사가 홍보되었다. 향후 10년에 걸쳐 대중의 상상에서 실업의 원인은 부정의한 사회정책이나 나쁜 사회정책과 분리되어 의지, 노력, 야망과 같은 개인적 자질의 부족과 관련지어졌다. (이는 1990년대 초반에 나온 영화 〈풀 몬티〉가 찬양하는 사고방식이기도 한데, 이 영화에서 실업의 해결책은 경제 회생이 아니라 개인의 투지와 진취성이다.) 실업이라는 곤경에 대해 어떤 식으로든 실업자들 자신에게 책임이 있다는 생각이 뿌리를 내리자, 뒤이어 1990년대 중반 신노동당이 실업 수당을 구직자 수당으로 재탄생시켰다. 구직자 수당이라는 새로운 표현은 이제 보조금을 받는 것이 당신이 열심히 일을 찾는 데 달려 있다는 생각을 표현하는 것으로, 실업은 충분히 노력하지 않은 결과라는 것을 암시하고 있었다. "상황이 점점 더 좋아지기만 하는" 시기인데, 상황이 좋아지지 않는다면 그것은 오로지 당신 탓이라는 것이다.

역대 정권에서 일어난 변화가 실업자에 대한 낙인과 그들이 겪는 고통을 증가시키기는 했지만, 이런 개혁들은 그다음에 일어날 일에 비하면 별것도 아니었다. 2008년의 경제위기와 보수당 정권 아래 긴축 정책의 부상에 뒤이어, 데이비드 캐머런의 연합 정부는 죽기 직전까지 복지의 숨통을 죄었다. 2012년 복지개혁법 이후부터 보조금을 받는 것은 이제 당신이 일을 찾고 있다는 사실을 증명하는 것에만 달려 있지 않게 되었다. 이제 보조금을 받는 것은 실제로 무급 노동을 하는 것에 달려 있게 되었다. 여태까지 복지(welfare)라고 불려온 것이 근로 복지(workfare), 즉 보조금을 받기 위해 풀타임 노동을 하는 것으로 대체될 예정이었다. 대처 시기 이래로 소규모의 근로 복지 제도가 존재해오긴 했지만, 이제 특히 신체적으로, 혹은 더 일반적으로는 정신 건강 장애나 학습 장애가 있는 사람들을 대상으로 하는 근로 복지 제도가 전국에 시행될 것이었다.

2012년 말에는 말 그대로 수백 개의 회사가 열광적으로 정부의 근로 복지 제도에 등록하여, 근로 복지 제도가 대거 공급한 무료 노동력의 혜택을 받고 있었다. 아고스, 아스다, 슈퍼드럭 같은 상점들은 성수기에 대처하기 위해 직원을 더 뽑거나 현 직원에게 초과 근무를 제안하는 대신, 근로 복지 제도를 통해 사람들을 모집하기 시작했다.[4] 사기업들은 앞다투어 유급 사원을 취업 센터가 보낸 근로 복지 제도 참가자들로 대체했고, 이들은 효과적으로 무급 노동을 수행했다. 2 시스터즈라는 식품 기업의 사례가 좋은 예시가 될 수 있는데, 이 기업은 피자 생산지를 노팅엄으로 옮기기 전에 레스터에 있는 자사 공장에서 350명의 노동자를 해고했다. 2 시스터즈는 이러한 조치가 "최근에 있던 연이은 파업"의 결과라고 주장했다. 그러나 2 시스터즈는 노팅엄에 자리를 잡자마자 유급 직원을 고용하는 대신 근로 복지 제도 참가자 백 명을 무급으로 고용했다. 2 시스터즈는 실업자들에게 식품 부문에서 일해볼 수 있는 귀중한 경험을 제공하는 것일 뿐이라고 변명했다.

하지만 근로 복지 제도로 득을 보는 것은 수백 개의 사기업만이 아니었다. 공공 부문의 기관들 또한 긴축으로 인한 정리 해고와 일자리 삭감이 초래한 빈자리를 채우기 위해 근로 복지 제도가 제공하는 무료 노동력을 이용하고 있었으며, 많은 병원, 지역 서비스와 지방 의회가 근로 복지 제도 참가자들을 활용하여 부족한 서비스 인력을 메꾸고 있었다. 예를 들어 2010년에 할튼 의회는 전체 일자리의 10%를 삭감하고 근로 복지 제도의 현장 실습으로 이를 메꾸었다. 한편 루이셤 의회는 지역 도서관 몇 군데를 닫고, 이를 대체하기 위한 위탁 주민 도서관 직원을 근로 복지 제도 노동력의 도움을 받아 무료로 채웠다. 2015년이 되자 영국인 85만 명이 근로 복지 제도 현장 실습에 파견되었다. 정부는 이 프로그램이 중요한 기술 훈련과 직무 경험을 제공한다고 주장함으로써 이러한 확장을 정당화했다. 그러나 실제 현장 실습에는 아무도 원하지 않는 무급 노동을 수행하는 것이 포함되어 있었다. 화장실 청소하기, 선반에 물건 쌓기, 창고에서 일하기 또는 야외 육체노동처럼 가장 낮은 일, 가장 오명을 쓰는 일, 사람들을 사회적인 차원에서 봤을 때 고용 사다리의 가장 낮은 위치에 놓는 일 말이다.

현장 실습의 압도적 다수는 정신 장애나 신체 장애, 혹은 둘 다를 가진 사람을 대상으로 한 것이었다. 정부는 이 집단들이야말로 직업 훈련 기회가 가장 절실한 집단이라는 말로 이를 정당화했지만, 사실 이는 치솟고 있는 장애 수당 지급을 줄이려는 배경에서 일어났다. 2004년 이래로 장애 수당 지급이 두 배로 불어남에 따라, 장애를 가진 사람들을 일터로 보내는 것이 최우선 과제가 되었다. 이는 근로 복지 제도 개혁으로 가장 큰 타격을 입는 것은 장애 수당을 받는 이들이라는 것을 의미했다.

연구 과정에서 나는 매튜라는 남자를 만나게 되었는데, 그의 사례는 전형적인 근로 복지 제도 현장 실습에서 무슨 일이 일어나는지를 보여준다.[5] 매튜는 눈에 띄는 학습 장애를 갖고 있었지만, 근로 제도 현장 실습에 배치되었다는 사실에 꽤나 행복해하기도 했다. 사실 그는 일을 하게 되어 기뻤고, 특히 사람들과 일을 할 수 있어 기뻐했다. 하지만 그가 파견된 기부 물품 가게는 매장에 학습 장애가 있는 노동계급 남자가 나와 있기를 원하지 않는 것 같았다. 기부 물품 가게는 존 루이스[영국의 백화점 체인―옮긴이]풍의 고객 응대에 익숙한 중산층 고객에게 어필할 수 있도록 브랜드를 쇄신하는 과정에 있었다. 취업 센터에서는 이 일이 매튜에게 좋을 거라고 했지만, 그 일은 외롭고 사람을 의기소침하게 만드는 일이었으며 이미 위태로운 그의 자존감을 더욱 떨어트렸다.

하지만 근로 복지 제도의 한층 더 은밀한 문제는 (장애인을 포함하는) 사람들이 거기서 빠져 나올 수가 없다는 사실에 있었다. 현장 실습에 나가지 않으면 보조금을 받을 수가 없다. 근로 복지 제도 식으로 말하면, "제재를 받는" 것이다. 결과적으로 수천 명의 사람(과 그들의 가족들)이 극빈층으로 떨어졌는데, 이는 때로 사람들이 (흔히 건강 사유로) 현장 실습을 거부했다는 단순한 이유, 혹은 그들이 서류를 잘못 작성했다거나 약속에 늦었다는 이유 때문이었다. 사실 제재 규칙이 너무나 엄격해서 2013년이 되면 100만 명 이상의 실업자가 불이익을 받게 되었고, 이러한 제재는 대부분의 경우 장애인이나[6] 직업을 얻기 힘든 지역에 사는 이들[7]에게 부과되었다. 이처럼 가혹한 정책은 물론 복지 예산을 삭감하는 데 도움이 되었다. 그러나 이는 심각한 사회적 결과를 초래했다. 같은 기간 동안 노숙과 푸드뱅크가 증가했으며, 실업자들 사이에서 심각한 불안과 우울이 50% 증가했고,[8] 동시에 자살 시도 건수가 25% 늘어났다.[9] 근로 복지 제도와 같은 프로그램은 착취적이고 사람들에게 낙인을 찍을 뿐만 아니라, 이들을 아프게 만들기까지 한다.

2016년이 되면 근로 복지 제도가 낳은 고통이 정점을 찍어, 마침내 정치적 행동을 유발했다. 점점 더 많은 실업자가 조직화하여 저항함에 따라, '근로 복지 제도를 보이콧하라'(Boycott Workfare)와 '삭감에 반대하는 장애인들'(Disabled People Against Cuts)과 같은 풀뿌리 시위 단체들이 무급 근로 복지 제도 노동력을 착취하는 기업의 명단을 만들고 로비를 펼치기 시작했으며, 그 기업들의 사무실, 창고, 가게 밖에서 대중 시위를 조직했다. 오래지 않아 지역 매체와 전국 매체가 관심을 가졌고, 대중이 수면 아래 이루어지고 있던 착취에 대해 더 잘 알게 되자 근로 복지 제도와 어떤 식으로든 관련이 있는 것은 유해한 무언가처럼 취급되었다. 기업들은 차례로 근로 복지 제도에서 손을 떼기 시작했다. 2015년 대법원이 정부가 근로 복지 제도 참여를 거부하는 사람들에게 주어지는 제재에 대해 충분한 정보를 제공하지 않음으로써 위법 행위를 저질렀다고 판시하자 대이동의 물결은 더욱 빨라졌다.

시위와 소송으로 충분하지 않았다면, 2018년에 요크 대학교에서 근로 복지 제도의 효과에 대한 독립적인 보고서를 최초로 출판한 것이 근로 복지 제도에 대한 결정타가 되었다. 2013년부터 수집되고 분석된 데이터에 근거해 보고서는 근로 복지 제도가 대실패를 거두었다고 평가했다. 근로 복지 제도는 "사람들이 일자리에 진입하고 진출하는 것을 촉진하는 데 있어 대체로 효과가 없을 뿐만 아니라," 보조금 제재는 "유급 노동 일자리를 탐색하고, 일자리에 들어가기 위해 준비하고, 일자리에 진입하려는 동기부여에 거의 도움이 되지 않는다." 그뿐만 아니라, 제재 조치를 비롯해 근로 복지 제도가 사용하는 전략들은 "일반적으로 상당히 부정적인 개인적, 재정적, 건강적, 행동적 결과를 가져왔다."[10]

그리하여 전국에서 근로 복지 제도가 중단되었지만, 그 모든 측면이 사라졌다고 볼 수는 없다. 오히려 근로 복지 제도의 가장 핵심적이면서도 은밀한 요소 중 하나는 대놓고 지속되고 있었다. 오늘날에도 여전히 광범위하게 작동하는 이 요소는 포스트코로나 시대에 이르러 더 확대되기 시작했다. 대중과 미디어의 레이더에는 잡히지 않았지만 말이다. 근로 복지 제도의 이와 같은 은밀한 측면을 더 자세히 들여다보기 위해, 이 제도의 해악을 드러내는 데 있어 가장 중요한 역할을 했던 사람들 중 한 명을 만나볼 시간이다. 그는 바로 학자이자 인권 운동가 린 프리들리 박사이다.

───────

2012년, 더럼 대학은 명망 있는 의학 연구 단체 웰컴 트러스트가 자금을 제공하는 연구 프로젝트를 진행했다. 전국적으로 시행된 근로 복지 제도의 사회적 파급력과 개인적 파급력에 대해 이해하는 것이 프로젝트의 목표였다. 영국 최고의 정책 과학자들과 2년을 보낸 뒤, 린 프리들리 박사와 그의 동료 로버트 스턴 박사는 근로 복지 제도에 대한 학술 연구를 결정짓게 될 연구를 출판했다. 이 연구는 국내 매체에서 논쟁을 불러일으키고 다우닝가 10번지와 노동연금부(DWP)를 뒤흔들었으며, 결과적으로 근로 복지 제도 체계 전체가 거꾸러지게 했다. 프리들리 박사와 스턴 박사가 한 결정적인 일은 그 프로그램의 핵심에 자리한 해로운 활동을 밝혀내는 것이었다. 그들은 그 활동을 "심리 강제"(psycho-compulsion)라고 불렀다.

심리 강제에 대해 알아보기 위해 나는 런던 북부의 번잡한 홀러웨이 로드에서 약간 벗어난 곳에 자리한, 빅토리아풍 테라스가 있는 그의 집에서 프리들리 박사를 만났다. 조그만 앞뜰(앞뜰은 둥지를 트는 참새들의 거처가 될 수 있도록 일부러 심은 어린 가문비나무로 뒤덮여 있었다)에서 나를 따뜻하게 반겨준 그는, 문간에 쌓인 전단들에 대해 사과하며 최근 들어 지역의 자동차 배기가스 배출량을 줄이기 위해 의회와 싸우기 시작했다고 설명했다. "이 좁은 길로 매일 천 대 이상의 차량이 지나다닙니다." 그가 나를 집 안으로 들이며 말했다. "아이들이 죄다 천식에 걸리고 있어요. 그런데도 도로 아래쪽에 있는 아스널 FC는 모든 나들목이 개방되어 있기를 바라죠." 이는 당연히 프리들리 박사가 화낼 만한 이유였다. 나는 그의 인상적인 사회운동 경력을 고려하건대, 아스널 FC가 언젠가 후회하게 될 것이라고 추측했다.

녹음기를 켜고서, 나는 프리들리 박사에게 그와 로버트 스턴 박사가 심리 강제라는 표현을 쓰면서 무엇을 의미했는지를 설명해 달라고 했다. "저희가 원래 연구하려던 과정은 전혀 아니었던 어떤 과정을 가리키는 말이죠." 그가 나에게 말했다. "취업 상담사가 자신을 어떤 동기부여 훈련처럼 보이는 데에 보냈다는 복지 수당 청구인들을 계속 만나게 되면서 이 과정이 드러나게 되었습니다." 좀 더 심층적인 연구를 시작하고 나서 그들은 이러한 강좌가 빠르게 전국에 퍼지고 있으며, 실업자들이 이러한 수업을 듣지 않으면 보조금을 받지 못할 거라는 협박을 받고 있다는 사실을 알게 되었다.

이러한 강좌와 개입이 어떤 방식으로 이루어지는지 알아보기 위해 프리들리와 스턴은 간단한 방법론을 사용했다. 그들은 (긍정적인 것이든 부정적인 것이든) 심리 강제를 경험한 사람들의 증언을 다수 수집하는 한편,[11] 노동연금부(DWP)의 자금을 받아 강좌를 진행하고 있는 민간 업체들이 사용하는 모든 교육 자료를 꼼꼼하게 분석하고 평가했다. 그들은 또한 DWP가 이러한 강좌를 위해 발부하는 모든 교육 자료들과 약정서들도 분석했다. 그들은 분석 과정에서 여러 번의 인터뷰를 진행함과 동시에 이러한 자료들과 증언들을 면밀히 분석했다. 그러자 이와 같은 교육 과정의 목적은 기본적인 직업 훈련 교육을 제공하는 것이 아니며, 복지 수당 청구인들을 좀 더 고용하기 좋은 상태로 만들기 위한 개입을 시행하고 그들이 실업자인 이유에 대한 심리학적 설명을 강제하는 것이 교육의 주된 목적임이 분명해졌다.

DWP는 분명한 목적, 즉 실업을 강제적인 훈련을 통해 어떤 식으로든 고칠 수 있는 심리학적 결함으로 재구성한다는 목적을 가지고 있었다. "우리가 심리 강제라는 용어를 채택한 이유입니다." 프리들리가 말했다. "심리 강제라는 용어가 우리가 전국에서 발견한 현상을 나타내고 있기 때문입니다. 실업자들의 내적인 태도, 성향과 심리를 변화시키기 위해 설계된 강압적이고 강제적인 실천의 증가라는 현상 말입니다."

전형적인 심리 강제 강좌가 어떻게 이루어지는지 이해하고 싶다면, 여기에 이지 콕살을 소개하겠다. 그는 오픈 데모크라시에 발표한 글로

자신의 심리 강제 강좌 참가 경험을 공중에 알린 첫 번째 복지 수당 청구인이다.[12]

보조금을 잃을 수도 있다는 위협 속에 직업 훈련에 보내진 실업자 모임에 앉아 있는 동안, 이지 콕살은 무언가 잘못되었다는 것을 감지했다. 모임 리더가 갑자기 "불가능이란 없다!"(회의실 벽면 여기저기 붙어 있는 동기부여 글귀 중 하나를 읽은 것이었다)고 외쳤을 때, 이지는 멍하게 그를 바라보며 이 강좌가 이력서나 면접 기술 향상에 초점을 맞춘 수업은 아닐 거라는 사실을 깨달았다. 사실 이지의 글에 있는 표현을 빌리자면 이 강좌는 "더 큰 포부"를 가지고 있었다. 예를 들어 당신이 겪는 실업의 진짜 원인, 즉 직업을 가질 수 있는 능력을 저해하는 마음속 깊숙이 있는 무언가에 맞서는 방법을 가르치는 것 말이다.

우리는 이지가 수강한 강좌를 운영한 회사가 어디인지 이미 안다. 그 회사는 바로 A4e로, 경찰이 자바 칼릴의 집 현관문을 두드리기 전까지 자바가 4년간 일했던 회사이다. 자바는 사람들에게 일자리를 찾아주는 일을 둘러싼 행정 업무를 처리할 책임뿐만 아니라, 이지 같은 사람들이 강제로 듣게 된 강좌들을 승인해줄 책임 또한 갖고 있었다. A4e는 DWP가 제공하는 수익성 높은 계약을 따내기 위해 심리 강제 코스를 운영해야 했던 수많은 민간 기업 중의 하나였다.

"그렇게 나는 이틀에 걸쳐 다른 실업자들 열 명과 함께 앉아 '너 자신에 대한 믿음을 말하고, 너 자신에 대한 믿음을 들이쉬고, 너 자신에 대한 믿음을 먹고, 너 자신에 대한 믿음을 싸야' 한다는 소리를 들었다"고 이지는 쓰고 있다. "그 경험은 끊임없이 지속되는 어떤 이상한 촌극 무대에 서는 것과도 같았다. (…) 화장실 표지판조차도 이상하기 그지없었다. 장애인 화장실 표지판에는 다리가 부러진 남자가 화장지로 붕대를 감고 있는 것처럼 보이는 이상한 그림이 그려져 있었다." 다른 이상한 일들도 있었는데, 여기에는 미래 고용주를 기쁘게 만드는 방향으로 적극적인 사람이 되는 방법에 대해 듣는 일이 포함되어 있었다. "친절하고 둥글둥글할 필요 없습니다. 대놓고 이렇게 말하세요. '내가 당신이 찾는 사람입니다.' 매트릭스처럼, '내가 선택받은 자입니다.' 이렇게 말입니다. 네오가 자신이 정말 선택받은 자라는 것을 믿었을 때 비로소 그는 선택받은 자로 거듭났습니다."

이지는 강좌 전체가 내용은 거의 없는 하나의 긴 심리적 동기부여 같다고 느꼈다고 한다. "우리가 직업을 가질 수 있다고 믿는다면 정말로 그렇게 될 거라는 주장이 계속해서 강조된 핵심 주장이었어요. 장애물은 우리의 마음가짐뿐이라는 거죠." 사실 강사는 이 메시지를 전달하는 일에 너무 열중한 나머지, 마치 개인적 깨달음의 경지에 이르면 일자리가 막힘없이 흘러들어오기라도 할 것처럼 모든 수강생이 그 자리에서 "작은 깨달음" 같은 것을 경험하길 바라는 것 같았다. 오래지 않아 이지는 이 모든 메시지가 일자리를 찾는 건 오로지 당신 책임이라고 암시한다는 걸, 이 책임을 각자가 받아들이고 지고 가야 한다는 걸 깨달았다. 경제의 상태, 다른 구조적 장애물이나 이상 같은 건 잊어버려라. 당신이 실업 상태라면 아직 밝혀지지 않은 심리적 원인이 있을 것이다.

이지는 이 강좌에 얼마나 정치적인 현실주의, 혹은 사회학적인 현실주의가 부재하고 있었는지 설명하고자 그의 모임에 있었던 제임스라는 남자의 예시를 들었다. 제임스는 60살에 실직하여 인생에서 처음으로 실업자가 되었다. 상당한 전문적 경험을 가지고 있었음에도, 그를 고용하고 싶어 하는 사람은 아무도 없어 보였다. 제임스는 나이 때문에 거절당했다고 느꼈다. 그의 취업 센터 에이전트는 아마도 나이가 문제인지도 모르니, 나이에 대해 거짓말을 하면 어떻겠냐고 제안했다. "그런데 우리 강사는 연령 차별과 고용 시장의 포화가 문제가 아니라는 거예요. 제임스가 나이를 가지고 자기 마음속에 만든 장애물이 문제라는 겁니다." 강사는 계속해서 말했다. "우리는 상품입니다. 우리가 그 상품에 대해 이야기하고 홍보하지 않으면, 누구도 그 상품을 사지 않을 겁니다." 그는 성공과 우리를 가로막는 장벽은 우리가 우리의 생각 속에 만든 가짜 장애물뿐이라고 주장했다.

이지는 이 광경을 보며 얼마나 짜증이 났는지 털어놓았다. 그는 강사에게 제임스가 아니라 연령 차별이 문제이고, 연령 차별은 제임스가 어찌할 수 없는 사회적 문제라고 말했다. 그런 뒤 이지는 도시에 거주하는 젊은 흑인 남성의 50%가 주로 빈곤의 유산과 기회의 부족, 차별과 연관된 구조적 문제 때문에 실업 상태에 있다는 사실을 지적했다. 흑인 청년이 아무리 세상에 대해 좋게 생각을 해도, 잔인한 현실이 바뀌지는 않을 것이었다. 이지는 주장했다. "더 큰 그림을 볼 필요가 있어요. 개인에 집중할 게 아니라요." 이쯤 되자 강사가 이지에게 반기를 들었다. "당신을 옭아매는 것들이 많네요. (…) 이것들을 보는 방식을 바꿀 필요가 있습니다. 당신이 가지고 있는 이 모든 분노와 좌절이 당신이 직업을 갖는 걸 방해하는 겁니다. 당신의 이력서도 그런 인상을 줘요." 이지는 강사가 그걸 어떻게 아는지 어이가 없었다. 강사는 이지의 이력서를 본 적도 없기 때문이다.

이지의 이야기는 심리 강제 강좌에 대한 일화 중 하나에 불과하지만,

프리들리와 스턴의 연구는 이지가 보고한 역학이 사회 전반에 나타나고 있다는 사실을 밝혀냈다. 곧 살펴보겠지만, 이러한 강좌에서 나타나는 개인적 동기, 변화와 책임에 대한 강조는 집단적인 각본에도 깊이 새겨져 있다.

왜 노동연금부(DWP)가 심리 강제 강좌와 그 강좌를 뒷받침하는 긍정 심리학과 행동주의의 가르침에 열광했는지를 이해하려면, 데이비드 캐머런이 그의 내각에 속한 모든 사람에게 8월의 휴회 동안 한 책을 읽으라고 지시했던 2010년의 여름으로 되돌아가볼 필요가 있다. 이 책은 『넛지』라는 제목의 책으로, 유명한 행동경제학자 리처드 탈러와 캐스 선스타인이 저술한 책이다. 『넛지』의 핵심 메시지는 사람들에게 "넛지"를 줌으로써(즉 사람들이 가볍고 돈이 적게 드는 행동적 개입의 영향을 받게 함으로써) 원하는 방향으로 사람들의 행동을 변화시킬 수 있다는 것이다. (채소 구입을 늘릴 수 있도록) 매장 바닥에 과일과 채소 매대로 향하는 초록색 화살표를 그리는 것, (일반 쓰레기 용량 제한 때문에 재활용을 더 많이 하도록) 재활용 휴지통을 일반 휴지통보다 더 크게 만드는 것, 더 특이하게는 (파리를 향해 소변을 누어서 소변이 튀지 않도록) 공공화장실 소변기에 파리를 그려 놓는 것 등이 고전적인 예시이다.

넛지 운동의 배후에 있는 것은 단순한 발상, 즉 사람들의 행동은 그들이 어렴풋하게만 의식하고 있는 일상적인 유도 과정을 통해 "넛지"될 수 있으며, 이는 인구 집단 수준에서 이루어질 수 있다는 발상이었다. 더 좋은 점은, 이러한 영향력 행사는 대체로 무의식적 수준에서 이루어질 수 있기 때문에 정부가 항상 사회정책이나 법안을 바꿔야 하는 것은 아니라는 점이다. 그 대신 정치인들은 사람들의 자유를 빼앗지 않으면서도, 사람들이 원하는 방향으로 행동하도록 교묘한 방식으로 강제할 수 있다. 그러므로 넛지는 부권주의적인 정치인이 꿈꾸던 것이었다. 이제 매번 법과 규제를 조정하는 대신 부드럽고 무의식적인 강제와 수정을 통해 행동을 바꿀 수 있게 되었으니 말이다. 캐머런은 "넛지를 통한 강제"라는 생각에 너무나 열광한 나머지 모든 정부 부처가 이 철학을 받아들이고 활용해야 한다고 주장했다. 심지어 캐머런은 다우닝 가 10번지에 자신의 영구적인 넛지 부서를 수립하기까지 했다[영국 국책연구기관 BIT(The Behavioral Insights Team)를 지칭함―옮긴이].

이러한 철학이 DWP를 포함한 모든 정부 부처에 잠입하기 시작하면서, 이 철학은 긍정 심리학의 요소들과 뒤섞이게 되었다. 예를 들어, 사람들은 무언가를 빼앗길지도 모른다는 공포를 통해 동기를 부여받는다는 넛지 발상은, 취업 센터의 요구에 따르지 않으면 보조금을 주지 않을 거라고 협박하는 DWP의 정책과 일관된다. 나아가 사람들은 권위자가 자기 자신에 대해 말해준 것을 믿는 경향이 있다는 넛지 발상은, 복지 수당 청구인들이 (검사를 완료한 다음) 자신의 기업가적 직무 역량이 얼마인지를 보고 이에 대해 조치를 취하라는 요구를 받는 것과 일관된다. 그뿐만 아니라, 긍정적이고 동기부여가 되는 메시지를 주면 사람들이 더 생산적이고 투지 넘치는 방식으로 행동하게 될 것이라는 넛지 발상은, 심리 강제 강좌가 보여주듯 실업자들이 긍정적인 사고방식을 받아들이도록 만드는 일에 대한 집착과 일관된다. 근로 복지 제도 계약 업체 중 하나인 인지어스는 긍정적 메시지 주기에 너무나 열광하고 있어서, 마치 골드만 삭스 워크숍에서 CEO에게 들을 법한 말처럼 들린다.

땀에 빠져 죽은 사람은 없다.

실패는 가장 인내심이 낮은 이들이 가는 길이다.

네가 쓰러지는 횟수보다 일어나는 횟수가 한 번 더 많다면 그것이 성공이다.

포기는 언제나 시기상조이다.

넘어지는 건 죄가 아니지만 누워 있는 것은 죄이다.

네가 열등감을 느끼는 것은 네가 거기에 동의하기 때문이다.[13]

근로 복지 제도 계약 업체들은 복지 수당 청구인들에게 수강 확인 메일 폭격만 보내는 것이 아니라 긍정적인 이메일들도 보낸다. 매일 새로운 넛지가 메일함으로 날아들어 "성공만이 유일한 선택지이다" "웃는 삶을 살아라" "해내고 있다", 혹은 더욱더 놀랍게도, "오늘이야말로 당신의 인생에서 최고의 날, 가장 성취감이 큰 날일지도 모른다. 그렇게 되려면, 당신이 그것을 허락해야 한다"[14] 같은 경구들을 천명한다. 심리 강제 속에는 넛지와 긍정 심리학의 마법적인 조합이 스며들어 있었고, 그것은 무의식적인 심리적 격려가 가진 무제한적인 힘에 대한 비현실적인 믿음에 기반해 있었다.

DWP가 넛지로 실업을 몰아내려 애쓰는 동안, 프리들리와 스턴의 연구는 이처럼 지속적인 긍정적 넛지가 복지 수당 청구인들의 기분을 고양하는 대신 오히려 우울하고 혼란스러운 경험을 선사하는 경우가 많으며, 분노와 창피함이라는 감정을 불러일으킨다는 것을 드러냈다. IAPT 치료 프로그램과 매우 유사한 방식으로, 긍정의 압박은 실업의 진짜 원인은 잘못된 마음가짐에 있다는 암시를 준다. 스턴이 말하길, "이 모든 게 무해하고 엉뚱한 일처럼 보일 수도 있겠지만, 이와 같은 메시지들은 이런 메시지에 매우 취약한 사람들을 대상으로 하고 있어요. 이런 메시지들은 실업은 어떤 개인적 결함이나 타락을 나타낸다는 널리 퍼진 사회적 생각에 공신력 있는 심리학의 허울을 뒤집어씌웁니다."

심리 강제의 낙관적인 관점은 구직자에게 결함이 있다는 것을 암시할 뿐만 아니라, 사람들 대부분의 일상적인 경험과도 상반된다. 이러한 관점은 학자 데이비드 프레인이 "가짜 역량 강화"의 한 형태라고 부른 것을 제공한다. 우리가 우리의 삶과 운명에 대해 무한한 힘을 행사할 수 있다는 생각은 얼핏 보면 어떤 이들에게는 유혹적이고 희망을 북돋는 생각이겠지만, 일이 잘못되면 깊은 실망감을 안겨준다. 사람들에게 그들이 실제로 가지고 있는 것보다 더 많은 힘을 가지고 있다고 설득하면서 성취를 가로막는 현실의 사회적 장벽을 무시하면, 현실이 기대대로 되지 않을 때 사람들은 자신을 비난하게 된다. 프레인의 주장에 의하면, 가짜 역량 강화의 최악의 버전은 자조 산업의 진부한 경구들 속에 있다. 자조 산업에서는 대중 심리학자들이 우리를 옭아매는 가혹한 현실에도 불구하고 우리에게 상황을 변화시킬 수 있는 거의 마법에 가까운 능력이 있다고 주장한다. 불평등, 실업, 노동과 관련된 고통이 너무나도 사회적으로 고착화된 세상에서, 기회를 가로막는 지독히도 현실적인 장애물을 경시하는 것은 또 다른 형태의 처벌이자 비난과 조롱으로 자주 경험되곤 한다.

예를 들어 싱글맘 샘의 사례를 생각해 보자. 그는 빈약한 사회적 지지 속에서 푸드뱅크의 도움을 받아 두 아이를 홀로 키우며 인내심의 한계를 시험받고 있는데, 이런 와중에도 그는 더 긍정적이고 낙관적으로 되라는 심리 강제 강좌를 강요받았다. 아니면 해외 하청으로 인해 공업 단지가 문을 닫고 있는 마을에 살다가 이제 막 정리해고를 당한 참인 52살 에드의 사례는 어떠한가? 0시간 계약에 불안정한 일자리밖에 찾을 수 없는 동네에 살았던 18세 여성 사라의 사례는? 과도한 긍정주의 내지는 "가짜 역량 강화"를 받아들이는 것이 냉혹한 현실을 부정하는 것이나 다름없게 만든다면? 이와 같은 상황들에서 고를 수 있는 선택지는 제한되어 있다. 다시 말해, 긍정주의를 수용할 수도 있으며(즉 일이 잘못되면 자신을 비난하기 쉬워지며), (상담사들을 기쁘게 하고자) 냉소적으로 긍정주의를 가장할 수도 있고, 이지가 선택했듯이 긍정주의의 서사들을 완강히 거부할 수도 있다. 이지는 이렇게 쓰고 있다. "정부는 정말로 [사람들에게] 긍정적인 생각에 대한 유사심리학 폭격을 퍼붓는 게 실제로 실업에 어떤 유의미한 영향을 준다고 생각하는 걸까? 이런 폭격은 자신이 처한 상황 때문에 비난을 받고, 어떤 식으로든 아무 변화도 만들어내지 못하는 "솔루션"들을 제공받느라 바쁜 실업자들에게 적극적으로 해를 끼친다는 게 내 주장이다."

이지 같은 사람들의 저항은 충분히 합리적이다. 그러나 심리 강제의 세계에서 저항을 표현하면 대가를 치러야 한다. 로버트 스턴이 프리들리와 함께 연구를 수행하며 발견했듯이, "복지 수당 청구인들은 심리 강제를 비판하면서 한 가지 단서를 단다. '그렇지만 난 정말 일하길 원한다'는 것이다. 이들의 이런 행동은 자신의 비판이 불러올 것이라고 생각되는 반응을 피하기 위함이다. 자신의 비판이 일하는 것에 대한 거부로 읽히고 이로 인해 불이익을 받는 것을 피하기 위한 행동인 것이다." 실제로도 이지는 결국 강좌에 저항한 대가를 치렀다. 이지는 또 다른 심리 측정 검사를 해야만 했다. 그래도 그 정도면 처벌은 가벼운 편이었는데, 저항은 종종 복지 혜택에 대한 제재나 제재 위협으로 이어지기 때문이다. 심지어 인지어스에는 "준수에 대한 의심"이라는 개념이 있어, 상담사가 보기에 복지 수당 청구인이 근로 복지 제도의 요구를 준수할 수 있는지 의심이 된다면, 상담사는 복지 혜택 철회의 첫 번째 절차를 개시할 수 있다.[15] 합당한 저항이 제재 대상인 죄가 되는 마당에, 심리 강제가 가구 빈곤의 증가에 기여한 것도 놀라운 일은 아니다. 복지 수당을 빼앗기게 되니 말이다.

그렇기에 심리 강제는 단순히 사람들에게 소위 고용할 만한 마음가짐을 주입하는 문제가 아니다. 심리 강제는 심리 강제가 올바른 태도와 행동이라고 정의하는 것으로부터 일탈하는 것을 처벌하기 위한 메커니즘이다. 프리들리는 말한다. "그렇기에 심리 강제가 진정으로 하려는 일은 당신의 실업은 당신 탓이라는 신자유주의 신화에 대항하는 대안 담론을 침묵시키는 것입니다. 그뿐만 아니라, 심리 강제는 연대하여 실업의 사회적 원인에 대항해 행동하게 만드는 대안적인 세계관들을 잠식하고 약화시킵니다." 다시 말해, 심리 강제는 복지 수당 청구인의 이의제기를 병리화하고 처벌할 뿐만 아니라, 실업의 원인을 탈정치화하여 집합적인 행동을 좌절시킨다. 그리고 이는 실업은 성격적 결함 문제라는 대처의 오래된 신화를 부활시키는 것을 통해 이루어진다.

실업의 탈정치화는 실업의 원인을 개인에게서 찾는 일을 통해서만 달성되는 것이 아니다. DWP에 따르면 사람들은 집단적인 "실업 문화"에 설득당해 일을 하지 않게 될 수도 있다.[16] 이는 집단 구성원의 실업을 부추기고 복지에 의존하게 만드는 공통의 가치나 행동양식을 가진 문화적 집단이나 가족을 말한다. 영국의 채널 5에서 방영하는 다큐멘터리 프로그램 〈베네핏츠 스트리트〉(Benefits Street)가 전형적으로 보여주는 이 문화는, 복지에 대한 의존을 정상화하는 "야망의 빈곤"을 강화한다고 알려졌다. (우연히도 이 다큐멘터리는 DWP와 그 수장 이언 던컨 스미스가 극찬한 프로그램이기도 하다.) 이 개념은 실업의 책임을 불량 개인에서 불량 가족과 불량 공동체로 확대하여 더 광범위한 사회 구조, 사회적 요인과 정책들의 인과적 책임을 면제한다.

하지만 조지프 라운트리 재단과 같은 단체들은 이러한 이야기가 본질적으로 근거가 없다는 사실을 드러냈다. 각고의 노력에도 불구하고 조지프 라운트리 재단은 이러한 불량 집단의 증거를 찾는 데 실패했다. 오히려 재단은 부모 중 한쪽 혹은 양쪽이 실업 상태인 가족에서, 일할 수 있는 나이대의 자식들은 일반적인 노동 윤리를 열심히 준수하며 부모에게 닥친 일을 피하기 위해 애를 쓴다는 사실을 발견했다.[17] 이러한 발견은 대부분의 다른 연구가 보여주는 결과와도 일관된 것으로, 연구들은 취업을 막는 가장 중요한 장애물은 심리적인 것이나 문화적인 것이 아니라 구조적인 것임을 보여준다. 살아가는 데 충분한 만큼의 급여를 주는 적당한 일자리의 부족이나, 필요한 기술이나 자격의 부족과 같은 요인 말이다.[18] 소위 실업 문화에 대한 증거가 부족하다는 사실을 고려하면, DWP가 이런 생각을 받아들인 건 단지 편의상의 이유 때문인 것처럼 보인다. 비용을 절감하고 (이런 유형의 문화를 없애 준다고 주장하는) 복지 제재를 정당화하기 위해서라는 이유 말이다.

자바 칼릴과의 만남이 끝나갈 즈음, 자바는 5년이 지난 지금도 주기적으로 그가 그토록 고통받았던 법정으로 돌아가게 된다고 털어놓았다. "저는 때로 점심을 먹기도 하고, 방청석에서 다른 사건들을 보기도 합니다. 그런데도 항상 같은 판사를 만나게 돼요. 내 사건을 판결한 사람 말입니다. 복잡한 기억을 불러일으키더군요."

게다가 자바는 그 옛날 그와 그의 법정 변호사 사이에 오간 수백 통의 이메일을 자주 읽고 또 읽곤 했다. "제 일부분이 아직도 거기에 남아 있는 것만 같아요, 제임스. 모두가 제가 거기서 나아간 줄 아는 데 말입니다." 나는 아직도 그가 처리해야 할 관련 문제들이 좀 남아 있는 건 아닌지 살폈다. 어쩌면 그가 아직 이해하지 못한 방식으로 트라우마가 그에게 영향을 주었는지도 몰랐다. "네, 저도 때로 생각을 정리하려면 누군가에게 이 모든 일에 대해 털어놔야 하는 건 아닌지 생각하곤 합니다. 어떻게 생각하십니까?"

"음, 자바, 좋은 생각인지도 모르겠어요. 그런데 제가 이렇게 말해도 될지 모르겠지만, 바깥은 지뢰밭이니 조심하시길 바랍니다. 적절한 사람이나 집단을 찾으면, 당신에게 일어났던 일을 탐구해 보는 게 예상치 못한 방식으로 당신에게 도움이 될지도 모릅니다. 사실, 당신이 직면할 수도 있는 냉혹한 사회적 현실을 포함해서 이렇게 당신의 발목을 잡는 과거나 현재의 경험을 직면하고 극복해 나가는 것이야말로 제 책의 주제이기도 해요. 책이 완성되면 제가 한 권 보내드릴 수 있을 것 같습니다."

자바와의 만남이 끝난 뒤, 나는 힘들게 운전해 런던 남서부의 내 집으로 돌아갔다. 비가 여전히 내리고 있었고 차는 밀리고 있었다. 나는 그가 처한 상황을 듣고 불안한 감정을 느꼈고, 그에게 결국 무슨 일이 일어날지 궁금했다. 물론 내가 치료 환경에서 만난 많은 사람과 비교했을 때 그의 고통이 심각한 것은 아니었다. 그러나 그의 선택지는 그 사람들만큼이나 제한되어 있었다. 그가 운이 좋다면 저렴한 상담 서비스를 찾을 수도 있겠지만, 이러한 서비스는 공급 부족에 시달리고 있었다. 물론 언제고 그는 항우울제를 처방받거나, 어렵게나마 IAPT 치료를 몇 회기 받을 수도 있을 것이다. 그러나 이런 게 자바한테 필요한 것이 아니라는 사실은 명확했다. 그는 좀 더 장기간에 걸친, 탐구적인 개입을 찾고 있었는데, 이런 건 우리의 공공 서비스에서는 제공되지 않는다. 그러면 민간에서 치료를 받기 위해 돈을 내는 건 어떨까? 그가 그런 투자를 할 만한 여력이 있다 하더라도, 상담이 효과가 있을 것인가라는 까다로운 문제가 남는다. 한편으로, 자금이 있다고 해서 성공이 보장되지는 않지만, 성공 확률을 유의미하게 높일 수 있는 것도 사실이다. 자신에게 가장 좋은 개입을 찾아서 돈을 낼 수 있는 사람이 유리하다는 것은 명백하다. 개인의 회복 서사에 대해 들을 때, 다음과 같은 사실을 우리는 거의 고려하지 않는다. 회복은 기울어진 운동장이며, 결과에 극적인 영향을 미치는 수많은 사회적 변수, 예를 들면 개인의 사회경제적 지위와 유용한 자원에 접근하고 이를 활용할 수 있는 능력에 영향을 받는다는 것이다. 나는 자바가 그의 주변에 있는 수많은 사람들과 마찬가지로, 공정성이 보장되어야 하는 삶의 영역에서 경제적 상황으로 인해 불이익을 받고 있는 건 아닌지 두려웠다.

하지만 그날 저녁에 꼼꼼히 살펴봐야 할 서류 더미가 집에 쌓여 있었기 때문에 이 문제에 지나치게 골몰해 있을 수가 없었다. 두 개의 중요한 인터뷰가 다음 날로 잡혀 있었는데, 이 인터뷰들은 내가 이야기했던 탈정치화, 의료화, 병리화라는 테마가 어떻게 병원, 직장, 취업 센터에만 한정되지 않는지에 관한 것이었다. 다음 장에서 우리는 어떻게 이러한 테마가 우리의 학교에 점점 더 많이 침투하여, 다음 세대에게 정신적 고통을 이해하고 관리하는 가장 좋은 방법에 대한 신자유주의 친화적인 비전을 (그릇되게) 교육함으로써, 어떤 우려스러운 결과를 낳게 되는지 살펴볼 것이다.

6
교육과 신관리주의의 부상

2000년대 초반 전국에서 특수한 교육적 관심이 필요하다고 분류된 아이들의 수가 빠르게 증가했다. 사실 증가세가 너무나 가팔랐다. 특수한 도움이 필요하다고 진단된 학생의 수는 고작 10년 만에 두 배로 늘어나 2011년에는 전체 학령기 인구의 거의 20%를 차지하게 되었다. 특수한 도움이 필요하다는 분류는 학습 장애나 정신적, 감정적 혹은 행동적 문제가 있다고 생각되는 아동을 묘사하기 위해 사용된다. 학습 장애가 있는 아이들의 수도 증가하기는 했으나 정신적 문제와 행동적 문제라는 분류에서 가장 큰 증가세가 관찰되었으며, 2011년에는 특수한 도움이 필요하다고 진단된 아이들의 절반이 우울증, 불안, 행동 장애, 아스퍼거 혹은 ADHD와 같은 진단 가능한 정신장애를 가지고 있다고 분류되었다.[1]

2000년대에 걸쳐 특수한 정신과적 도움이 필요하다고 분류된 아이들의 수가 증가하는 동안, 정신과 약물 처방도 함께 증가했다(2005년에서 2012년 사이에 아동과 미성년자에 대한 항우울제 처방은 56% 증가했다).[2] 2010년이 되어 아이들에게 특수한 도움을 제공하기 위한 비용이 급증하자 교육부는 마침내 영국 교육기준청(Ofsted)에 의뢰하여, 영국 학교에서 제공되는 특수한 도움에 대한 전면적인 평가를 최초로 실시하도록 했다. 교육기준청의 질문은 다음과 같았다. 무엇이 특수한 도움이 필요한 아이들의 집단 발생을 유발했는가? 그리고 상황을 바로잡기 위해 무엇을 할 수 있는가?

마침내 2010년이 되어 교육기준청의 보고서가 발간되자, 그 보고서는 영국 미디어에서 광범위하게 보도되었다. 하지만 교육기준청에 의하면 많은 사람이 이러한 집단 발생을 주도하는 요인이라고 꼽을 법한 가난, 불평등, 불충분한 학교 재원 같은 요인은 거의 아무런 역할도 하지 못하는 것처럼 보였다. 어찌 되었건 특수한 도움이 필요하다고 분류된 학생들이 증가하던 시기(토니 블레어 집권기) 동안, 대체로 이러한 사회적 문제는 개선되고 있다고 여겨졌다. 학교는 더 많은 자금과 인력을 지원받고 있었고, 이는 더 높은 문해율, 수리력과 (적어도 시험으로 측정되는 한에서는) 전반적인 학생들의 성과 개선으로 이어졌다. 게다가 조사 대상이 되는 지역에서 사회적 박탈 수준은 비교적 안정적인 수준으로 유지되거나 감소했는데, 그렇다면 특수한 도움에 대한 요구가 증가하는 것을 어떻게 설명할 수 있을까?

교육기준청의 답변은 명백했다. 학교 자체가 잘못이라는 것이다. 너무 많은 학교가 성적이 낮은 학생을 특수한 도움이 필요한 학생으로 잘못 진단하고 있었다. 이들이 필요로 하는 도움은 "대부분의 다른 학생들과 다를 바가 없었는데도" 말이다. 교육기준청은 여전히 부실한 학교 계획과 일상적 교육 때문에 많은 아이가 낮은 성취를 달성하고 있는 것에 더 가깝다고 주장했다. 어떤 학교들은 성적이 좋지 않은 이유를 설명하고, 더 값비싼 추가 지원을 받고, 더 중요하게는 실적 일람표에서 자신의 순위를 높이기 위해 이런 진단을 활용하고 있었다. (특수한 도움이 필요하다는 진단은 학교가 평가에서 더 높은 가중치를 받게 한다.) 이러한 진단을 오용하고 "편법을 쓴" 결과로, 457,000명이나 되는 영국 아동이 불필요한 진단을 받게 되었다고 교육기준청은 명시했다.

이에 대응하여 정부는 일련의 학교 개혁을 도입하였는데, 여기에는 교사에 대한 훈련을 강화하고 아이들이 특수한 도움이 필요한 상태로 진단받기 더 어렵게 하는 새로운 측정 방법을 도입하는 것이 포함되어 있었다.[3] 정부의 목표는 명확했다. 특수한 도움이 필요하다는 진단의 기준을 높이면 특수한 도움이 필요한 학생들의 수가 줄어들 수밖에 없고, 이와 함께 관련된 지원 비용도 줄어들게 될 것이었다. 이후 5년 동안 그 전략은 굉장한 효과를 발휘해, 특수한 도움이 필요한 학생들의 수가 480,000명 전후로 떨어지게 되었다. (우연하게도 이 숫자는 교육기준청이 오진을 받았다고 진단했던 숫자와 거의 일치했다.)[4] 물론 저울과도 같은 이러한 균형이 단지 우연은 아니었다.

그럼에도 불구하고 특수한 도움이 필요한 아동의 숫자가 떨어지기 시작하자 시스템에는 또 다른 균열이 나타나기 시작했다. 오래지 않아 다시 많은 학교가 다른 방법, 예를 들어 다루기 어렵거나 성적이 낮은 학생들을 "학생부에서 빼는" 방법 같은 편법을 쓴다는 혐의를 받게 되었다. 여기에는 교장이 부모에게 학교가 공식적으로 학생을 제적하기 전에 학생부에서 자기 아이를 빼라고 권하는 일도 포함되었다.[5] 교육기준청에서 왜 이런 식으로 학생부에서 학생을 빼는 일이 일어나는지 알아보기 위해 천 명 이상의 교사를 대상으로 설문 조사를 시행했을 때, 이들의 절반 이상이 학교 실적 일람표에서 높은 순위, 예를 들면 SAT 점수나 GCSE 점수에 기반한 순위를 차지하고 유지하기 위함이라고 답했다.[6]

학생부에서 학생을 빼는 것 외에도 또 다른 기만 전략이 사용되고 있다는 혐의가 제기되기도 했다. 여기에는 점수가 낮은 학생들을 직업 교육 과정으로 옮기는 것, 임시 교사를 시험이 없는 해에 배정하는 것, 쉬는 시간을 줄여 수업 시간을 늘리는 것, 학습에 관한 선택지(특히 예술 분야)를 줄여 학생들이 영어, 수학, 과학에 집중하도록 강제하는 것, 어려운 과목을 피할 수 있는 "쉬운 길"을 만들어 주는 것[7]이 포함되어 있으며, 몇몇 극단적인 경우에는 시험에서 부정행위를 저지르는 것도 포함되어 있다. (교사들 사이의 시험 부정행위는 2014년 이래 150% 증가했다고 보고되는데, 해리 왕자의 이튼 학교 미술 교사 사건이 특히 세간의 이목을 끈 사례였다. 공립 학교의 예시는 아니지만, 내가 말하고자 하는 논점이 무엇인지 알 거라고 생각한다.)

다른 말로 하면, 2011년 이래 많은 학교와 교사가 기본적인 직업 정신의 문제를 겪고 있다는 것이 지배적인 서사였다. 부정행위, 편법, 위법 행위, 잘못된 진단에 관한 인식이 정치적 담론과 공적 담론에 반향을 일으켰다. 엄중 단속과 개혁이라는 말이 위선적인 정부 관료와 교육기준청 조사관들의 좌우명이 되었다. 그들은 이제 자체 감사, 목표치 및 검사에 의지해 학교의 병든 도덕성에 책임을 묻고자 했다.

그러나 지배적인 공적, 정치적 담론이 으레 그러하듯이, 이 이야기에도 이면이 있다. 그리고 그 이면에는 교육기준청도 정부도 제기하고 싶지 않아 보이는 질문이 있었다. 교사와 학교가 여러 가지 편법을 쓰고 있다면, 어떤 의미에서 목표 자체가 비난의 대상이 될 수 있는 건 아닐까? 이러한 편법이 정말 직업 정신의 하자 때문에 생겨난 것일까, 아니면 새로운 목표 문화에서 일하는 것의 스트레스 때문에 생겨난 것일까? 이러한 질문의 긴급성을 고려하면, 왜 이런 질문이 중요할 법한 곳에서도 이런 질문이 제기되지 않고 있는 것일까?

———

나는 케임브리지 교외에 있는 교수의 자택에서 메릴린 스트래선 교수를 만났다. 그곳에서 그는 30년째 대학의 사회인류학과 교수로 일하고 있었다. 스트래선은 목표 문화에 대해 연구하는 국제적으로 저명한 교수였기에, 나는 그와 함께 목표 문화가 교사와 교육 기관에 미치는 영향력에 대해 탐구하기를 열망하고 있었다.

책으로 가득한 스트래선의 예스러운 거실에 자리를 잡고 앉아, 우리는 목표 문화의 역사적 기원에 대해 논의하는 것으로 대화를 시작했다. 스트래선은 목표 문화라는 주제로 많은 글을 써왔다.[8] 스트래선이 보기에 내가 4장에서 부분적으로 탐구했던 주제인 최신 목표 문화는 1990년대 말 신노동당의 정책들로부터 유래했다. 이 정책들은 공공 기관들(학교, 병원, 대학)을 관리하는 새로운 방법을 도입하여 이 기관들의 효율성과 생산성을 제고하고자 했다. "신관리주의"(new managerialism)라고 불린 이 새로운 방법은 대처가 처음으로 제시한 신념, 즉 경쟁에 의해 움직이는 시장의 기관들과 달리 공공 기관은 언제나 비효율성을 향해 가는 경향이 있다는 신념에 기반하고 있었다. 이 "비효율성"을 줄이기 위해서는 공공 기관이 경쟁적인 사업체처럼 행동하게 만들 필요가 있었다. 이러한 행동 목표는 더 성실하게 행동하도록 강제하는 목표지향적인 인센티브와 처벌을 설계하고 도입함으로써 달성될 수 있다.

이러한 목표 하에 정부 실적 일람표는 성취도에 따라 학교, 병원, 대학의 순위를 매기는 용도로 쓰이게 되었다. 근로자들은 점점 더 결과와 생산성이라는 차원에서 평가되었으며, 공공 서비스의 언어는 완전히 삭제되었다. 서비스 이용자들은 이제 고객이라 불렸고, 관리자들은 CEO로 불렸다. 수많은 비즈니스 용어가 모든 제도화된 기관들을 재구성했다. 판매와 이윤을 위해 경쟁하는 대신, 공무원들은 이제 정부 순위표에서 높은 위치를 차지하기 위해 경쟁하며 순위에 따라 보상과 처벌을 받게 된다. 학교의 경우 순위가 낮은 학교들은 실패로 비판을 받게 되었고, 이는 명성의 하락, 더 많은 특별 개입과 조사를 받는 것으로 이어졌다. 반대로 순위가 높은 학교는 타의 모범으로 추앙을 받았고, 더 많은 자율성과 더 큰 경제적 안정성을 누리게 될 전망도 더 커졌다.

스트래선이 1980년대부터 시작된 목표 문화(앞서 살펴본 바와 같이 이는 NHS의 치료 프로그램인 IAPT를 지배하게 될 문화이기도 했다)의 부상에 대해 이야기하고 난 뒤, 우리는 교육 부문에 이러한 문화가 적용되고 나서 어떻게 이것이 신관리주의자들이 전혀 예측하지 못한 부작용으로 이어졌는지를 탐구했다. 그가 말하길, "결국 목표 문화는 한 세대에게 계속해서 더 높은 생산성을 요구하는 추상적인 척도로 자신을 판단하도록 세뇌를 가한 셈입니다." 그리고 사람들이 이 목표를 달성하려고 노력할수록, "시스템에서 유리한 위치를 차지해야 한다는 유혹도 커지게 마련입니다. 특히 목표를 달성하기 위해 필요한 자원이 희귀하다면 말이죠." 2010년 이후 학교에 대한 정부 지출이 실질적으로 약 8% 감소했다는 점을 고려할 때, 이 마지막 요점은 특히 중요하다.[9] 긴축이 심화되는 시기에는 어느 때보다 더 적은 자원으로 어느 때보다 더 많은 수익을 쥐어짜내야 하기에, 어쩔 수 없이 지름길을 택하게 된다. 스트래선이 말하길, "바로 이때 선의의 부패가 발생하기 시작합니다. 이런 종류의 엄청난 압박 아래 있을 때는 편법을 쓰는 것이 똑똑한 행동이 되어 버리죠."

그런 다음 스트래선은 어떻게 그 자신 또한 편법의 함정에 빠지게 되었는지 예시를 들어 주었다. 스트래선의 직업 생활 중에는 그가 속한 대학의 학과를 위해 연구비를 따내야 한다는 강한 압박을 받던 시기가 있었다. 이 목표는 직업 안정성, 승진, 연구를 위한 휴가를 따내려는 학자들 대부분이 달성해야 하는 목표이기도 했다. "그래서 저는 여기 케임브리지에 새로 생긴 지식 단지를 연구하기 위한 자금을 요청했죠. 연구 제안서를 매력적으로 보이게 할 수 있는 모든 버튼을 다 누른 덕에 성공적인 입찰이 되었습니다." 스트래선의 독보적인 커리어 동안 그가 쌓아온 업적들과는 달리, 이 프로젝트는 그의 진정한 학문적 흥미에 의한 것이라기보다는 그의 말대로라면 "무엇보다 목표를 달성해야 한다는" 특정한 압력에 못 이겨 이루어진 것이었다. 스트래선은 연구 프로젝트를 시작하자마자 지식 단지 또한 똑같은 원칙에 의해 설립되었음을 확인하고 아이러니를 느꼈다. "지식 단지는 유전과 사회과학에 대한 현실적 질문에 답하기 위한 것이 아니었습니다. 지식 단지의 주된 목적은 보건부의 자금을 따내는 데 있었습니다. [결과가 나빠서 자금 제공은 결과적으로 취소되었다.] 제 연구 대상이었던 그 기관도 제 연구 제안서와 똑같이 나쁜 신념에 근거해 있었죠."

스트래선이 그의 경험을 공유한 것은 편법을 쓰는 것이 얼마나 유해한 결과를 가져올 수 있는지를 보여주기 위해서만이 아니라, 목표에는 쉽사리 알아챌 수 없을 만큼 은밀하게 부패를 가져오는 힘이 있다는 사회학적 주장을 하기 위해서였다. 스트래선이 일하던 곳의 관점에서 보면 스트래선은 정확히 그에게 요구된 일을 하고 있었기에, 그는 잠깐이나마 그가 옳은 일을 하고 있다고 속게 되었다. 그는 자금을 따내라는 압박을 받았고, 그래서 그렇게 했으며, 그가 속한 학과의 감사를 받았다. 목표가 지시하는 대로 행동하는 것을 선한 것, 가치로운 것과 동일시하는 신관리주의의 기준에서 보면, 스트래선은 단지 전문가로서 옳은 행동을 하고 있을 뿐이었다.

목표 문화에 대한 스트래선의 연구는, 어떻게 점점 고갈되어가는 자원으로 자주 "감시 압박"에 시달리면서 비현실적인 목표를 달성하려고 하는 행위의 필연적인 결과로 제도화된 편법과 부패가 발생하게 되는지를 보여주는 예시로 가득하다. 그리고 물론 스트래선의 이러한 통찰은, 너무 많은 교사와 학교가 편법을 쓰고 있는 것이 도덕적 해이 때문이라는 교육기준청과 정부의 지적을 어떻게 이해해야 할지에 대해 중요한 사실을 알려준다. 스트래선의 연구는 교육기준청과 정부가 조명한 바로 그 행동을 만들어내는 데 목표 문화가 중요한 역할을 한다는 것을 보여준다. 학교 시스템의 결함은 느슨한 직업 윤리로 인해 발생하는 것이 아니며, 이는 점점 더 재정난을 겪고 있는 공공 부문에서 더 많은 성과를 쥐어짜려는 신관리주의의 필연적인 결과물이다. 이러한 구조적 압력으로 인해, 특수한 도움이 필요하다는 진단은 이미 혹사당하고 있는 학교에 더 많은 자원을 끌어오기 위한 수단으로 남용되고 있었고, 어떤 학생들은 실적 일람표의 압박을 완화하기 위한 목적으로 학생부에서 빠지고 있었다. 게다가 교사들이 직업 윤리를 지키는 데 있어 갈등을 겪게 되면서 직업적인 번아웃이 만연해졌다.

2018년, 일군의 교육학 연구자와 심리학 연구자들이 교사들이 왜 일반인보다 직장에서 더 높은 확률로 정신 건강 문제를 얻게 되는지를 알아내기 위한 연구에 착수했다.[10] 이를 위해 연구자들은 정신 건강 문제를 겪고 있는 다양한 교사들을 대상으로 여러 회차에 걸친 심층 면접을 수행했다. 그들이 발견한 첫 번째 문제는 과중한 업무량으로, 그 원인은 주로 점점 더 늘어나는 서류 작업, 특히 교육기준청의 감사를 통과하기 위한 서류 작업에 있었다. 교사들은 이러한 관료적인 업무가 그들의 직업 만족도와 창의성을 갉아먹고 있다고 느꼈다.[11] 또한 많은 교사는 권위적인 목표가 은연중에 자신의 전문적 경험과 판단을 믿지 말라고 지시하면서 교사들이 현장에서 축적한 전문성의 가치를 손상시키고 있다고 느꼈다. 다른 이들은 의심이 많은 관리진에게 끊임없는 감시를 당하고 있다고 느꼈다. 결정적으로, 많은 교사가 이와 같은 관료적인 압력이 제자들과의 관계에 부정적인 영향을 미쳐 학생들의 심리적이고 감정적인 요구에 부응하기 어렵게 만든다고 느끼고 있었다. 교사가 일을 그만두는 두 가지 핵심적인 이유를 밝힌 더 최근의 연구도 이 연구의 결과를 지지하고 있다. 임금 하락과 시간을 많이 잡아먹는 관료주의가 가장 주된 두 가지 이유였다.[12] 이 요인들은 교사 10명 중 4명이 첫 5년 동안 일을 그만두고 싶어 하는 영국 교육 분야의 채용 및 근속 위기를 가속화하는 요인이다. 목표 문화가 수많은 의도하지 않은 결과를 가져왔다면, 아동과 청소년의 정신 건강 문제에 대한 목표 문화의 책임은 얼마나 될까? 아동의 정신 보건 의료에 책임이 있는 사람들이 정신 건강 문제를 완화하기 위해 노력하면서 이런 질문에 대해 얼마나 생각해 보았을까? 다행히도, 나는 곧 관련 분야의 전문가들과 함께 이 주제들에 대해 탐구해 볼 계획이었기에, 좀 더 유리한 위치에서 이 질문에 대해 답할 기회를 가질 수 있었다.

───────

예테보리는 스웨덴에서 둘째로 큰 도시로, 예타 강의 양쪽에 걸쳐 있는 역사적인 항구 도시이다. 내가 묵은 호텔은 하구를 따라 카테가트 해협까지 펼쳐진 웅장한 전망이 보이는 물가에 굳건히 서 있었다. 거기서 나는 정신과 약물을 통한 개입에 관한 규모 있는 국제적 컨퍼런스에 참석하고 있었다. 정신과 의사들, 심리학자들, 연구자들에서 서비스 이용자들에 이르기까지, 15개 이상의 국가에서 보낸 대표단이 도착해 있었다. 어떤 이들은 피곤한 눈빛이었고 어떤 이들은 기대에 부풀어 있었으나, 정신 건강 서비스를 개선하는 일에 헌신하고 있다는 점에서는 모든 이가 같았다.

세미나와 논의로 바쁜 하루를 보내고 나서, 나는 동료 참가자인 사미 티미미 교수와 함께 자리를 슬쩍 빠져 나오는 데 성공했다. 그는 아동 및 청소년 정신의학의 국제적 전문가이자, 규모 있는 NHS 정신 건강 위탁 사업체의 책임자이기도 했다. 지난 30년간 티미미 교수는 아동

정신과 의사로 일하며 취약한 젊은이들을 위한 혁신적인 정신 건강 개입을 개발하고, 아동과 청소년의 정신 건강이라는 주제에 관해 거의 백 개에 달하는 글과 책, 논문을 저술했다.[13]

나는 그가 교수이자 정신과 의사이자 부모로서 몇십 년간 탐구해온 주제에 대해 논의하고 싶었다. 티미미는 우리의 교육 체계와 긴밀히 협력하며 일해 왔기에, 2010년 이래 학교 현장에 깊숙이 침투하여 코로나 19 팬데믹 이후로 더욱 확산하게 된 새로운 정신 건강 개입과 그 영향에 대한 그의 생각이 몹시 궁금했다. 팬데믹 전에도 유년기에 겪는 정신적 고통은 빠르게 증가하고 있었고(2004년 이래 48% 증가했다), 8명 중 1명의 아동이 정신 장애를 앓고 있는 것으로 알려져 있었다. 그럼에도 불구하고 도움을 받도록 의뢰된 아이들 중에서 어떤 형태로든 도움을 받은 아이들의 비율은 3분의 2에 불과했으며, 이들 중 절반은 도움을 받기 위해 몇 주, 몇 달, 심지어는 몇 년을 기다려야 했다. 오늘날 영국에서 아동이 전문가를 만나게 되는 유일한 경우는 심각한 자해를 시도했을 때뿐이다.

정신 건강과 관련된 특수한 도움의 공급 위기에 직면해, 특히 취약한 아동을 조기에 발견하여 도움을 제공하고 나중에 더 심각한 치료를 받을 필요가 없게끔 예방하도록 설계된 프로그램들과 계획안들이 폭발적으로 증가했다. 이러한 계획안에는 수업 시간에 포함된 정신 건강 리터러시 교육, 교사·학생·부모를 위한 온라인 자조 도구(헤드스타트, 멘탈리 헬시 스쿨, 영 마인즈, SANE), 그리고 가장 중요하게는, 교육자들에게 정신 장애의 징후를 알아차리고 필요한 경우 의료 서비스에 아동을 의뢰하는 방법을 알려주는 새로운 교원교육 프로그램이 포함되어 있었다.

이 교원교육 프로그램이 어딘가 익숙해 보인다면 3장에서 소개한 적이 있기 때문이다. MHFA는 우리의 교육 체계에까지 침투해 오늘날까지 3,000명 이상의 영국 교사들을 훈련시켜 왔다.[14]

티미미는 이 수도 없이 많은 계획안에 대해 잘 알고 있는 사람이었기에, 나는 그가 생각하는 장단점이 무엇인지 알고 싶었다. "음, 제일 큰 문제는 아동기에 실시되는 개입들이 여전히 너무나 의료화되어 있고, 사회적이고 심리적인 치료는 거의 제공되지 않는다는 겁니다. 하지만 감정적인 고통을 겪고 있는 아이에게 의학적 질환이나 역기능이 있다는 생각에는 아무리 좋게 봐줘도 문제의 소지가 있습니다." 최악의 경우, 그러한 생각은 낙인을 부여하고, 힘을 빼앗으며, 공포감을 조성하고, 모든 관계자의 불안감을 증폭시킬 수 있다. "병원에서 일하면서 이런 종류의 공포감을 점점 더 자주 접하게 됩니다." 티미미가 계속해서 말했다. "부모들이 의료화된 관점에서 자기 아이가 치료받아야 할 장애를 갖고 있다고 믿으면서 병원에 오는데, 제가 보기엔 그 아이가 처한 상황을 고려하면 그런 감정적 고통을 겪고 있는 게 당연해 보이는 거죠. 선생님에게 자기 아이가 문제가 있을지 모른다는 이야기를 듣고 오는 경우도 많습니다. 그리고 학교 선생님들은 아이들을 가르치는 업무 외에도 수많은 업무를 해야 한다는 압박에 시달리고 있죠. 소위 장애라고 하는 것을 일찍 발견해야 한다는 압박 같은 것 말입니다."

장애 조기 발견의 필요성은 학교에 도입된 모든 정신 건강 계획안이 입을 모아 말하는 주제이기도 하다. 이러한 접근법은 "조기 개입"이라고 불리는데, 이 접근법의 핵심 메시지는 아이들이 감정적 어려움이나 행동적 어려움, 혹은 둘 다를 겪고 있다면 더 심각한 정신과적 문제가 닥쳐오고 있다는 신호일 수 있기에 지금 당장 대처해야 한다는 것이다. 조기 개입 접근이 충분히 타당해 보이기는 해도 현실은 그렇게 간단하지 않다. 학습 장애와 사회성 문제를 겪고 있는 아이들에게 든든한 사회적 도움과 교육적 도움을 신속하게 제공하는 것은 매우 중요한 일이다. 그러나 정신 건강 문제에 관해서라면 이야기가 다르다. 어찌 되었건 이 분야에서 조기 개입이란 흔히 정신과 약물을 처방하는 것을 의미하기 때문이다. 임상 시험 결과는 약물을 예방적 조기 개입으로 사용해야 한다는 주장을 지지하지 않는데도 말이다.[15] 게다가 아이의 미래에 대한 사변적인 예측에 근거해 잠재적으로 해로울 수 있는 개입을 정당화하는 것은 대단히 위험한 일이다. 조기 개입 프로그램이 생의학적 도움을 심리사회적 도움보다 우선시하게 되면, 더 어린 아이들에게까지 효과와 안전성이 확실하지 않은 약물 치료가 시행되는 결과만을 낳게 될 수도 있다.

자기 아이들에게 가장 좋은 결과가 있기를 바라는 부모와 교사가 이러한 문제를 고려하는 경우는 드물다. 이는 부분적으로는 조기 개입 프로그램이 연출하는 관심과 돌봄의 가면 아래로 이러한 문제들이 은폐되기 때문이다. 예를 들어, 조기 개입의 수사는 아이들의 문제를 설명하면서 지나치게 의학적인 언어나 생물학적인 언어를 쓰지 않도록 세심하게 주의를 기울이며, "질환" "치료" 같은 의학적 용어보다는 "고통" "개입"과 같은 중립적이고 전인적인 용어를 쓰는 것을 선호한다. 하지만 표면적으로 탈의료화의 모습을 가장한다고 해도, 그 핵심은 의료화된 논리이다. 불분명한 발음, 심한 근육통, 무호흡증이 패혈증의 초기 증세인 것처럼, 까다로운 감정들은 점점 발현되고 있는 정신 장애의 징후일 수 있다는 것이다. 의학적인 관점에서는 이러한 논리가 합리적으로 보일 수도 있다. 그러나 고통이 몰아칠 때조차 이 고통이 상황적이며, 저절로 낫고, 불치병이 아닌 경우도 많은 우리의 감정적 삶에 이러한 논리가 적용되면 문제가 뒤따를 수밖에 없다. 아래에 티미미가 자신이 일하고 있는 정신 건강 위탁 사업체의 사례를 들면서 설명하고 있듯이 말이다.

"링컨셔에는 헬시 마인즈(Healthy Minds)라는 신규 서비스가 있는데, (50만 인구의) 주 전역을 담당하는 50명의 상담사를 고용하고 있습니다. 상담사들은 몇몇 학교에 배정되어서 최대 6회기까지 인지행동치료를 제공하고 있어요. 나중에 2차 진료 서비스로 의뢰되어 오는 사람들의 수를 줄이기 위해 조기 개입을 제공하자는 생각에서였습니다. 하지만 2017년에 개소하자마자 사람들이 몰려들었고 오래지 않아 천 건이 넘는 의뢰가 들어왔죠. 무슨 일이 벌어지고 있었던 걸까요?"

티미미는 충족되지 못했던 수요가 갑자기 밀고 들어오면서 의뢰 건수가 늘어나게 되었다는 설명도 부분적으로 옳다고 생각했지만, 그 설명은 여전히 부분적이라는 사실을 인지하고 있었다. "의뢰의 물결이 쏟아진 시기는 정신 건강 문제를 '인지하는' 것에 대한 교원교육이 늘어난 시기와 일치합니다. 그리고 이 교육은 조기 개입이 대단히 중요한 교육적 의무라는 생각을 주입하죠." 조기 개입 서사가 만들어내는 과도한 경계심은 아이들과 부모들, 교사들이 어떤 것을 전문가의 도움을 요구하는 증거로 봐야 할지에 대해 불안해하게 만든다. 고통스러운 상실을 경험한 뒤 내향적으로 변하고 수심에 잠긴 아이는 임상적 우울증의 초기 증세를 보여주고 있는 것일까? 밤에 식은땀을 흘리고 상상 친구와 노는 것이 (스트레스를 받는 아이들에게는 흔한 증상이다) 앞으로 더 심각한 정신적 장애를 얻게 될 것이라는 증거일까? 전문가의 도움을 받지 않는다고 하면 어디서부터가 교사, 보호자나 부모로서 책임감 없는 행동이 될까? 중등도 및 중증의 고통은 많은 경우 더 심각한 정신의학적 문제의 전조증상일 수 있다는 조기개입론자들의 믿음을 고려하면, 거의 모든 정신 건강 위탁 사업체에서 전문가의 도움에 대한 의뢰가 증가하고 있다는 사실도 놀랍지는 않다.

이러한 비판이 우리가 가장 취약한 아이들을 못 본 체해야 한다는 것을 의미하지는 않는다. 그러나 유년기에 겪는 고통에 대한 이처럼 의료화된 관점이 우리가 원하는 결과를 가져다주고 있는지를 물어볼 필요가 있다. 티미미가 계속해서 말하길, "점점 다가오는 듯 보이는 정신 질환의 위협은 부모들과 교사들과 아이들을 불안하게 만들고 있을 뿐만 아니라, 아이들이 보일 법한 정상적인 반응의 범주를 좁히고 있어요." 이러한 관점은 공급이 제한된 서비스에 더 많은 부담을 지우고, 학교 내부에 여러 기묘한 역학을 만들어내고 있다.

이러한 현상에 대한 이해를 높이고자, 티미미는 교육인류학자인 그의 딸과 함께 학교 정신 보건 프로그램이 아동기에 겪는 정신적 고통에 대한 교사들의 인식을 어떻게 변화시키는지에 대한 연구에 착수했다.[16] 티미미와 그의 딸은 오늘날 교사들이 10년 전의 교사들에 비해 아이들의 행동과 감정을 정신 건강 문제를 시사하는 것으로 해석함으로써 유년기에 겪는 고통이 무엇을 의미하는지에 대한 불안감을 가중시킬 확률이 높다는 것을 발견했다. 과잉 의료화된 사회에서, 조기에 문제를 발견하는 데 실패할 수 있다는 공포는 "이전에 일상적이고 이해할 만한 것으로 여겨졌던 많은 행동이 이제는 더 자주 전문가의 도움을 요하는 정신 건강 문제로 생각된다"는 것을 의미한다. 친구와의 절교, 한 학년의 막내가 되는 것, 집중력 부족, 심지어는 의미 있는 성장통을 겪는 것과 같은 일상적인 문제들이 이제는 점점 더 장애의 범주로 편입되고 있었다. 한 교사가 설명하듯이, "학생들의 웰빙과 관련된 우려 사항은 그 어느 것이라도 놓쳐서는 안 된다." 우리의 정신 건강 담론이 유년기 경험의 점점 더 많은 측면을 우려스러운 것으로 탈바꿈시켰다는 사실에 대해 교사들이 비판적으로 성찰해 보라는 요구를 받지 않는다는 사실은, 유년기 정신 건강과 관련된 전문가 의뢰가 지난 5년간 25% 이상 증가했다는 사실에 대한 부분적인 설명을 제공해 준다.[17]

교사들이 정신 건강 문제가 있는 학생과 버릇없는 학생 내지는 자기 행동에 대한 책임을 지지 않으려고 진단을 악용하는 학생을 점점 더 구분하기 어려워하고 있다는 문제는 티미미의 연구가 발굴한 또 다른 주제였다. "우리는 교사들이 어떤 문제가 훈육을 통해 다루어져야 하는 문제인지를 구분하기 점점 더 어려워하고 있다는 사실을 알게 되었습니다. 그리고 어떤 문제가 더 동정적으로 다루어져야 하는 문제인지, 전문가 의뢰를 필요로 하는 문제인지 구분하기 어려워한다는 사실도요." 비협조적인 행동을 의학적인 문제로 볼 수 있는 것처럼, 오늘의 훈육이 내일에는 아이의 정신 건강과 관련된 필요를 무시하는 것이 될 수도 있었다. 결과적으로 교사들은 권한이 없다고 느끼게 되었고, 실수를 할까 두려운 마음에 의학의 권위를 따르는 경향도 커지게 되었다.

티미미와 내가 강둑을 따라 산책하는 동안, 논의의 주제는 조기 개입 프로그램의 문제에서 학교에서 이루어지는 정신 건강 개입에서 핵심을 차지하는 또 다른 사고방식으로 옮겨갔다. 그것은 바로 "회복탄력성"이라고 알려진 개념이었다. 교육 분야에서 일하는 사람이라면 누구나 교육 및 정신 건강의 권위자들이 문제가 있다고 규정한 수많은 유년기 사건들과 관련해 사용되고 있는 이 개념에 대해 들어봤을 것이다. 본질적으로 회복탄력성은 인생의 고난에 직면하여 이를 견뎌 내고 최선의 행동을 할 수 있는 능력으로 정의된다. 그렇기에 회복탄력성을 교육한다는 것은 곧 미래의 감정적 고통에 대한 보호책이 되어 줄 능력들을 심어 준다는 것을 의미한다. 인생의 역경에 맞서는 법을 배우는 것이 중요하다는 사실에는 모든 사람이 얼마간 동의하겠지만, 최근 학교에 기반을 둔 정신 건강 기관들은 중대한 우려를 불러일으키는 방식으로 회복탄력성이라는 개념을 이용하고 재개념화하고 있다.[18]

캐서린 하이네마이어 박사를 인터뷰했을 때, 그는 이러한 의혹에 대해 잘 요약해 주었다. "이제는 아이들이 회복탄력성이란 각자 계발해야 하는 어떤 개인적 자산의 하나라고 배우고 있다는 것이 가장 중요한 문제입니다. 마치 그걸 갖지 못하는 게 아이들의 잘못인 양 말이죠. 하지만 연구들은 우리에게 회복탄력성, 다시 말해 역경을 견뎌 낼 수 있는 능력은 무엇보다 당신이 어떤 대우를 받느냐에 달려 있다는 것을 알려 줍니다." 하이네마이어가 보기에 회복탄력성은 교실에서 발달하는 것이 아니라 더 넓은 세상에서 발달하는 것이었다. "아이를 둘러싼 환경이 아이에게 사랑을 주고 아이를 지지해 줄 때, 경제적으로 안정적인 환경에 있고 좋은 친구들과 청소년 센터 같은 것들이 있을 때 아이가 회복탄력성을 갖고 자라나는 겁니다. 어떤 결함을 교정해 준다는 회복 탄력성 수업을 들어서가 아니라요."

나중에 티미미에게 하이네마이어가 관찰한 내용에 대해 언급했을 때, 그는 대체로 동의하는 모습을 보였다. "확실히 정신 보건이라는 환경에서 사용될 때는 회복탄력성도 무비판적으로 사용되는 여러 개념 중 하나에 포함된다고 할 수 있겠네요. 젊은 사람들에게 회복탄력성을 가지라고 말할 때 그 아래 있는 은밀한 메시지는 마음을 강하게 먹어야 한다는 거죠. 하지만 많은 아이에게 이런 메시지는 내가 잘못된 방식으로 반응하고 있다는 생각을 강화할 뿐입니다. 고쳐야 하는 문제는 그들이 처한 상황 속에 있는 게 아니라 그들 자신에게 있다는 생각 말이죠."

티미미와 하이네마이어는 낮은 회복탄력성은 많은 정신 건강 프로젝트가 암시하듯이 개인적 결함에서 기인하는 것이 아니라, 다른 곳, 즉 가족, 학교, 공동체, 그리고 물론 사회에서 기인한다는 것에 동의한다. 이를 믿지 않는 것은 아이가 처한 상황을 세심히 살피고 고치는 방향에서 벗어나 아이들의 내적 자아를 직접 재구성하는 방향으로 나아간다는 것을 의미하는데, 이는 회복탄력성 개입들이 대체로 강조하는 방향성이기도 하다. 유년기에 겪는 고통의 원인과 해결책을 개인화하려는 문제가 많은 방향 전환이, 회복탄력성에 기반한 개입들이 대체로 효과가 없고 삶의 만족도나 문제 행동에 지속되는 긍정적 변화를 가져오지 못하는 이유를 부분적으로 설명해 주는지도 모른다.[19] 그렇기에 왜 이 접근법이 지금까지도 널리 사용되는지 의문이 생기게 된다.

하이네마이어가 말하길, "제가 가장 걱정되는 부분은, 학교는 언제나 젊은이들이 경제에 진입할 준비를 할 수 있게 해주는 곳이었다는 겁니다. 학교는 젊은이들이 앞으로 경험하게 될 세계에서 잘 살아가기 위해 필요한 기술과 자질을 개발해 주는 곳이었죠. 그런데 오늘날의 세계는 평생직장이 없고, 임금은 언제나 제자리걸음이며, 너무 많은 0시간 계약직과 단기 계약직들로 넘쳐나는 불안정의 세계입니다." 그래서 회복탄력성 훈련은 불안한 상황에서 살아남기 위해 필요한 무덤덤함을 기르는 훈련이 되었다. "그리고 제 생각에는 바로 이게 문제에요. 지금 우리의 교육 체계는 이러한 사회적 현실을 정상화함으로써 현 상태를 유지하려고 합니다. 이 현실을 견딜 수 있게 마음을 단단히 먹도록 하는 거죠. 하지만 교육 체계가 그저 경제에 기여하기만 해서는 안 됩니다. 대안을 제시해서 젊은이들에게 다른 방법이 있다는 걸 알려줘야 해요."

이런 관점에서 보면, 직장 프로그램이나 IAPT 프로그램 같은 학교 정신 건강 프로그램은 은밀한 방식으로 교사들과 학생들이 유년기의 정신적 고통을 개인화되고 의료화된 방식으로 생각하게끔 사회화하고 있다. 급증하는 시험 스트레스는 예를 들어 목표지향적 문화의 유해함을 (나아가 신자유주의적인 정책 개혁의 유해함을) 보여주는 증거가 아니라, 학교에 더 많은 MHFA풍의 정신 건강 훈련을 도입해서 해결될 수 있는 낮은 회복탄력성의 문제가 된다. 유년기에 겪는 정신적 고통의 증가는 부당하고 결함이 있는 사회 정책이나 진행 중인 긴축을 지적하는 문제로 읽히는 대신 더 많은 조기 개입에 대한 요구를 만들어내고, 이러한 개입에 암시되어 있는 유년기 정신적 고통의 탈정치화도 함께 이루어진다.

그렇기에 정신 건강 서비스에 대한 더 높은 접근성, 학교에서 이루어지는 더 많은 정신 건강 관리, 더 많은 감정적 리터러시 훈련을 받은 교사들, 더 많은 정신 건강 응급 처치를 요구하지 않는 것이 오히려 급진적인 입장이다. 우리에게 필요한 것은 고통 그 자체의 본질과 그것이 우리에게 무엇을 알려주고 어떤 것에 대한 변화를 요청하는지에 대한 심오한 숙고이다. 우리는 감정적 고통을 자아 속에 존재한다고 알려진 기능 장애로 축소하는 대신, 감정적 고통이 교사와 부모, 정책 입안자들의 사고방식 속에서 재정치화될 수 있도록 해야 한다. 우리는 고통이 우리가 인지하고 다루어야 마땅한 가족적, 사회적, 정치적 역학을 반영하기도 한다는 것을 알아야만 한다. 명망 있는 임상심리학자 앤 쿡 박사가 나와의 대화에서 말했듯이, "정신 질환의 서사는 정신 건강의 문제를 인생이나 환경과는 아무 상관이 없는 것으로 보게끔 부추깁니다. 그러니 우리가 구조적 원인이나 사회적 원인을 살펴보지 않는 것도 당연합니다. 그리고 물론 이런 관점은 이미 존재하는 사회적 구조에 적응하기 위해 자기 자신을 개선하도록 하는 오늘날의 신자유주의적 접근법과 완벽한 조화를 이루죠." 이런 식의 적응이 갖는 위험성을 간과하는 프로그램에는 근본적으로 왜 영국 학교에 정신적 고통이 만연한지, 특히 왜 대부분의 다른 발전국가와 비교했을 때 정신적 고통이 만연하고 있는지에 대해 정치적으로 숙고하지 못하게 한다는 문제가 있다.[20] 그 대신 우리는 탈정치화된 개입들과 의미화가 가져온 문제들을 더 강화할 뿐인 의료화에 의존한다.

"우리는 병원에서 아이들을 이해하고 고쳐 주면 된다는 생각에서 벗어나야 해요." 선도적인 교육 심리학자이자 임상 심리학자이며, 웨일스 정부의 학교 웰빙 계획 책임자인 리즈 그레고리(Liz Gregory) 박사의 의견이다. "아이들을 만나는 사람들이라면 누구나 공동체, 인간관계와 가족이 수행하는 역할과 가난, 트라우마와 긴축이 미칠 수 있는 영향에 대해 이해해야 해요." 우리는 또한 "학교가 얼마나 많은 압력을 받고 있는지", 그리고 어떻게 교사와 학교 경영자들을 짓누르는 목표지향적 문화가 학생들에게도 부정적인 영향을 미치는지에 대해서 이해해야만 한다.

그레고리 박사가 길어진 안식년을 맞이해 2017년에 그의 가족과 캐나다를 방문했을 때, 그는 처음으로 아동에게까지 미치는 이와 같은 영향에 대해 인지하게 되었다. 박사는 그가 캐나다의 공립학교에서 본 것에 대해 놀라움을 금할 수 없었다. 처음으로 그 차이를 알아챈 것은 그레고리의 아들이었다. "엄마, 영국에서는 1등이 되라고만 하는데, 여기서는 최선을 다하라고만 해요." 그레고리의 회상에 의하면 아들은 캐나다로 가길 원하지도 않았고, 상을 타는 데 익숙한 아이이기도 했다. 그럼에도 불구하고 그레고리의 아들이 캐나다의 학교생활에서 가장 마음에 들어 한 것은 인생의 모든 것들이 훨씬 여유롭게 느껴진다는 사실이었다. "딸에게도 훨씬 좋은 일이었습니다. 딸아이의 자존감이 활짝 피어났죠. 오로지 재미를 위해 하는 활동이 되니 스포츠에도 참여하기 시작했어요."[21]

캐나다에서의 삶은 그레고리에게 영국에서 본 적 없는 교육 형태를 보여주었다. 엄마로서도, 규모 있는 NHS 아동 및 가족 심리 서비스의 수석 자문가로서도 본 적이 없는 교육 형태를 보여준 것이다. 캐나다에는 목표지향적 문화가 훨씬 더 약하게 뿌리내려 있었다. 협동, 인간관계의 발전, 공동체의 수립, 창의성과 예술로부터 배우는 것에 더 많은 강조점이 가 있었고, 이 모든 것들이 국가 교과과정에 강조되어 있었다. 박사가 영국에 있는 그의 치료소에서 매일같이 보았던 학교와 관련된 스트레스와 부담은 캐나다에서는 훨씬 더 찾아보기 어려웠다. 나도 나중에 알게 되었지만 이러한 깨달음은 OECD에 의해서도 뒷받침되고 있었다. 아동 웰빙에 대한 OECD 30개국 비교 연구에서 캐나다는 인상 깊게도 교육적 웰빙 부문에서 3위를 달성한 반면, 영국은 23위를 달성하고 있었기 때문이다. 이는 무언가 심각한 문제가 있다는 것을 암시하고 있었다.[22]

캐나다에서 3년을 보낸 뒤 그레고리와 그의 가족은 마침내 영국으로 돌아왔는데, 거기서 그들은 문화 충격보다 더 큰 역문화 충격을 경험하게 되었다. 그의 딸이 지역 학교로 돌아가 8학년으로 편입하자마자, 아이는 체육 수업에서 가장 낮은 등급을 받게 되었다. 새로 찾은 스포츠에 대한 자신감은 하루아침에 흔적도 없이 사라졌다. 그레고리가 말하길, "아이에게 체육 수업은 어떻게 되어가는지 물어보면, 그냥 끙 하고 맙니다. 평범한 크로스컨트리 달리기를 할 때도 맨 뒤에서 친구랑 걸어간다고 하죠."

이 예시는 그레고리가 어떻게 캐나다를 경험하고 나서야 교사, 학생과 부모에게까지 영향을 미치는 영국 교육의 대단히 경쟁적인 특성을 깨닫게 되었는지를 보여주기 위해 자신의 저술에서 들었던 수많은 예시 중의 하나에 불과하다. 그가 내게 말했다. "영국에 돌아왔을 때는 한창 시험 결과가 나오는 시기였습니다. 그리고 모든 부모가 시험 말고는 이야기하고 싶은 게 없는 것처럼 보였어요." 이러한 대화에서 그는 부모로서 겪는 갈등과 모순이 상당함을 감지했다. "한편으로 부모들은 자식들이 너무 많은 압박감에 시달린다고 불평하지만, 다른 한편으로는 자기 아이를 온 힘을 다해 시험 성적이 가장 좋은 학교에 넣으려고 하죠." 게다가 부모들은 자녀들에게 사교육을 시킴으로써 이러한 압박감을 가중시키고 있었는데, 이는 그레고리의 자녀들이 다니고 있는 중산층 공립학교에 다니는 모든 아이에게 해당되는 일이기도 했다. 그레고리가 보기에, 이는 자녀의 성적에 대해 부모가 느끼는 불안감을 표출하는 또 다른 방식일 뿐이었다. "하지만 조금이라도 여기에 이의를 제기하는 건 완전히 터부시됩니다." 그녀가 말했다. "제가 학부모들과 있을 때나 왓츠앱 메신저에서 직접 이런 문제제기를 하면 갑자기 분위기가 싸해집니다. 스스로 문제를 인식하는 건 교사들뿐인 것 같아요."

목표 문화의 영향에 대한 그레고리의 저술은, 2018년에 아이들이 자신의 삶에서 가장 괴롭고 짜증스러운 스트레스 요인으로 느끼는 것이 무엇인지에 관한 대규모 국가 조사의 결과를 NHS가 발표했을 때 한층 더 유의미해졌다.[23] 예상과는 달리 아이들의 정신 건강에 가장 유해한 영향을 미치는 요인은 따돌림도, 가족 갈등도, 심지어는 소셜 미디어도 아니었다. 오히려 아이들이 뽑은 가장 중요한 문제는 학교 시험을 잘 봐야 한다는 압박감이었다. "따라서 우리는 맥락과 상황에 매우 민감한, 훨씬 더 전인적인 접근법을 개발할 필요가 있습니다." 그레고리가 말했다. "그리고 시험 스트레스를 아이들의 내면에 있는 심리적 결함의 문제처럼 다루는 일도 그만두어야 합니다."[24] 아이들이 생각하는 시험의 의미는 우리가 살아가는 문화 속에서 만들어진 것이다. 그렇기에 우리는 문화적 메시지들, 그 기원과 목적, 그리고 그 메시지들이 실제로 누구를 위해 설계되었는지를 세심히 살펴보아야만 한다.

———————

예테보리에서 돌아오는 야간 비행편에서, 나는 몇천 피트 아래에서 빛나고 있는 빛의 장막을 내다보며 즐거웠던 대화 내용에 대해 곰곰이 생각해 보고 있었다. 내가 들었던 이야기를 상기하면서 나는 나의 두 아이가 겪은 일들, 특히 몇 달 전에 있었던 일에 대해 떠올렸다. 내가 딸을 침대에 뉘어 주고 있을 때, 딸아이가 내게 물었다. "아빠, 왜 조엘 선생님이 더 이상 수업에서 기타를 쳐주지 않으시는 걸까요?" 아이들은 조엘 선생님을 좋아했다. 그는 친절하고 재미있었으며 그 자신도 아이 같은 면모가 있는 사람이었다. 하지만 아이들은 무엇보다 대부분의 수업 시간 동안 다 같이 만들어 나갔던 노래들을 좋아했다. 나는 딸에게 조엘 선생님이 기타를 쳐주지 않는 건 SAT 시험이 얼마 남지 않았고 반 아이들의 시험 대비를 위한 시간이 촉박하기 때문이라고 알려줄 수가 없었다.

음악 없이 보낸 그 시기 동안, 학부모들은 아이들에게 변화가 나타났다는 것을 알아차렸다. 시험 준비에 속도가 붙으면서, 하루가 끝날 무렵이 되었을 때는 점점 더 많은 아이가 피곤하고 스트레스를 받고 있는 것처럼 보였다. 많은 아이가 눈물을 보였고 아침에 학교를 가기 싫어했다. 나와 아내 또한 딸아이에게 변화가 일어났다는 것을 눈치챘고, 우리에게도 변화가 일어났다는 것을 알아차렸다. 딸아이의 숙제가 다 되었고 잘 되었는지를 둘러싼 갈등이 늘어났기 때문이었다. 그 당시에는 이런 갈등이 우리 자신이나 학교 때문만이 아니라 오래전에 고안되어 점차 학교와 학교 경영자들, 교사들, 아이들과 아이들의 가족들에게까지 퍼지게 된 추상적인 정치적 사상들 때문이라는 걸 잊곤 했다. 이런 정치적 사상의 결과물은 저녁 식사 자리, 가족 산책에까지 우리를 따라다녔고, 자기 전의 대화와 포옹에까지 스며들어 있었다.

대부분 가족에게는 자신이 겪는 고통의 사회적 원인을 변화시키기는커녕 그에 대해 고심해 볼 만한 시간과 자원조차 부족하다. 우리는 엄청나게 많은 일상적 의무를 처리하느라 바쁘고, 이러한 추가적인 문제는 전문가가 해결하도록 놔두라는 이야기를 듣는다. 20세기 중반의 위대한 사회학자 피터 버거가 말했듯이, 현대적 삶의 복잡성과 부산함은 사회적 삶에 대한 몰이해를 자아에 대한 몰이해로 번안하는 것을 매력적인 선택지로 만든다. 특히 일종의 자기 이해, 자기 숙달과 안심을 제공하는, 간단하고 믿을 만한 것처럼 보이는 해결책이 제공되고 있다면 말이다. 그렇기에 우리는 이해하기 어렵고, 당황스러우며, 심오한 결과를 가져올 수 있는 사회적 역학의 힘에 대한 인식을 고양하는 대신, 정신 건강 증진 도구과 회복탄력성 훈련, 조기 개입 전략을 택한다.

결과적으로 고통의 사회적 원인을 모호하게 만드는 정신 건강 개입의 힘은 강한 영향력을 행사한다. 어떤 치료법에서건, 우리를 나아가지 못하게 하는 더 큰 힘에 대해 이해하고 비판적으로 분석하는 방법을 배우는 것은 필수적인 부분이다. 우리는 많은 아이에게 있어 가장 진실되고 효과적인 치료법은 약물이나 상담실, 혹은 교실에서의 개입 속에 있는 것이 아니라, 아이들이 지각하거나 이해하지 못하는 더 가혹한 사회적 힘의 영향을 완화하고자 노력하는 의미 있고 애정 어린 관계 속에 있다는 것을 인정해야만 한다.

　여기까지의 여정에서 나는 직장, 치료 클리닉, 취업 센터에서 학교에 이르기까지 다양한 환경에서 사용되는 정신 건강 개입들에 대해 살펴보았다. 나는 어느 장소에서건 이러한 개입들은 일반적인 형태의 정신 건강 이데올로기와 지나치게 단순한 실용주의를 일관되게 우선시한다는 사실을 보여주고자 했다. 이는 우리의 감정적 고통을 새로운 자본주의의 기호에 딱 들어맞는 방식으로 의료화하고, 탈정치화하고, 때로는 상업화한다. 다음 장에서 나는 이러한 개입들을 다루는 것에서 한 걸음 더 나아가, 우리 사회가 어떻게 여기까지 오게 되었는지에 관해 더 예리한 질문들을 던지고자 한다. 이러한 문제 제기는 새로운 자본주의를 견인하는 몇 가지 요소들, 즉 개인주의, 물질주의, 탈규제화에 대한 각별한 주의를 바탕으로 이루어질 것이다.

2부
어떻게 우리가 여기까지
오게 되었나

7
소위 화학적 치료의 탈규제화

1960년, 의회를 휩쓴 폭풍의 중심에는 그리 유명하지 않은 테네시 상원 의원 한 명이 있었다. 그의 이름은 캐리 에스테스 케포버(Carey Estes Kefauver)로, 그는 20세기 중반 미국 역사상 가장 중요한 산업 투쟁 중 하나를 시작한 사람이었다. 그 투쟁은 미국 산업의 기업 범죄와 소비자 권리 및 공정한 경쟁을 감독하는 정부 위원회의 수장을 맡고 있던 케포버의 임기 중반에 시작되었다. 그 시기 케포버는 제약 업계에서 광범위하게 이루어지고 있었던 부정직한 관행이라는 혐의를 제기하는 정보를 입수하게 되었다. 이 혐의를 지지하는 근거가 너무나 설득력이 있던 나머지, 케포버와 위원회는 미국 제약 기업들의 행위에 대한 최초의 의회 조사에 착수하기로 결정했다.

3년에 걸친 조사가 진행되면서 우려스러운 광경이 차차 드러나게 되었다. 케포버의 공청회는 신약이 이미 시장에 출시된 다른 약물에 비해 더 나은 점이 없을 때조차 기업들이 신약을 획기적 발견으로 마케팅해 왔다는 것을 드러냈다. 공청회는 기업들이 싼값에 제네릭 의약품으로 처방할 수 있는 약물을 자사 상표명을 붙인 버전으로 팔기 위해 미친 듯이 광고 캠페인을 벌여 왔다는 것도 드러냈다. 설상가상으로 제약 기업들은 효과에 대한 어떤 증거도 제시하지 않고서 시장에 약물을 출시해 폭리를 취할 수 있었다.[1] 당시 우수제조관리기준이나 효과적인 약물 테스트를 강제할 수 있는 정부의 권한은 제한적이었다. 이 분야에 어떠한 규제도 존재하지 않는다는 사실은 약물로서 아무런 가치도 없거나, 최악의 경우에는 환자에게 유해하기까지 한 처방약을 통해 수십 억의 이윤을 남길 수 있다는 것을 의미했다.

케포버가 의회에서 밝힌 내용은 고발적인 성격을 띠고 있었지만, 미국 의회에서는 이런 폭로가 잘 받아들여지지 않은 것이 사실이었다. 특히 케포버가 제약 기업들을 통제하기 위한 새로운 법안을 상정했을 당시 그는 업계의 생명을 위협하고, 환자들과 의사들 사이에 워싱턴의 관료들을 끼워 넣고, 불필요하게 정부의 힘을 확대하려고 한다는 비판을 받았다.[2] 제약 로비스트들 또한 여기에 가세해 정부 규제가 강화되면 약물의 가격이 지나치게 높아지고, 혁신이 눈에 띄게 지체되며, 수백 명에서 수천 명에 달하는 제약 업계 사람들이 일자리를 잃게 될 것이라고 주장했다.[3] 반발이 극에 달하자 케포버의 법안도 끝장난 것처럼 보였다. 사실 어떤 끔찍한 사건이 발생해서 케포버에게 유리하게 작용하지 않았다면 이 법안도 비운의 결말을 맞이했으리라는 것은 거의 명백했다.

케포버가 주도한 의회 조사가 진행되는 동안 유럽에서는 충격적인 유행병이 번지기 시작했다. 점점 더 많은 아기가 심각한 통증을 유발하고 대개 조기 사망을 동반하는 사지 퇴화(몸통에서 바로 손발이 자라나곤 했다)라는 장애를 안고 태어났던 것이다. 기이하게도 이러한 유행병은 오로지 서유럽의 아기들에게만 영향을 미치는 것처럼 보였고, 동유럽의 아이들은 비교적 영향을 받지 않았다. 독일에서 특히 이런 현상이 두드러졌기 때문에, 이러한 유행병이 소련이 계획한 화학전 프로그램의 결과일 수도 있다는 이론이 등장하기도 했다. 그러나 소련 블록에서 먼 나라들(일본, 호주, 브라질, 서아프리카)에서도 발병 사례가 등장함에 따라 대안적 이론에 탄력이 붙었다. 어쩌면 이러한 장애는 알려지지 않은 독소, 오염된 물, 감지하지 못한 기생충, 혹은 은밀한 핵실험의 결과일지도 모른다는 것이다. 여러 이론이 등장했지만 딱 들어맞는 이론은 없는 것처럼 보였다. 그러는 동안 장애를 가지고 태어나는 아이들의 숫자(이제는 수천 명에 달했다)는 점점 늘어나고 있었다.

이러한 문제가 정점을 찍고 있을 때, 무명의 소아과 의사 비두킨트 렌츠는 그의 병원에도 점점 더 많은 장애아가 태어나고 있는 것을 보며 괴로워하고 있었다. 결국 그는 직접 이 문제의 연구에 착수하여 고통스러운 기형을 가지고 태어난 아이들의 어머니 46명의 삶을 세심하게 살펴보았다. 그는 여성들의 내력을 꼼꼼히 추적해서 어떤 요인이 관련되어 있는지 밝히고자 했다. 길고 고된 분석 끝에 그는 마침내 한 가지 요인을 발견했다. 장애가 발병한 아동의 어머니 중 80%가 임신 중에 특정한 우울증 및 불면증 치료 약물을 복용했던 것이다. 게다가 렌츠가 이 80%의 여성 집단을 임신 중에 이 약물을 복용하지 않은 다른 거대한 여성 코호트 집단과 비교해 봤을 때 후자의 집단에서는 이 장애를 가지고 태어난 아동이 없다는 것이 발견되었고, 그는 공통점이 무엇인지를 알아냈다고 확신했다.

그가 제조사에 이 연구 결과를 제시하고 약물을 시장에서 철수시킬 것을 요구했을 때, 회사는 딱 잘라 거절하며 연구가 불충분하고 엉성하다고 주장했다. 만 마일 이상 떨어진 호주에 사는 또 다른 의사가 『랜싯』에 렌츠의 연구를 지지하는 연구를 출판하고 나서야, 의학 공동체는 비로소 안전하고 효과적이라고 주장된 우울증 및 불면증 치료제가 비극의 원인이라고 믿게 되었다. 무해해 보일 정도로 작고, 동그랗고, 하얀 이 약은 오늘날에는 악명이 높은 탈리도마이드라는 약이다.

렌츠의 발견은 전 세계적으로 탈리도마이드를 금지하는 법률이 제정되는 결과로 이어졌고, 더 이상 이 장애를 가지고 태어나는 아이들도 나타나지 않았다. 하지만 렌츠의 연구 결과는 또 다른 중대한 영향을 미쳤다. 렌츠의 연구 결과는 의회가 케포버가 폭로한 제약 업계의 부당 행위, 그리고 제약 기업에 대한 규제를 강화하라는 케포버의 요구를 무시할 수 없게 만들었다. 이러한 규제 중 제일 중요한 사항은 기업들이 약물이 처방되거나 판매되기 **전에** 약물이 안전하고 효과적이라는 것을 증명해야 한다는 것이었다.

탈리도마이드 사건의 충격적이고 감정을 자극하는 특징 덕에, 미디어와 대중도 제약 업계에 대한 규제를 강화하라는 케포버의 요구에 편승하게 되었다. 탈리도마이드는 갑상선 독성에 대한 우려 때문에 미국에서는 승인을 받은 적이 없었지만, 규제를 받지 않고 이루어지는 임상 실험 연구를 보조하는 용도로 미국 의사들에게 이미 보급되어 있었다. 그 결과로 초래될 수도 있었던 악영향에 대한 우려가 의회에서의 모든 반대를 잠재웠다. 미국 의회에서 케포버의 권고 사항은 오래지 않아 누구도 저지할 수 없을 만큼 지지를 받게 되었다. 그리고 존 F. 케네디 대통령이 1962년에 케포버에게 공개적인 지지를 보내자, 케포버의 제안은 드디어 법제화되었다.

이제부터 미국 정부는 약물의 안전성과 유효성에 대한 더 강한 규제를 보장하고, 어떤 약물이 대중적으로 사용될 수 있는지 평가하며, 의사들에게 약물의 위험성과 위해성을 전달하고, 시장에서 해로운 약물을 퇴출시킬 것이었다. 몇 년 안으로 영국을 포함한 여러 다른 국가들 또한 미국의 선례를 따랐다. 영국에서는 영국 보건부가 1968년 제정된 의약품법을 통해 미국 스타일의 새로운 약물 규제를 도입하겠다고 발표하기도 했다. 의약품법 제정 이후 이어진 더 엄격한 규제의 시대에도 문제점과 비판점(가장 떠들썩하게 비판을 가한 건 당사자인 제약 업계였다)이 있기는 했지만 그 이후 10년간 약물과 관련된 사망 사고는 극적으로 감소했으며, GDP 대비 의약품 판매량도 일정하게 유지되었고, 의약품 혁신은 원활하게 이루어졌으며, 규제가 엄격해졌다고 해서 일자리가 줄어드는 일도 없었다.

제약 업계가 주장한, 케포버의 개혁이 가져오게 될 파괴적인 결과들은 일절 일어나지 않았다. 사실 제약 산업은 역사상 가장 생산적이었던 시기 중 하나를 맞이했다. 소아마비, 홍역, 유행성 이하선염, 풍진 수두, 폐렴, 뇌수막염에 대한 백신이 개발되고, 반합성 항생제, 자율신경계에 작용하는 약물, 심혈관계 약물(이뇨제, 혈압강하제)처럼 생명을 구하는 약물들이 개발되기도 했다. 하지만 1970년의 엄격한 규제 시대는 오래지 않아 변화를 맞이하게 될 것이었다. 1970년대 말에는 일련의 새로운 사건들이 일어나 의약품의 미래를 바꾸게 되었다. 이 시기 우리가 복용해도 되는 약물의 역사를 다시 쓴 것은 의회 조사나 끔찍한 유행병이 아니라 시카고 대학 출신의 야심만만하고 카리스마 있는 교수였다. 의학이나 다른 관련 분야에서가 아니라, 경제학에서 노벨상을 받은 남자. 그의 이름은 밀턴 프리드먼으로, 그의 사상은 한 세대를 형성하게 될 것이었다.

밀턴 프리드먼은 1980년 다우닝 가 10번지에서 마거릿 대처를 처음으로 만났다. 대처는 프리드먼과 그의 아내를 대처와 당시 재무장관 제프리 하우와의 소담한 정찬에 초대했다.[4] 그들은 스프와 양고기 스튜를 먹으며, 대처 정부가 열정적으로 시행하고 있었던, 파급력 있는 새로운 자본주의 경제 개혁에 대해 논했다. 대처가 프리드먼을 다우닝 가 10번지에 초대한 것은 대처가 프리드먼을 존경해서만이 아니라(넓게 보면 프리드먼과 대처는 같은 정치적, 경제적 이데올로기를 공유하고 있었다), 프리드먼이 빠르게 전 세계적으로 영향력 있는 경제학자로 자리 잡았기 때문이었다. 프리드먼은 이제 노벨상 수상자일 뿐만 아니라 로널드 레이건의 핵심 경제 고문이기도 했다. 그는 최근 방영한 텔레비전 다큐멘터리 시리즈 〈선택할 자유〉의 성공으로 말미암아(로널드 레이건이 이 쇼의 일부를 진행하기도 했다) 미국에서 거의 연예인과 같은 지위를 누리고 있었다. 이 프로그램에서 그는 시장, 사유화, 탈규제화와 여러 다른 신자유주의의 대들보를 옹호했다. 미국에서 수백만 명의 시청자가 시청한 이 프로그램은 오래지 않아 BBC에서도 5주에 걸쳐 토요일 저녁의 핵심 시간대에 방영될 예정이었다. 프리드먼은 곧 영국에서도 주류 미디어의 관

심을 받게 될 것이었고, 대처는 그가 대중적 유명세를 얻기 전에 프리드먼의 전적인 지지를 확보하고 싶어 했다.

두 사람이 자리에 앉아 대처의 임기 내내 지속될 우정과 협력을 다지는 동안, 프리드먼은 그의 TV 시리즈 중 한 회차 전체를 차지한 주제이자 그가 소중하게 여기는 주제이기도 한 탈규제화를 적극 옹호하느라 바빴다. 그의 말을 요약하자면, 그는 자유 시장 기업에 헌신하는 정부라면 모름지기 모든 핵심 산업 부문에서 규제를 철폐하기 위해 끊임없는 노력을 기울여야 한다고, 즉 생산성과 수익성을 저해하는 모든 정부 규칙, 규제와 절차를 철폐하기 위해 노력해야 한다고 주장했다. 금융, 에너지, 커뮤니케이션, 운수, 제약과 같은 산업은 어떤 정부 감사나 개입도 없이 자신의 제품과 서비스를 바로 시장에 내놓을 수 있어야 한다는 것이다. 그는 진정으로 자유로운 사회에서는 모든 제품, 혁신, 서비스와 기업의 운명을 결정하는 것이 정부가 아니라 시장이 되어야 한다고 주장했다.

〈선택할 자유〉에서 프리드먼은 자신의 주장을 전달하기 위해 의약품 규제의 예시를 들었다. 프리드먼은 이 TV 시리즈의 주요 무대인 시카고 대학 법학대학의 전문가 패널들 앞에 앉아, 탈리도마이드 위기 이후 미 의회에서 케포버가 도입한 개혁의 결과인, 새롭고 더 엄격한 의약품 안정성 및 유효성에 대한 규제를 비판하는 것으로 말문을 열었다. 프리드먼은 이러한 규제가 지나친 위험 회피를 지향하는 규제 문화를 도입할 뿐만 아니라, 심지어는 잠재적으로 생명을 살릴 수 있는 약물이 시장에 나오지 못하게 제지했다고까지 주장했다. 프리드먼은 이렇게 쓰고 있다. "의사와 환자의 소관이었던 치료와 관련된 결정들이 점점 더 전문가 위원회에 의해 국가적 수준에서 이루어지고 있다. 그리고 이러한 위원회와 이들이 대리하는 주체는 위험을 회피하는 데 상당히 치우쳐 있다. 그렇기에 우리는 더 안전한 약물에 접근할 수 있지만, 효과적인 약물에는 접근하지 못하는 경향이 있다."[5]

프리드먼이 제시한 해결책은 이러한 규제 문화가 없던 시절로 돌아가는 것을 넘어 모든 규제를 철폐하는 것이었다. 의약품은 시장에 직통으로 보급될 수 있어야 하고, 궁극적으로 모든 약물의 상업적 성공을 결정하는 것은 시장의 소비자들이 되어야 한다는 것이다. 약물이 해롭거나 효과가 없으면 사람들은 약물 사용을 중단할 것이고, 결과적으로 그 약물은 실패로 돌아갈 것이다. 그리고 기업이 부정직한 행동을 저지르면 피해자들이 기업을 기소하지 않겠는가. 기업의 행동을 억제하는 데는 시장 실패나 소송에 대한 공포면 충분하다. 그렇기에 그 주장에 따르면 정부 규제는 전혀 필요하지 않았다. 정부의 개입이 아니라 시장의 힘이야말로 약물의 유효성과 안정성을 보장하는 가장 효율적인 수단이다. 프리드먼의 주장에 의하면 잘못된 것은 케포버 같은 사람들이다.

모든 규제를 철폐하라는 프리드먼의 요구가 대처의 자유 시장 본능과 공명했을 수는 있겠지만, 사실 이런 정책은 의약품에 대한 규제가 유지되길 바라는 상당수 유권자에게 지지를 받을 만한 정책은 아니었다. 대중의 기억에 탈리도마이드 사건이 여전히 선명하게 각인되어 있는 상황에서, 1970년대의 엄격한 규제에서 사실상 아예 규제가 없는 상태로 나아가자는 이야기는 영국 시민들에게는 너무 지나친 이야기로 들렸을 것이다. 이러한 곤경에서 벗어나기 위해 대처는 기발한 타협안을 내놓았다. 프리드먼이 주장한 것처럼 의약품에 대한 모든 규제를 철폐하는 대신, 대처는 규제적 절차를 근본적인 수준에서 개혁해 더 산업친화적인 방향으로 바꾸었다.

대처의 이러한 개혁은 규제를 정부의 손에서 빼내어 새롭게 설립된 반관반민의 규제 기관에게 점진적으로 양도하는 방식으로 이루어졌다. 그리고 이러한 기관은 영국 보건부의 지원을 받는 동시에 제약 업계에서도 상당한 지원을 받았다. 게다가 이 규제 기관은 제약 기업에서 기관의 지도부를 선출하기 시작했는데, 이는 그 기관이 규제책을 만드는 일에 꾸준히 영향을 미치게 될 것이었다. 이 모든 변화가 제약 업계가 자신을 규제하는 소위 독립된 과정에 실질적으로 영향력을 행사할수 있게 만들었다. 곧 살펴보겠지만, 이러한 영향력의 행사는 굉장히 산업친화적인 방식으로 이루어졌다.

대처 정부와 뒤이은 영국 정부들은 모든 규제를 철폐할 필요는 없다는 사실을 이해한 것처럼 보였다. 정치적으로 훨씬 덜 불안정한 해결책, 즉 규제 과정에 업계가 그 어느 때보다도 더 큰 영향력을 행사할 수 있게 하는 방법이 있었기 때문이다. 그 결과 규제자와 업계 간의 거리가 가까워졌다는 사실은 더 이상 업계가 더 관대한 규제를 받아내기 위해 정부에 로비할 필요가 없다는 것을 의미했다. 제약 업계는 이제 규제 과정에 얼마든지 접근할 수 있었고, 업계에 대한 규제를 만드는 일에 거의 공동으로 참여하고 있는 것이나 다름없었다.[6]

이러한 규제 개혁 이후, 별로 놀랍지 않게도 제약 업계의 경제적 이익이 빠르게 증가했다. 예를 들어 1970년대에서 1990년대 초반 사이 영국 제약 산업의 생산량 총가치는 17배 증가했으며,[7] 처방약 판매고는 1980년에서 2002년까지 3배 이상 증가해 그 이후로 오늘날까지 매년 6% 증가해 왔다.[8] 이처럼 말도 안 되는 생산 및 판매의 증가는 다양한 요인에 의해 초래된 결과이기는 하지만 여기서는 탈규제화가 특히 핵심적인 역할을 했다. 약물 소비의 증가는 제약 기업이 내는 이윤, 주주들의 배당금, 때로는 업계에 기반한 고용 및 혁신의 유의미한 증가를 의미했다.

탈규제화를 지지하는 이들의 입장에서 보면 이러한 결과는 대처가 시작한 일의 정당성을 입증하는 증거였다. 탈규제화가 프리드먼이 주장했듯이 판매량, 투자, 소비와 이윤을 늘려 주었기 때문이었다. 하지만 광범위한 탈규제화 아래 번창하기 시작한 다른 업계들과 마찬가지로, 다른 이야기, 더 깊이 있고 우려스러운 이야기가 들리기 시작했다. 이 이야기는, 탈규제화가 초래할 수 있는 해악에 대해 깨달은 뒤 행동하기로 결심한, 영향력 있는 영국 하원 의원 집단이 오래지 않아 마주하게 될 이야기이기도 했다.

1997년 7월 17일, 영국 노동당 평의원 데이비드 힌치클리프는 요크셔 지역에 있는 그의 선거구를 돌아다니던 중 웨스트민스터의 미디어 센터에서 온 중요한 전화를 받게 되었다. BBC가 그날 저녁에 힌치클리프를 인터뷰하고 싶어 하니 런던으로 지금 당장 돌아오라는 것이 전화의 내용이었다. 알고 보니 힌치클리프가 방금 전에 영국 하원의 보건 특별 위원회 위원장으로 선정되었던 것이다. 보건 특별 위원회는 의회에서 가장 명망 있는 특별 위원회 중의 하나이기도 했다. 그는 기쁘기

도 했지만 놀라기도 했다. 힌치클리프는 그가 후보였다는 사실조차 몰랐기 때문이다.

보건 특별 위원회가 하는 일이 무엇인지 궁금해할 법한 이들을 위해 설명하자면, 이 위원회의 소관은 상당히 간단하다. 보건 특별 위원회는 현행 보건 정책에 대한 검토를 시행하며, 정부에 권고 사항을 전달하고, 보건국과 보건 체계에 책임을 묻는 역할을 담당한다. 최선의 경우에 이 위원회는 이권에 대항해 대중의 권리를 위해 투쟁하며, 타성에 젖은 정부와 공공의 이익에 해로울 수도 있는 낡은 정책에 대항해 싸운다. 보건 특별 위원회의 최근 활동에는 소아 비만 문제를 해결하도록 정부에 압력을 넣는 것, 공공장소에서의 흡연을 금지하는 것, 모성 보호책의 증가를 주장하는 것, 새로운 설탕세에 힘을 실어 주는 것 등이 있다. 한마디로 이 위원회는 모든 건강과 관련된 문제에서 의회의 양심으로 기능한다.

데이비드 힌치클리프는 이제 60대 후반에 접어든, 친근한 요크셔 억양을 가진 남자였다. 힌치클리프는 나에게 그가 위원장을 맡은 뒤 첫 2년 동안에 벌어진 일들에 대해 열정적으로 이야기했다. "그때 당시에 그건 정말 멋진 일이었죠. 위원장으로서 저는 어떤 일들을 행해야 하는지를 결정하는 데 중요한 역할을 맡고 있었고, 우리는 가치 있는 개혁을 도입하면서 정말 멋진 진보를 이루기도 했습니다." 당시 보건부 장관과 힌치클리프는 친밀하고 생산적인 관계에 있었으며, 위원회의 권고 사항 중 상당수가 수용되었다.

그러나 1999년 연말에 접어들자 분위기가 반전되었다. 토니 블레어가 앨런 밀번을 새로운 보건부 장관으로 임명한 뒤였다. 밀번은 즉시 대처와 메이저 정부의 기조를 따라 NHS와 노동당의 관계를 개혁하는 일에 나섰고, 4장에서 제시된 방식으로 NHS의 핵심 서비스를 시장화하는 보수당 정책을 부활시켰다. NHS 서비스를 운영하는 데 있어 사기업이 차지하는 역할이 확대되었다. 환자들은 이제 "소비자"로 재탄생했고, 민간 보건 사업자들은 소비자를 확보하기 위해 경쟁해야 했다. 신관리주의 훈련을 받은 새로운 관리자들이 물밀듯이 쏟아져 들어왔고, 이들에게는 목표를 설정하고, 서비스를 능률화하며, 고용 계약을 다듬을 책임이 있었다. 결과적으로 NHS의 많은 기능이 사기업에 외주화되었고, 이 사기업들은 향후 10년간 (음식 공급, 환자 이동, 주차, 빨래, 청소 및 계획과 관련된) 핵심 지원 서비스와 (치과 진료, 지역 보건의 제공, 진단 및 수술과 관련된) 의료 서비스를 제공하게 되었다. 2015년에 이르면, 사기업의 영향력이 너무나 커져 사기업이 매 해 NHS 예산에서 150억 파운드를 끌어다 쓰는 지경에 이르렀다.[9]

정부가 민간 계약자들과 기업 경영 기술을 받아들였을 때, 힌치클리프와 같은 비판자들은 이러한 정책이 더 저렴하고 더 질 좋은 NHS 서비스로 이어지지 않을 것이라고 주장했다. 오히려 주주들의 압력 아래 있는 민간 기업은 환자 치료의 질을 낮추어 이윤을 짜내려고 할 것이기에, 서비스에 해를 미치게 된다는 것이다. 게다가 이제 민간 공급자들은 계약을 따내기 위해 다른 업체들과 경쟁해야 했기 때문에 공급자들 간 협력과 소통의 질은 악화될 수밖에 없으며, 이는 통합된 서비스와 장기적 계획, 환자 치료를 위협하는 결과로 이어질 수 있었다.

그럼에도 불구하고 정부가 그 기조를 계속 유지하며 이전에 대처가 시작했던 시장 개혁을 완성해 나가자, 힌치클리프와 같은 비판자들은 점점 더 주변화된 기분을 느꼈다. 힌치클리프가 정부의 이라크 전쟁 참전 결정에 반대하는 85명의 노동당 의원에 합류했을 때, 주변화되었다는 느낌은 정점을 찍었다. 또 다른 중대한 문제에서 그가 속한 정당과 의견을 달리하기로 한 것은 그의 의회 경력에서 결정적인 순간이었다. 힌치클리프가 말하길, "당신이 정당에 소속되어 있고 당신을 이끄는 리더의 방향성에 전혀 동의할 수 없다면, 그리고 이 리더의 목표가 전혀 보이지 않는다면, 무언가 행동할 수밖에 없습니다." 힌치클리프는 2005년에 예정된 다음 총선에 출마하지 않기로 결정했다. "좌절한 채로 늙은 나이까지 의회에 머무르길 선택할 수도 있었고, 아니면 의회를 떠나 다른 곳에서 무언가 가치 있는 일을 할 수도 있었죠." 하지만 떠나기 전, 그는 여전히 보건 특별 위원회에서 해야 할 중요한 일들을 마무리할 시간이 남아 있다는 것을 알았다. "지난 몇 년 동안 저는 제가 중요하다고 생각했던, 위원회와 관련된 몇 가지 조사를 수행하고 싶다고 생각해 왔습니다." 그는 내게 말했다. "제가 수행하고 싶은 조사의 목록에는 의료에 대한 제약 업계의 영향력이라는 주제가 포함되어 있었습니다. 그 주제는 정말이지 중요한 주제이기도 합니다."

힌치클리프의 보건 특별 위원회 위원장 임기 동안, 상원 의원에서 하원 의원에 이르기까지 점점 더 많은 국회의원이 제약 업계 이해관계가 영국 의료 서비스를 좌지우지하고 있다는 걱정에 빠지고 있었다. "저는 환자들과 대중의 이해관계에 어긋나는 방식으로 업계가 우리를 장악했다는 이야기를 듣곤 했습니다. 의학의 가치와 어긋나는 방식으로 말이죠." 위원회의 다른 구성원들도 사익을 추구하는 제약 업계의 유해한 영향력에 대해 더 많은 것을 알게 되자, 위원회는 만장일치로 의료에 미치는 제약 업계의 영향력에 대한 조사에 착수하기로 결정했다. 40년 전 케포버가 이러한 조사를 수행한 이래로 전 세계에서 처음으로 수행되는 조사였다.

몇 달에 걸쳐 위원회는 다양한 방법을 활용한 조사를 수행했다. 위원회는 여러 증거를 수집하여 분석하고, 건강 관련 직업군, 의회, 학계, 제약 업계, 미디어, 환자 단체, 의료자선 단체 및 관련된 정부 부처와 정부 기관에 이르기까지 다양한 분야에서 일하는 전문가 증인들의 의견을 구했다.[10] 그 결과 탄생한 보고서는 빈틈없고, 파급력 있으며, 고발적이었다. 간단히 말해 이 보고서는 제약 업계가 처방을 내리는 전문가들에게 대규모의 공격적 마케팅을 실시했다는 사실, 이들이 때로 유해성을 경시하고 장점을 과장하는 허위 정보를 제공하기도 했다는 사실을 밝혀냈다. 제약 업계는 주로 마케팅 목적을 위해 소위 독립적이라는 의사들에게 (연사료, 자문료 등의 사례금으로) 상당한 금액을 지불하고 있었다. 이와 유사하게 제약 업계는 교육 목적을 가장한 홍보성 접대 행사를 벌이고, 소위 독립적이라는 환자 집단과 업계의 상품을 지지하는 의학 교육 프로그램을 경제적으로 지원했다.

제약 업계는 또한 수상쩍은 연구 관행을 실천하고 있었다. "임상 시험이 적법하게 설계되지 않았다는 혐의가 있다. 임상 시험이 신약을 좋게 보이게 하는 방식으로 설계되고, 때로는 환자와 유관한 건강상의 결과에 대한 약물의 진짜 효과를 나타내는 데 실패하고 있다는 혐의 말이다." 보고서에는 이렇게 적혀 있었다. "우리는 임상시험 결과의 은폐에 관한 여러 눈에 띄는 사례를 접했다. 우리는 선택적인 출판 전략과 대필에 대한 이야기들을 듣기도 했다."[11] 전반적으로 조사는 대중의 건강을 해치면서 업계의 이윤에 봉사하는 수많은 관행을 드러냈다. 기업들은 시장을 확장하고 자신의 제품이 가장 좋아 보이게 하려는 목적에서 비윤리적인 연구, 마케팅과 데이터 보고를 시행하고 있었다. 하지만 그 중에서도 위원회를 가장 놀라게 한 것은 대형 제약 기업들이 손쉽게 책임을 면하고 있었다는 것이다. 미국에서 케포버의 개혁이 실시되기 전에 케포버가 발견한 것과 마찬가지로, 의약품에 대한 규제는 거대한 실패를 맛보고 있었다.

다시 말해 보건 특별 위원회가 발견한 것은 의약품을 규제하는 데 책임이 있는 기관, 즉 오늘날 의약품 및 보건의료제품 규제청(MHRA)이라고 불리는 기관이 "업계와 지나치게 가까워졌다는" 사실이었다. "공유된 정책상의 목표, 서로의 동의하에 이루어지는 과정, 잦은 접촉 및 자문, 직원의 맞교환"이 이를 뒷받침했다. 보고서는 시스템에 대한 점검이 필요하다고 결론짓고 있었다. "업계가 공공의 이익을 따라가는 것을 보장할 수 있는 효과적인 규제 체제"가 필요하다고 말이다. "유감스럽게도 현행 규제 시스템은 이러한 측면에서 충분히 효과적이지 못하다"고 보고서는 결론짓는다.

아래에서 제시하는 이 규제청의 수많은 규제 관행에 대해 생각해 보면, 위원회에서 왜 규제가 실패했다고 보고 있는지에 대한 통찰을 얻을 수 있을 것이다. 이러한 관행 전부가 오늘날까지 지속되고 있으며, 그 대다수는 보건 특별 위원회 보고서의 비판 대상이 되었다.

첫 번째로, 의약품의 대중적 사용에 대한 MHRA 승인을 받기 위해 기업이 제출해야 하는 것은 한두 번의 긍정적인 임상 시험 결과, 즉 약물이 위약보다 효과적이라는 임상 시험 결과를 제출하는 것밖에 없다.

두 번, 세 번의 부정적인 임상 시험 결과, 다시 말해 약물이 위약보다 효과적이지 않았다는 임상 시험 결과가 존재한다고 할지라도 말이다. 이는 MHRA가 의약품을 허가해 줄 때 부정적인 임상 시험 결과를 무시해도 되기 때문이다. 비판자들은 임상 연구는 전적으로 확률의 문제, 다시 말해 어떤 하나의 약이 다른 약보다 더 잘 들을 확률의 문제라는 것을 지적한다. 그렇기에 부정적인 데이터를 제외해 버리면, 근거 기반이 긍정적인 방향으로 치우쳐 허가를 받으려는 의약품(과 그 회사)에 유리하게 작용할 수 있다. 항우울제의 허가는 이러한 문제와 특히 관련성이 높은데, 항우울제의 부정적 임상 시험 결과는 상당히 흔하기 때문이다. (항우울제 임상 시험 결과는 거의 절반이 부정적인 결과이다.) 우리가 이처럼 부정적인 임상 시험 결과를 종합적인 차원의 항우울제 유효성 분석에 포함하게 되면, 분석 결과는 항우울제는 설탕 알약에 비해 단지 아주 조금 효과적일 뿐이라는 것을 보여준다. 그리고 이러한 효과는 항우울제 복용자의 15% 정도, 즉 가장 심각한 우울감을 겪는 사람에게만 해당한다. 나머지 환자에게 항우울제는 위약보다 효과적이지 않다.[12] 이러한 사실들은 규제 기관에 의해 밝혀진 것이 아니라, 업계가 은폐하고 규제 기관들이 무시한 부정적인 데이터를 포함하여 대규모 메타분석 연구를 수행한 독립 연구자들에 의해 밝혀졌다.[13]

둘째로, 시장에 출시된 동종의 약물 중 가장 효과적인 약물보다 신약이 더 효과적이어야 한다는 요구는 기업에 대한 MHRA의 요구사항에 포함되어 있지 않다. 기업은 그저 불활성 물질, 다시 말해 위약보다 이 신약이 더 효과적이라는 것만 입증하면 된다. 이런 방식은 환자가 흔한 치료법에 희귀 반응을 나타낼 수 있으니 저급품이라도 대체품이 있는 것이 낫다는 논리로 정당화된다. 이러한 논리에 반박하자면 환자들은 저급품에 대해서도 희귀 반응을 보일 수 있으며, 저급 약물을 복용하는 환자들은 대개 더 좋은 약물에 대한 희귀 반응 때문이 아니라 처음부터 저급 약물을 처방받았기 때문에(이는 주로 그 약물이 성공적으로 마케팅되었기 때문이다) 그 약물을 복용하게 된다는 점을 들 수 있다. 시장에 질이 더 나쁜 약물이 풀리는 일을 정당화하는 또 다른 논리는, 어떤 사람들은 유효성이 더 낮은 것으로 드러난 약물에 더 좋은 반응을 나타낼 수도 있으니 시행착오를 거쳐 보는 접근방식도 정당하다는 것이다. 그러나 이러한 주장에는 문제가 있는데, 이 접근 방식은 보편적으로 적용될 수 없기 때문이다. 예를 들어 정신과 약물의 경우, 항우울제를 바꾸는 것이 처음에 처방받은 항우울제를 계속 복용하는 것보다 효과적이라는 강력한 증거는 존재하지 않는다. 처음에 처방받은 약물이 동종의 약물 중에 가장 약한 효과를 가졌다 해도 말이다.[14]

이처럼 효과가 덜한 약물을 승인하는 행위를 정당화하는 논리가 빈약하기에, 비판자들은 이런 관행이 허용되는 이유는 이런 관행을 통해 기업이 이미 시판된 의약품보다 질이 낮은 의약품을 마케팅하고 유통해서 수익을 볼 수 있기 때문이라고 주장한다.[15] 이러한 관행은 더 나은 의약품을 만들려는 동기를 약화할 뿐만 아니라, 주기적인 마케팅 부정행위를 유발하곤 한다. 항정신병제 세로퀼의 사례가 대표적인 예시이다. 제약 회사 아스트라제네카는 이 약물이 이미 존재하는 경쟁 약물인 할로페리돌보다 훨씬 우월하다고 주장했다. 세로퀼을 일 년간 복용한 환자는 할로페리돌을 복용하는 환자보다 더 자주 재발을 경험하며, 다양한 증상 척도에서 더 나쁜 경과를 보여줄 뿐만 아니라, 당뇨병 확률을 높이는 평균 5kg의 체중 증가를 경험한다는 사실을 알고 있었음에도 그렇게 주장한 것이다. 2010년이 되자 세로퀼을 복용한 환자들 중 너무 많은 사람들이 이처럼 심각한 부작용을 겪고 있었고, 그 결과 17,500명의 환자들이 아스트라제네카가 약물의 위험성에 대해 거짓말을 했다는 주장을 공적으로 제시했다. 아스트라제네카가 대중을 기만한 것에 대해 법정 밖에서 상당한 액수의 합의금을 지불하면서 마침내 이러한 주장의 정당성이 입증되었다.[16] 이 사건에서도 이러한 사기 행위를 적발한 것은 규제 기관이 아니라 독립적인 피해자 집단이었다.

셋째로, 기업이 의약품을 승인받기 위해 MHRA에 임상 시험 내용을 제출할 때, MHRA가 정례적으로 임상 시험의 원 데이터, 즉 기업이 가공하기 전 날것 그대로의 데이터를 검사하지는 않는다. 오히려 MHRA는 단순히 기업이 작성한 연구 요약본만을 검사한다. 이러한 관행은 승인 절차를 신속화한다는 논리로 정당화되곤 한다. 그러나 비판자들은 요약본은 원 데이터를 편향적으로 해석하는 경향이 있으며, 상당수의 경우 의약품 승인에 방해가 될 수 있는 데이터는 누락되어 있다고 주장한다. 그러므로 대중의 이익에 부합하려면 모든 원 데이터를 조사하는 것이 맞다. 이처럼 규제가 느슨하다는 사실은, 기업들이 대부분의 SSRI 항우울제는 아이들에게 처방되었을 때 자살 충동의 증가를 유발한다는 사실을 명확하게 보여주는 임상 시험 데이터를 묻어 버릴 수 있었던 이유를 설명해 준다. 이 데이터가 발견되었을 때 이는 대부분의 SSRI 항우울제가 어린이와 청소년에게 처방되어서는 안 된다는 권고 사항으로 이어졌다. 이번에도 문제를 발견한 것은 규제 기관이 아니라 BBC 탐사보도 기자들이었다.[17]

넷째로, MHRA에는 "회전문 방지 전략"이 없을 뿐만 아니라 MHRA와 업계 간에 직원을 교환하는 것을 장려하기까지 한다. 예를 들어 MHRA 집행부 임원의 상당수는 이전에 제약 업계에서 일하던 전문가들이다. 여기에는 최고 경영자(이언 허드슨)과 표준 책임자(제럴드 헤델)도 포함되는데, 둘 모두 규제 기관의 리더가 되기 전에 제약 회사 글락소스미스클라인에서 오랜 기간 근무한 경력이 있다. MHRA는 내부자의 지식이 더 효과적인 규제로 이어질 수 있다는 논리로 이런 관행을 정당화한다. 그러나 비판자들은 MHRA가 본능적으로 그들의 이전(혹은 미래의) 고용주에게 호의적일 수밖에 없는 사람들을 뽑는다고 비판한다. 게다가 업계에서 일한 것이 공익에 도움이 되는 좋은 규제를 만들어내는 데 필수적이라고 주장할 만한 정당한 이유는 일절 존재하지 않는다. 사실 오늘날의 증거는 그 반대를 지지한다.[18]

다섯째로, MHRA는 단기간(2~3개월)에 걸친 임상 시험 결과를 바탕으로 정신과 약물을 승인하며, 장기간에 걸친 임상 연구는 관행상 요구되지 않는다. 이러한 관행은 장기간에 걸친 임상 시험은 기업에 비용적으로 상당한 부담을 줄 뿐만 아니라, 시험에 요구되는 시간이 길다는 사실이 효과적인 약물이 시장에 출시되지 못하게 하는 방해물로 작용할 수 있다는 논리로 정당화된다. 비판자들은 단기 임상 시험이 수행되는 기간보다 더 오랜 기간에 걸쳐 복용하는 약물이 많기 때문에 장기 임상 시험 결과 또한 요청할 필요가 있다고 주장한다. 이는 특히 많은 약물이 단기간에는 효과가 있지만 장기간 복용시에는 효과가 없거나 해롭기 때문이다. 예를 들어 대다수의 정신과 약물은 단기 임상 시험 결과를 바탕으로 승인되었지만, 최근의 증거는 장기 복용의 해로운

효과를 보여준다. (기억하겠지만 이는 2장에서 우리가 자세히 탐구한 주제이기도 하다.)[19]

여섯째로, MHRA는 "마케팅 이후의 감시"라는 발상에 상당히 의존하여, 의약품의 안정성과 유효성에 관한 중대한 우려가 존재하는 경우에까지 의약품의 대중적인 사용을 허가하는 행위를 정당화한다. 이 발상의 전제는 의약품이 승인된 이후에도 세심한 감시가 이루어질 것이라는 가정이다. 하지만 많은 환자가 자기도 모르게 약물이 해로운지 아닌지에 대한 공공 실험의 피험자가 되도록 규제 기관이 허가한 것이나 다름없다는 게 이러한 감시의 현실이다. 최근 마케팅 이후의 감시라는 논리는 강한 중독성을 가진 파티용 약물 케타민의 한 종류를 우울증 치료의 목적으로 승인받는 데 동원되기도 했다. 에스케타민을 생산하는 제약 기업 얀센은 규제 기관에 제출하기 위한 임상 시험을 세 번밖에 수행하지 않았는데, 세 번의 임상 시험 중 두 번에서 약물은 위약보다 효과적이지 않았으며, 마지막 세 번째에서 위약보다 매우 미미하게 나은 (임상적으로 유의미하지 않은) 단기적 효과가 나타났을 뿐이었다. NHS 처방 지침 위원회는 이 데이터를 검토하고 NHS가 이 약물을 위해 비용을 지출해서는 안 된다고 결론지었다. 이 약물에 대한 지지적인 근거가 너무 빈약했던 것이다. 하지만 제약 업계의 자금을 지원받는 MHRA는 똑같은 데이터를 두고 다른 결론에 도달해 약물의 대중적 사용을 승인했다.

마지막으로, MHRA의 의약품 규제는 오로지 제약 기업의 자금 지원만을 받는다. 게다가 MHRA는 이 자금을 따내기 위해 유럽의 다른 규제 기관과 경쟁하기까지 해야 한다. 이는 EU에 속한 국가의 규제 기관이 어떤 약물을 승인하면, EU 전체에 적용되는 승인을 받는 것이 더 쉬워진다는 EU 규칙 때문이다. 이러한 관행은 사실상 서로 다른 국가의 기관들이 수익성 높은 승인 계약을 따내려고 경쟁하는 시장을 만든 것이나 다름없다. 규제 기관들이 속한 경쟁적인 환경은 느슨한 규제를 장려하는 경향이 있는 것으로 밝혀졌다. 규제 절차가 너무 엄격하면 더 느슨한 규제를 제공하는 경쟁자에게 수수료를 빼앗길 수도 있기 때문이다. 연구는 규제 기관들의 이와 같은 "바닥치기 경쟁"에서 업계의 이익이 공공의 이익보다 우선시된다는 사실을 보여준다.[20] 영국이 EU를 탈퇴한 지금 앞으로 무슨 일이 벌어질지는 명확하지 않지만, 보리스 존슨의 정부가 지금보다도 더한 규제 완화를 밀어붙인다는 이야기가 있는 만큼[21] 규제 기준이 강화될 기미는 보이지 않는다.

상기된 MHRA의 수많은 문제점을 드러낸 보건 특별 위원회의 보고서가 출판되고 다섯 달 뒤, 『영국 의학 학술지』에는 다음과 같은 헤드라인이 등장했다. "영국 정부가 제약 업계의 결함을 다루는 데 실패하다."[22] 이는 보건 특별 위원회 보고서에 대한 정부의 반응을 가리키는 것으로, 힌치클리프의 말을 빌리자면 정부의 반응은 "모든 핵심 권고 사항의 측면에서 미흡하기 그지없었다."

보고서에 강조된, 효율적인 의약품 규제를 가로막는 사항들(회전문 정책, 이해관계의 과도한 상충, 낮은 승인 기준, 느슨한 임상 시험 결과 분석)에 관해 정부는 아무런 실질적인 개혁 방안도 내놓지 않았다. 놀랍게도 정부는 대체로 MHRA가 스스로 이 문제들에 대해 검토해볼 것을 조언했다. 이렇게 편향된 규제 기관이 문제가 많은 그 자신의 절차에 대해 독립적인 감사를 수행할 수 있기라도 한 것처럼 말이다. 이처럼 형편없기 그지없는 정부의 반응은 보건 특별 위원회의 가장 중요한 권고 사항을 완전히 의도적으로 무시하고 있었다. 진작에 시작했어야 할, 공공의 이익을 위한 개혁을 시작하기 위해 지금 당장 규제 기관에 대한 독립적이고 전반적인 검토를 해야 한다는 권고 말이다.

보건 특별 위원회의 조사가 시행되고 나서 15년 이상이 지났지만 MHRA에 대한 독립적인 감사는 이루어지지 않았으며, MHRA는 보건 특별 위원회 보고서에 명시된 바로 그 방식과 거의 똑같은 방식으로 지금도 운영되고 있다.[23] 어떤 변화도 없다는 사실을 고려하면, 왜 보건 특별 위원회의 조사가 아무 효과도 없었는지, 달리 말해 한 위원이 말했듯이 "대체로 허사로 돌아갔는지"라는 질문이 떠오르게 된다. 여기에는 최소한 네 가지 이유가 있다.

첫 번째 이유는 명확하다. 데이비드 힌치클리프는 이라크 전쟁 문제로 2005년에 의회에서 사퇴했기 때문에, 더는 보건 특별 위원회의 위원장으로서 정부의 책임을 물을 수 없었다. 힌치클리프가 떠나고도 오랫동안 보건 특별 위원회에서 자리를 지킨 보수당 정치인 데이비드 아메스 경에게 들은 바로는, "선거가 끝난 뒤, 보건 특별 위원회는 조사와는 아무 관련도 없고 그 문제에도 관심이 없었던 새로운 위원들로 가득 차게 되었습니다. 힌치클리프가 있었다면 실현할 수도 있는 변화였지만, 그렇게 되지가 않았죠."

보고서의 권고에 따른 변화가 일어나지 않은 또 다른 이유가 있다면,

보건 특별 위원회에서 힌치클리프의 자리를 대신한 사람인 노동당 하원 의원 케빈 바론부터가 제약 업계와 가까운 인물이었기 때문일 수도 있다. 바론의 임기 동안 (이후에 바론의 아내가 된) 바론의 파트너는 제약 업계의 로비스트로 활동해 왔다는 것이 밝혀졌는데, 이는 별문제가 안 될 가정 내의 이해관계 충돌이었을 수도 있다. 하지만 이후에 바론은 표준 위원회의 위원장으로서 수천 파운드를 받고 의회에 제약 기업 집단을 위한 행사를 마련하며 하원 의원으로서의 행동 강령을 저버리기도 했다. 이 모든 일이 당연하게도 힌치클리프의 보고서 내용이 실현되는 데에는 도움이 되지 않았다. 어찌 되었건 그 보고서는 제약 업계와의 유해한 경제적 유착과 이해 관계의 충돌에 대단히 비판적이었으니 말이다.[24]

앞서 본 이유들이 힌치클리프가 수행한 조사의 영향력을 감소시켰다는 것은 분명하지만, 다음에 볼 이유에 비하면 크게 중요하지 않은지도 모른다. 이는 당대 보건부 장관인 제인 케네디 하원 의원이 조사에 대한 정부 답변을 발표하면서 넌지시 언급한 문제이기도 했다. 케네디는 힌치클리프의 조사가 몇몇 문제점들을 밝혀냈다는 사실을 인정하면서도, 그 조사가 제약 부문에 "규제와 관련된 부담"을 지우지 않도록 "유의해야" 한다고 결론지었다.[25] 다른 말로 하면, 그 보고서는 보다 균형 잡힌 약물 규제를 요구함으로써 오늘날의 지배적인 탈규제화 이데올로기에 역행하고 있다는 것이다.

힌치클리프의 보건 특별 위원회 동료인 데이비드 아메스에게 이 문제가 MHRA 개혁에 대한 거부감의 이유를 설명해 주는지를 물어봤을 때, 그의 답변은 분명했다. "당연히 그게 이유죠. 탈규제화야말로 신노동당 정책의 정점이었습니다. 그들은 실제로는 민영화를 시행하면서도 우리가 하는 일은 민영화가 아니라고 주장했습니다. 데이비스 씨도 신노동당에서 포플러 원이 특정한 광고 규제를 면제받을 수 있도록 해 준 걸 기억할 겁니다. 그리고 고든 브라운 임기 동안 어떻게 그들이 은행에 대한 규제를 완화했는지도요. (…) 모든 것이 느슨한 규제를 옹호하는 데 초점이 맞춰져 있었습니다."[26]

힌치클리프의 관점은 아메스의 관점과 공명했다. "규제 기관에 대해 어떤 조치를 취하건 이러한 조치는 탈규제화가 봉사하는 대상인 제약 업계의 상업적 이익에 영향을 주게 됩니다. 이것이야말로 정부의 일반적인 사고방식이었죠. 보수당이건, 신노동당이건, 연립 정부이건, 캐머런이건, 메이이건, 지금의 존슨이건, 서로 다른 점은 없었습니다. 우리는 업계가 원하는 것을 줘야 하고, 시장은 과도한 규제를 받아서는 안되며, 우리는 간섭하지 말아야 한다는 핵심 철학은 동일하게 유지되어 왔습니다. 그리고 이 철학은 규제 기관과 업계의 유대라는 문제의 핵심에 자리를 잡고 업계가 계속 배후에서 영향력을 행사할 수 있게 해 주었습니다."

2014년 데이비드 캐머런의 레드 테이프 챌린지의 일환으로 MHRA가 "기업의 관료주의적 부담을 더욱 완화"해 주겠다고 약속했을 때, 이러한 주장은 다시금 확증되었다. MHRA의 약속은 힌치클리프의 보고서가 비판한 시대보다도 더 업계친화적인 시대의 문을 열었고, 이처럼 느슨한 규제 환경의 문제는 영국이 EU를 떠났으니 더 악화될 가능성이 높았다. 이미 보리스 존슨의 정부가 미국 기업이 NHS 환자 데이터를 이용할 수 있게 만드는 한편 제약 시장에 대한 규제를 더욱더 완화할 가능성이 있다는 의심을 받는 상황에서 좋은 징조는 아니었다.[27] "이 모든 일에 대해 어떻게 생각하세요?" 나는 우리의 첫 번째 인터뷰 이후 얼마간 시간이 흐른 뒤, 힌치클리프를 찾아가 질문했다. "저는 이 모든 일이 믿기 힘들 만큼 놀랍습니다." 분개하며 그가 말했다. "특히나 우리의 조사 결과가 밝혀낸 증거들에 비추어 보면 말입니다. 탈규제화와 상업적 권력이, 명백하고 분명하게 공공의 이익을 해쳐 가면서, 연이은 정부의 사고방식을 계속해서 지배하고 있다는 사실이 놀랍기 그지없습니다."

1963년 8월 9일, 캐리 에스테스 케포버는 의회에서 연설을 하던 중 갑작스러운 통증으로 몸을 웅크렸다. 혹시 모를 사태를 대비해 병원에 입원하고 나서, 그는 그가 겪은 것이 심장 마비라는 것을 알게 되었다. 이틀 후 그는 병원에서 잠을 자던 중 사망했다. 사망 전날 케포버는 생각에 잠겨, 의회에서 그가 이룩한 가장 자랑스러운 업적에 대해 생각하고 있었다고 알려졌다. 케포버가 앞으로 몇십 년에 걸쳐 여러 세대의 삶을 향상할 수단이라 믿었던 의약품 개혁안이 통과된 것이 그의 사망 일 년 전의 일이었다.

정말이지 케포버가 1970년대까지 살았다면 그는 어떤 일이 벌어졌는지 보고 안심했을 것이다. 그의 노고는 제약 산업의 역사에서 가장 생산적이고 비교적 정직한 시기가 탄생하는 데 있어 핵심적인 역할을 했다. 그러나 그런 시기가 오랫동안 이어지지는 않았다. 1980년대의 정치적 지각변동과 함께 일어난 신자유주의 경제학, 민영화, 시장화와 탈규제화의 물결 속에 그의 개혁도 쓸려 내려갔고, 유럽과 미국의 모든 비즈니스 및 산업 분야가 재편되었다. 2020년대 초반인 오늘날에는 대처와 레이건 이후의 정치적 엘리트들이 탈규제화에 대해 가졌던 믿음이 얼마나 강했는지를 잊기 쉽다.

2008년이 되어서야 비로소 이런 광신적 믿음에도 종지부가 찍혔다. 탈규제화가 대공황 이래 역사상 가장 심각한(적어도 2008년까지의 역사에서 가장 심각한) 경제위기의 불을 당긴 가장 중요한 요인으로 드러났기 때문이다. 탈규제화는 전 세계 금융 분야에 부정직한 행동이 광기에 가까우리만치 만연하게 했다. 은행, 신용평가기관, 정부 기관, 규제 기관, 회계법인이 경제적으로 지나치게 밀접한 상호의존적 관계로 연결되어 무모한 행동과 부패가 정상적인 행동처럼 여겨지기까지 했다. 회전문 정책과 경제적 이해관계의 충돌이 만연했고, 이는 느슨한 관리와 형편없는 규제 집행으로 이어졌다. 이런 일들의 결과로 우리 모두(적어도 우리 중 대부분)는 오늘날까지도 고통받고 있다. 규제 완화가 이루어졌던 다른 산업 부문에서도 문제가 발견되었다. 자동차 산업에서는 폭스바겐, 메르세데스, 오펠-복스홀과 같은 기업이 배기가스 데이터를 조작하거나 아니면 그럴 필요도 없이 느슨한 규제에서 득을 보고 있다는 것이 밝혀졌다.[28] 에너지 부문에서는 거대 기업들이 소비자에게 상당한 금전적 손해를 초래하는 수준으로 가격 동결을 시행했다는 고발이 이루어졌다.[29] 식품 부문에서는 아동의 과잉행동을 유발하는 첨가물, 아스파탐과 아크릴아마이드의 유해한 효과를 은폐하려는 시도가 들통나기도 했다.[30] 이런 예시들, 그리고 이와 유사한 여러 예시들에서 규제 기관은 규제의 대상이 되는 산업과 너무 가까워 믿음직한 모습을 보여줄 수가 없었던 것으로 드러났다. 이 기관들은 기업들의 위법 행위를 부정하거나, 너무 늦게 대응하거나, 업계의 이해관계와 경쟁적인 규제 부문 앞에 무력한 모습을 보였다.

이런 사실들에 비추어 생각해 보면, 힌치클리프의 의회 조사가 무시된 이유는 1980년대 이래 정치 계급이 굴복해 온 탈규제화에 대한 신념을 위반했기 때문이다. 그의 의회 조사는 규제 기관에 대한 우리의 신뢰를 뒤흔들었던 2008년의 경제위기 5년 전에 이루어졌던 조사이기도 했다. 규제 시스템이 명백하게 실패하자, 어떤 이들은 의약품 규제를 철폐하자고 했던 밀턴 프리드먼이 옳다고 주장하기도 했다. 그러나 케포버와 힌치클리프를 포함한 다른 이들은 독립적이고 활발히 활동하는 규제 시스템을 갖는 것이 제일 좋기는 하지만, 규제 시스템에 결함이 있다 할지라도 없는 것보다는 낫다고 주장했다.

요약하면, 1980년대 이래 이루어진 제약 업계에 대한 점진적 탈규제화는 정신과 약물이라는 분야에 존재하는 수많은 문제의 주된 원인이 되었을 뿐만 아니라,[31] 대규모로 이루어진 과잉 처방 문제의 주된 원인이 되어 왔다. 탈규제화는 1980년대 이래 영국의 정신과 약물 소비가 400%나 증가해 오늘날 영국 성인의 4분의 1이 매년 정신과 약물을 처방받게 된 배경이기도 하다. 이런 성공 신화는 효과적인 신약의 개발이나 정신 약학의 발전 때문이 아니라, 제약 업계가 업계의 이익에 맞는 방식으로 규제 제도와 의학계의 여론에 영향을 미칠 수 있도록 해준 이데올로기의 부상 때문이었다. 다음 장에서 나는 규제 제도에 일어난 이러한 변화가 어떻게 우리 시대의 물질주의와 정확히 맞아떨어졌고 어

떻게 이와 같은 물질주의적 분위기에서 이득을 보게 되었는지를 돌아
보고자 한다. 소비야말로 현대적 삶의 수많은 고통을 덜어줄 수 있는
최고의 방법이라고 선전해온 우리 시대의 물질주의를 돌아보려는 것
이다.

8
물질주의는 이제 그만

2011년 맨해튼, 상쾌한 어느 초가을날 오후에 나는 뉴욕 금융가의 심장부로 가기 위해 컬럼비아 대학 116가에서 지하철을 탔다. 낡은 지하철 계단을 오를 때부터 멀리서 울려 퍼지는 노랫소리와 북소리가 들려왔다. 인파를 따라 경찰이 깔린 거리를 지나자 오래지 않아 시위의 중심지에 도착할 수 있었다. 그곳은 뉴욕 증권거래소에서 북쪽으로 두 블록 떨어진 곳에 있는, 나무와 벤치로 가득한 널찍한 공원이었다. "여기가 맞나요?" 나는 걸어오면서부터 이야기를 나누었던 동료 시위자에게 물었다. "네, 여기가 맞아요." 그의 목소리에서는 약간의 자신감이 내비쳤다. "월가를 점령하라 시위의 중심, 주코티 파크에 오신 것을 환영합니다."

월가를 점령하라 시위가 시작된 지 얼마 안 되었던 당시에는, 뉴욕 밖에서 주코티 파크에서 일어나고 있었던 이 시위에 대해 잘 알고 있는 사람이 드물었다. 당시 이 시위에 대한 보도는 대개 시위의 합법성에 대해 논하는 데 초점을 맞추거나 시위로 인한 소음이 주변 사무실에서 일하는 사람들을 방해하고 있다는 내용을 담고 있었다. 시위자들이 월가를 점령하라 운동의 핵심 메시지를 명확하게 전달하지 못하고 있거나, 미디어가 이 메시지를 충분히 강조하지 못하고 있었다. 하지만 내가 주코티 파크에 도착한 날에는 상황이 빠르게 변하고 있다는 게 명백해졌다. 춤과 노래, 즉흥적인 메가폰 연설과 열렬한 집단 토론의 한가운데서 마치 군대처럼 도열하여 이 모든 소음을 망각한 채 참선 수행을 하는 이와도 같은 집중력으로 노트북을 두드리는 한 무리의 젊은이들이 있었다. 보도 자료, 메모, 페이스북 및 트위터 게시글을 작성하며, 그들은 세상을 향해 열정적으로 메시지를 전달하고 있었다. 월가를 점령하라 운동은 빠르게 글로벌 메시지 전달 체계를 구축해 나가고 있었다.

시위자들은 우리에게 2007년과 2008년의 경제위기가 초래한 해악에 대해 알리고자 했다. 시위가 있기 몇 주 전, 서방 세계의 정부들은 글로벌 금융 시스템의 붕괴를 막기 위해 몇십 조에 달하는 달러를 퍼부었다는 사실을 시인했다. 그리고 이 돈은 오래지 않아 쥐도 새도 모르게 새로 생긴 세금과 막대한 공공 지출 삭감을 통해 메꿔질 예정이었다. 사실상 전체의 99%에 해당하는 사람들이 휴가와 아파트, 샴페인으로 가득한 삶을 사는 소수 글로벌 금융 엘리트의 부패와 욕심을 위해 뒤늦게 돈을 대야 하는 처지가 되었다. 1%의 사람들을 더욱더 부유하게 만들어준 정계와 재계의 행보, 다시 말해 부정의한 세금 정책과 법의 허점들이 점점 더 나머지 99%에 해당하는 우리의 삶을 빈곤하게 만들고 있었다. 이는 주코티 파크에 모인 사람들이 분개하고 있는 이유이기도 했다.

주코티 파크에서 처음으로 만났던 사람 중 한 명은 필라델피아에 있는 대학에서 강의를 하고 있던 중년의 강사로, 지난 이틀간 공원에서 야영하고 있었다. 그는 고집스럽게 말했다. "여기 있는 사람들 대부분이 엄청난 환멸을 느끼고 있다는 걸 이해하셔야만 합니다. 우리 블록에 사는 가족들은 집 소유권을 빼앗겼어요. 제가 아는 사람들이라고요. 우리 아이들이 아는 사람이고요. 정말 절박한 느낌입니다. 은행들은 전혀 신경 쓰지 않아요. 사람들이 갈 곳을 잃고 있다고요. 우리는 이런 가족들을 위해 나와 있는 겁니다. 사회 정의와 정치적 변화를 위해서요." 시위자들의 물결 위로 올려진 수많은 플래카드 중에는, 그와 유사하게 기업의 무관심을 비난하는 플래카드들이 많았다. 공원의 한쪽에는 무료로 가져가거나 다른 책과 교환할 수 있는 책이 쌓인 테이블들이 놓여 있어 "도서관"이라는 별명이 붙게 된 구역이 있었다. 그곳에서 나는 "기업이 가하는 상처는 이윤에 좋다"는 수수께끼스러운 플래카드를 보고 그리로 직행했다. 그 플래카드를 들고 있던 사람은 뉴욕 대학의 박사과정생인 리처드였다. 그는 내게 열정적으로 그 플래카드의 의미를 설명해 주었다. "이 경제위기는 많은 사람의 삶을 무너뜨렸습니다. 어떤 사람은 스스로 목숨을 끊기도 했어요. 사람들은 고통받고 있고, 이 고통은 다시 자본화되고 있어요. 문자 그대로 **자본**이 되고 있는 겁니다. 우리의 고통이 경제적 이윤 획득을 위한 수단으로 착취되고 있단 말입니다."

우리의 고통이 자본을 위한 기회가 되고 있다는 리처드의 주장은 학계에서 "상품화"라고 알려진 과정을 가리킨다. "상품화"는 물건, 서비스, 인간의 특징이나 감정에 이르기까지 이전에는 경제용어를 통해 사유되지 않았던 것들에 대해 경제적 가치가 부여되는 과정을 말한다. 무료 박물관이나 국립 공원과 같은 공공장소를 입장료를 받는 사유지로 바꾸는 것이 한 예시가 될 수 있다. 이전에는 자연적인 것으로 여겨져 민간 기업의 사업 대상이 되지 않았던 것들, 예를 들면 물, 공기, 우주, 장기, 정자와 난자 같은 것들을 이윤을 위해 판매될 수 있는 상품으로 바꾸는 것이 또 다른 예시이다. 간단히 말해, 황금손을 가진 미다스 왕처럼 상품화는 우리의 가장 내밀한 감정 상태를 포함한 모든 것을 경제적 기회로 바꾸어 놓는다.

리처드는 계속해서 말했다. "우리는 우리의 감정을 목표지향적인 소비 활동을 통해 생산해낼 수 있는 무언가처럼 보라는 가르침을 받아 왔어요. 우리가 고통받고 있을 때, 우리는 그 근원을 파고들어가 현실을 보라는 가르침을 받지 않아요. 우리는 우리의 삶이나 사회에서 무엇이 잘못되었는지를 배우지 않아요. 우리는 읽고, 배우고, 생각하고, 투쟁하고, 생각하기를 배우지 않아요." 대신 우리는 경제가 원하는 일을 하고 있다고 그는 주장했다. 우리는 오락, 약물, 옷에 이르기까지 각종 **물건**들을 향해, 돈만 지불하면 더 나은 삶을 가져다줄 것이라 헛되이 약속하는 수많은 소비재를 향해 손을 뻗는다. "우리는 행동이 아니라 소비를 통해 우리의 감정을 관리하고 있어요."

고통이 시장 기회로 변모함에 따라 우리는 고통이 가진 깊은 의미와 목적성을 잃어버리게 되었다. 이제 고통은 적극적인 변화를 향한 강한 요구이건, 유해하거나 트라우마적인 상황에 대한 유기체의 저항이건, 어떤 식으로도 잠재적으로 변혁적이거나 교육적인 무언가로 여겨지지 않는다. 오히려 고통은 더 많은 소비와 시장 활동을 위한 기회가 되었다. 수많은 산업이 이러한 논리에 따라 행동하며, 삶의 수많은 고통에 대해 자아중심적인 설명과 해법을 내놓는다.

나는 주코티 파크에서 이틀을 보내며 이러한 논점들에 대한 대화를 즐겁게 나누었다. 사람들은 기업의 부정행위와 경제적 부정의에 대해서만 숙고하고 있던 것이 아니었다. 그들은 인간 고통의 역동, 소비와 의미, 의미 있는 좋은 삶에 대해서도 깊이 사유하고 있었다. 서로 밀접하게 연관되어 있는 이 주제들은 월가를 점령하라 운동이 뉴욕시 바깥으로 널리 퍼져 나가면서 더욱더 중요한 역할을 하게 될 예정이었다. 실로 몇 주 만에 월가를 점령하라 운동은 미국의 거의 모든 주요 도시까지 퍼져 나갔다. 월가를 점령하라 운동은 국제적으로도 영향력을 행사해 세계 각국 여러 곳의 도심지로 빠르게 번져 나갔다. 오래지 않아 앞선 것과 유사한 대화를 베를린, 파리, 시드니, 토론토, 로마, 홍콩, 그리고 물론 런던에서도 들을 수 있게 되었다. 런던에서는 도시에서 가장 추앙받는 기독교 랜드마크인 런던 세인트 폴 대성당 앞마당에 제멋대로 자리를 잡은 텐트들이 태피스트리를 이루는 중이었다.

워털루역 인근 더 컷 도로에 위치한 조그만 카페에서 나는 자일스 프레이저 박사를 대면했다. 지적이며 약간 돈키호테적이라 할 수 있는 면모가 있는 성공회 신부인 프레이저는 말보로 담배와 생동감 넘치는 대화를 좋아하는 남자이기도 했다. 우리는 2019년 3월 초 이른 아침에 만나, 8년 전 프레이저 박사가 아직 세인트 폴 대성당에서 교구의 기록 보관 담당자를 맡고 있었던 시기에 일어났던 일에 대해 논하고자 했다.

그는 점령하라 시위가 빠르게 세인트 폴 대성당 앞마당을 점거한 바로 그 시기에 해당 직무를 수행하고 있었다.

몇 주 동안 저녁 뉴스는 세인트 폴 대성당 앞마당 점거 상태로 도배되었다. 그 사태는 정치인들과 대중을 분열시켰으며, 결국 교회 또한 그 사태를 두고 분열되었다. 어떤 이들은 정부와 런던시 당국의 편을 들어 시위는 존중받아야 하지만 지켜야 할 법이 지켜지지 않고 있다고 주장했다. 다른 이들은 시위자와 더 강한 연대감을 보여주었다. 그들은 그리스도라면 어떻게 했겠느냐고 물으며 간청했다. 그리스도께서는 성전에서 비도덕적인 환전상들을 몰아내시지 아니했는가? 그리스도께서는 부패와 악덕에 대항해 싸우는 이들을 위한 성소를 마련해 주시지 아니했는가? 논쟁이 격화되고 성당 내의 분열도 심화되어 가는 상황에서, 자일스 프레이저는 공개적으로 시위자들이 세인트 폴 대성당에 머무를 권리에 대한 전적인 지지를 보내기로 결정했다.

"성당 위원회 위원들이 강제적으로 시위자들을 몰아내야 하는가라는 안건에 대해 투표하기 전날 밤이었습니다." 프레이저가 내게 말했다. "그날 저는 부엌 식탁에서 아이들을 모아 놓고 최근 몬트리올의 점령하라 시위 장소에서 시위자들이 폭력적인 진압을 받고 있는 장면을 보여주었습니다. 아이들에게 제가 시위자들을 내쫓는 데 동의하면 이런 일이 런던에서도 벌어지게 될 수 있다고 말했습니다. 아이들은 매우 놀라고 화가 나서 제게 그러지 말아 달라고 간청했습니다."

다음 날, 성당 위원회가 고작 한 번의 투표로 시위자들을 강제로 몰아내기로 결정했을 때, 자일스 프레이저는 즉각 사임했다. 그의 사임은 폭력적인 방식으로 이루어질 수도 있는 진압에 대한 거부의 표시였을 뿐만 아니라, 그가 지적이고 도덕적인 차원에서 점령하라 운동의 정신에 깊이 공감하고 있다는 표현이기도 했다. 프레이저가 보기에, 점령하라 운동은 (버니 샌더스가 나중에 한 표현을 빌리자면) 우리의 "부정의한 경제 체제"에 자리한 뿌리 깊은 경제적, 사회적 불평등에 관한 것만이 아니었다. 그 운동은 또한 "우리가 진실로 원하는 사회, 우리가 추구하고 싶은 가치"에 관한 것이기도 했다.

시위자들의 대화에서 이런 종류의 질문들이 지배적이었으니, 프레이저가 내가 주코티 파크에서 본 것과 유사한 주제에 관심을 갖게 된 것은 어쩌면 필연적인 일인지도 모른다. 후기 자본주의가 우리의 감정적, 도덕적, 정신적 삶에 어떤 영향을 미치는지, 그것이 우리가 우리의 고통을 이해하고 고통과 관계를 맺는 방식에 영향을 주는 것은 아닌지, 만약 그렇다면 어떤 방식으로 영향을 주는지라는 주제 말이다. "시위자들한테 특히 중요한 것은 이런 주제들이었습니다." 워털루의 카페에서 대화를 나누던 중 그는 이렇게 회상했다. "어떤 이들에게는 그들에게 닥친 힘겨운 위기를 헤쳐나가야 했던 과거가 있었고, 어떤 이들은 세인트 폴 대성당 앞에서의 가혹한 삶으로 인해 고통받고 있었습니다."

실로 대성당 앞마당에 임시변통으로 지어 둔 텐트 무더기 속에서 편안함을 찾기란 어려웠다. 캠프에서의 삶은 쉽지 않았고, 어떨 때는 잔인하기까지 했다. 이들은 끊임없는 퇴거와 폭력의 위협 속에서 살아가고 있었다. 지나가는 사람들이 욕을 퍼붓거나 물건을 던지는 일도 종종 있었다. 밤에 도시 한복판에서 자는 것은 춥고, 불편하고, 시끄럽고, 무서운 일이었다. 사실 캠프에서의 삶이 너무나 힘겨웠던지라, 2주가 지났을 때는 성당이 스트레스 속에 고통받는 시위자들을 지원하기 위한 자원봉사자, 심리상담사와 심리치료사의 자원을 요청하기도 했다.

30년 이상의 경력이 있는 베테랑 심리치료사이자 '사회적 책임을 위한 심리치료사들'(Therapists for Social Responsibility)이라는 비영리 단체의 수장이기도 한 폴 앳킨슨이 즉시 그 요청에 답했다. "우리 중 몇 사람이 캠프 한가운데에 조그만 텐트를 차리고, 입소문을 통해 도움이 필요한 사람을 위한 치료사 몇 명이 왔다는 사실을 알렸습니다." 텐트의 얇은 천이 바깥의 혼란에 대한 충분한 보호막을 제공해 주지 못하는 상황이었기에 창의적인 방안을 내놓아야만 했다. "우리는 지역 카페의 조용한 한구석을 찾아 시위자들과 대화를 나누기도 하고, 우리가 "산책 세션"이라고 부른 활동을 하기도 했습니다. 도시로 발걸음을 옮겨 걸어 다니고 대화를 나누면서 지지적이고 치료적인 활동을 하는 거죠."

혼란스럽기 그지없는 캠프 환경부터가 심리치료 지원 활동을 위한 이상적인 환경과는 거리가 있긴 했지만, 이것이 도움을 제공하는 데 있어 유일한 장애물은 아니었다. "점령하라 시위에 나온 사람들 다수가 상담이라는 개념 자체에 대해 의심스러워하는 마음가짐을 가지고 있었습니다. 심리치료는 신자유주의적이고 자본주의적인 프로젝트라는 믿음이 있었어요. 자신을 둘러싼 사회적 맥락을 보지 못하게 하고, 세상이 아니라 자기 자신에게 문제가 있다고 세뇌하는 프로젝트라는 거죠."

그럼에도 불구하고 앳킨슨은 치료 활동을 계속하며 관계를 다지고 우려를 몰아내고자 했다. "시위자들이 심리치료에 반대하면서 내놓은 주장들에 저도 상당 부분 공감하고 있었다는 사실이 도움이 되었죠. 몇몇 논점은 제 글에서도 다룬 적이 있는 논점들이었습니다." 앳킨슨은 때로 심리치료가 (우리가 4장에서 보았듯) 사람들을 강제로 일터로 돌려

보내는 용도나, 그들의 어떤 점이 문제인지를 정의하려는 전문가들의 의견에 동조하도록 만드는 용도로 쓰인다는 것에 동의했다. 그는 제약 업계가 미심쩍은 관행을 바탕으로 수익성 높은 거대 시장을 창조했다는 것에 동의했으며, 사회적인 원인으로 생겨난 고통이 때로 부당하게 의료화되고 심리학화된다는 것에도 동의했다. 이 모든 것이 경제의 현 상황을 유지하고 사업을 펼치는 데는 도움이 되었을지 몰라도, 심리치료사들이 돕고자 하는 사람들에게 도움이 되지는 않았다.

앳킨슨은 이러한 반대론들에 공감하기는 했지만, 30년의 임상 경험을 바탕으로 심리치료가 필연적으로 사람들의 고통을 탈정치화하고 의료화하는 것은 아니라고 믿었다. 사실 제대로만 쓰인다면 심리치료는 사회정치적 의식을 고양하고 비판을 활성화하며, 정치적 행동을 추동하거나 이에 영향을 미치는 데 쓰일 수도 있었다. 이러한 발상에 대해 더 깊이 탐구하기 위해, 그는 점령하라 캠프에 새로 지어진 대학 텐트에서 일련의 대규모 공개 강의와 토론을 열기로 했다. "우리는 영국의 저명한 연사들을 초대해 우리가 하는 일에 대한 정치적 비평을 들어보고, 심리치료사로서 우리가 할 수 있는 더 나은 일이 무엇일지 시위자들과 토의해 보고자 했습니다." 세미나가 끝날 즈음이 되자, 텐트는 사람들로 넘쳐났다. "앉을 수 있는 자리가 없었어요. 무언가 중요한 일이 일어나고 있다는 것을 깨달았습니다." 사람들은 당신이 아프다는 말이나 당신의 고통에는 의미가 없다는 말을 듣고 싶어 하지 않았다. 그들은 그들이 겪는 고통의 사회적 기원이 다루어지고 이해받기를 원했다. 그리고 여러 세미나 인사들이 바로 이런 변화가 필요하다는 것에 동의했다.

차이나 밀스 박사는 정신 건강 분야에서 저명한 출판물인 『어사일럼 매거진』(*Asylum Magazine*)의 편집자이자, 런던 대학의 공중보건학과에서 일하는 젊고 열정적인 교수이다. 그가 목에 두른 밝은 무지개 패턴의 두꺼운 스카프는 우리가 거닐고 있던 런던 투팅벡의 번화가만큼이나 화려했다.

밀스 박사는 앳킨스 박사의 초대를 받아 점령하라 운동에 대해 다루게 되었던 학자 중 한 사람이었기에, 나는 그 사건에 대한 밀스 박사의 경험에 대해 들어보고 싶었다. "사람을 겸허하게 만드는 경험이었죠." 그는 진심을 담아 말했다. "우리는 대학 텐트의 바닥과 벤치에 꾸역꾸역 앉아 거대한 원을 만들었습니다. 거기엔 파워포인트도, 마이크도 없었어요. 우리는 그냥 그곳에 모인 사람들과 직접 이야기했죠." 그는 시위자들과 함께 인도에서 이루어지는 정신 건강 개입에 대한 그의 연구에 대해, 그리고 어떻게 그 연구의 내용이 시위자들의 우려, 즉 강력한 다국적 기업이 영국의 사회적 정책과 정신 건강 서비스에 영향력을 행사하는 방식에 대한 우려와 공명하고 있는지에 대해 논했다.

"시위자들에게 지난 15년간 인도 중부에 어두운 그림자를 드리웠던, 농부들의 자살 사고 급증이라는 끔찍한 사건에 대해 말했던 것이 기억납니다." 그가 말을 이어갔다. "저는 거대 농업회사들의 새로운 농업 관행을 도입한 것과 이 사건들이 어떤 관련이 있는지 설명해 주었습니다." 이 회사들은 전통적인 농작물을 어떤 종자도 만들어내지 못하는 유전자 조작 식물로 대체해 나가고 있었다. 동시에 그들은 이미 나와 있는 종자들에 대한 특허를 획득해 지역 농부들이 더는 다음 해의 농사를 위한 종자를 저장할 수 없게 만들었다. 결과적으로 농부들은 매년 값나가는 새로운 식물들을 구매하기 위해 다국적 기업들에 의존할 수밖에 없었으며, 많은 농부가 등골이 휘는 빚과 가난에 시달리게 되었다. "그 결과 수백 수천 명의 농부들이 자살을 택하게 되었습니다. 대부분 유독한 농약을 먹고 자살했죠." 밀스 박사가 말했다.

밀스 박사가 이 사건을 다뤘던 것은, 박사가 내게 말해준 대로라면 다음과 같은 이유 때문이었다. "이 연구는 농부들의 자살이 이처럼 새로운 농업 관행의 도입과 직접적으로 관련된다는 것을 보여줍니다. 하지만 국가는 이처럼 업계 친화적인 관행을 개혁하는 대신, 심리학자들과 정신의학자들로 구성된 팀을 파견했을 뿐이었습니다." 사실 인도 정부는 WHO와 함께 농부들이 더 쉽게 항우울제를 구할 수 있도록 하는 캠페인을 시행했다. "만연한 자살에 대한 해결책이 정치적인 대책에 있는 것이 아니라 정신의학적인 대책에 있기라도 한 것처럼" 말이다.

다국적 기업이 은밀하게 정신의학적 차원의 대책을 촉진하고 있다는 사실로 인해 상황은 더 나빠졌다. "WHO가 그들의 "자살 예방 정책" 아래 농부들에게 항우울제를 나눠 주느라 바빴던 그 당시, 다국적 기업 중 한 곳이 배후에서 이러한 정책에 자금을 끌어오는 데 도움을 주고 있었습니다. 자살이 다국적 기업들에서 만들어낸 고통스러운 상황에 대한 절박한 반응이라고 보는 곳은 아무 데도 없었습니다."

박사는 이 사건에 대해 말했을 때 청중들이 그 이야기에 깊이 몰입했다고 회상했다. 박사가 논했던 이슈들은 청중들이 가지고 있었던 정신 건강 개입에 대한 더 광범위한 차원의 우려 중 일부와 공명하고 있었다. 그러한 개입이 때로는 실제 존재하는 구조적 문제와 그 해결책을 보지 못하게 호도하고, 나쁜 환경은 그대로인 상황에서 돌봄을 받고 있다는 환상을 자아내기도 한다는 우려 말이다.

세인트 폴 대성당의 점령하라 시위 장소에서 정신 건강에 관한 대화가 이루어지고 있다는 소식이 퍼지며 주변 지역에 사는 사람들이 몰려들기 시작했다. 이 중에는 정신 건강 문제를 가지고 있으며 자신이 치료를 받으며 겪었던 대단히 불쾌한 경험들을 알리고 싶어 하는 사람들도 포함되어 있었다. 어떤 이들은 그들이 원하지 않는 약물을 강제로 복용해야 했던 경험, 그들의 질환이 평생 갈 것이라는 의견으로 인해 희망을 잃어버렸던 경험들을 알리고 싶어 했다. 다른 이들은 장애를 초래하는 심각한 부작용을 관리하기 위한 목적으로 더 많은 처방을 받게 되었다고 불만을 터뜨렸으며, 많은 이들이 그들이 겪는 참혹한 삶의 현실이 완전히 무시당했다고 이야기했다. 한 여성은 11살에 성적인 학대를 경험한 뒤 항정신병제를 처방받기 시작했다는 이야기를 털어 놓았다. 의사들은 가정에서 일어난 끔찍한 일들을 그저 무시하는 것처럼 보였다. 의사들이 보기에 그는 이해하고 탐색해야 할 참혹한 트라우마를 겪은 사람이 아니라 치료받아야 할 편집성 조현병을 앓고 있는 사람일 뿐이었다.

영국의 저명한 심리학자이자 점령하라 연사 중 한 명이었던 앤드루 새뮤얼스 교수를 인터뷰했을 때, 그는 군중들 사이의 긴장이 과열되기도 했다고 회상했다. "사실 얼마간 악몽 같기까지 한 경험이었죠. 어떤 사람이 자리에서 일어나 자기 의사한테 자기가 너무 약한 약을 받고 있다고 화를 냈던 것이 기억납니다. 도저히 이야기를 멈추질 않더군요.

그 행사를 완전히 장악해 버리면서요. 그런데도 우리는 일종의 리버럴한 마비 상태 속에서 무슨 답을 해야 할지 감도 잡지 못한 채 앉아만 있었습니다."

연사들은 이처럼 공개적으로 고통을 내비치는 것이 적법한 시위 형태라고 봤다. 사람들은 약물이 그들의 삶에 난 깊은 상흔을 은폐하는 도구로 사용되고 있다는 사실에 분개했다. 이는 밀스 박사가 인도에서 항우울제가 어떻게 이윤을 추구하는 다국적 기업에 의해 초래된 고통을 진정시키는 수단으로 쓰이는지를 이야기하면서 전달하고자 한 논점이기도 했다. 밀스 박사는 이러한 역학이 영국의 정신 건강 시스템에까지 침투해 있다는 사실을 지적하면서 안타까워했다. "영국에서 우리는 구조적이고 제도적인 문제를 회피하기 위한 수단으로 정신 건강의 관점에서 본 설명과 개입을 광범위하게 활용하고 있습니다. 이런 개입들이 아무리 호혜적이고 좋은 뜻에서 이루어지는 것이라 할지라도 그 사실엔 변함이 없습니다." 밀스 박사와 다른 연사들이 보기에, 의료화된 개입이 복잡한 인간 문제와 사회 문제를 은폐하기 위한 수단으로 활용되고 있다는 사실은 고통을 정치경제적으로 편리한 방법으로 관리하려는 오늘날의 문화적 경향이 표출된 예시의 하나였다. 정신과 약물의 과잉 처방에서 과도한 소비주의적 생활방식에 대한 옹호에 이르기까지, 사람들은 자신의 고통을 그 무엇보다 경제적 번영에 도움이 되는 방식으로 관리하라는 요구를 받고 있다.

자일스 프레이저가 내게 말했듯, 실로 "자본주의는 당신의 내적 삶이 완전히 고쳐지기를 바라지 않습니다. 자본주의는 당신이 기능적인 우울증 환자나 기능적인 알코올 중독자가 되는 것에 만족합니다. 두 경우 모두에서 당신은 여전히 기능적인 소비자이고 중요한 건 그것뿐이니까요." 이런 관점에서 보면 지속적인 "기능적 불만족"의 상태야말로 후기 자본주의가 선호하는 감정 상태이다. 일을 계속할 만큼은 기능적이되, 소비를 지속할 만큼은 불만족스러워하고 있는 상태 말이다.[1] 후기 자본주의는 고통의 존재 조건을 만드는 것에 그치지 않고, 그 고통을 치료해 준다고 여겨지는 물질주의적이고, 탈정치화되어 있으며, 수익성 높은 개입들을 만들어낸다. 물질주의라는 오늘날의 시대정신과 공명하는 개입들을 창조해 내는 것이다.

1986년의 어느 늦은 오후, 뉴욕 로체스터 대학에 다니는 한 무명의 심리학과 대학원생이 대학 과학 센터의 컴퓨터실에 홀로 앉아 있었다. 그의 이름은 팀 카서로, 자신도 모르게 심리학 분야에서 완전히 새로운 하위 분과를 확립하게 될 것이었다.

카서는 지난 2년간 성가신 문제들과 씨름하고 있었다. 인간의 목표와 열망이 현재의 감정과 행동에 얼마나 영향을 미치는지를 어떻게 과학적으로 측정할 수 있을 것인가? 내일 달성하고자 하는 것에 영향을 받아 오늘 느끼는 행동과 감정이 바뀔 수 있을까? 만약 그렇다면 그 영향력의 크기는 어느 정도일까? 심리학 분야에서 이런 질문들이 새로운 질문은 아니다. 수십 년간 저명한 학자들과 임상 심리학자들은[2] 우리가 개인적으로 추구하는 가치와 목표가 어떻게 무의식적인 차원에서 우리의 사고, 감정, 행동에 영향을 미치는지에 관해 방대한 이론적, 임상적 문헌을 축적해 왔다. 이러한 심리학자들 가운데 가장 저명한 인물 중 한 사람이 바로 세기 중반에 등장한 사회심리학자이자 정신분석가 인 에리히 프롬이다. 프롬은 독일 프랑크푸르트 시에서 태어나 1930년 대 후반에 미국으로 이주해 뉴욕 대학의 컬럼비아 대학에 자리를 잡게 되었다. 그 이후 40년간 프롬은 자신만만하기 그지없는 오늘날의 자본 주의에 도전하고 저항하는 생각들을 제기해 왔다. 그 과정에서 프롬은 미국의 대통령 후보 유진 매카시의 친구가 되었고, 오래지 않아 당대의 가장 중요한 사회, 정치, 심리 사상가 중 한 명으로 자리매김했다.

프롬의 모든 작업에서 가장 핵심적인 주제는 우리의 성격이 생물학 과 가족 환경에만 영향을 받지 않는다는 것이다. 생물학과 가족 환경 도 중요하지만, 우리가 어떤 사람이 될지에 가장 큰 영향을 미치는 것 은 사회 그 자체이다. 가족이나 학교와 같은 사회 제도는 더 광범위한 사회적, 정치적, 경제적 가치를 개인에게 전달하는 전달자의 기능을 하 며, 우리의 발달을 그러한 가치들에 맞는 방향으로 조형해 낸다. 기독 교 사회에서 자란 사람이 무슬림이 될 확률보다 기독교 신자가 될 확률 이 높다는 것은 지극히 당연한 일이다. 수단의 한 마을에서 자란 사람 이 햄프스테드의 부유한 교외 지역에서 성장한 사람과 가치나 외견 면 에서 다를 수밖에 없다는 것도 마찬가지로 지극히 당연한 일이다.[3]

이러한 이론적 관점에서 프롬은 자본주의가 최적의 상태에서 기능 할 수 있도록, 널리 퍼진 자본주의 문화가 개인들을 현대 자본주의가 필요로 하는 인간상에 맞춰 빚어내는 다양한 방식에 대해 탐구하게 되 었다. 이러한 관점에서 보면 자본주의 사회는 여느 다른 사회와 다름없 이 사람들이 체계의 지속을 보장하는 방식으로 행동하게끔 교육함으로써 작동한다. 이와 같은 역학에 대해 탐구하고자 프롬은 자본주의의 핵심인 소비주의에 초점을 맞추었다. 그는 오늘날의 소비가 어떻게 자본주의에는 이롭지만 우리에게는 해로운 방식으로 우리의 가치와 행동을 왜곡시켰는지에 초점을 맞추었다. 프롬이 보기에 후기 자본주의가 의존하고 있는 삶의 방식인 물질주의는 보다 진정성 있는 삶의 방식과 존재의 방식을 훼손하고 있었으며, 이는 유해한 심리적 효과를 낳고 있었다.

물질주의의 심리적 해악에 대해 설명하기 위해 프롬은 그가 "소유 양식"이라고 명명한 삶의 양식에 대해 설득력 있게 기술했다. "소유 양식"은 언제나 인간 경험의 일부분이었지만, 후기 자본주의 하에서는 비상식적일 만큼 비중이 커진 삶의 양식이기도 하다. 현대적 삶의 압박 속에서 우리는 다양한 방식으로 물건을 사고 소비하는 것에 과도한 가치를 부여하고 있다. "소유 양식"이 주된 삶의 양식으로 정착된 이들은 어떤 식으로든 소비와 합리적으로 관계 맺기를 중단한 사람들이다. 그 대신 우리는 우리가 손에 넣고 소유하고 있는 것에서 우리의 정체성과 자존감을 끌어내게 되었다. 주로 우리가 소비한 물건들을 바탕으로 우리 자신을 정의하고 창조했다고 믿으면서, 그리고 더 높은 지위를 나타내는 소유물들을 갖게 됨으로써 인간으로서 우리의 가치와 자부심 또한 더욱 커졌다고 믿으면서 말이다. 이러한 소유물은 물질적인 물체(자동차, 기계, 옷)일 수도 있으며, 지위의 상징(직함, 상, 특별한 집단에 속할 수 있는 자격과 실제 소속)일 수도 있고, 인간 형태를 한 소유물(연인, 고용인, 동료, 추종자, 친구)일 수도 있다. 우리는 더 많이 소유하고 더 많이 가질수록 더 많이 존재하고 있다고 믿어왔다. 이런 관점에서 프롬은 후기 자본주의에서는 더 많이 존재하는 것이 아니라 더 많이 갖는 것이 대다수 사람의 목표가 되어 버렸다고 단언했다.[4]

이 주장을 뒷받침하기 위해 프롬은 오늘날 차량이 갖는 의미를 예시로 들었다. 현대인의 삶에서 차량이란 필수재인지도 모르지만, 차의 실용적 기능은 전체적 그림의 일부에 불과하다. 그 이면을 보면 차를 갖는다는 것은 환경에 해로운 효과를 미칠 뿐만 아니라, 여느 다른 소비 행위가 그러하듯 심리적 결과를 가져온다. 차를 소유한다는 것은 힘과 자존감을 가졌다는 허황된 느낌을 생산해낸다. "남자의 크기는 곧 차의 크기이다"라는 말도 있지 않은가. 차의 소유는 해당 차의 브랜드에 기반한 정체성을 가졌다는 느낌을 불러들이며, "뱁새가 황새를 따라가다 가랑이 찢어진다"는 말처럼 경쟁을 과열시키기도 한다. "자가용으로 대표되는 비합리적 소비에 대해 자세히 설명하려면 책 한 권은 써야 할 것이다"라고 프롬은 말한다.[5] 하지만 차량과 마찬가지로, 우리는 물건을 우리를 투영하고 우리를 대신해 말하는 수단으로, 우리에 대한 인상을 형성하는 수단으로 사용한다. 내가 운전하는 모습이 아니라 내가 무엇을 운전하는지를 보고 나를 추앙해 달라고 말하는 셈이다. 우리는 물건을 우리의 단점이나 실패를 보상하고, 상실에서 눈을 돌리며, 우리의 정체성을 갱신하고, 열망의 대상이 되는 사회적 집단과 어울리고, 발전의 정도를 측정하고(예전에 가지고 있던 것과 지금 가진 것을 비교함으로써), 다른 사람들이 좋아하지 않을 것이라고 생각되는 부분을 숨기기 위한 수단으로 사용한다. 소비주의는 우리의 꿈, 우리의 희망과 우리의 인간적 결함을 이용한다. 그리고 소비주의의 추구는 (소비주의의 약속은) 소비를 우리가 하는 일의 궁극적 목적으로 만들다시피 하는 수준으로 삶을 재편하여 물질주의적 노력 바깥의 삶을 상상하기 어렵게 만든다.

후기 자본주의가 장려하는 "소유 양식"이 우리 중 상당수에게 강력한 영향력을 행사하기는 하지만, 프롬은 이 삶의 양식을 세상에 존재하기 위한 더 진실된 방식, 특히 그가 "존재 양식"이라고 지칭한 것과 구분짓고 있다. "존재 양식"은 본질적으로 우리의 독특한 인간적 잠재력, 우리의 재능과 힘을 완전히 계발하고 사용하는 것을 지향하는 삶의 양식이다. 그가 말했듯이, "[소유 양식과는 달리] 존재 양식의 존재 조건은 독립성, 자유, 비판적 이성의 존재이다. 존재 양식의 본질적 특징은 활동하는 것에 있다. 이때 활동은 바깥을 향한 활동이나 부산함을 의미하는 것이 아니라, 내적 활동, 우리의 인간적 힘을 생산적으로 활용하는 것을 의미한다. 활동한다는 것은 자신의 능력과 재능, 정도의 차이는 있지만 모든 인간에게 부여된 풍부한 인간적 재능을 표현하는 것을 의미한다."[6]

"존재한다는 것"은 우리의 행동, 가치와 노력에서, 다시 말해 사랑하고, 관계를 맺고, 창조하고, 의미 있는 방식으로 일할 수 있는 능력에서 우리의 가치와 완전성을 끌어내는 창조적인 존재의 상태에서 살아가는 것을 의미한다. 이는 우리에게 잠재된 인간 능력을 실현하기 위해 살아가는 것, 우리가 잠재적으로 달성할 수 있는 인간상을 이룩하기 위해 살아가는 것을 의미한다. "존재 양식"의 핵심 모토를 한마디로 요약하면, "나는 내가 하는 일이다", 더 간단하게는 "나는 내가 가진 것이다"와 반대되는, "나는 나 자신이다"라고 할 수 있다. 프롬이 보기에 우리 모두가 스스로에게 던져야 할 본질적인 질문은 "소유할 것인가, 존재할 것인가"이다.

대학원에 다니며 대학의 과학 센터에서 끊임없이 연구하던 시절, 카서는 우리가 현대의 물질주의와 맺는 관계가 우리 삶의 근본적인 방향성과 지향을 형성하는 데 어떤 영향을 미쳤는가라는 질문에 대해 끊임없이 고민했다. 프롬은 효과적인 이론적 생각들을 제시했다. 그러나 "소유 양식" 혹은 물질주의적인 삶의 방식이 정말 프롬이 강하게 주장한 것만큼 유해한 것일까? 카서가 수행할 과학적인 연구가 프롬의 이론적 가설을 확증하거나 반증할 수 있을까?

―――――――

2012년의 어느 맑은 여름날, 한 과학자 집단이 샌프란시스코 시내의 번화가에 흥미로운 실험을 준비했다. 그들은 자동차 운전자들이 자신이 어떻게 운전하는지에 대해 자각하고 있는지, 아니면 의식 바깥의 요소가 그들이 운전하면서 내리는 선택을 지배하고 있는지를 알아보고자 했다. 이 질문에 대해 답하기 위해 그들은 서로 다른 운전자들이 건널목에서 차 앞으로 튀어나온 보행자에게 어떻게 반응하는지를 주의 깊게 관찰했다.

수백 명에 달하는 운전자들의 반응을 관찰하고 개별 차량의 모델명, 연식과 예상 구매 비용을 기록하면서, 연구자들은 특이한 패턴을 발견해 냈다. 위신과 가치가 높은 차를 몰고 있을수록 보행자를 보고 멈출 확률이 낮았던 것이다. 휘황찬란한 BMW나 메르세데스-벤츠의 신차 같이 지위가 높은 차량은, 저렴한 쉐보레나 폰티악 같이 지위가 낮다고 생각되는 차보다 보행자를 보고도 씽하니 지나쳐 갈 확률이 4배나 높았다. 운전자들이 서로를 대하는 방식을 기록했을 때도 동일한 패턴이 관찰되었다. 연구자들이 지위가 낮은 차량에 대해 분석했을 때, 다른 차량 앞에 끼어들려는 운전자는 7% 뿐이었다. 그러나 지위가 높은 차량은 30%가 다른 차량 앞에 끼어들었다. 연구 결과는 평균적으로 지위가 높은 차량을 운전하는 사람이 지위가 낮은 차량을 운전하는 사람에 비해 더 위험하고 이기적인 방식으로 운전한다는 사실을 보여주는 것 같다.[7] 높은 지위에 이기적이고 특권의식에 젖은 행동을 하게 만드는 무언가가 있는 것일까?

연구실에서 이루어진 일련의 후속 연구에서, 같은 연구자들은 높은 지위와 이기적인 행동의 관련성이 다양한 다른 활동에서도 관찰된다는 것을 보여주었다. 실험적 환경에서, (상대적 부와 사회적 지위의 측면에서 정의된) 지위가 높은 개인들은 지위가 낮은 개인들보다 다양한 실험에서 비윤리적인 행동을 보여줄 확률이 훨씬 더 높았다. 예를 들어, 지위가 높은 개인들은 보상을 탈 확률을 높이기 위해 부정 행위를 저지르고, 다른 사람에게 귀중한 물건을 강탈하고, 협상할 때 거짓말을 하고, 비윤리적인 결정을 내리는 경향을 보이고, 일을 할 때 비윤리적인 행동 방식을 채택할 확률이 더 높았다. 실험실에서 이루어진 한 연구에서, 연구자들은 참가자들이 인지하는 자신의 지위를 조작했다. 실험이 있기 전에 참가자들의 지위를 높이거나 낮춘 것이다. 개별 참가자들의 실제 지위와 관련 없이 자신이 지위가 높다고 생각한 참가자들은 다양한 실험에서 더 비윤리적인 행동을 보여주기 시작했다. 예를 들어, 한 실험에서 참가자들은 옆에 있는 실험실에 아이가 있기는 하지만, 원한다면 참가자도 사탕을 몇 개 집어가도 좋다는 이야기를 듣게 되었다. 이

번에도 자신의 지위가 높다고 자각한 참가자들은 지위가 낮다고 자각한 참가자들에 비해 두 배나 많은 사탕을 가져가는 이기적인 행동을 보여주었다.

대체로 보면, 탐욕이라는 인간의 기본적인 성향이 이처럼 비윤리적인 행동에 기름을 붓는 주된 요인이라는 것이 연구자들의 결론이었다. 이 실험들은 고대 그리스인들로부터 내려오는 지혜를 다시금 확증해준다. 지위가 높고 부유한 개인들은, 부분적으로는 탐욕을 옹호하는 그들의 신념 때문에, 개인적 이득을 위해서 다른 사람을 속이고 기만할 가능성이 높다는 지혜 말이다. 한마디로, 연구 결과는 더 많은 것을 원하는 것이나 더 많은 것을 가지고 있다는 것이, 더 두드러지는 이기적 특성, 자신의 이익을 위해 규칙을 어기려는 더 강한 의지와 관련된다는 것을 보여준다.

상기한 일련의 연구는 팀 카서 박사의 연구에 영향을 받았거나 그의 연구와 관련성이 있는 연구들의 기나긴 목록 중 일부에 불과하다. 대학원생 시절부터 카서는 차와 탐욕 간의 관련성에 대한 실험에서 다루어진 것과 유사한 주제들을 탐구하고, 프롬의 초기작에서 좀 더 이론적으로 다루어진 주제들에 대해서도 탐구했다. 이러한 탐구는 카서가 오래지 않아 완전히 새로운 심리학의 하위 분야를 확립하는 데 도움을 주게될 예정이었다. 이 하위 분야는 오늘날 물질주의의 심리학이라고 알려져 있다.

카서가 심리학 분야에서 열망 지수라고 알려진 지표를 개발한 것은 이러한 하위 연구 분야가 성장하는 데 있어 중요한 순간이었다. 열망 지수는 특히 각 개인이 상대적으로 물질주의적인 가치와 목표를 얼마나 중시하는지를 들여다보기 위해 개발된 표준화된 질문지이다. 카서의 연구팀은 참가자들에게 일련의 질문에 답하게 한 뒤 도출된 지수를 이용해, 이들이 삶의 핵심 목표로서 돈, 소유물, 높은 지위와 자아상의 추구를 얼마나 중시하는지를 분석하고자 했다.[8] 이러한 평가를 수행하고 난 뒤, 연구자들은 정신 건강, 자신감, 자아실현, 관계의 질을 포함하는 참가자들의 삶의 다른 영역에 대해서도 분석을 수행했다. 이처럼 단순하고 효과적인 방법을 활용해 카서는 참가자들의 물질주의적인 태도와 감정적, 관계적, 도구적 삶의 질 사이에 어떤 관계가 있는지를 탐구해 볼 수 있었다. 이후 몇 년간 카서는 여러 동료 연구자들과 협력하여 연구 논문, 메타분석과 글에 이르기까지 방대한 양의 과학적 문헌을 생산해냈다. 이 문헌들은 물질주의와 우리의 일반적인 기능 사이에 놀라운 관련성이 있다는 것을 밝혀냈다.

  카서의 초기 연구들은 몇 가지 기본적인 주제들, 예를 들면 어떻게 사람들이 물건들과 관계를 맺는지 같은 것에 집중하여 매우 물질주의적인 사람은 물질주의를 추구하지 않는 사람에 비해 훨씬 인색하고 소유욕이 강하다는 것을 밝혀냈다. 그의 연구 초기에 이루어진 이 연구는 흥미롭고 미묘한 차이들을 발견해 냈다. 예를 들어 물질주의자들은 물건을 빌리거나 대여하거나 버리는 것보다, 물건을 소유하고 유지하고 쌓아 놓는 것을 선호했다. 물질주의자들은 더 낮은 관용성을 보여주는 경향이 있었고, 자신의 물건을 다른 사람과 나눌 가능성이 훨씬 낮았으며, 자신이 원하는 것을 소유한 다른 사람들에게 질투와 불쾌감을 느낄 가능성이 더 높았다.[9] 연구가 점차 발전해 나가면서, 카서는 왜 물질주의자들이 소유물을 더 중시하는지에 대해 탐구하기 시작했다. 우선 물질주의자들은 물건을 개인적인 약점을 보상하기 위한 용도로 사용할 가능성이 더 높은 것처럼 보인다. 대학 캠퍼스의 엘리트 테니스 선수를 분석한 연구에서 이런 역학이 처음으로 드러나게 되었다. 연구는 경기 경험이 적어서 걱정이 많고 불안한 선수일수록 경기를 뛸 때의 불안한 느낌을 상쇄하고 지위를 높이기 위해 고품격 라켓과 의류를 구매하는 경향이 있어, 거의 경기 실력과 구매 성향 사이에 상관관계가 있다고 할 수 있는 정도임을 보여주었다.[10] 독일 법대생에게도 유사한 행동이 관찰되었다. 이러한 행동은 자신이 이상적으로 달성하고자 하는 성취와 자신의 실제 성취 간의 간극을 자각하고 있는 상황에서 특히 두드러졌다. 이처럼 불안감을 자극하는 간극을 마주하게 된 상황에서, 초보 변호사들은 자신들의 높은 지위를 강조하는 물건을 구매함으로써 "스스로를 뽐내는" 경향이 더 컸다. 예를 들어, 그들은 내적으로 더 안정되고 자신감 있는 이들보다 그들의 여름 휴양지가 더 멋지고 우아한 곳이라고 평가하곤 했다.[11]

이러한 통찰을 바탕으로 카서와 동료들은 왜 부와 소유물이 물질주의자들에게 그토록 중요한지에 대한 새로운 연구의 앞날을 개척했다. 오래지 않아 그들은 물질주의자들은 물질주의자가 아닌 사람보다 "더 많은 물건을 살 능력이 된다면 더 행복할 것이다" "내가 가지고 있는 물건들은 내가 어떤 삶을 살아가고 있는지에 대해 많은 것을 말해 준다" 같은 명제에 동의할 가능성이 훨씬 높다는 것을 발견했다.[12] 더 많이 가질수록 더 많은 행복과 웰빙을 거머쥘 수 있다는 믿음은, 물질주의자들이 자주 힘든 시기, 힘든 경험과 감정에 대처하기 위한 수단으로 소비를 활용하고 있다는 것을 의미했다. 그러나 감정을 조절해 보려는 이와 같은 시도에도 불구하고, 카서의 연구는 이러한 "소비 치료"에는 종종 부작용이 따른다는 것을 보여준다. 한 물질주의자가 어떤 물건, 예를 들어 비싼 코트를 사는 데 집착하고 있다고 해보자. 하지만 이 코트를 사서 입고 나면 처음의 들뜬 기분은 오래지 않아 없어지고, 결과적으로 이는 불만족스러운 감정의 고조와 더 많은 소비라는 순환으로 이어진다.[13]

대단히 물질주의적인 사람들이 다양한 감정적 불만족에 대처하기 위한 수단으로 소비를 활용한다는 것을 밝혀낸 뒤, 카서의 연구팀은 물질주의자가 다른 사람들과 맺는 관계의 종류에 관해 탐구하는 일에 관심을 두기 시작했다. 일반적으로 물질주의자들은 물질주의자가 아닌 사람들에 비해 더 나은 관계를 맺는가 아니면 더 나쁜 관계를 맺는가? 관련된 주요 연구 중 하나는 140명의 청소년과 그들의 부모에 대해 인터뷰함으로써 이 질문에 답하고자 했다. 연구 결과는 물질주의적인 청소년들은 양육적 특성이 더 낮은 어머니들에게서 자랐을 가능성이 더 크다는 것을 보여주었다. 또한 물질주의적인 청소년들은 그들의 부모가 자신의 관점을 들어주고, 자신의 감정을 인정해주며, 자유로운 선택을 할 여지를 남겨주지 않는다고 인식할 가능성이 더 컸다. 한편 물질주의적인 청소년들의 부모는 소유욕이 강하고, 가혹한 처벌을 가하며, 아이들의 행동에 대한 규칙을 적용하는 데 있어 당황스러우리만치 비일관적일 가능성이 더 컸다.[14] 카서는 "물질주의적인 청소년들은 아이가 안정적이고 안전한 환경에서 소중하게 여겨지고 있다고 느끼는 데 도움이 될 만한 일은 별로 하지 않는 부모 밑에서 자랐는지도 모른다"는 말로 연구 결과를 요약하고 있다.[15]

문제가 많은 인간관계와 물질주의가 밀접하게 연관되어 있다는 주장은 청소년 260명의 가족력을 조사한 한 연구에 의해 다시금 지지를 받았다. 해당 연구는 이혼 가정에서 자란 아이들이 물질주의적 행동을 보일 가능성이 훨씬 크다는 것을 밝혀냈다. 그들은 자신의 자존감을 물건과 지위를 얻는 것에 둘 가능성이 더 높았다. 때로 이혼은 아이가 적어도 일시적으로나마 "사랑 및 애정과 같은 대인 관계적 자원의 감소"를 경험하게 된다는 것을 의미하기 때문이다. 무의식적 수준에서만 일어나는 일이기는 하지만, 이후의 물질주의적 행동은 이러한 관계적 결함을 메꾸기 위한 행동처럼 보인다.

카서 박사가 인도의 심리학 교수 시바니 카나와 협업을 시작했을 때, 이러한 상관관계 연구는 새로운 국면을 맞았다. 카나와 카서는 미국과 인도의 학생들이 자신이 속한 사회적 집단에 얼마나 감정적으로 연결되었다고 느끼는지에 관한 비교문화 분석을 수행했다. 인도와 미국 모두에서 일관되게, 물질주의자들은 "나는 종종 내가 속한 사회적 환경과 동떨어져 있다고 느낀다" 또는 "다른 사람들과 관계를 맺기 위해 나는 가면을 써야 한다" "나는 종종 다른 사람들을 위해 연기를 해야 한다고 느낀다"는 명제에 동의할 가능성이 높았다. 관찰된 물질주의의 수준이 높을수록 사회적 소외와 고립의 정도도 높았다. 물질주의자들은 다른 사람들과 있을 때 자신의 진짜 모습을 보여주지 않을 확률이 높았고, 이는 아마 거부당하는 것에 대한 두려움 때문일 수도 있다. 그 결과 나타나는 일 중 하나는 물질주의자들이 관계를 도구적인 목적으로 사용할 가능성이 더 크다는 것이다. 예를 들어 연구자들이 자신의 지위나 인기를 높이기 위한 목적으로 다른 사람을 이용하는 경향에 대해 분석했을 때, 물질주의자들은 "나는 인기 많은 사람이 좋다"나 "만약 친구가 출세하는 데 도움이 안 되면, 나는 대개 친구 관계를 끊곤 한다" 같은 명제에 동의하는 경향이 더 컸다.

요약하면, 카서는 물질주의적인 가치가 여러 관계적 문제와 관련된다는 것을 밝혀 냈다. 이러한 문제들에는 데이트하는 관계에서 더 자주 공격적이고 갈등적인 행동을 보이는 것, 긍정적인 관계를 더 짧게, 더 드물게 맺는 것, 다른 이와의 개방적인 사회적 연대를 덜 맺는 것, 더 큰 반사회적 행동 경향, 인간관계와 공동체에 더 적게 투자하는 것 등이 있다. 또한 물질주의자들은 타인과 협력할 가능성이 더 낮고, 다른 사람에게 공감하거나 관용을 보여줄 가능성도 더 낮으며, 다른 사람을 대상화하여 다른 사람을 자신의 목적을 위해 사용할 가능성이 더 크고, 인간관계에서 고립되었다고 느낄 가능성도 더 크다. 카서가 요약적으로 말하고 있듯이, 물질적인 가치는 명백히 "연인들, 친구들, 가족들과 공동체를 연결해 주는 끈을 약화하여 친밀감과 연결에 대한 우리의 욕구가 충족되는 것을 방해한다."[16]

건강한 대인관계를 향유하는 것이 우리의 감정 건강에 핵심적인 역할을 한다는 것을 생각하면, 카서가 그다음에 발견한 사실을 들어도 놀랍지 않을 것이다. 카서는 돈, 이미지, 인기에 집중하는 사람들은 우울증, 나쁜 정신 건강, 낮은 활력을 경험하고 있다고 보고하는 경우가 더 많다는 것을 발견했다. 물질주의자들은 두통, 요통, 근육통, 인후통에 이르기까지 더 많은 신체적 증상을 보고한다. 이는 정신적 삶과 신체적 삶 모두에서 물질주의적 가치와 나쁜 건강이 관련되어 있다는 것을 보여준다.[17] 이와 관련된 다른 연구들은 물질주의적 목표를 가지고 있는 사람들이 물질주의적 목표에 덜 집중하는 사람들보다 드문 긍정적 감정과 낮은 삶의 질을 경험한다고 보고했다는 것을 보여준다. 사람들이 점점 더 물질주의적으로 변화하면서 어떤 일이 일어나는지에 주의를 기울이며 시간의 변화에 따라 참가자들을 관찰한 연구에서도 유사한 결과가 발견된다. 캐나다 학생들을 보건, 미국 학생들을 보건, 아이슬란드나 노르웨이 학생들을 보건, 중국 학생들을 보건, 물질주의 수준이 높아질수록 전반적인 웰빙 수준은 줄어드는 경향이 있다.[18]

다른 연구자들 또한 물질주의의 수준과 나쁜 정신 건강 사이의 명백한 관련성을 확증해 주었다. 뉴욕 대학의 교수 패트리샤 코헨과 제이콥 코헨이 12~20세 청소년들을 대상으로 한 연구에서, 물질주의적 가치를 선망하는 청소년들은 온갖 불안 장애와 성격 장애로 진단될 확률이 1.5배 더 높았다. 연구자들은 "부유해지는 것을 우선시하는 행동과 이 연구에서 다루는 거의 모든 진단명 사이에는 정적 상관관계가 나타났으며, 대부분의 경우 이러한 상관은 유의미한 정도였다"라고 결론짓고 있다.[19] 이처럼 그들의 연구는 물질주의와 다양한 형태의 감정적 고통 사이에 존재하는 밀접한 연관성을 밝혀냈다. 이러한 결론은 175개의 연구를 검토한, 물질주의와 정신 건강의 관계에 대한 역사상 가장 대규모로 수행된 메타연구의 내용과도 일치한다. 이 연구는 물질주의가 여러 유해한 결과, 감정, 행동과 관련되어 있다는 것을 보여주었다. 여기에는 강박적인 소비, (음주 및 흡연을 비롯한) 건강에 유해한 습관, 더 부정적인 자아상, 더 드문 긍정적인 감정, 더 잦은 우울감, 더 낮은 전반적 삶의 질, 더 강한 불안, 더 나쁜 신체적 건강, 더 낮은 만족감이 포함된다.[20]

이 모든 설명을 듣고 난 뒤, 당신은 "알겠어, 요점이 뭔지 알겠다고,

물질주의가 건강에 나쁘다는 거잖아"라고 생각하고 있는지도 모른다. 하지만 카서의 의도는 그게 아니었다. 그리고 나는 이 부분이야말로 중요한 지점이라고 생각한다. 팀 카서의 연구는 한 번도 물질주의가 나쁜 인간관계, 감정적 불안, 나쁜 정신 건강의 **주된 원인**이 된다는 것을 증명한 적이 없다. 그의 연구가 밝혀낸 것은 보다 미묘한 사실이었다. 물질주의가 이처럼 여러 나쁜 특성이나 결과와 발맞추어 가는 경향이 있다는 것이다.

카서는 물질주의나 프롬이 "소유 양식"이라고 설명한 것이 나쁜 정신 건강의 원인이 되는 것이 아니라, 나쁜 정신 건강에 의해 초래되는 것이라고 지적한다. 다른 말로 하면, 물질주의는 높은 스트레스 수준을 조절하기 위한 솔직하지 못한 방법의 하나처럼 보인다는 것이다. 이는 소비주의 사회가 장려하고 착취하는 대응 기제이기도 하다. 그는 고통 그 자체는 다른 기본적인 인간성의 결핍, 예를 들면 우리의 핵심적인 인간적 욕구가 충족되지 못하는 것에서 연원한다고 주장했다. 안전, 경제적 안정성, 애정 어린 관계, 자율성, 자기실현, 의미 있는 일에 대한 욕구에 이르기까지, 기본적 욕구들이 충족되지 못하면 감정적 웰빙의 상태도 좋지 않을 수밖에 없다는 것이 자명한 사실이다. 그러니 물질주의는 다양한 결핍 상태에 대해 별 도움이 되지 않는 반응 방식, 궁극적으로는 부작용을 가져오는, 문화적으로 장려되는 대응 기제일 뿐이다. 우리가 부, 지위, 외적 매력을 보상적인 수단으로 쓸수록 삶을 풍요롭고 의미 있게 만들어 주는 것들의 우선순위는 낮아질 수밖에 없다. 한 친목 행사에서 어느 도시의 금융 전문가가 내게 이렇게 말한 적이 있다. "제 직업이 말 그대로 저를 죽이고 있다는 게 느껴져요. 아이들은 거의 보지도 못하죠. 그런데 뭘 할 수 있겠어요. 돈을 이렇게 많이 주는데, 여기에도 장점이 있죠." 이때 물질주의적 보상은 물질주의적 삶의 애환에 대한 적절한 보상이자 명백히 유해한 결과에 대한 정당화를 제공하는 것으로 이해된다.

다시 말해, 팀 카서와 에리히 프롬이 보기에 물질주의가 우리가 겪는 고통의 주요 원인이 되는 것은 아니다. 오히려 물질주의는 인간 욕구의 결핍과 방치를 보상하기 위한 시도이다. 물질주의가 이러한 욕구를 충족해 주기보다는 착취한다는 점에서, 그들은 물질주의가 심리적으로 매우 치명적인 효과를 초래한다고 보았다. 삶을 만족스럽고 의미 있는 것으로 만들어 주는 가치, 활동 및 지지 형태와 상충되기에, 물질주의는 우리를 도와준다는 명목을 내세우면서 실제로는 해악을 끼친다. 수익성 높은 소비자본주의의 지속적인 확산은 우리 모두가 우리의 감정적, 관계적 건강에 반하는 방식으로 행동할 것을 요구한다. 그리고 이는 물질만능주의가 부상하는 국가에서 불안과 우울 또한 증가하는 이유를 설명해 주는 요인인지도 모른다.[21]

2020년에 팀 카서를 인터뷰하면서, 나는 2장에서 부분적으로나마 살펴본 주제를 꺼냈다. 항우울제 처방이 증가하는 이유는 매우 다양하지만, 오늘날의 물질만능주의 속에 항우울제가 많은 사람에게 매력적인 선택으로 다가오는 어떤 이유가 있는 것은 아닐까? 이 주제는 내가 한동안 고민해온 주제이기도 했기에 카서의 생각은 어떤지 궁금했다.

그는 곧바로 답했다. "두 가지를 꼽아볼 수 있겠네요. 첫 번째는 물질 만능주의가 낮은 웰빙 수준과 높은 우울감 및 불안 수준에 영향을 준다는 강력한 증거와 관련됩니다. 이를 통해 우리는 정신 건강 문제에 대한 치료를 구하는 사람들 중 물질주의적인 사람들이 특히 과대표되고 있을지도 모른다는 사실을 알 수 있습니다."

하지만 물질주의자들 중 도움을 구하는 사람이 많아지고 있다는 사실이 그들이 어떤 종류의 정신 건강 개입을 선호하는지와 관련이 있을까? 내가 그에게 던진 질문이기도 했다.

"데이터는 물질주의적인 사람일수록 자신의 문제에 대해서도 물질적인 해결책을 구하는 경향이 있다는 것을 명백히 보여줍니다." 카서가 답했다. "예를 들어, 우리는 물질주의적인 사람들은 감정표현 불능증이라 불리는 것을 더 많이 겪는다는 것을 압니다[다시 말해, 그들은 감정을 인지하는 능력이 더 낮고, 이는 그들의 인간관계에 부정적인 영향을 미친다]." 이들은 감정적인 갈등을 회피하려는 경향이 있기에, 이들이 감정적으로 힘든 상담보다 약물을 선호하는 것도 당연한 일입니다." 이러한 관점과 일치되는 또 다른 사실이 있었으니, "물질주의자들은 또한 세상에서 가장 실제적인 것은 물리적인 물체들이라고 믿는 경향이 있습니다. 그렇기에 이번에도 그들은 심리치료처럼 손에 잡히지 않는 것보다는 약물처럼 무언가 손에 잡히는 것을 통해 자신의 우울감에 대처하고 관리하려는 경향이 더 큽니다."

상기한 주장을 뒷받침하기 위해 그는 2014년에 수행된 대규모 메타연구에 대해 언급했는데, 이 연구는 물질주의가 충동 구매 및 건강에 위험한 행동과 연관된다는 것을 보여주었다. 이렇듯 건강에 위험한 행동은 대부분의 경우 담배를 피는 것이나 술을 마시는 것처럼 어떤 물질을 소비하는 것과 관련된다. 물질주의자들이 본능적으로 자신의 문제를 소비를 통해 해결하는 것을 선호하기라도 하는 것처럼 말이다. "약물이 심리치료보다 더 물질적인 해결책이라는 것을 고려하면, 이 증거 또한 약물이 그들이 선호하는 개입이라는 주장과 일관됩니다." 치료법에 대한 환자의 선호에 관한 대규모 연구를 진행한 스탠퍼드 대학의 연구자들은 카서의 주장을 지지하는 증거를 내놓았다. 이 연구에서 약물만을 선호하는 참가자들은 그들의 문제를 뇌에 기반한, 물질적인 원인으로 축소하는 경향이 있었으며, 화학적 불균형 이론이 자신이 우울한 이유를 설명해 준다고 받아들일 가능성이 더 컸다.[22] 이러한 연구 결과는 펜실베이니아 대학의 의학부에서 수행된 다른 연구 결과와도 일관된다. 이 연구는 심리치료를 선호하는 사람들은 자신이 겪는 우울증의 원인을 어린 시절의 사건, 인간관계 문제, 복잡한 사회적 원인과 같은 비물질적 요인에 돌릴 가능성이 더 크다는 것을 보여주었다. 이번에도 물리적인 요인의 편을 들어준, 약물 복용을 선호하는 사람들에 비해서 말이다.[23]

물론 카서의 관점에 대해서는 조심스럽게 접근할 필요가 있다. 카서는 항우울제를 복용하는 사람이 더 물질주의적이라거나 감정 지능이 더 낮다는 이야기를 하려는 게 아니다. 우리는 사람들이 항우울제를 복용하는 이유는 다양하며, 특히 다른 선택지가 거의 없기 때문일 때가 많다는 것을 안다. 항우울제 복용자들은 모두 물질주의자라고 결론짓는 것은 이 증거를 바탕으로 주장할 수 있는 것을 한참 벗어났을 뿐만 아니라, 항우울제 복용자들에게 잘못된 낙인을 찍을 수도 있다. 카서의 주장은 훨씬 미묘한 것이다. 다시 말해, 다양한 정신 건강 개입 중에서 선택해야 할 때 물질주의자들은 그렇지 않은 사람에 비해 항우울제를 복용하려는 경향이 더 크다는 것이다. 항우울제를 선전하면서 물질주의적 클리셰를 상연하는 것은 의약품 마케팅 캠페인의 핵심 요소가 되어 왔다. 물질주의가 득세하는 시기에 이러한 캠페인은 증가하는 고통에 대한 물질주의적인 설명 방식을 적극적으로 옹호해 왔다. 예를 들어, 제약 업계가 홍보하고 자금을 댄 정신 건강에 대한 낙인 반대 캠페인의 초기 형태는 감정적 고통에 대한 생물학적인 이해 방식과 함께 정신과 약물에 대한 긍정적인 이미지를 마케팅했다.[24] 대중적 낙인의 문제를 다룬다는 명목으로, 이러한 캠페인들은 사람들이 자신의 우울증에 대해 생물학적 해결책(약물)을 찾도록 장려했다.[25] 생물학적 아이디어를 통해 약물을 더 매력적인 선택지로 만들어냄으로써, 제약 업계는 매출을 증가시킬 수 있는 유용한 방법뿐만 아니라 점점 더 많아지는 물질주의자 인구 집단에 어필할 수 있는 효과적인 서사를 발견해 냈다. 소비는 이제 당신의 외적 삶과 이미지를 향상하는 일에만 국한되지 않는다. 소비는 이제 당신의 자아 속 깊은 곳에 위치한 역학을 변화시키고 향상하기 위한 수단으로 홍보된다.

자일스 프레이저가 점령하라 운동에서 수행한 역할에 관한 대화를 나눈 뒤, 우리는 각자가 탈 기차를 잡기 위해 워털루역으로 천천히 발걸음을 옮겼다. 걸어가던 중 프레이저는 그가 세인트 폴 대성당에서 사

임하고 난 뒤 그의 삶이 어떻게 악화일로를 걸었는지에 대해 털어 놓았다. "사임 이후의 시기는 제게 있어 정말 어려운 시기였습니다." 그가 가슴 아프게 말했다. "거의 자살하겠다 싶을 만큼 무기력하다고 생각하던 시기가 있었죠." 그는 성공회 사회 바깥에서의 삶에 적응하기 위해 분투했다. "세인트 폴에서 일하는 것은 제 자부심을 위해서는 좋은 일이었죠. 그냥 거기 있다는 것만으로, 중요한 사람들 한가운데에, 모든 것의 중심에 있다는 것만으로 저는 제가 중요한 사람이 된 것 같았습니다."[26] 하지만 사람을 들뜨게 하는 권력과 영향력에 그토록 가깝던 삶을 박탈당하고 난 뒤, 그는 고립되고 벌거벗겨진 느낌을 받았다. 고통은 가정에서의 삶에도 영향을 미쳤고, 결과적으로 그는 고통스러운 이혼을 겪어야 했다. 양심에서 비롯된 용기 있는 행동에 대해 그는 오래지 않아 그의 직업, 명성, 결혼 생활과 감정 건강으로 그 대가를 치루어야 했다.

계속 걸어가던 중, 프레이저는 몇 달간 심리치료를 받은 것이 그가 다시 일어서는 데 결정적인 도움을 주었다고 밝혔다. "더럽게 힘든 길을 통해야 해결책이 나온다는 비트겐슈타인의 말에 정말 공감이 갑니다." 이는 내적 갈등을 자아 성찰과 변화를 위한 첫걸음으로 받아들여 고통에서 무언가를 배울 수 있다는 자세로 고통과 관계 맺는다는 것을 의미했다. "제게 있어 의미 없는 고통이란 없습니다. 영적, 존재적, 사회적, 심리적 문제가 있을 때, 딱 맞는 약물 "치료"가 있을 것이라는 믿음은 범주화의 오류일 뿐입니다."

런던 남서부에 있는 집으로 돌아가는 기차에서, 나는 다음에 탐구해야만 하는 주제에 대해 생각하기 시작했다. 후기 자본주의에 만연한 물질주의가 은연중에 사람들이 특정한 형태의 정신 건강 개입을 추구하게 만든다면, 이러한 개입들이 되돌려 주거나 만들어 주겠다고 약속하는 주체성의 형태는 무엇일까? 지배적인 정신 건강 이데올로기가 건강하고 기능적인 상태라고 마케팅하는 내적 상태는 무엇일까? 이처럼 의료화되고 물질주의적인 접근방식과 후기 자본주의의 성공적이고 생산적인 사람에 대한 정의가 서로 공명하는 부분이 있는 것은 아닐까? 그리고 우리의 국영 서비스들이 자신도 모르게 이처럼 신자유주의적인 건강 이데올로기를 선전하는 특사가 되었다면, 그들은 이제 우리의 이익보다는 신자유주의의 이익에 복무하고 있는 것은 아닐까? 다음 인터뷰를 준비하며 나는 이러한 질문들에 대해 탐구해 보고자 했다.

9
생산성을 비인간화하기

거센 바람이 부는 10월의 어느 오후, 나는 런던 중심부 거리의 인파를 이리저리 비집고 나아가며 영국에서 가장 저명한 정치 저널리스트를 만나기 위해 서둘러 발걸음을 옮겼다. 그는 『데일리 텔레그래프』, 『선데이 타임스』뿐만 아니라 『스펙테이터』의 편집자이기도 했기 때문에 이 중요한 만남에 늦을 수 없었다. 내가 헉헉대며 간신히 시간에 맞추어 런던 피카딜리에 있는 붐비는 카페에 들어서자마자, 내 인터뷰 대상자인 그가 먼 구석의 테이블에 바른 자세로 고요히 앉아 기다리고 있는 것이 눈에 들어왔다. 찰스 무어는 흠잡을 데 없이 깔끔한 영국식 스리피스 정장 차림으로 일어나 나를 맞이했다. 내게 차를 선호하는지 커피를 선호하는지 물어본 이튼 출신다운 억양은 그의 옷차림과 꼭 들어맞았다.

나는 오래전부터 무어와 이야기하길 바라왔는데, 내가 인터뷰하려는 주제에 관해 무어만큼 전문성을 갖춘 인물이 많지 않았기 때문이었다. 그 주제는 마거릿 대처의 인생과 그가 어떤 사람이었는지라는 주제였다. 두 권에 걸친 마거릿 대처의 공식 전기(도합 1500페이지가 넘는다)를 쓰는 데 몇 해를 보낸 무어는, 이제는 삼부작 전기의 마지막 권을 마무리하느라 바빴다. 그는 바로 그날 오후에도 그 책을 쓸 예정이었다. 의자에 자리를 잡고 앉아, 나는 철로 된 식기가 부딪히는 주변 소리가 들어가지 않기를 바라면서 무어의 자리 가까이 녹음기를 놓았다.

내 프로젝트에 대해 간략히 개괄한 뒤, 나는 그에게 나의 핵심 질문을 던졌다. 그 질문은 내가 몇 년 전 처음으로 읽었던, 20세기 가장 위대한 경제학자일지도 모르는 존 메이너드 케인스의 매혹적인 에세이에 관한 것이었다. 케인스는 1950년대에서 1970년대 중반까지 여러 서구 국가를 지배했던 사회민주주의적 자본주의의 막을 올린 영국인이었다. 알다시피 그의 경제적 비전은 대처와 레이건이 수행한, 오늘날까지 우리의 경제를 지배하는 신자유주의적 개혁에 의해 끝내 막을 내리게 되었다.

그 에세이의 제목은 「우리의 손자를 위한 경제적 가능성」이었다. 그 에세이에서 케인스는 케인스 스타일의 경제가 방해받지 않고 완전히 실현될 경우 2020년대에 세계가 어떤 모습을 하고 있을지 그려보고 있었다. 가장 눈에 띄는 예측은 오늘날이 되면 우리 중 15시간 이상 일하고 있는 사람은 아무도 없을 것이라는 예측이었다. 그는 기술 및 과학의 발전과 부의 축적이 장기적으로 결핍과 불평등이라는 경제적 문제를 해결하고, 한때 엘리트층만이 향유할 수 있었던 여가 시간을 광범위한 노동 인구도 즐길 수 있게 될 것이라 보았다. 깨어 있는 시간의 대부분을 돈 버는 데 쓸 필요가 없으니,[1] 우리는 더 영양가 있는 활동을 추구할 자유를 얻게 될 것이다. "인생살이의 예술과 목적이 있는 활동을 실험해볼" 자유를 얻고, "현명한 삶, 즐거우리만치 좋은 삶"을 살아가는 법을 배우게 될 것이다. 우리는 우리의 관계와 창의성을 발전시켜 나감으로써 마침내 "우리를 옭아매온 유사도덕 원칙들"로부터 해방될 것이다. 우리는 "돈에 대한 사랑"이나 "금전적 동기"가 "역겨운 질병"일 뿐만 아니라 우리의 가장 아름다운 인간적 자질을 저해하는 것임을 깨닫게 될 것이다. 물질주의적인 삶의 방식이 우리의 인간성을 저해하듯이.

과도한 노동에서 상대적으로 해방된 사회를 예상하면서, 케인스는 사회가 언젠가는 받아들일 수밖에 없는 경제적 미래를 묘사하고 있었다. 케인스 이전의 애덤 스미스와 카를 마르크스와 마찬가지로, 그는 경제가 좋은 삶을 위해 복무해야 한다고 믿었다. 그는 경제가 불평등을 해결하고, 모욕적인 일을 줄이며, 가장 가치로운 인간적 가치와 특성을 배양하기 위한 메커니즘이라고 보았다. 그가 예상한 미래 사회는, 프롬의 말을 빌리자면, 마침내 살아가기와 사랑하기를 달성하기와 손에 넣기보다 상위에 놓은 사회였다. "더 존재하기"를 "더 갖기"보다 우선시하는 사회.[2] 프롬과 마찬가지로 케인스는 시장 자본주의의 종말을 지지하지는 않았다. 그러나 프롬과 케인스 모두는 우리가 새로이 찾은 자유를 제대로 활용하는 법을 배울 것이라는 전제하에, 의미 없는 일이 줄어들면 우리의 행동적, 지적, 대인 관계적 잠재력도 꽃을 피우게 될 것이라고 믿었다. 특권을 가진 소수의 경제적 탐욕에 복무하는 시스템이 아니라, 가장 많은 시민의 이익, 발전과 웰빙에 복무하는 시스템이야말로 경제학의 목표라는 것이다.[3]

케인스 경제학은 새로운 자본주의의 경제적 개혁이 결과적으로 만들어낸 세계의 모습과는 완전히 다른 세계를 예상하고 있었다. 그렇기에 나는 무어에게 주 15시간제와 이로 인해 가능해진 상대적인 자기발전의 자유라는 케인스의 비전에 대해 대처는 어떻게 생각했을지 물어보았다. "대처의 눈앞에 이런 비전이 제시되었다면, 대처가 이걸 받아들였을 거라 보십니까?"

"이건 제 의견이지 대처의 의견은 아닙니다." 그가 기침했다. "하지만 경제적 발전과 과학적 발전이 별일 없이 보내는 시간을 늘릴 것이라는 생각은 오해입니다. 더 성공적인 사회는 더 **바빠지는** 경향이 있습니다. 이제 당신은 더 바빠지는 게 좋은 일이라는 생각을 비판하려 할지도 모릅니다. 하지만 저는 대처가 성공적인 사회는 더 활동적인 사회라고 봤다고 생각합니다. 언제나 대처는 어떻게 사람들이 앞으로 나아가고, 발전하며, 더 많은 것을 성취할 수 있을지에 대해 생각하고 있었습니다. 그러니 [우리 모두가 더 적게 일하는 경제에 대한] 케인스의 비전은 대처에게 매력적으로 다가오지 않았을 겁니다."

임금 노동으로부터의 자유가 "별일 안 하는" 것과 똑같다는 무어의 의견이 흥미롭게 들렸다. 임금 노동으로부터의 자유가 **생산적으로** 쓰여야 한다는 케인스의 주장을 잘못 이해한 것처럼 보였기 때문이다. 시장에서 생산적으로 되어야 한다는 의미가 아니라, 생산적으로 발전해 나가고 개인의 지적, 창의적, 관계적 역량을 발휘한다는 휴머니즘적인 의미에서 말이다. 대처도 여기엔 공감하지 않을까?

"음, 마거릿이 생산성을 경제적 의미로만 이해한 것은 아닙니다." 무어가 답했다. "대처는 음악적 위대함이나 예술적 노력에 이르기까지 모든 종류의 성취에 대해 낭만적인 생각을 가지고 있었습니다. 대처가 가장 존경한 인물은 위대한 사상가와 과학자들이었습니다. 그러니 대처의 비전은 편협한 것이라기보다는, 자기발견 대신 성취와 노력을 중시하는 비전이었던 셈이죠."

나는 생산적인 삶에 대한 케인스의 생각은 (예술적 성취건 경제적 성취건) 성취나 위대함을 얻고자 분투하는 것과는 거리가 멀고, 공동체 속에서 완전하게, 윤리적으로, 인간적으로 살아가는 일에 대한 것임을 지적하고 싶었다. 그건 자신과 다른 사람을 위해 개인의 지적, 창의적, 관계적 자질을 발휘하는 데 관한 생각이라고 말이다. 내가 이 말을 꺼내려던 참에, 무어는 대처가 자기발견에는 무관심했다는 이야기를 시작했다. 중요해 보이는 주제였기에 나는 그의 말을 끊지 않았다. "대처는 자기 자신에게는 전혀 관심이 없었습니다. 물론 대처는 꽤나 자기비판적이기는 했습니다: 완벽주의자였으니까요. 하지만 대처는 내면을 들여다보지 않았습니다. 사실 대처는 내면을 들여다보기를 두려워했습니다. 그가 계속 바쁘게 살아야 했던 이유죠. 대처의 보좌관들은 대처가 수상 관저에서 주말을 보낼 때 대처가 해야 할 일이 없으면 굉장히 걱정하곤 했습니다. 문제가 생길 거라는 사실을 알았던 거죠. 여가 시간이 있을 때조차 대처는 그 시간에 무언가를 성취하려고 했어요. 텔레비전을 보거나 스릴러 소설을 읽는 대신 집에 페인트칠을 다시 한다거나 하는 거죠."

나는 물었다. "그럼 그처럼 끊임없는 활동과 근면성이 대처의 경제에도 반영되어 있나요? 사람들이 사회에서 무엇을 해야 하는가에 관한 대처의 비전에는요?"

"그럼요. 물론이죠." 무어가 단언했다.

대처에게 있어 성공적인 사회란 바쁜 사회, 사람들이 더 많이 일하고, 성취하고, 달성하는 사회였다. 그렇기에 나는 대처가 성취에 대한 야망은 크게 없고 인간적인 가치를 더 중시하는 사람들에 대해서는 뭐라고 생각했는지 궁금해졌다. 다른 사람들을 위하고 좋은 시민으로서 살아가며, 가족과 공동체를 위한 "현명한 삶, 즐거우리만치 좋은 삶"을 더 중시하는 그런 사람에 대해서 말이다. "대처가 별다른 야망이 없는 것처럼 보이는 사람들에게 불친절했던 것은 전혀 아닙니다. 하지만 약간 이해를 못 하기는 했죠. 대처는 '음, 그들에게도 취미가 있겠지.' 같은 식으로 말하곤 했습니다. 대처는 창고에 가서 발사나무 상자를 만든다든지 뜨개질을 한다든지 하는 사람을 이해하지 못했습니다."

"그러면 정말로 야망이 있기는 했지만 갖은 노력에도 불구하고 그 야망을 달성하는 데 실패한 사람에 대해서는요?" 내가 물었다.

무어가 답했다. "대처는 사람들이 장애물을 마주하게 되더라도 좌절하기보다는 그 장애물을 뛰어넘기 위해 노력해야 한다고 믿었습니다. 그게 남성의 세계에서 성공한 여성으로서 대처 자신의 경험이기도 했습니다. 꺾이지 말고 일어나 계속 가라는 겁니다. 그는 투지와 기개를 중시했습니다. 누군가를 '매력적인 투사'라고 부른다는 건 그에게 있어 큰 칭찬이나 다름없었습니다."

대처에 대한 찰스 무어의 생각을 들어보았을 때, 내가 대화와 문헌 조사를 통해 대처에 대해 알게 된 것과 모순되는 것은 없었다. 대처에게 문화적인 관심사도 있었다는 것은 분명하지만, 그는 예술적 추진력과 야망을 실제 생산된 결과물보다 아주 조금 더 중시했을 뿐이다. 그는 본능적으로 전사 같은 부류를 존경했으며, 끊임없는 분투와 바쁜 상태야말로 더 고등한 삶을 의미한다고 믿었다. 이는 대처의 경제가 장려하고 보상하는 종류의 삶이기도 했다. 대처는 삶의 일상적 행복의 순간들, 더 개인적인 야망들, 취미들, 유대들, 사회와 공동체의 토대를 쌓아 올리는 작은 친절의 순간들에 대해서는 상상력이 부족했다. 그의 세계는 기업가적이고, 분투로 가득 차 있으며, 경쟁적이고, 슬프게도 가족적인 것들은 자주 희생되는(대처에게 있어 이는 중요한 시기에 그의 자녀들이 가진 감정적 욕구를 무시하는 것을 의미했다) 세계였다. 그는 어떤 면에서도 심리적이거나 자기성찰적인 인물이 아니었다. 그는 실용적이고, 부지런하며, 성과중심적인 인물이었다. 그가 가장 존경하는 마음과 영혼, 그의 경제가 보상하는 마음과 영혼은 대처 자신이 가진 마음과 영혼의 형태를 가장 많이 닮아 있었다. 대처는 성공을 대단히 개인주의적인 방식으로 이해했다. 어떤 사람이 성공하는 이유는 그가 (대단한 특권과 특혜가 아니라) 대단한 투사의 자질을 가졌기 때문이며, 실패의 원인은 대체로 (기회, 평등, 사회적 지지의 부재가 아니라) 재능과 노력의 부재라는 것이다. 대처가 보기에 실패의 원인을 사회적 문제에 돌리는 것은 변명을 내놓는 것이나 다름없었다.

피카딜리에서 무어에게 작별 인사를 하고 나서, 나는 녹음이 우거진 안식처인 그린 파크를 향해 발걸음을 옮겼다. 공원에 입장하자마자, 웰링턴 개선문을 향해 난, 나무가 심어진 좁은 산책로를 따라 걸었다. 길을 걷는 동안 나는 대처의 자아성찰 부재, 계속해서 바쁜 상태, 외적인 성취와 성공에 대한 동경이, 팀 카서가 커리어를 바쳐 이해하려고 했던 물질주의적 성격의 여러 요소와 얼마나 많은 면에서 일치하는지에 대해 숙고했다. 이러한 연관성에 대해 생각하던 중, 나는 대화 중에 무어가 했던 다른 말에 대해서 떠올릴 수밖에 없었다. "대처는 부자가 된 사람들을 너무 지나치게 존경했는지도 모릅니다. 어쩌면 부자가 되는 재능이 전혀 없는 사람들에 대한 감정적 이해도가 별로 없었는지도 모르죠." 부단한 노력, 하루 5시간의 수면시간, 이미지와 신뢰도에 대한 헌신, 친구와 가족에 대한 상대적 등한시는 대처가 단지 수상이기 때문만이 아니었다. 이는 그가 특별한 종류의 수상, 바로 오늘날 우리가 노동하고 살아가고 있는 경제 환경의 형태에 본능적으로 끌릴 수밖에 없는 성격을 가진 수상이었기 때문이었다. 대처가 추구한 가치는 오늘날을 지배하는 물질주의적인 자본주의와 정신적으로 공명한다. 1930년 프리드리히 하이에크에 의해 탄생해, 1960년대와 1970년대를 지나는 동안 밀턴 프리드먼에 의해 구체화되고, 1970년대와 1980년대에 이르러 대처와 레이건에 의해 실행된 신자유주의적인 비전과 대처의 가치가 공명하기 때문에, 우리는 여전히 대처에게 주목할 필요가 있다.

서구 자본주의 경제에 대한 케인스의 영향력이 정점을 찍고 있었던 1964년, 한 무리의 저명한 심리학자들이 코네티컷 세이브룩 교외의 평범하고 어둑한 컨퍼런스룸에서 만났다. 인간 심리의 기본 원리에 대한 그들의 생각을 공유하고 통합하려는 의도에서였다. 모임의 결과는 단순한 생각의 공유에 그치지 않고, 오늘날 심리학과 학부생들이 "제3세력"이라고 배우는 새로운 학파의 시작으로 이어졌다. 그때까지만 해도 심리학은 행동주의(제1세력)와 정신분석(제2세력)이라는 두 가지 학파가 지배적이었다. 제1세력은 인간 행동을 우리가 처한 환경에 의한 조건

화의 결과로 설명했다. 제2세력은 인간 행동을 우리의 무의식과 의식 사이에 존재하는 역동적인 힘이라는 차원에서 설명했다. 제3세력은 자신의 영역을 주장하는 데 그치지 않고, 향후 10년간 점진적으로 심리학계의 주요 학파로 자리잡게 될 예정이었다.

이 제3세력은 "인본주의 심리학"이라는 이름으로 알려져 있으며, 전통 있고 덕망 있는 서구 사상의 전통과 합치된다는 점에서 자부심을 찾는다.[4] 인본주의 심리학은 기본적인 인간적 욕구가 충족되면, 자신과 타인을 위한 자기 향상이 삶의 궁극적 소명이 된다고 본다. 인본주의 심리학자들은 존 메이너드 케인스와 마찬가지로 우리가 가진 최고의 인간적 자질을 발전시키는 것을 건강한 활동의 전형으로 보았다.[5] 이러한 자기 향상이 (아리스토텔레스 윤리학 식으로) 우리의 "덕"을 발전시키는 형태, (프란체스코 페트라르카나 피코 델라 미란돌라가 주장했듯이)[6] 우리의 독특한 예술적이고 지적인 능력을 발전시키는 형태, (바뤼흐 스피노자, 애덤 스미스, 존 로크가 주장했듯이)[7] 우리의 비판적이고 과학적인 이성을 발전시키는 형태, (존 스튜어트 밀, 빌헬름 폰 훔볼트가 주장했듯이)[8] 우리의 개성과 창의적 가능성을 발전시키는 형태에 이르기까지 어떤 형태로 나타나건 말이다.

하지만 이 심리학자들에게는 무엇인가 새로운 것이 있었다. 이들이 보기에, 자기실현은 단지 추구해야 할 목표이기만 한 것이 아니라 인간에게 내재한 충동이자 욕구이기도 했다. 적절한 환경에서만 완전한 신체적 발달을 이룩할 수 있는 것과 마찬가지로, 우리의 심리적 발달 또한 우리 주변의 지지적 환경에 달려 있다는 것이다. 이러한 주장을 뒷받침하고자, 인본주의자들은 자라나고자 애쓰는 조그만 씨앗의 비유를 들었다. 만약 이 씨앗이 충분한 빛, 영양분, 공간과 물을 공급받는다면, 씨앗은 원래 자라나기로 예정된 그 식물로 자라날 수 있을 것이다. 그러나 이렇듯 필수적인 자원을 공급받지 못한다면, 이 씨앗은 기껏해야 굽어진 형태로 자라나 자신이 타고난 잠재력을 실현하는 데 실패할 것이다. 우리 또한 이 씨앗과 같다. 사랑, 안전, 신체적·감정적·지적 돌봄에 대한 욕구가 충족되지 못한다면, 우리가 아무리 노력한다 해도 우리의 발달은 저해될 수밖에 없다. 그렇기에 자기발전은 (대처가 생각했듯) 단지 열심히 노력하고 싸워나가는 것의 문제가 아니며, (케인스가 생각했듯) 우리의 성장을 촉진하는 데 필요한 사회적 지지를 받는 것에 달려 있다.

그리하여 인본주의자들은 우리의 자연적 발달을 저해하는 이와 같은 장애물들을 식별하고 제거하는 데 깊은 관심을 갖게 되었다. 이 문제에 대해서도 인본주의자들은 다시금 오랜 전통의 사회 철학 및 정치 철학과 의견을 같이했다. 결국 18세기와 19세기 인본주의자들의 핵심 과제 역시 인간의 발전을 가로막는 모든 사회적 장애물을 식별하고 제거하는 일이었기 때문이다. 이러한 장애물이 (계몽주의 시대의 계몽철학자들이 주장했듯) 비합리적인 리더와 제도들이건, (훔볼트와 존 듀이가 지적했듯) 질 낮은 교육 혹은 교육의 부재이건, (막스 베버와 카를 마르크스가 지적했듯) 불평등이건, (프레드릭 더글러스와 윌리엄 윌버포스가 주장했듯) 노예제도, 인종주의와 차별이건, (메리 울스턴크래프트와 에멀린 팽크허스트가 주장했듯) 권리의 불평등이건 말이다.[9]

인본주의 심리학자들은 이 모든 사회적 장애물이 성장을 가로막을 수 있다는 데 동의했지만, 그들은 사회적 장애물만큼이나 우리 내면에 존재하는 장애물에도 관심이 많았다. 어찌 되었건 해로운 사회적, 환경적 상황이 우리의 신체적, 심리적, 감정적 건강에 해로운 심리적 장애물(트라우마, 불안, 왜곡된 신념, 고착된 사고 패턴, 갈등과 충동)을 만들어낼 수도 있는 노릇이기 때문이었다. 이처럼 인본주의자들은 가장 심각한 감정적 고통조차도 대체로 우리의 성장을 가로막는 사회적, 심리적 장애물에 그 뿌리를 두고 있다고 보았으며, 우리의 고통은 이러한 장애물에 대한 고통스러운 저항이라고 보았다.

1950년대, 1960년대, 1970년대를 지나며 인본주의 심리학은 상당한 세를 얻게 되었다. 인본주의 심리학은 여러 대학의 심리학과와 학술지, 학술 컨퍼런스를 지배하며 여러 새로운 개입들을 탄생시켰다. 이러한 개입에는 새로운 심리치료 기법인 "상담"(counselling)의 실천(이는 정신분석과 실존주의의 좀 더 인본주의적 형태였다), 새로운 사회 복지, 권리 지지, 인간 중심의 교육이 포함되어 있었다. 인본주의 심리학은 여러 자조 집단과 동료 지지 집단의 기반이 되기도 했다(사마리탄스와 마인드 같은 자선 단체는 현재까지도 대체로 인본주의적 전통에서 활동한다). 정치 분야에서 인본주의 심리학은 민권운동과 여성해방 운동, 반전운동에서 중요한 역할을 담당했으며, 자기표현과 평등, 인권이라는 생각에 과학적이고 윤리적인 정당화를 제공했다. 요약하면, 인본주의 심리학이 광범위한 문화적 영향력을 갖게 된 것은 (제약 기업이 생물학적 정신의학을 후원했듯이) 거대 기업 후원자들의 경제적 후원 덕분이 아니라 인본주의 심리학의 생각이 강한 설득력을 가지고 있었기 때문이었다.

1960년대와 1970년대에 인본주의 심리학이 문화적 세력으로 성장해 나가고 있을 때, 새로운 자본주의 엘리트는 이에 반하는 방향으로 전진하며 존 메이너드 케인스의 인본주의적 열망을 쫓아내려고 애를 쓰고 있었다. 이들의 전진은 이런 식으로 이루어졌다. 1970년대 중반, 이들은 케인스주의적 자본주의 혹은 "규제 자본주의"가 자신이 가져온 심각한 경제적 문제들에 대한 책임을 지는 데 실패했다고 주장했다. 이러한 문제들 중 하나는 문제가 많고 낮은 생산성(즉 개별 노동자의 시간당 산출량)이었다. 실제로 생산성 문제를 해결하겠다는 것은 대처와 레이건이 도입한 여러 정치적 기획의 주요 논거가 되어 왔다. 이러한 기획의 예시에는 노동조합의 해체를 통한 임금 상승의 억제(더 적은 돈을 받고 더 열심히 일하게 만들기), 더 많은 민영화를 통해 경쟁을 촉진하기(직업을 유지하기 위해 더 열심히 일하게 만들기), 복지 제공을 축소함으로써 "근로 동기"를 확립하기(실직 이후의 전망을 더욱 어둡게 하기)가 있다. 이러한 일련의 방편들은 새로운 자본주의가 요구하는, 더 생산적이라고 여겨지는 방향으로 우리의 마음과 영혼을 "넛지"하기 위한 목적으로 도입되었다.[10]

　　새로운 경제적 이데올로기의 지배와 함께, 정신 건강 분야의 문화도 변화하며 훨씬 덜 인본주의적인 방향으로 움직이게 되었다. 특히 정신의학계는 직장에서 이상적인 성과를 내는 것의 중요성을 강조하게 되었다. 이러한 변화의 기원은 레이건이 대통령이 된 해인 1980년으로 거슬러 올라간다. 1980년은 심리학의 중심인 DSM 3판이 DSM 역사상 최초로 일터에서의 실적 부진을 의료화하기 시작한 해였다. 서론에서 논했던 대단히 영향력 있는 이 진단 편람은, 이제 인본주의자들이 그러했듯 고통을 나쁜 상황에 대한 저항으로 보지 않고 "개인에 내재한 행동적, 심리학적, 생물학적 역기능",[11] 일터에서 우리의 생산성을 상당히 위협하기도 하는 어떤 것으로 보게 되었다.

판본이 갱신되며, DSM은 일터에서의 실적 부진을 정신 장애의 주요 특징으로 정의하며 모든 환자가 총괄기능평가척도(GAF)의 평가를 받게 만들었다. GAF는 부진한 업무 능력을 정신적 역기능, 나아가 치료의 필요성과 연관짓는다.[12] 예를 들어, 당신이 일터에서 친구가 적고, 동료들과 갈등을 경험한 적이 있거나, 아니면 당신이 하는 일에서 영감과 동기부여를 받지 못한다면("기대 이하"의 수준에서 일하고 있다면) DSM의 정신 장애 평가 척도에서 높은 점수를 받을 수도 있는 것이다. 일터에서의 실적 부진을 병리화함으로써, 신자유주의 초기에 DSM 3판은 정신 장애와 낮은 노동 생산성 사이의 개념적 연관성을 확립했다. 이러한 변화는 대처와 레이건이 실시한 의료화 개혁의 방향성과 딱 맞아떨어졌다. 미국에서 이러한 개혁에는 정신의학 연구에 대한 자금 지원을 84%나 대폭 인상하면서도 정신 건강에 대한 사회적 지원, 장애 지원과 공동체 지원은 급격히 삭감하는 것이 포함되어 있었다.[13]

DSM에서 일어난 이와 같은 변화로 여러 정신 건강 단체가 정부와 기업 세계에 재정적 지원을 달라고 로비할 수 있는 강력한 경제적 근거를 가지게 되었다. 정부가 사회 정책을 통해 생산성을 올리는 동안, 정신 건강 개입은 우리의 주체성에 작용해 우리의 내적 상태를 바꿈으로써 생산성을 제고할 수 있다는 것이 셀링 포인트였다. 특히 제약 기업들은 이처럼 새로운 메시지를 적극적으로 받아들여 나쁜 노동 생산성을 나쁜 정신 건강과 연관짓는 연구를 의뢰하거나 직접 수행했다. 그들은 나쁜 정신 건강은 자신들의 약물이 치료할 수 있는 병이라고 암시했다. 예를 들어, 1990년대에 제약 기업 일라이 릴리의 자금 지원을 받아 수행된 영향력 있는 연구들은 우울증을 고용주에게 상당한 손해를 초래하는 것으로 묘사하고 있으며, 고용주들은 그러므로 "이처럼 광범위한 문제의 치료를 위해 투자해야 한다"고 한다.[14] 흥미롭게도 이러한 보고서들을 분석한 심리학자 로버트 크라우제는 이러한 보고서가 당대에 볼 수 있는 마케팅 의제의 전형이라고 판명하고 있다. 이러한 의제는 (이전 시대의 노동 보호를 점점 더 받지 못하고 있는) 현대적 노동의 본질이 낮은 노동 생산성과 낮은 노동 만족도를 낳는 핵심 요인으로 작용하고 있을 가능성을 무시한다. 그 대신, "기업은 생산성의 손실에 대한 잠재적 피해자로 묘사된다."[15] 병든 정신 건강으로 인해 초래되는 손실 말이다.[16]

　정신 건강의 의제와 새로운 자본주의의 생산성 의제가 그 어느 때보다 잘 합치되고 있던 때에, 정신과 약물을 장려하는 또 다른 요인이 있었다. 정신분석이나 인본주의 심리치료는 상대적으로 비용 대비 효과가 낮은 것으로 생각되었고, 당연하게도 새로운 경제에서 이는 중요한 문제였다. 어찌 되었건 1시간 동안 한 명이 심리치료를 받을 때 서너 명의 사람이 정신과 약물 치료를 받게 해서 임상 노동의 시간당 생산성을 제고할 수 있는 것이 사실이었기 때문이다. 게다가 심리치료와 달리 정신과 약물 처방을 받으면 다회기에 걸친 비싼 치료를 위해 돈을 낼 필요가 없었다. DSM이 광범위한 일상적 고통을 의료화하며 의료 서비스, 특히 1차 의료가 맡은 부담을 가중시키던 1990년대와 2000년대를 지나며, 이러한 주장들은 특히 더 중요성을 부여받게 되었다. 마치 시소처럼 미국의 보험 회사와 영국의 NHS 위원회가 심리치료에 대한 지불금을 줄임과 동시에, 결과적으로 정신과 처방은 증가하게 되었다. 사실 NHS에게 도움이 되는 심리치료란 경제를 돕기 위한 목적으로 설계된 치료인, IAPT가 제공하는 직장 복귀 개입뿐이었다. 그리하여 IAPT가 점점 명성을 떨치면서 지역 보건의들의 인본주의적 심리치료에 제공되었던 얼마 없는 자금마저 IAPT로 빨려들어갔다. 일터에서의 생산성을 높여 주겠다고 약속한 치료만이 번영하게 된 것이 물론 우연은 아니었다.

정신 건강과 새로운 자본주의 이데올로기의 만남은 (프리드먼, 대처, 레이건이 정의한) 경제적 생산성에 복무하는 치료적 개입이 (케인스와 프롬이 정의한) 인본주의적 생산성에 복무하는 개입보다 선호된다는 것을 의미했다. 이처럼 급진적인 변화는 우리의 치료적 관습을 완전히 재조형하여 수많은 예측하지 못한 결과를 낳게 될 것이었다.

25년간 대학교수로 재직하면서, 팀 카서는 일하는 날을 일주일에 3~4일로 유지했다. 미국에서 학자가 받는 월급은 아직 상대적으로 후하고 평균적인 시민이 받는 것에 비하면 확실히 넉넉하기 때문에 그는 이런 선택지를 고를 수 있는 행운을 누리게 되었다. 그래서 그가 이처럼 업무 부담을 줄여도 카서의 가족은 여전히 편안한 삶을 누릴 수 있

었다. 카서와 그의 아내 제니는 그들의 삶을 완전히 일 중심으로 조직화하는 것을 피하고자 이러한 선택지를 택했다. (이는 임상 심리학자인 제니 또한 시간제로만 일한다는 것을 의미했다.) 그들의 시간을 아이들과 다른 영양가 있는 목표를 위해 쓰고자 하는 것이 주된 동기였다. 그들은 피아노를 치고, 정원에서 더 많은 시간을 보내고, 지역 공동체의 일에 더 많이 참여하고자 했다. "우리의 가치가 우리의 선택을 결정지었습니다." 카서가 말했다. "우리는 더 많은 시간을 돈과 맞바꿨죠." 케인스가 오래전 개괄한 것과 같은 방식으로, 그들은 이런 교환에서 이득을 보았다.

카서는 대학원에 다니면서 시간의 소중함에 대해 깨닫게 되었다. 당시 카서는 한 여성과 살고 있었고 그 둘은 매우 사랑하는 사이였다. 그러나 두 사람이 2학년에 있을 때, 카서의 연인은 위암 4기로 진단받았고, 앞으로 한 달밖에 더 살지 못할 것이라는 선고를 받았다. 카서는 연인과 함께하기 위해 그의 전문적 삶을 모두 중단했다. 그의 연인은 그 이후로 4개월을 더 살았다. 그가 이 경험을 회고할 때, 나는 여전히 그 깊은 상처가 아물지 못했음을 느낄 수 있었다.

카서에게 시간의 유한함을 상기시킨 두 번째 주된 트라우마는 2살 난 그의 아들이 백혈병으로 진단받은 일이었다. 모든 부모가 그러하듯 그의 삶 또한 360도 뒤집히게 되었다. 그러나 어린 아들은 천천히 역경을 이기고 회복해 나아갔다(당신이 이 책을 읽고 있는 시점에서 그 아이는 이미 대학을 졸업했다). "하지만 세인트 주드 병원에는 결국 살아내지 못한 다른 아이들이 있었습니다." 카서가 말했다. "완전히 회복되지 못할 수많은 가족이 있었죠." 이러한 경험들은 그에게 깊은 상흔을 남겼고 그의 가정에도 여전히 시간이 남아 있을 때, 옳은 삶, 온전한 삶을 살아가야 한다는 진실을 알려주었다.

카서가 삶에서 내린 선택은 수년간 축적된 그의 연구 결과들이 그에게 알려준 내용을 반영한 것이기도 했다. 더 많은 것을 손에 넣음으로써가 아니라, 더 진실된 삶, 더 관계적이고 의미 있는 삶을 살아감으로써 비로소 삶은 충만해진다는 가르침 말이다. 카서는 완전히 인본주의 학파에 속해 있는 인물이었기에, 나는 카서가 나와 마찬가지로 인본주의의 정치적 종말이 정신 건강 개입에도 깊은 영향을 미쳤다고 느끼고 있는지 알고 싶었다. 케인스주의의 종말이 우리의 정신 건강 이데올로기에 격변을 불러와 경제적 생산성을 인간적 생산성보다 중요시하는 방향으로의 변화를 낳았다는 주장에 카서도 동의할까?

"정확한 말씀이라고 생각합니다." 그가 답했다. "인본주의 심리학의 전성기는 케인스가 우세했던 1960년대와 1970년대였죠. 하지만 1980년대 이후 신자유주의의 부상과 함께, 인지 행동 접근과 정신과 약물의 급증이 나타났죠. 문제의 원인이 당신의 머릿속에 있다고 하는 개입들 말입니다. 이제 우리 정부가 원하는 치료는 전부 다 외적인 개혁이 아니라 내적인 개혁에 집중하죠. 그들은 고통이 우리의 발전을 위해 외적 상황을 바꾸라는 요청이라고 보지 않습니다."

이러한 이념적 변화의 함의에 대해 설명하기 위해 카서는 그의 생각에 자신이 접했던 고통에 대한 가장 설득력 있는 우화를 들었다. 그 장면은 빅토르 위고의 『레 미제라블』에 나온 골목길 장면으로, 그 장면에서 젊은 혁명가 앙졸라는 그의 동료 투사와 함께 파리의 한 거리를 점령하고 있다. 앙졸라가 사람들에게 자유를 위한 싸움에 동참할 것을 간청하자, 더 나은 세상을 위해 싸울 기회를 거절하며 사람들은 한 명 한 명 창문과 문을 닫는다.

"이 장면은 제게 깊은 인상을 남겼습니다." 카서가 말했다. "이 장면은 고통의 본성에 대한 중요한 우화이기도 합니다." 사람들이 앙졸라의 요구를 거절한 것은 대체로 두려움 때문이라기보다는 체념적인 무관심 때문이었다. 자신의 가난과 불리함, 고통을 보상하기 위해 마취제를 쓰는 일에 너무 익숙해진 나머지, 그들의 고통은 정치적 힘을 잃어버리게 되었다. 이처럼 진정된 상태는 변화에 필수적인 에너지를 거세해 버린다. 괴로운 문제를 정면돌파하는 행위에 결부되어 있는 회복력이 있기에, 여러 인본주의 심리학자들은 이러한 진정 효과에 대해 경고해 왔다. 이처럼 고통스러운 직면이 무엇이 우리를 가로막는지에 대한 의식을 고양하는 데 있어 필수불가결하기에, 고통은 때로 긍정적인 변화를 위한 전제조건이 되기도 한다. 토머스 하디가 말했듯이, "더 나쁜 것을 온전히 들여다볼 때에만 더 나아지기 위한 길을 찾을 수 있다."

고통에 대한 그들의 관점이 사회 변화에도 적용될 수 있다고 주장하는 것이 인본주의자들의 의도는 아니었다. 그러나 사회적 개혁이 일어나려면 공동체 역시도 유사한 고통스러운 직면의 과정을 거쳐야만 하는 것이 사실이다. 어떤 집단이 자신이 겪는 고통의 원인에 눈을 뜨고 이를 이해하게 되면, 비로소 사회적이고 정치적인 행동이 가능해진다. "우리는 이런 일을 여러 번 봐왔습니다." 카서가 말했다. "고통은 1960년대의 민권운동에 동기를 부여했습니다. 고통은 1990년대의 여성해방운동에 동력을 제공하기도 했습니다. 이 사례들에서 사람들은 끔찍한 고통을 경험했지만, 그들은 또한 하나의 공동체로서 이 고통을 경험했습니다. 그리고 이는 그들이 공통의 정치적 목표를 찾게 해주었고, 결과적으로 조직자들은 사회 변화에 관한 공유된 의제를 바탕으로 이들을 결집할 수 있었습니다." 반면 의료화된 접근은 집단적 경험을 해체하여 사회적 원인이 있는 공유된 고통을 서로 다른 개별적인 개인 안에 위치한 역기능으로 산산조각낸다. 이런 방식으로 진단적 집단이 정치적 집단을 대체하게 된다. 우리가 특정한 정신 장애라는 사회적 분류와 스스로를 동일시하기 때문이다. 이제 우리의 고통은 정치적으로 제거되었다. 그다음에는 사회 변화보다는 자아에 대한 강조가 뒤따르게 되는데, 이는 개인주의적인 치료법을 통해 촉진된다. 다시 말해, 까다로운 증상을 관리하기 위해 항우울제를 복용하는 것이건 일터에 돌아가기 위해 IAPT 치료를 받는 것이건, 그 부작용은 우리가 거리에서 앙졸라에게 합류하는 일에 무관심해진다는 것이다.

카서와 나는 케인스적인 사회민주주의의 몰락으로 자아에 관한 새로운 주장을 펼치는 것이 가능해졌고, 이는 고도의 물질주의, 소비, 상품화와 경제적 활동의 물신화에 복무하는 새로운 정신 건강 패러다임의 방향성과 일치했다는 데 동의했다. 이처럼 새로운 비전이 정신 건강 이데올로기를 재구성하는 일에 착수하면서 탈정치화하는 개입들(화학적 개입, 인지적 개입)이 정부의 전례 없는 지원을 받게 되었으며, 탈규제화를 바탕으로 제약 업계의 이윤추구 행위가 번창했고, 인본주의 치료법은 점차로 평가절하되며 의뢰되는 빈도도 낮아지게 되었다. 어쨌거나 인본주의자들은 잘못된 종류의 생산성을 옹호했으니 말이다. 다음

장에서 나는 이러한 이유들 외에도, 인지적이고 화학적인 개입들이 한 층 더 힘을 얻게 된 것에는 그러한 개입들이 자본주의의 또 다른 대들보를 지지하고 있다는 이유가 있음을 보여주고자 한다. "초개인주의"와 이에 수반되는 개개인에 대한 책임 전가가 바로 그 또 다른 대들보이다.

10
너 자신만을 탓하라

에마는 피곤하고, 의욕이 없고, 실제 나이인 22살보다 훨씬 나이가 들어 보이는 모습으로 첫 상담 치료 장소에 도착했다. 자신감 넘치고 활력 있는 모습을 보여주려는 에마의 노력에도 불구하고, 나는 쉽게 그의 슬픔과 취약함을 알아볼 수 있었다. 더는 에마와 같이 살고 있지 않은 네 살 난 딸 미미에 대해 이야기할 때, 슬픔과 취약함은 가장 명백하게 드러났다. 미미가 할머니와 같이 살게 된 뒤로 에마의 정서 상태는 심각하게 악화되어 때로 자살 충동을 느낄 정도였다. 마침내 에마가 지역 보건의를 만나러 갔을 때, 의사는 에마가 임상적 우울증을 갖고 있다고 진단하여 항우울제를 처방해 주었다. 의사는 우리 치료소에 대한 유인물을 주기도 했다. 에마가 살고 있는 공영 주택 단지 한가운데 위치한, 무료로 운영되는 조그만 자선 가족 센터 말이다.

에마의 삶에 대한 이야기는 참혹하기 그지없었다. 9살에서 16살이 될 때까지 에마는 위탁가정 네 곳을 전전하며 이제는 이름조차 기억하지 못하는 경우가 대부분인 사람들과 살아야 했다. 에마는 15살에 학교를 중퇴하고 저임금 소매업을 전전했다. 에마는 고작 17살의 나이에 미미의 아버지 피트를 만났고, 피트가 에마를 더 나은 삶으로 이끌어 주기를 바랐다. 그러나 에마의 이야기는 러브 스토리가 아니었다. 오래지 않아 피트는 에마에게 감정적, 신체적, 성적 학대를 가하기 시작했다. 6개월간 학대를 당하던 중 에마는 임신하게 되었지만, 학대는 멈추지 않았다. 오히려 학대는 더 심해졌고, 임신 기간 동안에도 이어졌다. 미미가 태어난 지 8일이 지난 뒤, 피트는 마침내 에마를 떠났다. 그러나 피트는 에마의 아파트에 종종 나타나 돈을 요구하고 에마가 거절하면 폭력적으로 돌변하곤 했기에, 에마가 안심할 수 있던 기간은 잠깐잠깐뿐이었다.

어느 날 에마가 저항하기로 했을 때 에마의 세상은 바뀌었다. 폭력적인 피트가 에마의 집에 방문한 어느 날, 미미가 요람에서 깨어 걷잡을 수 없이 울기 시작했다. 피트는 요람을 붙들고 마구 흔들며 아기에게 "그 엿같은 입 좀 닥치라고" 고함을 질렀다. 에마는 피트를 떼어놓기 위해 그에게 미친 듯이 달려들었다. 그러나 피트의 힘은 너무 강했다. 절박해진 에마는 소리를 지르며 피트의 머리에 머그잔을 내려쳤다. 그가 휘청하는 사이, 에마는 아기를 끌어안고 거리로 뛰쳐나왔다. 경찰이 와서 피트는 체포되었다. 그로부터 거의 4년이 지난 지금까지, 에마와 미미는 피트를 한 번도 보지 못했다.

내가 그 가족 센터에서 에마의 상담을 시작했을 때, 미미는 할머니(피트의 어머니)와 함께 살고 있었다. 에마가 가벼운 간질을 앓고 있는 것이 왜인지 미미에게 위험할 수도 있다는 이유 때문이었다. 에마는 일주일에 세 번밖에 딸을 보지 못했지만, 법적 구속력이 있는 이유 때문은 아니었다. 오히려 피터의 어머니는 피터가 구속되고 난 뒤의 어려운 시기에 에마를 도와주기 위한 단기적이고 비공식적인 방법으로 이런 제안을 내놓았다. 16주가 지난 뒤 에마는 미미를 돌려받고 싶어 했지만, 이 단기적 합의가 마치 영구적인 것처럼 자리를 잡은 뒤였다.

에마와 몇 달간 상담을 진행하는 동안, 피트의 어머니는 별다른 이유 없이 미미를 볼 수 있는 날을 겨우 이틀로 제한하기로 결정했다. 에마는 이 일로 상당히 심란했지만, 너무 거세게 항의했다가 딸을 아예 볼 수 없게 될까 걱정이 되었다. 에마는 진퇴양난의 상황에 빠졌다고 느꼈지만, 그래도 어쨌든 미미와 함께 이틀을 보낼 수 있다고 생각하기로 했다. 에마의 삶 전부가 그 이틀을 중심으로 돌아갔다.

에마는 일주일 내내 미미의 방문을 준비하며 보냈다. 침대 시트를 빨아 다리고, 온 집안을 청소하고, 미미가 좋아하는 음식을 사서 쟁여 두었다. 에마는 미미에게 자기 전에 들려줄 짧은 동화를 직접 쓰기도 하고, 얼마 없는 돈으로 새로운 장난감을 샀다. 에마와 미미는 늦은 시간까지 책을 읽고, 서로 끌어안고 웃기도 하고, 언젠가 둘이 함께 떠날 여행 계획에 대해 상상해 보기도 했다. 미미가 "엄마, 전 언제쯤 집에 올 수 있어요?"라고 물어볼 적이면, 에마는 눈물을 보이지 않기 위해 애써야 했다. 그리고 다음 날 아침이 되어 할머니가 미미를 데리고 가면 에마는 텅 빈 기분을 느꼈고, 때로는 의례적으로 같은 일을 반복하기도 했다. 방으로 돌아가 혼자 숨는 일 말이다.

에마를 상담한 지 6개월이 지난 시점에서, 무언가 결정적인 일이 일어났다. 에마가 지역 사무변호사를 찾아가 미미와의 일을 이야기하기로 결정했던 것이다. 오래지 않아 변호사와 나는 법정에서 협업하는 사이가 되어 에마가 미미를 볼 수 있는 시간을 늘리기 위해 노력했다. 장기간에 걸친 법정 공방 끝에, 법원은 에마에게 일주일에 3일은 미미를 볼 권리가 있으며 모든 것이 잘 풀리면 아예 이사해서 미미와 함께 살 수도 있다고 판결했다. 이러한 변화가 점진적으로 시행되면서 에마의 기분은 놀라울 만큼 변화했다. 에마의 행동은 완전히 바뀌었고, 미래를 향한 희망이 돌아왔으며, 자존감과 자신감이 눈에 띄게 상승했다. 이는 특히 에마가 법원에서 판결을 받음으로써 엄마로서 인정받은 것 같다고 느꼈기 때문이었다.

에마와의 상담을 종결한 뒤, 에마는 종종 나에게 연락했고, 소식은 점차 뜸해져 언제부터인가 연락을 하지 않게 되었다. 에마는 내게 에마와 미미가 잘 지내고 있다는 소식을 들려주었다. 미미는 한 주의 거의 대부분을 에마와 같이 살면서 보내고 있고, 즐겁게 학교를 다니고 있으며, 에마 자신은 간호사가 되기 위해 시간제로 대학을 다니고 있다는 소식이었다.

내가 에마의 이야기를 들려준 것은, 이 이야기가 내가 초보 상담사로서 처음 일하기 시작했을 때 예상하지 못했던 어떤 사실을 보여주고 있기 때문이다. 정신 건강 서비스를 이용하는 사람들과 정신과적 진단을 받고 약물을 처방받은 이들의 절대 다수는 생물학적 의미나 다른 어떤 확고하게 입증된 의미에서 정신 질환이 있다거나 역기능적이라고 할 수 없다는 것이다. 그들은 오히려 심각한 불운과 삶의 풍파를 마주해 피할 수 없는 인간적 고통을 경험하고 있는 이들이었다. 내가 이렇게 말하는 것은 어떤 식으로든 그들의 고통을 과소평가하거나, 그들이 지지와 돌봄을 받아야 한다는 것을 무시하기 위함이 아니다. 에마 또한 명백하게 지지와 돌봄을 필요로 하고 있었다. 나는 단지 이해할 수 있는 인간적 고통을 정신 병리로 재분류하는 것은 임상적으로 전혀 도움이 되지 않으며, 이를 뒷받침할 수 있는 과학적 근거도 없다고 말하려는 것이다. 때로 이는 더한 낙인과 더불어 정신과 약물을 장기간 처방받는 등의 개인주의적인 개입을 더 많이 받는 결과로 이어질 뿐이다.

내가 에마의 이야기를 들려준 것은 그의 이야기가 내가 가족 센터에서 만난 사람들 대다수의 이야기에서 나타나는 기본적인 특징들을 보여주고 있기 때문이다. 이들 대부분은 에마처럼 매우 어려운 상황에서 살고 있었고, 그들이 겪는 고통의 인간적이고 사회적인 원인은 대체로 무시당하고 있었다. 그 대신 그들은 에마처럼 7분가량의 상담을 받고 항우울제나 진정제 같은 정신과 약물을 처방받아 장기간 복용하게 되었고, 이들 중 대부분은 우울증이나 불안 장애 같은 정신과 진단을 받았다. 하지만 이들의 대다수에겐 고통을 받게 된, 이해할 수 있는 이유가 있었다. 그리고 이러한 이유는 정신 질환이나 화학적 불균형을 비롯해 환자들이 항우울제를 처방받았을 때 듣게 된 여러 입증되지 않은 병리와는 무관했다.[1] 오히려 그들의 고통은 삶에서 일어난 괴로운 사건에 대한 정상적인 반응이었다. 이러한 반응은 병리적인 반응이기는커녕 사회적 불평등, 소외, 가난, 트라우마, 사회적 차별과 사회적 혼란, 학대의 유산, 사회적 방치, 부인된 기회 등등에 대한 지극히 정상적인 반응이다. 이렇듯 고통은 언제나 복잡한 사회정치적, 대인 관계적, 심리적 요인들의 산물이었다. 그러나 그럼에도 불구하고 고통은 언제나 의료화되고 치료의 대상이 될 뿐이었다. 내가 아직 어린 심리치료사이던 시절, 나는 끊임없이 물었다. 어떻게 고통이 잘못 관리되는 일이 이토록 만연하게 되었을까?

가족 센터에서 12개월을 일한 뒤, 나는 NHS의 외래 환자 심리치료 서비스로 옮겨 두 번째 직장에서 임상 일을 시작했다. 치료소는 같은 도시의 훨씬 더 잘 사는 동네에 위치해 있었고, 대체로 잘 교육받았으며 경제적으로 안정적인 백인 중산층 의뢰인들을 상대했다. 하지만 여기에서 만난 고통 또한 실제적이고 직접적인 고통이기는 마찬가지였다. 인간관계 문제, 성적 문제, 직장에서의 불만족, 낮은 자존감, 좌절된 야망, 사별, 외로움, 무상감과 권태에 이르기까지 사람들은 수많은 문제를 겪고 있었다. 그러나 이번에도 사람들 대부분이 약물을 처방받았고, 의학적 용어로 그들의 고통에 반창고를 붙여주는 진단명을 받았다. 그 진단명은 대개는 우울증, 불안 장애였지만, 때로는 양극성 장애, 성격 장애 혹은 정신증이라는 진단명을 받는 일도 있다. 하지만 나는 여기서도 생물학적으로 증명 가능한 의미에서 정신 질환이 있다고 할 만한 사람은 본 적이 없다. 정상적이지만 고통스러운 그들의 경험은 짧은 진찰을 받은 뒤엔 대다수의 경우 특정한 정신 장애의 증상으로 다시 명명되어, 명명된 장애에 맞는 정신과 약물을 처방해야 하는 문제가 되었다.[2]

정신 건강 서비스의 제일선에서 일한 경험은 나에게 교훈적인 경험이었다. 그러나 초보 심리치료사 시절 내가 배운 가장 큰 교훈은 우리의 도움을 찾는 사람들의 삶을 이해할 시간이 너무나 적다는 것이었다. 그들의 직장 생활, 그들의 가정생활, 그들의 어린 시절, 그들이 깊게 관여되어 있는 관계와 상황에 대해서 알아볼 시간이 너무나 적었다. 시간과 관심을 쏟을 만한 여력이 있을 때, 전문가들은 비로소 누군가가 고통받고 있는 이유에 대해 의미 있는 공유된 내러티브를 구축하기 위한 노력을 시도해 보기라도 할 기회를 얻는다. 그가 받아야 하는 지속적인 심리적 지지, 이상적으로는 사회적 지지를 받으며, 의미와 희망을 찾고 구체적으로 어떤 변화를 시도해 볼 수 있는지 알아볼 수 있는 기회 말이다. 이러한 과정이 원활하게 이루어지면 속마음을 터놓을 수 있고, 신뢰할 수 있으며, 발전적인 관계를 확립할 수 있다. 이는 개인의 회복을 돕는 모든 서비스에서 가장 중요한 요인으로 여겨지고 있다.[3] 간단히 말해, 바람직한 정신 건강 결과를 가져올 가능성이 큰 요인들이야말로 우리의 정신 건강을 향상할 책임이 있는 서비스에는 부재한 요인인 경우가 많다. 이해와 희망, 회복의 전망을 높여 줄 지속적이고 발전적인 관계들 말이다.[4]

2000년대 중반부터 NHS에는 두 개의 짧은 환자용 설문지가 도입되었다. 미국에서 이러한 설문지들이 수입되었을 당시, 이는 별다른 관심이나 주의를 끌지 못했다. 이 설문지들은 모두 합해 A4 용지 양면을 차지하며, 일련의 표준화된 질문을 제시한다. 당시에는 네모난 칸에 표시해서 답하게 되어 있는, 별달리 눈에 띄는 점이 없는 이 설문지들이 장차 15년에 걸쳐 영국 정신 건강 시스템에서 가장 영향력 있는 문서가 되고, 정신 건강 분야와 일차 진료 분야의 수많은 전문가가 감정적 고통을 이해하고 다루는 방식에 영향을 주리라고는 생각하기 어려웠다.

첫 번째 설문지는 PHQ-9, 두 번째 설문지는 GAD-7이라 불린다. 이 설문지들은 일반의가 5분 안에 누군가 우울증(PHQ-9) 또는 불안 장애(GAD-7)를 겪고 있는지, 만약 그렇다면 얼마나 심각한지를 진단할 수 있게 해준다. 이 설문지들은 빠르고 효율적이며, 짧고 요점이 명확하다. 2000년대가 끝날 때쯤에는 이 설문지들이 영국 전역의 사실상 모든 지역 보건의 진료에서 활용되고 있었다.

하지만 PHQ-9과 GAD-7에 대해서는 중대한 비판이 존재한다. 이 두 설문지는 약물 처방의 대상이 되는 우울증 또는 불안 장애의 기준을 굉장히 낮게 잡고 있다. 예를 들어 만약에 당신이 지난 2주 동안 "거의 매일" 식욕이 없고, 잠을 잘 자지 못했으며, 집중력과 에너지가 없었다는 문장이 있는 칸에 표시하면, 당신은 "중등도 우울증"으로 진단받을 수 있는 기준을 충족하게 된다. NHS 지침에 의하면 "중등도 우울증"은 항우울제를 처방받기 충분한 요건이다.

약물 처방을 받는 기준이 이토록 낮으니, PHQ-9을 작성한 사람들 10명 중 8명이 항우울제를 처방받는 것도 놀라운 일은 아니다.[5] 실제로 PHQ-9 및 이와 유사한 진단 도구가 NHS에 도입된 이래, 영국에서는 발전 국가 중 가장 이례적인 수준의 항우울제 처방 증가가 나타났다. 2002년에는 2천 5백만 건의 처방이 이루어졌던 데 비해,[6] 2020년에는 거의 7천 5백만 건의 처방이 이루어진 것이다. 이러한 처방은 대체로 일반의가 PHQ-9과 GAD-7을 사용해 내린 처방이기에, 이처럼 터무니없는 증가세에 이 두 설문지가 한 역할이 무엇인지를 질문하게 된다.

이야기는 여기서 끝나지 않았으니, PHQ-9과 GAD-7을 작성한 몇 천만 명의 영국인들 대부분이 모르는 사실이 있었다. 이 두 질문지는 화이자에 의해 개발되었고, 화이자가 저작권을 소유하고 있으며, NHS에 이 질문지들을 유통한 것 또한 화이자였다는 사실 말이다. 화이자는 영국에서 가장 많이 처방되는 항불안제이자 항우울제, 이펙서(벤라팍신)와 졸로푸트(설트랄린)를 만드는 회사이기도 하다. 그러니 기업이 약물 처방의 기준을 낮추는 동시에 이 약물들을 만들어 이익을 보고 있던 것이기도 했다. 그런데도 오랫동안 NHS는 이 문제에 대해 검토하지 않았다.[7]

2017년, 나는 BBC 다큐멘터리 제작을 위해 NHS에서 일어나는 항우울제의 과잉 처방 문제에 대한 자문을 제공해 달라는 요청을 받았다.[8] 나는 프로듀서에게 PHQ-9 설문지와 관련된 문제를 언급했고, 이 이야기를 들었던 대부분의 다른 사람들과 마찬가지로 그는 상당히 충격을 받았다. 결과적으로 제작팀은 화이자에게 연구비를 지원받았던, PHQ-9의 개발자 중 한 사람을 찾아냈다. 그는 저명한 미국 정신과 의사 커트 크론키로, 제작 팀은 크론키를 인터뷰해 그의 변론을 방송했다. 그의 변론은 대략 이랬다. 우리가 PHQ-9을 만든 것은 약물을 홍보하기 위해서가 아니라, 지역 보건의가 더 많은 사람을 돌봐줄 수 있게 하려던 것이다(사실 PHQ-9도 GAD-7도 특정한 약물 처방을 옹호하지는 않는다). 당시 제약 업계와 정신의학계는 일차 의료기관의 의사들이 우울증과 불안 장애를 과소 진단하고 약물 또한 과소 처방한다고 비판하고 있었다. 이 질문지들은 아주 편리하고 사용자 친화적인 방식으로, 우울증과 불안 장애에 대한 정신과적 진단 시스템을 일차 의료의 중심으로 가져온다는 것이다. 화이자가 한 일은 필수불가결한 일이었을 뿐만 아니라, 놓칠 수도 있는 치료를 받을 수 있게끔 도와주는 관대한 처사이기도 했다.

이런 설명 방식은 PHQ-9과 GAD-7의 목적을 설명하는 한 가지 방식일 뿐이다. 대안적인 설명은 다음과 같다. 일차 의료에 약물 외의 대안이 거의 없던 때에 이 질문지들이 도입되면, 더 많은 사람이 우울증이나 불안 장애로 분류된 것의 결과로 약물 처방이 증가하리라는 것은 명백했다. 그리고 이러한 예측은 그대로 실현되었다. 제약 기업이 오로지 박애주의적인 목적으로 수백만 파운드를 들여 새로운 진단 도구를 만들 것이라 믿는다면, 이는 기업이 이러한 프로젝트를 확실한 금전적 이득이 예상되는 투자라고는 전혀 생각하지 않았을 거라고 믿는 것이고, 더 중요하게는 뒤따르는 처방(과 이윤)의 증가를 완전히 예상치 못했고 바라지도 않았을 거라고 믿는 것이다.

당신이 개인적으로 PHQ-9과 GAD-7의 이야기를 어떻게 해석하건, 이러한 설문지의 역사는 처방의 증가와 일상적 삶의 과잉 의료화, 사적 이익이 우리의 의료 서비스에 침투해 영향을 미칠 수 있게 하는 것의 윤리에 관한 오늘날의 논쟁들 외에도 많은 것에 대해 알려준다. 이는 좀 더 이념적인 이야기, 즉 문화적, 정치적, 경제적 환경이 특이하리만치 잘 뒷받침해 주지 않았다면 이러한 질문지가 수백만 명의 고통을 의료화하고 약물 처방의 대상으로 삼지도 못했으리라는 이야기를 들려준다. 어찌 되었건 이 이야기는 문화적 진공 상태에서 존재하는 것이 아니다. 이 이야기는 오늘날의 삶에서 "올바른 정신 상태"를 구성하는 것이 무엇인지에 대한, 광범위하게 퍼진 강력한 서사에 대해 알려준다. 이 서사는 명백히 남용되고 있으며 이윤 창출의 수단이 되는 서사이기도 하다.

1970년대에 새로운 자본주의가 얼마나 강력한 지배력을 행사하게 될지 예측한 사람은 아무도 없었다. 당시 새로운 자본주의는 웨스트민스터, 워싱턴, 베를린, 파리와 같은 서구 자본주의의 강력한 중심에서 얼마 안 되는 정치적 지지자를 보유했다. 새로운 자본주의가 이처럼 지지를 받지 못한 것에는 충분한 이유가 있었다. 제2차 세계대전 이후 서구를 지배해온 좀 더 사회민주주의적인 자본주의와 비교해 보면, 새로운 자본주의에는 유권자들의 열정과 영감을 지필 만한 매력적인 도덕적, 윤리적 비전이 부재한 것처럼 보였다. 전후의 사회민주주의적 자본주의는 몇십 년에 걸쳐 실행되고 검증되었다. 강한 국가는 특히 부자들에게 세금을 많이 걷어 사회 전체적으로 자원의 더 공평한 분배가 이루어질 수 있도록 보장할 것이라는 이상에 실제 현실이 부합하지 못하는 경우도 종종 있었지만 말이다. 국가는 공공 기관을 강화하고 장기간에 걸친 공공 투자를 진행하며, 동등 임금과 낮은 실업률을 지향하고, 강한 규제를 통해 시장의 탐욕을 억제해야 했다. 강한 국가는 모든 시민의 이익들 사이에서 균형을 유지하고, 극단적인 부와 가난을 억제하여 더 공평한 중간 지대를 만들어내야 했다.

　　그렇기에 새로운 자본주의는 사회 전반이 깊이 동의하는, 이미 존재하는 경제적 이상에 정면으로 도전해야 한다는 문제에 직면했다. 새로운 자본주의는 부자에 대한 세금을 감축하고, 기업에 대한 규제를 약화하고, 국가를 축소하고, 사회 서비스를 줄여야 한다고 주장했다. 새로운 자본주의는 완전히 자유로운 시장의 지배를, 사람들이 성공의 부산물을 갖기 위해 다퉈야 하며 경쟁과 사업이 지배하는 세상을 추구했다. 1970년대 중반에 이 비전을 가장 열렬히 지지한 사람들은 이러한 비전에서 가장 많은 이득을 볼 사람들, 즉 권력을 가지고 있고, 기업가적이며, 풍부한 자원과 인맥을 가진 사람들이었다. 하지만 전체 유권자 중 이들이 차지하는 비중은 매우 적었기 때문에, 새로운 자본주의는 투표에서 패배를 거둘 수밖에 없는 것만 같았다. 이러한 이유로, 1970년대에 새로운 자본주의의 옹호자들은 유권자들을 설득하여 새로운 자본주의가 단지 소수를 위한 것이 아니라 많은 사람을 위한 것이라고, 모두에게 더 나은 세상을 만들고 유지해줄 것이라고 믿게 만들 최적의 방법을 찾는 일에 열과 성을 다했다. 이들은 모든 사회 집단이 열정적으로 옹호할 수 있는 설득력 넘치는 윤리적 비전, 소수의 철학을 다수의 철학으로 만들 수 있는 비전을 찾아야 했다. "이 새로운 비전은 대체 무엇일까?"가 이들의 질문이었다.

우리가 7장에서 만났던, 가장 유창한 말솜씨를 가진 새로운 자본주의의 대변인 중 한 사람이자 노벨상을 탄 경제학자인 밀턴 프리드먼은 이 질문에 답할 수 있다고 믿었다. 그가 1970년대에 썼던 여러 저술에서 맹렬히 주장했듯, 새로운 자본주의는 서구 문화의 중심을 지탱하는 기둥과 동맹을 맺음으로써 대중적 인기를 얻게 되었다. 진정으로 자유를 수호하는 유일한 경제적 비전은 새로운 자본주의뿐이라고 주장한 것이다. 공산주의 국가 소련의 발흥으로 인한 사람들의 불안과 공포를 이용해 프리드먼은 "자유를 위한 투쟁"을 새로운 자본주의가 전하는 경제적 메시지의 핵심에 놓았다. 프리드먼은 새로운 자본주의가 서구적 자유의 마지막 보루이며, 우리의 국경을 위협하는 공산주의를 방어해

준다고 주장했다. 공산주의적 권위주의에 대항할 수 있는 자본주의의 유일한 버전이라는 것이다. 대중은 바로 이 주장을 이해해야만 했다.

이러한 서사의 영향력을 확대하기 위해, 프리드먼은 제2차 세계대전 이래 사회민주주의적 자본주의가 채택해온 자유의 관념을 비판하기 시작했다. 그러한 자유의 관념에는 다음과 같은 생각들이 포함되어 있었다. 국가는 우리 모두가 누리는 자유의 진정한 수호자이다. 국가는 (사회보장을 제공함으로써) 가난의 굴레로부터 우리를 해방하며, (무상 의료 서비스를 제공함으로써) 질병의 우환으로부터 우리를 해방하고, (부를 재분배함으로써) 불평등으로 인한 형평성의 부재로부터 우리를 해방하며, (공교육을 제공함으로써) 무지의 저주로부터 우리를 해방하여, 좋은 삶을 가로막는 요인들로부터 우리를 해방한다. 우리가 나아가는 것을 가로막는 사회악을 척결함으로써 국가는 우리가 자신의 잠재력을 실현할 수 있도록 해방한다.

하지만 프리드먼을 비롯해 경제적 우파에 속한 사람들에 의하면 이와 같은 자유(Freedom)에 대한 국가중심적인 비전은 사람들을 호도할 뿐만 아니라, 근본적인 차원에서 우리의 자유(Liberty)를 위협하기까지 한다.[9] 경제학자 프리드리히 하이에크가 썼던 저술을 들먹이며, 프리드먼은 모든 국가에는 점점 더 많은 권력을 집적하여 그 과정에서 점점 더 확대되고 군림하려 드는 내재적 경향이라는 문제가 있다고 주장했다. 이런 일이 일어나면 국가는 점점 더 중앙집권화하고 전체주의적으로 변화해 결과적으로는 민주주의적인 자유를 완전히 없애 버리게 된다는 것이다. 이런 바탕에서 프리드먼은 사회민주주의적인 자본주의는 내버려두면 (소련이 그러했듯이) 사회주의, 나아가 공산주의로 진화할 수밖에 없다고 열정적으로 주장했다. 이처럼 공산주의로 가는 흐름을 저지하기 위한 최적의 방법은, 사회민주주의적인 자본주의를 자유 시장 버전의 자본주의로 교체해 국가의 야심을 꺾어 버리는 것이다.[10]

프리드먼의 주장이 가진 문제가 무엇이었건 간에, "큰 국가"를 소련의 공산주의와 연관짓고, "작은 국가"를 서구적 자유와 연관짓는 그의 주장은 당대에 만연한 반공주의 정서와 딱 들어맞았다. 그의 주장은 "작은 국가"의 시장 근본주의에 이전에는 없었던 도덕적 비전을 부여하는 데 핵심적인 역할을 했다. 이제는 이 최신 유행의 비전을 설득력 있는 방식으로 널리 퍼뜨리기만 하면 되었다. 이제 새로운 자본주의에 필요한 것은 국민에게 이 메시지를 전달할 수 있는 카리스마 넘치는 정치인 집단이었다.

마거릿 대처는 1970년대 중반부터 정치적 명성을 떨치기 시작했는데, 당시 새로운 자본주의의 핵심 사상을 옹호하는 국회의원은 정말 소수에 불과했다. 대처는 하이에크와 프리드먼의 저작을 통해 몇 년 일찍 이러한 사상을 접했고, 오래지 않아 1975년 보수당 당대표 선거, 1979년의 총리 선거에서 이를 적극적으로 홍보했다. 이 시기 대처는 마치 프리드먼이 쓴 각본을 그대로 암송하기라도 하는 것처럼 말했다. 대처는 진정으로 자유로운 서구 사회를 위한 유일한 선택지는 자신이 내세우는 작은 국가와 시장친화적 경제뿐이라고 열정적으로 주장했다.

국가가 경제를 완전히 통제하는 나라에서 자유는 없습니다. 개인적 자유와 경제적 자유는 불가분의 관계에 있습니다. 경제적 자유 없이는 개인적 자유도 없습니다. 국가를 신뢰하는 사회주의자들과 달리, 저희는 사람을 신뢰합니다. 저희가 자유를 위한 정당인 이유입니다. 영국인들은 국가의 지시와 통제에 따르지 않는 개인주의자들입니다. 우리는 리더십을 좋아한다. 맞는 말입니다. 하지만 우리는 무엇보다 자유를 좋아합니다.[11]

자유와 시장을 사랑하는 경제학을 바탕으로 대처가 수상이 되었을 즈음, 로널드 레이건도 1979년의 미국 대통령 선거 운동에서 같은 구호를 사용하기로 했다. 겉만 번드르르한 "우리는 할 수 있습니다"(Yes We can)이나 "미국을 다시 위대하게 만듭시다"(Let's Make America Great Again) 같은 대선 구호[각각 오바마와 트럼프의 대선 구호임―옮긴이]에 버금가는 레이건의 대선 구호는 "우리는 당신이 등에 짊어진 정부를 떼어내 당신을 해방하여 당신이 잘하는 것을 할 수 있게 해드릴 것입니다"였다. 레이건의 대선 구호는 좀 더 장황하긴 했지만 다른 대선 구호들만큼이나 강력했다. 그 위대하다는 미국 전역에서, 레이건은 자유를 사랑하는 그의 선거 구호를 여러 다른 버전으로 반복했다. 거대한 정부는 당신을 무릎 꿇리는 짐이 되기에, 우리는 그 짐을 치워 당신을 일으켜 세우고 나아가 미국 전체를 일으켜 세우겠다는 것이었다. 워싱턴에서건, 시카고에서건, 웨스트민스터에서건 레이건이 발언을 하고 연설을 할 때마다, 새로운 자유의 경제학이 새로운 자본주의에 대한 대중적 믿음을 점점 키워 나갔다.

이 시점에서 당신은 이와 같은 새로운 자유의 경제학이 우울 및 불안 검사와 어떤 관련이 있는지 궁금해하고 있을지도 모른다. 막간에 이런 내용을 넣은 이유가 뭘까 하고 말이다. 곧 보게 되겠지만, 새로운 자본주의에서 자유가 갖는 의미를 이해하게 되면 어떻게 이것이 오늘날 사회에서 효율적이고, 건강하고, 성공적인 사람이 된다는 것의 의미에 대한 새로운 문화적 관념의 탄생에 이바지했는지에 대해서도 더 잘 이해할 수 있다. 우리가 이미 보았듯이, 이러한 관념은 몇십 년에 걸쳐 새로운 자본주의의 핵심 정책(민영화, 노동조합 해체, 시장화, 긴축과 탈규제화)을 정당화하는 일에 동원되었을 뿐만 아니라, PHQ-9과 GAD-7, 그리고 DSM과 같은 문서가 촉진시킨 고통의 광범위한 의료화를 정당화하는 수단이 되기도 했다.

———

이처럼 중요한 과정을 이해하기 위해 먼저 영국의 전 외무장관 데이비드 오언이 처음으로 마거릿 대처와 인사를 나눈 날을 묘사했던 2013년으로 돌아가 봤으면 한다. 만남은 대처가 수상이 되기 1년 전에 하원 의사당에서 이루어졌다. 그날 오언은 아내와 함께 하원 의사당에 있다가 복도에서 대처를 만났다. 그때 대처는 오언의 지인과 함께 있었다. 그는 오언이 런던의 세인트 토마스 병원에서 일하던 당시 오언과 함께 일했던 정신과 의사였다. (오언에 대해 모르는 사람을 위해 덧붙이자면, 오언은 예전에 수련을 받고 정신과 의사로 일한 전적이 있다.) 그리하여 오언과 그의 아내는 대처와 오언의 지인이 커피를 마시는 자리에 초대받게 되었다.

대화하던 중 대처는 어떤 시민에 대해 말하기 시작했다. 그 시민은 아들의 정신 건강에 대해 너무나 걱정이 되어 아들을 치료하는 의사를 만나기 위해 예약을 잡은 상태였다. 오언은 대처가 그 아들의 고통에 대해 어떻게 말했는지를 회상했다. "오래지 않아 그분은 청소년이 우울할 수도 있다는 사실을 이해하려고 하지도 않고 인정하지도 않으려 한다는 것이 명확해 보였습니다. 그분이 보기에는 개인적 의지, 노력, 끈기가 부족한 것으로만 보인 모양입니다." 대화가 계속될수록 대처는 점점 더 강하게 말했다. "그분의 목소리는 더욱더 단호해졌고, 청소년기라는 상황에서 우울할 이유는 아무것도 없다고 어느 때보다도 강하게 주장했습니다." 오언의 아내는 평소에 말하기를 상당히 좋아하는 사람이었는데, 대처가 한 말에는 오언의 아내도 당황하여 입을 다물 수밖에 없었다. "그 대화를 잊은 적이 없습니다." 오언이 말했다. "그 대화는 그분이 지나치리만치 성실한 분이었다는 것을 보여주기는 하지만, 낙제생이라고 생각되는 사람들에게는 무신경한 분이었다는 것을 보여주기도 합니다."[12]

앞선 이야기는 듣는 사람에 따라 서로 다른 교훈으로 다가올 것이다. 나에게 있어 이 이야기는 대처가 1970년대 중반에 이미 새로운 자본주의의 교리에 충실한 사람이 되었다는 것을 보여주는 이야기이다. 새로운 자본주의의 신도들이 **믿어야만 했던** 교리와 그 상황에 대한 대처의 반응이 얼마나 완벽하게 일관되는지를 보여주는 것이다. 이전에는 국가가 해결해야 할 문제라고 여겨져 온 것들이 실제로는 개인의 노력과 책임을 통해 더 잘 다루어질 수 있는 문제라고 여기는 교리 말이다. 그러니 어려운 문제들을 해결하려면 사람들은 국가가 아니라 자기 자신을 돌아볼 필요가 있었다. 대처는 오늘날 대처의 인터뷰 가운데 가장 악명 높은 인터뷰 중 하나라고 여겨지는 어느 인터뷰에서 이렇게 확언했다. "우리는 너무 많은 시민들과 아이들이 '나에겐 문제가 있어. 정부가 이 문제를 해결해 줘야 해!'라던지, '나에겐 문제가 있어, 가서 이 문제를 해결할 보조금을 받아 와야 해!'라던지, '나에겐 집이 없어, 정부가 나에게 주거지를 제공해야 해!' 같은 방식으로 자신의 문제를 이해하고 그것을 사회적 과제로 만들던 시대를 지나왔습니다. [하지만] 사회 같은 것은 존재하지 않습니다!"[13] 사회가 아니라 개인과 개인의 행동만이 존재할 뿐이니, 국가에 기반한 사회적 해결책 같은 것은 거들떠보지도 말라는 것이다.

사회 서비스를 삭감하는 것을 정당화하는 데 이러한 관점이 사용되었다. 그뿐만 아니라 이러한 관점에 반영된, 작은 국가에 기반한 개인주의는 수많은 다른 사건들, 심지어는 대처가 오언에게 반응한 방식에도 반영되어 있다. 그 남자아이의 문제는 그 아이의 내면 속에 있는 무언가 때문이지, 다른 사회문화적인 요인이나 경제적인 요인 때문에 생긴 문제가 아니라는 것이다. (사회학 분과에 대한 대처의 깊은 혐오감은 후자와 같은 관점에 대한 반대를 상징한다.)

1980년대에 개인주의가 발흥한 결과, 사람들은 점점 더 자주 자신이 겪는 문제의 원인을 찾기 위해 자기 자신을 들여다보라는 이야기를 듣게 되었다. 개인적 노력, 의지, 자조, 소비 또는 다른 감정적 개입을 통해 내면의 자아를 재탄생시키는 것이 윤리적 과제가 되었다. 자아가 개혁을 위한 장소로 재탄생했으니("내 운명을 바꾸는 것은 오로지 **나만의** 소관이며, 나의 행동과 내가 소비하는 것에 달린 일이다"는 식으로), 국가적 차원에서 새로운 종류의 이기주의가 번창한 것도 놀라운 일은 아니다. 대처는 말년에 이처럼 새로운 이기주의에 대해 당황과 우려로 반응하기도 했다. 사실 2000년대 후반에 수상으로서 가장 후회되는 것이 무엇인지에 관한 질문을 받았을 때, 대처는 부자에게 충분한 세금을 부과하지 못한 것이 후회된다고 답했다. "세금을 감축하면 더 베푸는 사회가 될 것이라 생각했는데, 현실은 그렇지 않았죠."[14] 대처는 이기심의 증가를 불공평한 세금 정책 탓으로 돌렸지만, 자유를 사랑하는 대처의 작은 국가 경제학이 지우는 개인주의의 의무야말로 훨씬 명백한 원인이었다. 그저 대처가 이 사실을 볼 수 없었을 뿐이다.

우리는 이제 개인주의로 인해 지역 공동체 의식과 공동체에 대한 참여가 줄어들었다는 주장을 흔하게 접하지만, 그러한 개인주의가 감정적, 정신적 고통에 대한 이해 방식과 반응 또한 개인화해 버렸다는 사실에는 상대적으로 둔감하다. 어떻게 이와 같은 관점이 우리의 고통에 대한 사회적, 상황적 동인을 탐색하고, 이해하고, 개혁하는 일을 중요하지 않게 여기도록 만들었는지에 대해서는 둔감한 것이다. 내가 보기에 데이비드 오언과 대처의 대화는, 대처의 관점이야말로 작은 국가의 경제학이 직접적으로 지우는 의무로부터 나오는 논리적 귀결이라는 사실을 보여준다. 개인이 겪는 위기에 대한 해법은 사회 정책과는 무관하며, 주로 개인적 변화, 주도성과 책임의 문제라는 것이다. 이런 관점은 모든 사회 체계에서 사람들이 성공하고 실패하는 이유를 설명해 주는 거의 진화론적이기까지 한 이해 방식이라고 할 수 있다. 이러한 사고방식에 따르면, 자유를 지켜준다는 명목을 내세우는 국가의 힘을 꺾어 놓음으로써 우리는 개인이 자신의 역량을 최대치로 발휘할 수 있게 만든다. 성공과 실패가 우리의 개인적 선택, 야망, 행동과 역량만으로 결정되는 공평한 운동장을 만든다는 것이다. 인간계 외의 자연계에서 개체의 성공이 적자생존의 원리에 달려 있듯이, 새로운 자본주의는 우리의 고난과 시련도 적자생존과 유사한 방식으로 설명할 수 있다고 본다. 사회적 성공은 (사회적 특권이나 특혜가 아니라) 강한 개인적 적응력을 보여주며, 사회적 실패는 (가난, 차별이나 불평등이 아니라) 적응력의 부재를 보여준다는 것이다. 이러한 관점에서 사회적 실패로 인한 괴로움, 즉, 고통받음(기분부전증), 공포(불안 장애), 사기 저하(우울증) 같은 것들은 개인적 결함이나 언젠가 기술적으로 없앨 수 있는 의학적 결함 때문인 것으로 이해된다.

언젠가 나는 임페리얼 칼리지 런던의 의대생들을 대상으로 세미나를 열어 상기한 논점들을 지적한 적이 있다. 어느 사려 깊은 학생이 자신감에 차서 이렇게 답했다. "흥미로운 이야기네요, 데이비스 박사님. 하지만 저희의 임상 실무와 관련이 있는 내용일까요?" 나는 현재의 보건 의료 서비스를 지배하고 있는 고통의 철학은, 문제의 원인을 개인에게 돌리는 것을 선호하는 새로운 자본주의의 성향과 발맞추어 간다고 답했다. 나는 우리가 일상적으로 접하는 고통을 이해하고, 관리하고, 이에 반응하는 방식에 이와 같은 초개인주의가 영향을 미친다고도 답했다. 우리가 어떤 철학을 받아들이는지는 중요한 문제이다. 궁극적으로 우리가 하는 모든 일이 어떤 형태로 이루어질지를 결정하기 때문이다.

이 주장을 뒷받침하기 위해 나는 학생들에게 다음과 같은 질문에 대해 생각해 볼 것을 요청했다. 왜 영국에서 가장 가난하고, 실업률이 높으며, 사회경제적 지위가 낮은 지역에서 정신과 약물을 처방받는 비율이 가장 높은 것일까?[15] 단지 우연 때문에? 아니면 이러한 상관 관계 뒤에 어떤 인과 관계가 있는 것일까? 당연하게도 학생들은 높은 사회적 박탈, 가난 같은 사회적 상황들이야말로 정신 질환 유병률을 높이는 요인들이니 우연은 전혀 아니라고 답했다.

이번에 나는 학생들 스스로가 방금 말한 것들에 대해 주의를 기울여 보라고, 특히 "정신 질환"이라는 표현을 쓴 것에 주의를 기울여 보라고 요청했다. 불우한 환경에 있는 사람들이 유복한 환경에 있는 사람들보다 훨씬 더 많은 고통을 받는 것은 사실이다. 하지만 이러한 고통을 묘사하는 데 있어 의학적 언어를 사용하는 것을 무슨 근거로 정당화할 수 있을까? 우리가 의학적 언어를 사용하는 것은, 많은 사회과학자가 그러하듯 고통을 비의료적이고, 병리적이지 않은 반응, 해로운 사회적, 관계적, 정치적, 환경적 상황에 대한 이해 가능한 인간적 반응으로 보는 것보다 고통을 의료화하는 것이 어떤 식으로든 더 좋은 점이 있다는 객관적 증거가 있기 때문일까? 아니면 단지 그러라고 가르침을 받아서일까?[16] 나는 계속해서 말했다. 사회적 원인이 있는 고통에 대한 우리의 반응이 너무나 의료화되고 약물 친화적이어서 불평등, 가난, 사회적 박탈이 (그리고 물론 코로나도) 항우울제 시장에는 호재가 된 것이 아닐까? 우리가 고통에 반응하는 방식이 새로운 자본주의의 초개인주의와 일관되는 방식이기 때문에 말이다.

수년간 나는 직업적 상황에서뿐만 아니라 개인적으로도 에마처럼 PHQ-9과 GAD-7 같은 검사지를 작성한 경험이 있는 수많은 이들을 만나왔다. 하지만 내가 아는 한 이들 중 자신이 거대한 경제 서사시에 조연 배우로 출연하고 있다고 생각하는 사람은 아무도 없었다. 그들은 이러한 진단 도구가 주로 신자유주의의 현재 상태를 유지하는 데 도움이 되는 방식으로 그들의 고통을 재구성하고 민영화하기 위한 수단이라고 보지 않았다. 이러한 문서가 약탈적인 제약 기업의 야망 및 과잉 처방과 직결된다고 생각해 본 적도 없었다. 이들은 이러한 도구들이 고통을 개인적 결함으로 표현함으로써 고통을 이윤을 축적하기 위한 상품으로 탈바꿈시키고, 감정적 고통을 낳는 뿌리 깊은 구조적 원인에 대해 정부가 손을 놓게 만든다고는 생각하지 못하고 있었다. 다음 장에서 나는 의료화의 언어와 자원이 격하하는 고통의 구조적, 사회적 결정 요인에 대해서 더욱 상세히 분석하고자 한다. 나아가 지배적인 의학적 접근법이 제 할 일을 하지 못하고 있다는 것이 명백한 지금, 어떻게 해야만 하는가라는 불편한 질문을 꺼내고자 한다.

11
고통의 사회적 결정 요인

런던 외곽에 있는 회원제 스포츠클럽에서 잭 그레이엄을 만났을 때, 그는 대단히 요란스럽고 활기찬 모습이었다. 그레이엄은 따듯한 미소와 느긋한 악수로 나를 맞아주었다. 그는 밝은 스리피스 정장에 노란색 넥타이를 매고 있었는데, 헤링본 조끼 바깥으로 노란색 넥타이가 위풍당당하게 볼록 나와 있었다. 그레이엄은 50대 중반에 결혼해 세 명의 청소년 자녀들을 두고 있었다. 그는 성공적인 기업가로, 버크셔 주 외곽에 위치한 규모 있는 인쇄 회사를 소유하고 있었다. 그는 16살에 학교를 떠나, 25살에 인생에서 어느 방향으로 가야 할지를 깨닫기 전까지는 이런저런 직업들을 전전했다. 깨달음의 결과 그레이엄은 그의 첫 번째 회사를 차렸다. 삼촌이 빌려준 작고 습한 차고에서 두 명의 직원으로 시작했던 그는 이제 몇 채의 사옥에서 근무하는 백 명 이상의 직원을 거느리고 있었다. 그의 자녀들은 모두 사립학교에 다니고 있었고, 이는 그가 생각하기에 런던 남부의 중하류층 가정에서 자라난 그에게는 허락되지 않았던 특권이기도 했다. 그는 대개 하루에 12시간씩 일하지만, 자신의 성공을 누리기 위한 시간은 남겨둔다. 코로나19 팬데믹 이전, 그는 주기적으로 스파를 방문해 휴식을 취하고, 언제나 비행기 일등석에 타며 일 년에 최소 2번은 해외여행을 갔다.

  잭의 다채로운 삶에서 많은 것을 들여다볼 수 있겠지만, 지금은 이야기의 마지막 부분에만 집중해 보자. 항상 비행기 일등석에만 타는 그의 선택, 그리고 이러한 행동의 경제학에 특히 주의를 기울여 보자는 것이다. 잭은 런던에서 뉴욕으로 가는 비행을 가장 좋아하는데, 런던에서 뉴욕으로 가는 일등석 표는 약 5,000파운드로 같은 구간의 이코노미 석보다 4,500파운드 더 비싸다. 4,500파운드의 추가비용은 당연하게도 더 사치스러운 경험을 선사한다. 라운지에 들어갈 수 있고, 최우선으로 탑승하며, 괜찮은 음식과 와인이 제공되고, 대단히 섬세한 서비스를 받으며, 최근엔 더 흔해진, 네온 조명이 켜진 누울 수 있는 칸막이 좌석에서 꾸벅꾸벅 졸며 4,500파운드를 태워버릴 수 있는 것이다. 물론 그는 이 모든 것을 높이 산다. 하지만 이 경험이 7시간 비행 기준으로 한 시간에 650파운드인 것을 고려하면, 정말 그만한 돈을 낼 가치가 있는지 묻지 않을 수 없었다.

  "그렇게 표현하신다면야, 가성비는 없는지도 모르죠." 같이 점심을 먹던 중 의자 등받이에 뒤로 기대며 그는 웃음을 터뜨렸다. "하지만 사람들이 일등석에 타는 이유는 그게 아닙니다. 마일리지를 쌓아서 업그레이드를 받게 된 사람들, 회사가 일등석 비용을 내주는 사람들, 별생각 없이 돈을 낼 수 있는 사람들을 만날 수 있는 거죠. 그리고 저처럼 슈퍼리그에 끼지는 못했지만 조금 더 특별한 무언가를 위해 약간의 돈을 지불할 수 있을 만큼 부유한 사람도 있는 거고요."

나는 왜 이코노미석을 타면 절약할 수 있는 4,500파운드로 다른 무언가를 사지 않는지 물었다. 사치하고 싶은 거라면, 더 오래가는 무언가를 사면 안 되는 건가? "요점을 모르시네요." 그가 답했다. "무슨 이득을 보는지에만 집중하니까 그런 겁니다. 제가 구매하려는 건 라이프스타일이에요. 거기에 앉아 있는 **기분**을 사려는 거죠."

그러고서 그는 그가 이코노미석에 타는 것을 얼마나 싫어하는지, 그리고 젊은 시절에 비즈니스석을 지나 그 뒤에 있는 저렴한 좌석으로 가는 것이 얼마나 수치스러웠는지에 대해 이야기했다. "그 모든 경험은 항상 어딘가 모욕적이라고 느껴졌어요. 마치 이렇게 말하는 것 같았다니까요. **그들**은 **너보다** 나은 사람들이야. 성장 과정에서 저는 이 메시지를 민감하게 받아들였죠." 잭이 보기에 일등석의 존재는 가진 자와 가지지 못한 자의 사회적 관계에 존재하는 뿌리 깊은 불평등을 상징했다. 일등석의 존재는 그가 다른 사람들과 똑같이 중요하고 가치로우며 소중한 사람이라는 본능적 느낌을 손상시켰다. 그럴 자격이 있건 없건 간에, 높은 지위는 돈으로 사면 그만이라는 바로 그 생각 자체가 사회 정의에 대한 그의 생각에 위배되는 것이었다. "앞자리에 앉을 돈이 없다는 이유로, 너는 모든 면에서 뒤처져 있다는 이야기를 듣는 건 잘못된 일이죠."

잭은 오늘날 일등석을 탐으로써 젊은 날 그를 고통받게 했던 바로 그 역학을 이용하고 있다는 사실을 인지하고 있었다. 그런데도 그는 계속해서 일등석 표를 구매했다. 그에게 있어 일등석 표는 특별한 가치가 있는 정체성을 강화해 주는 것이었고, 뒤에 앉는다는 것이 의미하는 모욕감을 겪지 않아도 되게 해주는 것이었기 때문이었다. 프랑스 사회학자 장 보드리야르의 말을 빌리면, 그의 일등석 표는 단순히 편안함에 대한 욕구를 만족시키기 위한 것만이 아니다. 그 표는 편안함에 더해서, 특권적인 사회적 집단에 속했다고 믿음으로써 얻게 되는, 높은 지위를 가졌다는 느낌을 가져다주는 것이다. 사실 잭은 자신도 모르게 사회학자들이 오랫동안 탐구해온 사회적 역학에 휩쓸리게 된 것이다. 잭은 어린 시절 잭의 가족에게는 없었던 지위를 사기 위해 돈을 쓰면서, 그가 보기에 사회적 사다리에서 낮은 위치에 있는 사람들과 자신이 **구별된다**는 느낌을 소비하고 있는 것이다.

───────────

1980년대 이래로 여러 서구 민주주의 국가들에서는 빈부격차가 그 어느 때보다도 커졌다. 이 격차가 얼마나 빠르게 커졌는지 감을 잡으려면 1980년대 이래 소득 격차에 어떤 일이 일어났는지를 보면 된다. 1970년대 후반에 상위 5%에 속하는 영국 가정은 하위 5%에 속하는 가정보다 4배 많은 돈을 벌었다. 이러한 격차는 점차 커져 오늘날에는 10배에 달한다. 최상위 1%를 보면 소득 격차가 더욱 극명하게 드러난다. 오늘날 단 1%에 속하는 이들이 영국에서 지급되는 전체 소득의 13%를 차지한다. 이는 1970년대에 그들이 벌어들인 소득의 3배이며, 벨기에(7%), 스웨덴(8%), 노르웨이(8%)의 상위 1%와 비교했을 때는 거의 두 배에 달한다.[1]

이러한 사실들이 그다지 마음에 와닿지 않는다면, 불평등의 심화를 다른 각도에서도 볼 필요가 있다. 현재 영국 사회에서 최상위 5%는 영국인 전체 소득의 거의 50%를 벌어들이며, 최하위 5%는 고작 4%만을 받는다.[2] 하지만 적어도 나에게 있어 가장 충격적인 통계는 영국과 다른 북유럽 국가들의 관계 속에서 도출되는 통계이다. 영국에는 북유럽에서 가장 부유한 지역(웨스트 런던)이 있지만,[3] 가장 가난한 지역 10곳 중 6곳도 있다(티즈 밸리, 콘월, 웨스트 웨일스, 사우스 요크셔, 링컨셔, 아우터 런던). 북유럽에서 가장 부유한 곳과 가장 가난한 곳이 단 하나의 국가, 영국에 존재하는 셈이다.[4]

만약 이처럼 극심한 경제적 격차의 원인을 묻는다면, 다양한 요인이 있다고 할 수 있겠다. 이러한 요인 중 대부분은 1980년대 이래 연이어 집권한 정부가 내린 선택들의 직접적인 결과물이다. 좀 더 복잡미묘한 요소들에는 기술적 진보(고숙련 노동자들이 더 높은 임금을 요구함), 무역 자유화(해외의 저렴한 노동력이 국내의 저임금을 악화함), 노동조합의 해체(그로 인한 노동자 대표성의 저하), 고용 형태의 변화(낮은 실업률 속에서도 증가하는 실업자 한부모 가정)가 있다.[5]

하지만 불평등을 심화하는 데 있어 가장 중요한 역할을 했던 요인은 1980년대 이래로 일어난 세금 정책 변화일 것이다. 예를 들어 1970년대 후반에 소득세 최고 세율은 근로 소득 대비 83%였으나, 이는 지난 몇십 년간 점차 떨어져 오늘날에는 45%가 되었다. 게다가 1980년대 이래로 수많은 "부자 친화적" 세금 정책이 점차 도입되어 가장 부유한 이들이 내는 세금의 평균을 다시금 10%나 떨어트렸다. 최상위 부유층은 금융투자와 상속을 통해 벌어들이는 돈이 더 많기 때문에, 정부가 이처럼 부가적인 수입에 대한 세율을 점차 내리게 되면서 이들은 덜 부유한 이들보다 훨씬 더 많은 혜택을 보게 되었다. 다시 말해 모든 세금 혜택을 고려했을 때, 영국에서 가장 부유한 상위 10%는 가장 가난한 하위 10%에 비해 자신의 소득 대비 13% 더 적은 돈을 낸다.[6] 결과적으로 새로운 자본주의하에서 더 가난한 이들은 언제나 더 많은 세금을 내게 된다.[7]

2011년, 점점 더 심화되는 경제적 격차가 국가의 마음과 영혼에 어떤 영향을 미치는지에 대해 탐구한 베스트셀러 도서가 출판되었다. 『평등이 답이다』(원제 *The Spirit Level*)라는 제목으로 출판된 이 책은, 역학자인 케이트 피킷과 리처드 윌킨슨 박사가 쓴 책이다. 이 책은 그들의 커리어 전체에 걸쳐 이루어진, 불평등과 사회적 웰빙의 관계에 관한 연구 결과를 집대성한 것이다. 불평등이 사회적 웰빙에 영향을 미칠까? 만약 그렇다면, 구체적으로 어떤 방식으로 영향을 미칠까?

수백 건의 국내 데이터 및 WHO, 세계은행, UN 등의 국제 조직 데이터를 이용해, 피킷과 윌킨슨은 가장 부유한 23개 국가에서 나타나는 불평등과 웰빙의 관계를 분석했다. 두 사람은 더 깊은 불평등이 우리의 삶의 질과 웰빙에 어떤 식으로든 영향을 미치는지를 알고 싶어 했다. 그들이 초점을 맞춘 웰빙의 척도에는 여러 가지가 있었는데, 여기에는 기대수명, 영아 사망률, 비만, 약물 사용, 십대 임신, 따돌림, 수감, 사회적 연결감, 교육적 성취, 사회적 이동성과 여성의 지위가 포함되었다. 국제적 데이터를 바탕으로 이 모든 변인과 소득 수준의 상관관계를 살펴보자, 명확한 패턴이 나타났다. 빈자와 부자의 격차가 크면 클수록

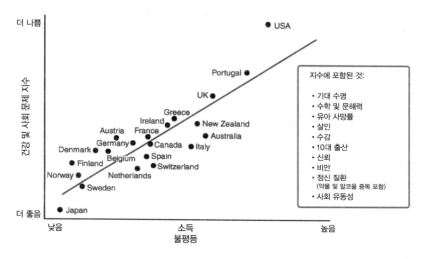

그림 3. 더 불평등한 국가에서 더 심각한 건강 문제와 사회 문제가 나타난다[8]

모든 종류의 사회 문제가 더 심했고 더 만연했다.

전반적으로 더 깊은 경제적 불평등은 수많은 건강 문제 및 사회 문제와 상관관계를 보였다. 그리고 이러한 상관관계는 사회에서 가장 가난한 사람들에게만 영향을 주지는 않는 것으로 밝혀졌다. 예를 들어 대단히 불평등한 사회에서 살고 있는 부유한 사람은 더 공평한 사회에서 살고 있는 부유한 사람보다 더 일찍 사망하고, 공동체와 연결되었다는 느낌도 더 적게 경험하며, 그들의 아이들 또한 학교에서 더 낮은 성과를 보여준다. 그림 3은 피킷과 윌킨슨이 이러한 관련성을 요약한 것으로, 그림에서는 오른쪽으로 갈수록 더 불평등한 사회이다.

피킷과 윌슨이 연구 결과를 출판했을 때, 이 책은 상당한 대중적 관심과 학계의 관심을 받았다. 『네이처』 『영국 의학 학술지』 『랜싯』 『런던

리뷰 오브 북스』에도 긍정적인 리뷰가 실렸다.『뉴 스테이츠먼』은 지난 10년간 출판된 최고의 책 10권 목록에 이 책을 포함했고,『가디언』 또한 이 책을 21세기 출판된 최고의 책 100권 중 한 권으로 선정했다. 이 책은 보수당이 "영국의 웰빙을 향상하겠다"며 추파를 던지게 만들었고, 윌 허튼, 에드 밀리밴드, 로이 해터슬리 같은 정치인들에게 열렬한 지지를 받았다. 미국 대통령 버락 오바마와 IMF 총재 크리스틴 라가르드 또한 긍정적인 차원에서 이 책을 인용하기도 했다. 물론 이 책에 대한 반발 또한 만만치 않았다. 이 책은 특히 그 핵심 주장으로 인해 이념적 위협을 받게 된 경제적 우파들에게 강한 반발을 샀다. 피킷과 윌슨은 데이터를 선택적으로 사용한다는 의혹, 상관관계를 인과 관계와 혼동한다는 의혹, 이해하기 힘든 통계적 방법을 사용한다는 의혹, 불평등의 해악에 대한 과학계의 합의를 지나치게 맹신한다는 의혹을 받았다. 수도 없이 많은 비판이 있었지만, 저자들은 매번 대단히 정교한 반론들을 펼쳐 설득력 있게 반박해 냈다.[9]

『평등이 답이다』 출간 이후 10년이 지났을 때, 피킷과 윌킨슨은 두 번째 책『불평등 트라우마』(원제 *The Inner Level*)를 출간했다. 첫 번째 저서와 달리 두 번째 저서는 단 한 가지 변인, 즉 불평등과 정신 건강의 관련성에 초점을 맞추었다. 2020년에 윌킨슨을 만나 대화하게 되었을 때, 나는 그에게 두 사람이 새로운 연구를 통해 성취하고 싶었던 것이 무엇이었는지를 물어보았다. "사회적 삶의 수많은 측면에 불평등이 어떤 영향을 미치는가라는 주제는 이미 한 번 중점적으로 다룬 적이 있었기 때문에, 이번에 우리는 불평등의 개인적, 심리적 효과에 대해서도 알아보고 싶었습니다."『평등이 답이다』에서 사용된 통계 기법을 다시 사용해

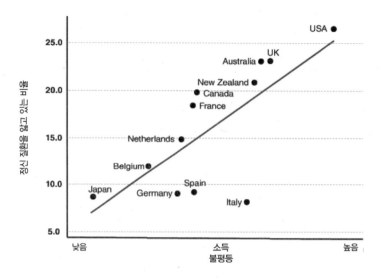

그림 4. 정신 질환은 더 불평등한 부국에서 더 자주 나타난다[10]

보았을 때, 피킷과 윌킨슨은 우려스러운 결과를 발견했다. 불평등한 사회에서는 평등한 사회에 비해 정신적 고통이 두 배 이상 흔했던 것이다. 그림 4에 이러한 결과가 나타나 있는데, 이번 그림에서도 불평등한 사회일수록 오른쪽에 있다.

그렇다면 불평등과 정신적 고통 사이에 이처럼 밀접한 관련성이 나타나는 이유는 무엇일까? 내가 직접 윌킨슨에게 이 질문을 던지자, 그는 진화 이론을 바탕으로 답했다. "우리는 진화 역사에서 대부분 기간을 조그만 수렵 채집 사회에서 보냈습니다. 이 사회에서 우리는 오래도록 지위가 균등하게 배분되는 평등주의적 삶의 방식에 맞추어 진화해 왔습니다. 예전엔 집단 전체의 협력이 모든 사람의 생존에 필수적이었습니다. 그러니 협력적인 사람이야말로 곁에 두면 유용한 사람이었죠."
여성은 덜 이기적이라고 생각되는 파트너를 선호했고, 공동체는 집단
을 무엇보다 중시하는 사람의 가치를 높게 샀다. "실제로도 우리는 이
기적이고 나밖에 모르면 외면당하거나 죽임을 당할 수도 있다는 사실
을 알고 있습니다. 그리하여 일찍이 인류가 처한 환경은 관계지향성이
나 협조성 같은 친사회적 특징을 선택하게 되었죠."

인류가 생명체로서의 역사상 대부분 기간을 보다 평등하고 협력적
인 환경에서 보냈다는 사실을 듣고서, 나는 윌킨슨에게 심각한 경제적,
물질적 불평등이 존재하는 사회에서 살아가는, 즉 격차와 분리로 가득
한 사회 조직 속에서 살아가는 오늘날의 사람들에게 이 사실이 어떤 영
향을 미칠 수 있을지를 물어보았다. "우리는 경쟁과 분열이 급격히 심화
되는 것을 경험하기 시작하고 있습니다. 그리고 이는 체계 속에서 우리
의 위치, 다시 말해 다른 사람과 비교했을 때 우리 자신의 위치와 우리가
어떻게 판단되는지에 대한 불안과 두려움을 상당히 가중시킵니다."

윌킨슨과 피킷이 보기에, 지난 40년간 경제적 불평등이 급격히 증가
해 왔다는 사실은 "지위 불안"의 극적인 증가를 설명해 주는 요인이다.
"지위 불안"이란 다른 사람에 비해 낮은 사람이나 덜 가치로운 사람으
로 보일 수 있다는 두려움을 의미하는데, 우리는 진화적 차원에서 이러
한 지위 불안을 회피하게 되어 있다. 윌슨이 계속해서 말하길, "가장 불
평등한 사회에서 가장 높은 수준의 지위 불안이 나타난다는 사실이 이
러한 주장을 지지합니다." 대규모로 수행된 횡단 조사 연구 자료에 의
하면, 당연하게도 지위 불안과 불평등은 밀접한 관련이 있다. 이는 그
림 5에도 나타나 있다.

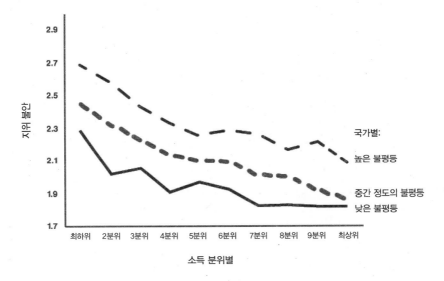

그림 5. 높은 불평등, 중간 정도의 불평등,
낮은 불평등을 보이는 국가에서 나타나는 소득 분위별 지위 불안[11]

이어지는 대화에서 그는 지위 불안이 현실에서 어떻게 나타나는지 그 예시를 들어 주었다. 이 예시는 마사 벡이라는 젊은 여성에 관한 이 야기로, 그는 미국의 한 유명 잡지에 자신이 사회적 상황에서 느끼는 불안감을 묘사한 글로 유명세를 떨치게 되었다. 이 글의 내용을 요약하 면, 그는 자신을 "백만 명 중 한 명꼴로 있는 파티 장애인, 다시 말해 파 티에서의 대화를 무서워하고, 무언가 멍청한 말, 우리가 사실은 모두 가 선망하는 사회성 마스터가 아니라 얼간이 같은 인간이라는 걸 들통 나게 할 만한 어떤 말을 할까 무서워하는 사람"으로 묘사했다. 그는 "파 티에서 살아남으려면 인상적인 무기들로 꽉 찬 무기고가 필요하다. 재치, 얇은 허벅지, 사회적 연결, 부 같은 것들 말이다." 마사에게는 "입을 옷을 고르는 것에서 잡담하는 것까지 그 모든 일이 비판을 피하기 위한 두려움에 찬 방어"로 느껴졌다.[12]

우리는 모두 이런 불안감에 얼마간 공감한다. 그러나 우리는 이러한 불안감이 사회적 상호작용과 친밀감이 주는 혜택을 누릴 수 있는 우리의 능력을 얼마나 손상시키는지에 대해서는 상대적으로 무지하다. 사회적 상호작용과 친밀감은 정신 건강과 감정 건강을 유지하는 데 핵심적인 요인인데도 말이다. 윌슨이 주장하길, 오늘날의 사회에서 이런 불안감은 점점 더 흔해지고 있다. 예를 들어, 연구에 따라 다르지만, 오늘날에는 40%에서 70%에 달하는 사람들이 친한 친구를 만나는 것을 포함해 주말에 다른 사람들과 어울리느니 집에서 TV 보는 것을 선호한다고 밝힌다. 우리 중 상당수는 면대면 상호작용을 줄이고, 나의 이미지를 꼼꼼히 손질하고 어떤 것을 보여줄지에 대한 통제력을 더 많이 가질 수 있는 공간인 소셜 미디어에서의 상호작용으로 이를 대신하고 있다. "우리가 이처럼 실제 면대면 상호작용을 꺼리고 있다는 사실은 상당 부분 자신을 어떻게 보여줄지에 대한 노력과 관련됩니다." 윌킨슨이 말했다. "세상에 나왔을 때 당신이 어떻게 보일지에 대한 불안감, 충분히 재치있고 재밌는 사람으로 보일지, 때때로 유머를 발휘할 수도 있을지 같은 불안감 말이죠."

윌킨슨이 보기에 지위 불안이 점점 증대되고 있다는 사실은 이전 시기, 예를 들면 불평등이 훨씬 적었던 1960년대와는 비교되는 사실이다. "당시에는 사람들이 공동체와 함께 사는 삶, 사회 집단에 속해 서로를 지지하고 베푸는 삶에 대해 말했죠." 집단행동과 조직의 힘 역시 더욱 강했으며, (펍, 사교 클럽, 키즈 클럽, 축제마당 같은) 공동체 거점 공간은 훨씬 흔했고, 사람들이 이러한 거점을 이용하는 비율도 높았다. 이전 시기라고 해서 사회적 긴장이 없었던 것은 아니지만, 더 불평등한 오늘날에 비하면 원자화된 정도가 훨씬 낮았다. 윌킨슨과 피킷은 더 불평등한 사회에서는 공동체와 사회의 연결감을 강화하는 여가 활동 또한 정말 더 적게 일어난다는 것을 보여주는 연구 결과들을 다수 인용하고 있다. "이는 좋은 인간관계, 연결감과 공동체가 가져다주는 건강상의 이점을 누리기 어렵게 만들 뿐만 아니라, 개인들과 집단들 사이에 존재하는 불신과 두려움의 수준을 높입니다."

증가하는 불신에 관한 연구 중 주목해 볼 만한 한 사례가 있다. 이 연구는 미국의 경제학자 새뮤얼 보울스와 아르준 자야데브가 수행한 것으로, 두 사람은 이들이 "경비 노동"이라고 명명한 노동 형태에 관해 연구하던 중 흥미로운 사실을 발견했다. 다양한 사회의 고용 통계를 분석해 본 결과, 그들은 불평등한 사회일수록 나를 다른 사람으로부터 지키기 위한 직업, 즉 경찰, 교도관, 보안 요원, 문지기 등의 직업을 가진 사람의 비율이 높다는 것을 발견했다.[13] 우리 사이에 존재하는 사회적 거리가 멀면 멀수록 두려움과 불신의 수준 또한 높아지는 것만 같다. 극단적인 불평등의 시대에 중요한 것은 내가 실제로 안전한가가 아니라 내가 얼마나 안전하다고 느끼는가이다. 그리고 불평등한 사회에서 안전하지 못하다는 느낌이 증가하면, 경비를 고용하는 일 또한 증가한다.

윌슨과 피킷은 불평등이 초래하는 가장 심각한 해악 중의 하나가 바로 지위 불안의 증가이며, 지위 불안은 우리를 분열시키고 우리 사이에 공포감을 조성한다고 본다. 불평등은 가족과 더 적은 시간을 보내고 직장에서 더 많은 시간을 보내는 것과도 관련된다. 불평등은 더 높은 우울감과 더 높은 소비 수준과도 관련된다. 사회적 인정과 수용을 손에 넣기 위해 더 많은 물건을 사게 되기 때문이다. 대단히 불평등한 사회인 영국이나 미국이 상대적으로 평등한 국가인 노르웨이나 스웨덴보다 광고비 지출이 거의 2배는 높다는 사실에도 소비가 지위 불안을 완화하기 위한 수단이라는 사실이 반영되어 있다. 이는 아마 영국이나 미국 같은 사회에서 광고의 수익성이 더 높기 때문일 수 있다.

피킷과 윌슨의 연구는 우리가 9장에서 살펴본 팀 카서의 물질주의 연구와 상당히 일관되는 결과를 보여준다. 기억하겠지만, 카서가 보기에 높은 수준의 물질주의와 소비는 우리가 속한 사회적, 관계적 환경이 충족시켜주지 못한 필수적 욕구를 만족시켜보려는 시도였다. 피킷과 윌킨슨이 도출한 등식 또한 카서의 등식과 본질적으로 동일하다. 소비를 통해서 우리는 인정받고 가치로운 사람으로 대우받고 싶은 욕구(그렇게 해서 집단에 소속되어 안정과 지지를 받고 싶은 욕구)를 충족하려 한다. 이러한 욕구는 대단히 불평등한 사회가 좌절시키는 욕구이기도 하다.

내가 윌킨슨과 피킷의 연구를 상세히 살펴본 것은 이 연구가 지난 15년간 광범위한 지지를 받아온 관점을 지지하기 때문이다. 그 관점은 정신적 고통이 대개는 심리사회적으로 결정된다는 관점이다. 이는 우리가 정신적 고통의 원인을 불평등이나 다른 단 한 가지의 사회적 요인에서만 찾아야 한다는 것이 아니다. 우리의 사회적, 심리적 삶에 우리가 타고난 생물학적 요인이 아무런 영향도 주지 않는다는 것도 아니다. 그러나 이 관점은 사회적 결정 요인이 정신적 고통을 이해하고 관리하는 데 있어 핵심적인 요인이 되어야 한다고 본다. 이러한 관리가 치료소에서 이루어지건, 일터에서 이루어지건, 취업 센터에서 이루어지건, 공동체나 학교에서 이루어지건 말이다. 끊임없이 발표되는 새로운 연구 결과들이 보여주듯,[14] 가난, 트라우마, 학대, 무상감, 일터에서의 불만족, 소비, 불평등, 물질주의, 도심지에서의 삶, 과잉 의료화, 오염, 낮은 교육적 성취, 성차별, 실업, 빚, 차별, 연령주의, 경제적 불안정, 외로움, 소외, 공동체의 파편화, 인종차별, 따돌림, 과로를 비롯한 수많은 사회적 결정 요인들 모두가 우리의 정신 건강에 악영향을 끼칠 수 있다. 그렇기에 우리는 바깥세상과 그 세상에서 벌어지는 일들을 우리가 하는 일의 중심에 두어, 정신에 건강한 사회 정책을 만들고 우리가 시행하는 개입들이 사회학적 기반에서 이루어질 수 있도록 보증해야 한다. 영국에서 가장 저명한 공공 보건학 교수인 마이클 마멋 교수가 최근에 말하고 있듯, "우리는 사회 정의의 원칙에 기반한 사회를 설립하고, 소득과 부의 불평등을 줄이며, 편협한 경제적 목표 대신 건강과 웰빙에서의 성과를 정부 정책의 주요 목표로 삼는 웰빙의 경제를 일구어야 한다."[15]

어떻게 이러한 목표가 이루어질 수 있는지 알아보기 위해서, 20세기 중반의 자본주의에서 가장 중요한 기관 중 하나였던 곳, 당면한 과제인 정신 보건 개혁에 관한 가장 설득력 있고 유망한 요구를 개진하고 있는 곳으로 여행을 떠나 볼 시간이다.

내가 다이니우스 푸라스 교수를 만난 것은 2019년 크리스마스 한 주 전, 반짝이는 스위스 도시 제네바에서였다. 제네바는 UN의 유럽 본부

가 위치한 곳이자, 세계인권선언에 처음으로 서명한 도시이기도 하다. 도심의 축제 중심지 바로 외곽에 위치한, 별다른 특징이 없는 거리인 몽브릴란트 거리에는 전통적 방식으로 장식된 스위스 호텔이 있는데, 이 호텔은 해외의 고위 인사, 정치인들과 UN 관료들에게 인기가 많은 곳이기도 하다. 우리는 호텔 로비에서 만나서 중앙 홀 바로 옆 한구석에 있는, 따뜻한 양가죽 러그가 깔린 두 개의 빵빵한 안락의자에 앉았다. 이제 50대 후반으로 접어든 푸라스는 아침 7시라는 이른 시간에 만났음에도 놀라울 정도로 활기찬 모습이었다. (몇 주에 걸쳐 약속을 잡으려고 시도했지만, 우리 둘 모두가 시간을 낼 수 있는 때가 그때뿐이었다.)

2014년에 푸라스가 UN 특별 조사 위원으로 임명된 뒤, 그는 매우 빠르게 글로벌 보건 분야에서 가장 중요한 인물 중 한 사람으로 떠올랐다. UN 인권 이사회가 정한 그의 역할은 가장 좋은 품질의 보건 의료를 누릴 수 있는 만인의 권리를 고취하고, 이러한 목적을 달성하지 못하고 있는 의료 체계를 폭로하는 것이었다. 그는 의사이자 정신과 의사로 훈련을 받았으며, 현재는 워싱턴 DC의 조지타운과 리투아니아의 빌뉴스에서 정신과 의사로서 전문적인 직책을 맡고 있었다. 이러한 배경에서 그가 UN 특별 조사 위원으로 임명된 것은 왜 정신 건강 개입이 다른 건강 분야에서의 개입에 비해 한참 뒤처지는 성과를 보여주고 있는지를 이해하기 위한 시도였다. 이는 내가 서론에서 언급한 주제이기도 하다. 오늘날 푸라스는 21세기의 정신 건강 의료가 직면한 도전과제라는 주제에 관해 선구적인 목소리를 내고 있으며, UN 실태조사를 위해 30개 이상의 국가를 방문하여 우리의 정신 의료 체계가 어떻게 잘못되어가고 있으며 어떻게 이를 바로잡을 수 있을지를 분석했다.

내가 제네바에 간 것은 푸라스와 함께 그가 직접 지도하고 작성한, 2건의 강렬한 UN 보고서에 대해 탐구하기 위함이었다.[16] 이 보고서들의 목적은 21세기 정신 보건 서비스의 성공을 가로막는 주된 장애물들이 무엇인지를 알아내는 것이었다. 2017년에 출판된 첫 번째 보고서는 영국을 포함한 대부분의 국가에서 정신 건강 문제를 해결하는 데 있어 인권에 기반한 적절한 접근법이 무시되고 있다는 주장을 펼침으로써 기성 정신 보건계를 분열시켰다. 이처럼 인권에 기반한 접근법은 그 본질상 두 가지 근본적인 변화의 필요성을 주장한다. 정신 건강 문제를 겪고 있는 사람들을 위한 심리적 지원과 사회적 지원(관계적, 공동체적, 집단적 지원)을 확대할 것을 요청하는 한편, 고통의 사회적 근원, 즉 불평등, 가난, 차별, 과로, 사회적 배제를 다루는 데 더 많은 관심을 쏟을 것을 요청하는 것이다. 두 보고서는 이처럼 인권에 기반한 접근을 등한시하게 만드는 세 가지 방해 요인이 있다고 주장했다.

첫 번째 방해 요인이자 가장 중요한 방해 요인은 정신 보건 분야에서 생의학적 모델이 지배적이라는 사실이다. 이러한 접근법은 서론에서 언급했듯, 대부분의 정신적 고통을 의학적 질환으로 규정하며 생의학적 설명과 정신과 약물 같은 개입을 편애한다. 푸라스가 설명하길, 이러한 접근법은 불필요한 처방을 증가시키고, 효과적인 심리적, 사회적 대안을 무시하며, 정신적 고통의 본질과 원인을 왜곡해 왔다. 또한 전문가들이 정신적 고통의 복잡한 사회적, 심리적 결정 요인을 간과하게 만들어 개인의 건강에 해를 끼쳤다. 주문한 커피가 도착할 때쯤, 그는 방금 제시한 마지막 논점에 대해 더 자세한 설명을 제공했다.

"최근에 갔던 UN과의 여행에서, 나는 한 어머니로부터 자폐 진단을 받은 9살 난 딸에 관한 이야기를 들었습니다. 아이의 가족은 상대적으로 괜찮은 수준의 의료적 지원을 제공하는 고소득 국가에 살고 있어서, 아이는 학교의 특별 지원을 받으며 통합교육과정에 다닐 수 있었습니다. 어느 날 오후에 어머니가 아이를 찾으러 왔을 때, 아이의 선생님은 아이가 평소보다 훨씬 불안해 하는 상태이고, 하루 종일 그런 상태였다는 사실을 알려 주었습니다. 선생님은 의사에게 돌아가 문제가 무엇인지를 알아보면 어떻겠냐고 했죠. 어머니는 선생님께 무슨 일이 일어난 것인지 물었습니다. 선생님은 나는 의사가 아니라 따님의 뇌에서 무슨 일이 일어나는지 알 수가 없다고 답했죠. 그 어머니는 제게 이 이야기를 하면서 이렇게 덧붙였습니다. "선생님도 아시겠죠, 대학 교육까지 받고서도 전문가라는 사람이 이렇게나 무지하답니다." 아이가 좌불안석하는 이유가 무엇인지 알아내는 데는 1분도 채 걸리지 않았다. 아이의 신발 속에 작은 돌이 들어 있었던 것이다.

"흔히들 하는 실수가 무엇인지 아실 겁니다." 푸라스가 대화를 이어 나갔다. "진단을 받으면, 진단을 받은 뒤부터 일어나는 모든 일이 진단이라는 프레임에서 해석되는 거죠. 그러고 나면 생의학적인 차원에서 결정이 내려지고, 생의학적인 치료를 받게 될 일만 남은 겁니다." 이런 식의 접근법이 신체적 문제를 다루는 데는 적합할지 몰라도, 정신 건강 분야에서 이러한 접근법이 적절한 때는 거의 없다시피 하다. 푸라스가 보기에 이처럼 일차원적인 생의학적 비전은 고통을 더 넓은 맥락으로부터 분리하여 관계적인 방법보다는 기술적인 방법으로 관리되도록 만든다. 푸라스에 의하면, 이러한 이유로 UN 인권 이사회는 2019년에 "생의학적 모델에 대한 과도한 의존은 실패로 이어졌다"고 평가했던 것이다.

푸라스가 보기에 이러한 생의학적 접근법의 더 큰 문제는 과학적으로 입증되지 않았다는 것이다. "연구에 들어간 돈만 몇십억이지만, 아직까지 그 어떤 정신 질환에 대해서도 생물학적 원인이 발견된 적은 없습니다." 푸라스가 말했다. "우리는 대신 권력의 불평등을 발견했죠. 의사와 환자 사이의 권력 불평등, 그리고 생의학적 접근법과 인간 고통의 사회적, 심리적 결정요인에 훨씬 더 주의를 기울이는 접근법 사이의 권력 불평등을 발견한 겁니다." 소위 "신발에 든 돌" 같은 요인에 더 주의를 기울이는 접근법들 말이다.[17] "하지만 비공식적인 자리에서 정신과 의사들에게 생의학적 접근법이 실패를 거둔 이유가 무엇일지를 물어보면, 그들은 자원의 부족을 탓하죠. 그들은 상황을 개선하려면 재정 지원의 격차를 메워야 한다고 주장합니다." 하지만 푸라스가 보기에 이미 실패한 접근법에 돈을 더 들이붓는다고 해서 상황이 반전될 일은 없었다. 오히려 우리는 고통의 사회적 원인을 다루는 일에 재정을 지원하고, 효과적인 심리적, 사회적 개입을 도입해야 한다.

푸라스와 나는 대화를 나누면서, 종종 창밖을 통해 들리는, 근처를 주기적으로 지나는 트램 소리에 주의를 빼앗기기도 했다. 트램의 무거운 바퀴가 강철 선로를 지나며 내는 소리는, 내게 있어 그 보고서에 명시된 다른 두 가지 방해 요인에 대해 내가 언제나 느껴온 감정을 상징하는 것처럼 느껴졌다. 이 방해 요인들은 내가 꽤 오랜 기간 글을 쓰고 비판한 주제이자,[18] 서론에서 넌지시 언급했던 주제이기도 했다. 정신의학계와 제약 업계 사이의 상호 이득이 되는 경제적 관계와, 그들이 쓰는 생의학적 접근법을 강화하기 위해 증거를 편향되게 사용하는 관행이라는 주제 말이다.

후자의 논점에 대한 푸라스의 입장은 굳건했다. 제약 업계의 영향력과 이해관계는 연구 및 정보의 보급을 오염시켜, "정신 건강에 대한 우리의 집단적 지식은 부패하게 되었다." 푸라스는 "그럴 필요가 없다는 증거가 명백히 있는데도, 경도에서 중등도의 우울증을 겪는 사람들에게 정신과 약물(항우울제)을 복용해야만 한다고 설득하기 위한 목적으로 증거를 사용하는 것"이야말로 이러한 편향의 우려스러운 예시라고 말한다. 푸라스는 이렇게 쓰고 있다. "다른 생의학적이지 않은 개입들, 예를 들면 관계를 다루는 개입이나 정신 건강의 사회적이고 근본적인 결정요인을 다루는 개입들이 더 효과적이라는 것이 알려져 있다는 사실을 알고 보면 더욱 충격적인 일이다." 푸라스가 보기에 정신과 약물의 남용과 오용은 더 안전하고 효과적인 정신 의료 서비스에 접근할 권리를 박탈함으로써 결과적으로 심각한 인권 문제를 낳았다.

───────

2017년에 이 강렬한 UN 보고서가 출판된 이후, 이 보고서는 상당한 논쟁을 불러일으켰다. 이러한 논쟁에도 불구하고 푸라스는 UN의 전폭적 지지를 받아 2019년에 출판된 두 번째 보고서에서 그가 권장한 "인권에 기반한 접근법"을 한층 더 발전시켜 나갔다. 2019년의 새로운 보고서는 정신 건강 서비스를 필요로 하는 사람은 누구나 그 서비스를 제공받을 수 있어야 한다고 명시하면서도, 건강한 관계를 모든 것의 중심에 놓고 고통의 사회적, 관계적 원인에 주목할 것을 요청했다. 보고서의 표현을 빌리자면, 이러한 서비스는 "과도하게 생의학적인 모델에 기반해서는 안 되며," 더 넓은 차원에서 "삶의 과정에서 여러 세대에 걸친 개인 간, 가족 간, 공동체 간의 관계"를 쌓아 나가려는 사회적 욕구를 반영해야 한다.

2019년에는 『가디언』지가 푸라스와의 독점 인터뷰를 바탕으로 푸라스의 UN 보고서에 관해 보도했다. 기사는 보고서가 요구하는 변화가 후기 자본주의의 여러 핵심 정책에 정면으로 도전하고 있다는 것을 넌지시 드러냈다. 예를 들어 기사에는 2008년 이래의 긴축 정책이 정신 건강에 좋지 않다고 알려진 요인들, 즉 사회적 분열, 불평등과 사회적 고립을 심화한다는 푸라스의 관점이 인용되어 있었다. 이러한 문제들은 발전 국가 중 가장 신자유주의적인 국가들(즉 영국과 미국)에서 가장 많이 나타나는 문제이기도 하다.

기사는 정부가 이와 같은 고통의 사회적 결정요인들에 도전할 준비를 하지 않고, 생의학적이고 개인주의적인 개입을 계속해서 증대시킨다면, 정신 건강 결과는 나아지지 않을 것이라고 강조했다. 그렇기에 우리에게는 고통의 사회적 원인을 다루는 정책들, 예를 들어 더 나은 (그리고 덜 의료화된) 아동 프로그램 및 학교 프로그램, 더 공정한 과세, 강력한 노조 조직, 더 나은 사회 복지, 공동체의 더 많은 지지, 불평등 및 사회적 배제의 감소 같은 것들이 필요하다는 것이다. 우리에게는 또한 가정에서, 학교에서, 일터에서, 의료 서비스 환경에서, 공동체에서 치료적 지지의 기반이 되는 사회적 모임을 더 많이 조직할 필요가 있다. 푸라스가 말하길, 쉽게 말해 "우리는 뇌가 아니라 관계를 겨냥할 필요가 있다." 사람들을 한데 모으고, 그들의 고통을 탈의료화하고, 까다로운 사회적, 환경적 원인들을 다뤄야 하는 것이다.

푸라스와 함께 『가디언』 인터뷰에 관해 이야기하는 동안, 나는 리처드 윌킨슨이 우리의 대화에 참여했더라면 정말 흥미로웠겠다는 생각을 할 수밖에 없었다. 두 사람에게는 공통점이 정말 많았기 때문이다. 나는 푸라스가 윌킨슨과 마찬가지로 (그리고 물론 나와도 마찬가지로) 『가디언』 기사가 강조한 내용에 동의하는지, 다시 말해 현재의 정신 건강 위기는 후기 자본주의의 몇몇 핵심적인 사회 정책을 거부하지 않는 한 나아질 수 없다는 주장에 동의하는지 알고 싶었다.

"정말이지, 그 『가디언』 기사는 긴축 정책, 불평등, 가난과 초자본주의의 감정적 해악을 성공적으로 조명하고 있습니다." 그는 미소지었다. "그러니 좌파에 속한 사람들은 당연하게도 이렇게 말했죠. '와, 푸라스도 우리 편이네!' 그러고는 제러미 코빈까지 제게 트윗을 보냈습니다. 그리고 네, 맞습니다. 저는 좌파입니다. 하지만 이 논쟁에 관해서는 그 기사에 반영되지 않은 또 다른 입장이 있습니다."

그가 설명하길 이 또 다른 입장이란, 공산주의, 혹은 그의 표현을 빌리자면 유사 사회주의만이 정신 질환에 대한 유일한 만병통치약이라는 생각을 거부하는 그의 입장을 의미한다. 그는 냉전 시기 소련에서 성장하여 의사이자 정신과 의사로 수련을 받은 그의 경험을 바탕으로 이러한 관점에 대해 강한 경고를 보냈다. 그의 관점을 형성하는 데 중요한 시기였던 이 시기의 경험으로부터, 그는 그러한 정치 체제가 얼마나 해로운 영향을 끼칠 수 있는지를 알게 되었다. "1980년대 소련에서는 소련이 자본주의를 타도함으로써 모든 정신 건강 문제를 해결했다는 프로파간다가 난무했습니다. 정신 질환은 서구의 질병이라고 주장한 거죠. 자살, 알코올 중독, 우울증은 자본주의가 사람들을 착취하기 때문에 생기는 질병이라는 겁니다. 하지만 실제로는 당연히 소련에도 똑같은 문제가 있었습니다. 우리는 수많은 시설에 정신 질환자들을 숨기고 있었을 뿐입니다. 아이들과 어른들을 가둬 놓고 사람들의 자유와 권리를 억압한 다음, 세상에는 이렇게 말하는 거죠. "보라, 소련에는 서구의 질병이 없다." 그런 다음 우리는 이런 식의 모델을 모든 장애에 적용했습니다. 실제로 1980년 모스크바 올림픽 당시 소련 정부는 패럴림픽 개최를 거부하기도 했습니다. 그들은 그저 이렇게 말할 뿐이었죠. "여기엔 장애가 있는 사람들이 없다! 그런 문제는 서구에만 있다."

1970년대와 1980년대의 소련 프로파간다는 정신 건강 장애 및 다른 장애가 있는 사람들의 대규모 감금과 학대로 이어졌을 뿐만 아니라, 공동체 차원의 정신 건강 서비스를 전혀 발전시켜 나가지 못하게 했다. 공산주의를 통해 모든 정신 건강 문제를 없앤 것이 사실이라면, 이런 서비스가 필요할 리 없었기 때문이다. "당시 소련에는 사회복지사, 심리학자, 심리치료사가 전혀 없었습니다. 항정신성 약물을 대용량으로 처방하고 사람들을 감금하는 정신과 의사들뿐이었죠. 그러니 우리는 자본주의와 정신 건강에 대해 생각하면서 최근의 역사를 기억하고 냉전 이래 양 진영 모두가 문제를 잘못 이해해 왔다는 사실을 인지할 필요가 있습니다. 자본주의는 [사회 정책보다는 개인의 결함을 비난함으로써] 고통의 경제적, 사회적 동인을 무시해 왔고, 소련의 유사 사회주의는 정신적 고통의 현실을 완전히 은폐함으로써 현실 부정을 널리 퍼뜨리고 인권을 침해했습니다."

푸라스와 만난 날 오후, 나는 구시가지의 중심부로 발걸음을 옮겨, 제네바 대학의 동료들 몇 사람을 만난 뒤 도시를 가로질러 걸어갔다. 나는 조금은 향수에 잠겨 있었다. 푸라스와의 인터뷰가 이 책을 위한 마지막 인터뷰가 될 것임을 알고 있었기 때문이었다. 나는 우아한 모습의 파크 데 바스티옹을 향해 곧장 걸어갔는데, 그곳에서는 따뜻한 초콜릿 퐁듀의 냄새와 달콤한 소나무 타는 냄새가 나를 향해 유혹의 손길을 내밀고 있었다. 공원의 중심 도로에는 너무나 사랑스러운 크리스마스 시장이 반짝이며 늘어서 있었다. 시장은 통나무 집, 화덕, 따뜻한 소파 의자와 감미로운 재즈 음악으로 북적였다. 우리의 머리 위로 40피트쯤 되는 위치에는 수도 없이 많은 은색 크리스마스 방울이 걸려 있어 방울 아래의 땅에 춤추는 빛의 향연을 쏟아붓고 있었다. 반대편의 제네바 국립고등음악원에서는 이제 막 〈눈의 여왕〉 낮 공연이 끝나, 사람들이 공원으로 쏟아져 들어왔다. 분위기는 완전히 즐겁고, 흥겨우며, 활기차기까지 했고, 풍요로 가득 차 있었다. 어찌 되었건 제네바는 새로운 자본주의의 성공에서 가장 큰 이득을 본 곳이기도 했다. 제네바는 예외적이리만치 낮은 법인 세율과 개인 세율이 적용되는 글로벌 금융 허브이자, 얼마 없는 글로벌 엘리트를 끌어들이는 자석과도 같은 곳이었다. 제네바의 중심은 1%를 위한 도시권이었다. 그리고 물론 이건 그들을 위한 크리스마스 축제였다.

파크 데 바스티옹을 떠나 상대적으로 덜 부유한 지역으로 가는 기나긴 발걸음을 시작하자, 푸라스가 정신 건강의 정치학에 대해 남긴 마지막 말을 마음속에서 떨쳐 내기가 어려웠다. 어떻게 자본주의 체제와 공산주의 체제 모두가 그들 자신의 특별한 목적을 위해 정신 건강에 대한 서로 다른 서사를 남용하고 홍보했는지에 대한 그의 의견 말이다. 공산주의에서 정신 질환은 다행스럽게도 우월한 공산주의 사회 체제에서는 찾아볼 수 없는 서구적 질병으로 묘사되었으며, 새로운 자본주의에서 정신 질환은 새롭게 이해되고 경제적 이득을 위해 사용되어야 하는 문제였다. 공산주의자들이 고통을 은폐하고 무시했다면, 새로운 자본주의자들은 고통을 의료화하고 탈정치화하여 그로부터 이득을 취했다. 그들은 고통을 생산적인 위협으로 탈바꿈시키고, 고통에 대한 신자유주의 정책의 책임을 면제해 주었다.

이러한 생각들을 염두에 두면서 나는 푸라스의 UN 보고서가 개괄한, 정신 건강의 개혁을 가로막는 세 가지 장애물(근거의 편향된 사용, 제약 업계의 힘, 생의학적 관점의 지배)을 다시 회상했다. 이제 나는 푸라스가 개혁을 막는 네 번째 장애물도 있다는 사실에 동의할지 궁금해졌다. 이 장애물은 가장 강력한 장애물이자, 내가 이 책 전체를 통해 조명하려고 했던 장애물이기도 했다. 이 장애물은 1980년대 이래로 푸라스의 UN 보고서가 고발하고 있는 의료화되고 개인주의적인 개입을 편애해 온 정치 경제의 일반적 형태이다.

나는 계속해서 제네바 중심지를 걸었고, 이제는 형형색색의 대학가를 거닐고 있었다. 그곳에서 나는 한 카페를 찾아 커피를 주문해 좀 더 곰곰이 생각해 보기로 했다. 왜 푸라스는 내가 이 네 번째 장애물에 관해 물어보았을 때 명확한 입장을 밝히지 못했던 것일까? 왜 그는 어떤 답을 주어야 할지 확신하지 못하는 듯한 모습이었을까? 어쩌면 이는 이 주제가 푸라스가 좀 더 생각해 보아야 하는 주제였기 때문일 수도 있고, 아니면 푸라스가 급진적인 자본주의 비판이 어떤 결론으로 흘러갈지를 두려워했기 때문일 수도 있다. 소련에서 살았던 그의 경험을 고려하면 말이다. 하지만 자본주의에는 여러 형태가 있다. 어떤 형태는 1980년 이전에 존재했고 많은 형태가 오늘날 이후에 나타날 것이다. 그리고 언젠가 어떤 형태의 자본주의는 오늘날 우리가 살아가고 있는 형태의 자본주의를 회상하며 부정의하고 유해한 예외적 사례였다고 생각할지도 모른다.

카페에 앉아 숙고하던 중, 나는 오래지 않아 리처드 윌킨슨 교수의 대화와 그가 똑같은 질문에 대해 했던 답을 떠올렸다. 윌킨슨은 우리의 경제 형태가 정신 건강 개혁을 가로막고 있다고 보았을까? 그의 답변은 더 결단력 있었다. "정치에서 혹은 미디어에서 정신 질환, 스트레스와 자해가 증가하고 있다는 소식이 들릴 때면, 이에 대한 반응은 거의 언제나 서비스를 늘리라는 겁니다. 정신과 의사와 심리학자의 수를 늘리라는 거죠. 하지만 우리는 왜 전례 없이 높은 수준의 육체적 편안함을 누리는 사회가 이처럼 끔찍한 정신적, 감정적 고통이라는 짐을 짊어지게 되었는지에 대해서는 거의 질문하지 않습니다. 진실은 이에 대한 구조적 설명이 존재한다는 것이고, 바로 이것이야말로 핵심적인 문제입니다."

이 책에서 나는 정신 의료 서비스에서 이러한 구조적 설명이 대체로 무시당하고 있으며, 이는 정신 의료 서비스의 이데올로기가 사회경제적인 현 상태를 변화시키기보다는 유지하려고 하기 때문이라는 사실을 설명하고자 했다. 우리가 노동자가 가진 불만의 의료화를 보건, 일터로 돌아가기 위한 심리치료의 증가를 보건, 물질주의적 가치와 치료의 조응을 보건, 실업 상태의 병리화를 보건, 경제적 생산성이라는 측면에서 측정되는 회복을 보건, 업계의 이해관계를 가장 우선시하는 의약품 규제를 보건, 진단명이 학교 예산 감축에 대응하기 위한 수단으로 쓰이는 것을 보건, 널리 퍼진 고통의 상품화와 탈정치화에 대해 보건, 우리는 새로운 자본주의의 이념적 욕구와 필요에 부응하는 시녀가 되어 버린 체제를 보게 된다. 이러한 굴종을 명확히 인식할 수 있을 때, 우리는 비로소 왜 실패하고 있는 우리의 정신 건강 시스템이 실패에도 불구하고 확장을 거듭하는지를 설명할 수 있게 될 것이다.

따뜻하고 북적이는 카페를 떠나 루 드 샹트플레를 따라 제네바 중앙역으로 발걸음을 옮기던 중, 나의 마음속에서는 책의 맨 처음 부분에서 처음 논했던 논점을 다시 강조하면서 이 책을 마무리 지어야 한다는 것이 명확해졌다. 정신 건강과 신자유주의의 동맹은 은밀하고 의도적인 계획을 통해 이루어진 것이 아니라는 논점 말이다. 내가 보기에 진실은 훨씬 덜 매력적이다. 우리의 정신 건강 시스템은 대부분의 다른 핵심 사회 제도들과 마찬가지로 자신의 존속을 가장 잘 보장해주는 생각들과 실천들을 받아들였을 뿐이다. 정신 건강 시스템은 저항이 가장 적은 길을 따라감으로써, 즉 지배적인 신자유주의의 물결을 거부하지 않고 그에 편승함으로써 지금과 같은 형태를 띠게 되었고, 또한 계속해서 살아남게 되었다. 실로, 20세기 중반의 사회철학자 미셸 푸코가 말했듯, 권력은 자신의 목적과 이해관계에 가장 잘 부합하는 생각들과 실천들, 실제 세상에서 현실로 구현되는 생각들과 실천들을 수용한다. 이러한 푸코의 발언에 비추어 볼 때, 우리는 다음과 같은 것들을 잊어서는 안

될 것이다. 장애 수당을 줄이기 위해 사람들이 일터로 돌아가도록 "넛지"하려는 보수당, 새로운 치료 프로그램을 통해 노동 생산성을 높이려하는 신노동당, 지속적인 의약품 탈규제화를 통해 이익을 늘리려는 연이은 정부의 시도, 직장에서의 정신 건강 자문 프로그램을 통해 만연한 근로자의 불만을 완화하려는 정부와 기업의 동맹을 잊어서는 안 되는 것이다.

이 책의 서두에서 언급했듯이, 이러한 열정이 권력자들을 지배하게 된 것은 그들의 가장 주된 정치적 목표가 정신 건강을 향상하는 데 있기 때문이 아니다(적어도 첫 번째 목표는 아니다). 오히려 이는 정치인들이 국민을 도와준다는 명목을 내세우면서도 자신들의 더 깊은 이념적 목표에도 부합하는, 일석이조 내지는 일석이조처럼 보이는 해결책들을 즐기기 때문이다. 우리의 정신 건강 시스템을 움직이고 뒤흔드는 이들 모두(IAPT 서비스 제공자, 정신 건강 자문 회사, 제약 기업, 정신의학계의 오피니언 리더)가 정치인들을 다룰 줄 알았고, 깊은 본능적 수준에서 다음과 같은 사실을 이해하고 있었다. 무언가가 관심을 끌고, 돈을 받고, 시행되려면 국고를 틀어쥔 이들의 이념적 열정에 불을 붙일 필요가 있다는 것이다. 우리의 서비스에 존재하는 문제의 원인은 나쁜 아이디어에 자금을 댄 이들에게만 있는 것이 아니라, 이러한 아이디어를 생각해 내고 정치적으로 매력적으로 보이게끔 마케팅한 이들에게도 있다. 안타깝게도, 이처럼 상호 이득이 되는 동맹의 결과물은 지속적으로 나쁜 결과를 가져왔으며, 오늘날 우리가 어디서나 목격하는 것은 막대한 비용에도 불구하고 끝없이 이어지는 서비스와 시스템의 실패이다.

결론

나는 내가 다니는 대학 도서관의 맨 꼭대기 층에 홀로 앉아 있다. 그곳의 전망은 런던 중심부를 향해 멀리 펼쳐져 있으며, 런던 중심부에는 수평선 위로 여러 개의 강철과 유리로 된 포탑이 솟아 있다. 해가 지고 있고, 오렌지빛의 불빛이 거대한 돔처럼 도시 위로 드리우고 있다. 가까운 자리에는 몇 명의 피로한 박사 연구생들이 의무 사항인 마스크를 쓰고 앉아 있다. 그들은 이른 아침부터 노트북으로 바삐 일을 해치우고 있었고, 이제는 일을 끝내고 싶은 것처럼 보였다. 나는 한 시간 뒤면 서둘러 집에 돌아가 대충이나마 집을 치우고, 아이들을 씻기는 일을 돕고, 동화책 몇 권을 읽어주고, 저녁 식사를 준비하고, 아침 이른 시간에 이 원고를 넘겨야 한다.

그리고 나는 마지막 순간에 이 책을 집필하는 내내 나에게 가깝게 다가왔던 질문, 계속해서 내 주의를 끌고 내가 나눈 대화와 인터뷰에 끼어들었던 그 질문을 직면하고 있다. 그 질문은 기만적일 만큼 단순하지만 답하기 어려운 질문이다. 우리는 이제 어떻게 해야 할까?

한 가지 답변은 이 나라의 정신 건강 위기를 어떻게 해결할지에 대한 헌장을 작성하는 것이 한 사람에게만 달린 일이 아니라는 것이다. 아이디어와 해결책을 제시하는 것은 정부와 정책 입안자, 지역 당국의 일이 되어야 한다. 하지만 나는 이 답변은 충분하지 않다는 것을 안다. 특히 앞서 언급된 이들은 실패의 시기에 우리의 정신 건강 서비스를 지배했던 것과 똑같은 경제적 논리에 지배되고 있기 때문에, 이러한 논리가 허용하는 것 이상으로 혁신적이거나 급진적일 수 있는 위치에 있지 않다.

그렇다면 대안적인 답변을 찾아야 할 것이다. 어쩌면 우리는 비협조적인 정치적, 경제적 환경에도 불구하고 정신의학계가 자기 스스로를 개혁하기를 기다릴 수 있지 않을까? 어쩌면 정신의학계는 집단적인 고통과 그 해결책이 진지하게 다루어지고, 공동체와 인간관계의 육성을 그들이 하는 일의 핵심에 놓고, 경제를 주된 기준으로 놓지 않고 건강 결과를 우선시할 수 있는 여지를 은근슬쩍 만들어낼지도 모른다. 특히 이러한 작업은 이미 오래전부터 이루어져 온 것이기 때문에, 이 답변이 확실히 첫 번째 답변보다는 나아 보이기도 한다. 정신의학계의 주요 분야들에서는, 몇십 년간 계속되어 온 신자유주의와의 영합에 저항하기 위한 목적으로 많은 사람과 단체가 자발적으로 모이고 있다. 이들은 더 적은 의료화와 탈정치화, 더 적은 약물 처방을 요구하는 한편, 보다 트라우마 중심적이며, 관계적 돌봄과 사회적 돌봄을 제공하고, 더 인본주의적이고 심리사회적이며, 생의학적이지 않은 방식의 대안을 요구하고 있다.

이러한 개혁의 요구는 여러 주류 정신 건강 단체에서 지지를 받고 있으며, 다수의 영향력 있는 전문가 집단, 캠페인 집단 및 서비스 사용자 집단이 이러한 요구를 실천에 옮기고 있다.[1] 이처럼 다양한 진보 운동은 관점과 실천의 다양성을 옹호하기는 하지만, 넓은 관점에서 이들은 오늘날 우리의 고통이 그릇되게 상품화되고 민영화되어 사회의 병폐를 조명하고, 사회적 행동을 추동하며, 영속적이고 의미 있는 개인적, 사회적 변화를 촉진할 수 있는 능력을 잃어버리게 되었다는 데 동의한다.

이러한 운동은 신자유주의의 이익에 봉사하지 않으려는 의지가 돋보인다는 점에서 칭찬을 받을 만하다. 그러나 그러한 의지는 방해물이 될 수 있는데, 우리의 정치 경제가 더 호의적인 방향으로 변화하지 않는 한 이러한 운동의 목표가 완전히 실현되기는 어렵기 때문이다. 이런 방향의 변화가 실제로 일어나지 않는 한, 정신 건강 분야에서 나타난 몇 가지 중요하고 변혁적인 발상들은 여전히 신자유주의적 강령이 가장 돋보이는 경기장에서 가시성을 얻기 위해 싸워야만 한다. 이는 서비스를 생산성 향상과 분리하며, 업계의 영향력으로부터 독립할 것을 주장하고, 과잉 의료화와 고통의 민영화에 반대하며, 건강한 관계, 공동체와 사회정의를 장려하는 것을 목표로 하는 접근이라면 어느 것이든 세상의 빛을 보기 위해 힘겹게 투쟁해야 한다는 것을 의미한다.

그리하여 우리가 어떻게 해야만 하는가라는 질문에 대한 마지막 답변은 다음과 같으며, 이는 내가 가장 공감하는 답변이기도 하다. 정신 건강 분야의 근본적인 개혁은 우리의 정치 경제가 그것을 허용할 때 비로소 일어날 확률이 높다. 경제적 접근법을 바꾸고, 우리의 경제 전반에 더 규제적이고, 진보적이며, 사회 민주적인 방식을 제도화할 때 비로소 가능해지는 것이다. 이러한 답변은 변화에 이처럼 중대한 전제조건을 상정하기 때문에 어떤 이들에게는 그리 만족스럽지 않게 느껴질 수도 있다. 그러나 2020년 초와 비교해 보더라도 사회경제적 개혁은 훨씬 덜 불가능해 보이는 것이 사실이다.

그때부터 세상은 되돌릴 수 없을 만큼 많이 변했다. 코로나19가 전 세계에 퍼지면서 이는 자본주의 역사상 가장 심각하고 치명적인 경기 위축을 촉발했으며,[2] 오늘날 우리의 경제적 패러다임에 존재하는 근본적인 결함들을 생생하게 드러냈다. 경제가 더 신자유주의적일수록 위기를 더 어렵게 넘기는 것으로 보였고, 영국과 미국은 온갖 종류의 경제 및 건강 지표에서 특히 처참한 결과를 나타냈다.[3] 여러 해에 걸쳐 긴축 정책을 시행하고 의도적으로 국가의 능력을 축소해온 결과, 영국은 기본적인 공중 보건, 병원과 복지 요구를 충족하는 일로도 애를 먹었다. 영국은 신속한 검사와 역학 조사를 수행하는 데에도 실패했으며, 몇 주가 지나도록 의사와 간호사, 간병인들에게 기본적인 개인 보호 장구를 지급하는 일로 골머리를 썩었다. 이는 그 어느 발전 국가에서도 나타나지 않았던 최악의 요양원 사망 사태로 이어졌고,[4] 마침내 영국 정부가 국내 생산으로 감당할 수 없는 물자 수요를 충족시키기 위해 해외 공급자를 찾았을 때 이 사태도 비로소 해결될 수 있었다.

말라비틀어진 영국의 공공 서비스가 영국을 특히 취약한 상태로 만든 한편으로, 새로운 자본주의 시대의 도래로 더욱 심화된 가공할 만한 불평등 또한 만천하에 가시화되었다. 봉쇄 조치의 결과가 우리 모두에게 같지는 않았다. 봉쇄 조치는 저소득 계층과 흑인, 아시아인 및 소수 민족에게 훨씬 가혹했다. 이들은 최전방에서 일하거나 비좁은 생활 공간에 격리되어 특히 심각한 건강과 웰빙의 악화를 경험하게 될 가능성이 높았다.[5] 봉쇄 조치는 또한 가난한 지역에 살고 있는 이들에게 더욱 가혹했다. 이들은 부유한 지역에 사는 이들에 비해 코로나19로 사망할 확률이 거의 2.5배는 높다.[6] 한술 더 떠 학교의 위기는 사회적 불평등을 가시화하고 심화했다. 첫 번째 대규모 봉쇄 조치 동안, 사립학교들은 학생들에게 매일 온라인 강의를 제공했던 반면(그리하여 아이들의 가족이 강제적 홈스쿨링으로 인한 수많은 스트레스를 경험하지 않아도 되었던 반면) 공립학교의 절반에서는 학생들이 선생님과 거의 아무런 접촉도 하지 못했다.[7] 그리고 사회적으로 가장 불리한 환경에 있는 가정들에서 홈스쿨링 비율도 가장 낮았기에, 아이들의 성과에서 나타나는 격차는 더욱 벌어졌다. A학점을 주는 알고리즘의 위기는 이러한 불균형을 한층 더 심화해 대학에 진학한 저소득층 학생들이 일찍이 사교육을 받았던 학생에 비해 더 낮은 학점을 받게 되는 결과로 이어졌다.

우리 사회의 주요한 불평등이 코로나에 의해 가시화되자, 블랙 라이브즈 매터 같은 저항 운동들은 특히 미국에서 인종주의와 사회적 불평등이라는 서로 연관된 주제를 조명하기도 했다. 조지 플로이드의 죽음은 인종주의와 도시 빈곤층이라는 광범위한 구조적 폭력을 상징했다. 흑인, 아시아인 및 소수 민족이 코로나로 인한 사망자 통계에는 대단히 과대표되고 있다는 사실이 이러한 부정의를 더욱 심화한다.[8] 이들의 고통은 일각에서 말하듯 완전히 생의학적이기만 한 요인에 의해 생겨난 것이 아니다. 이들의 고통은 불평등, 인종주의, 빈약한 서비스, 효과가 미미한 부의 재분배 속에서 코로나 시기에 흑인, 아시아인 및 소수 민족이 필수 노동의 최전선을 채우는 부정의한 경제에서 살아가는 것의 결과물이다.

개인주의와 국가의 비개입주의에 관한 신자유주의적 사고방식 역시 타격을 입었다. 어쨌든 "집단 면역"이라는 실패한 반개입주의 정책을 가장 많이 수용한 것이 경제적 우파에 속한 리더들인 것은 우연이 아니었기 때문이었다. 집단에서 가장 취약한 사람들(즉 만성 질환자와 노인들)이 가장 많은 영향을 받을 것이었음에도, 미국의 도널드 트럼프, 영국의 보리스 존슨, 브라질의 자이르 보우소나루는 모두 정도만 다를 뿐 이러한 노선을 채택했다. 2020년 3월 초에 의심스러운 자기보호책의 일환으로 영국 대중이 스스로를 가두기 시작했을 때, 이처럼 반개입주의적이고 적자생존의 논리에 지배되는 정책이 비로소 무너졌다. 이 상징적인 반란은 정부가 방침을 바꿀 수밖에 없도록 강제했다. 하지만 시간의 지체는 치명적인 결과로 이어져 사망률이 증가하고 봉쇄 조치가 연장되며 불경기는 한층 더 심화되었다.

신자유주의 경제가 자신의 반개입주의적 본능을 떨쳐 내기 위해 애를 쓰는 동안, 새로운 자본주의의 또 다른 대들보인 시장의 우월함에 대한 믿음 역시 절박한 상황에 있는 것처럼 보였다. 정부의 대응이 아무리 부적절했다 하더라도, 시장은 자기 자신을 구할 수 없었다. 오히려 정부는 시장을 떠받치기 위해 수천 억을 써야 했다. 긴축재정의 경제적 필요성을 주장하고 "돈 나오는 나무 같은 건 없다"고 설파하던 신자유주의의 10년에 걸친 설교는 결국 이념적인 주장일 뿐이라는 것이 드러났다. 민간 기업의 구제 금융과 직원 무급 휴직 계획을 지원하는 일로 막대한 부채가 발생했으며, 많은 고용주가 이를 부당하게 악용한 것으로 밝혀졌다. (600만 명의 무급휴직자는 봉쇄 기간 동안에도 계속 근무했다.)[9] 이처럼 긴요한 국가의 개입은 신자유주의 경제를 살린다는 명분으로 시행되어 신자유주의의 면역력을 높이기 위해 강력한 사회주의를 주입하는 방식으로 진행되었다. 하지만 영국이 아직도 발전 국가 중 가장 심각한 경기침체로 인해 휘청대고 있고, 더 진보적이고 공평한 경제를 받아들이는 방향으로 완전히 선회하는 것만이 유일하게 실행 가능한 장기적인 해결책인 상황에서, 단기적인 개입주의가 실제로는 얼마나 큰 실패로 끝날지를 질문해 볼 필요가 있다.

거듭되는 피곤한 봉쇄 조치를 경험하고 있는 새로운 자본주의가 생명 유지 장치를 달게 된 한편으로, 우리는 오래지 않아 정신 건강의 악화라는 새로운 유행병을 직면하게 될 예정이다. 2020년 4월이 되자, 영국 왕립정신의학회는 봉쇄 조치의 타격으로 인해 머지않아 "정신 질환의 쓰나미"가 밀려올 것이라고 경고했다.[10] 7월이 되자, 영국 국립통계청(ONS)도 이에 가세해 4달 만에 "우울증 유병률"이 2배 늘어났다고 보고했으며,[11] 런던경제대학(LSE)의 핵심적인 보고서는 국가 전체가 거의 정신적 이환(morbidity) 상태(즉 정신 질환이 있는 상태)로 분류될 수 있는 역치에 다가섰다고 주장했다.[12] 하지만 코로나로 인한 정신적 고통의 엄청난 과잉 의료화에도 불구하고 그에 대한 지원은 매우 적었으며, 자금 부족에 시달리는 서비스 몇 개와 (들리는 말에 의하면 언제나 바쁘다고 하는) 새로운 정신 건강 핫라인을 지원하기 위해 몇백만 파운드가 투입되었을 뿐이었다. 그 결과 필연적으로 더 많은 정신과 처방이 이루어질 수밖에 없었으며, 처방률은 전례 없는 수준으로 치솟았고,[13] 더 많은 의료화라는 순환적인 결과가 발생했다.

그러나 정신의학계가 정신 질환 대유행이랍시고 의료화하고 있는 것들은 현장에서 일하는 사람들이 보기에는 전혀 질환처럼 보이지 않았다. 당연하게도 사람들은 직관적으로 자신의 고통이 본질적으로 병리적이거나 정신과적인 것 혹은 장애가 아니라, 봉쇄 조치의 해악에 대한 자연스러운 반응이라는 것을 이해하고 있었다. 그 해악이 인간관계상의 고립이건, 경제적 불안이건, 가정불화이건, 학대이건, 실업이건, 상실된 미래 혹은 불확실한 미래이건 말이다. 이러한 사실은 2021년의 봉쇄 조치 동안 도출된 데이터에도 반영되어 있다. 가장 심한 타격을 받은 사람들은 여성들, 어린아이들, 병자들, 유족들, 실직자들, 18~24세의 젊은이들이었다.[14] 이러한 고통의 원인은 잘못된 신경전달물질의 활성화나 생물유전학적 문제가 아니라, 이러한 집단이 노출된 명백한 사회적 스트레스원이었다. 이러한 고통을 의료화하는 것에는 실용성도, 도덕성도 없을 뿐만 아니라 그 이론적 근거도 모호하다. 특히 사회적 스트레스는 경제적 안정, 가족의 지지, 직업, 공동체, 다시금 불붙은 미래를 향한 희망 같은 사회적 해결책을 필요로 하기 때문이다. 팬데믹은 많은 이들에게 이것들을 앗아 갔다.

증가하는 고통은 고통에 대한 믿을 만한 설명으로써 의료화에 대한 신뢰를 위태롭게 했을 뿐만 아니라, 우리의 정신 건강에 대한 관리를 비전문화할 것을 요구했다. 첫 번째 대규모 봉쇄와 두 번째 대규모 봉쇄에서 NHS가 공급할 수 있는 것은 제한되어 있었기 때문이었다. 더 많은 의료화는 이미 무리하고 있는 보건 시스템을 마비시킬 수밖에 없다는 사실을 알고 있는 영국 공중보건국이 우리에게 힘을 부여하기 위해 나섰다. 공중보건국은 우리의 정신 건강을 돌볼 것을, 즉 잘 자고, 먹고, 운동하고, 지지적인 인간관계에 참여하고 이러한 관계를 육성할 것을 요청했다.[15] 영국 웰컴 트러스트가 의뢰한 중요한 보고서 또한 이러한 방편의 중요성을 다시금 강조하며, 코로나로 인한 정신적 고통을 병리화하는 것은 "정신 건강을 둘러싼 대화를 파국화하고" "의료 체계 바깥에 존재하는 (…) 비공식적이고 공동체적인 대응 기제를 약화함으로써"[16] 의도치 않게 우리의 고통을 심화할 수 있다고 주장했다.

전달되는 메시지는 우리의 고통을 완화하기 위해 할 수 있는 일이 있다는 것이었다. 그리고 오래지 않아 이런 메시지들은 종종 더 정치적인 색채를 띠게 되었다. 예를 들어 미셸 오바마가 공개적으로 자신이 "낮은 수준의 우울증"을 겪고 있다고 밝혔을 때, 그는 빠르게 그 이유를 밝혔다. 봉쇄 조치, 경찰의 가혹 행위와 5년이라는 트럼프의 임기가 그 이유였다. 미셸 오바마는 오래지 않아 이러한 정치적 고통을 행동으로 옮겨, 미셸 오바마 특유의 감동적인 연설과 맹렬한 선거 캠페인을 통해 조 바이든의 대통령 출마에 불을 붙였고, 2020년 11월 바이든의 승리에 엄청난 도움을 주었다. 그의 고통은 그의 동기가 되었고, 정치적 행동은 그를 위한 심리치료가 되었다. 이러한 접근법은 다른 사람들에게도 효과적일 수 있다.

봉쇄 조치 동안 많은 사람이 고통받은 것은 사실이지만, 코로나로 인한 여러 스트레스를 보다 적게 경험한 이들은 예상치 못한 방식으로 잘 지내기 시작했다. 보도된 내용으로 판단하건대, 이는 새로운 자본주의가 거의 들려주려고 하지 않는, 이야기의 또 다른 측면이기도 하다. 사실 유고브가 실시한, 가장 대규모로 이루어진 국민의 생각에 대한 설문조사에서, 팬데믹이 끝난 이후 삶이 "정상"으로 돌아가길 바라는 이들은 9%뿐이었다.[17] 한편 유니버시티 칼리지 런던에서 수행한 연구는 영국 인구의 3분의 1이 봉쇄 조치를 즐겼다는 것을 보여주었다.[18] 코로나 시기의 봉쇄 조치는 코로나 이전 우리의 신자유주의적 삶에 대해 심오한 질문을 던지게 만든 것처럼 보인다. 많은 사람은 자신이 싫어하거나 불만족스럽고 몰입되지 않는다고 느끼는 직업에서 잠깐이나마 해방된 것에 안도감을 느꼈다. 다른 이들은 예상치 못하게 가까운 가족들과 더 많은 시간을 보낼 기회, 인간관계를 수복하고 강화할 기회, 읽고, 숙고하고, 걷고, 운동할 기회를 찾았다. 신자유주의적 삶의 일상적 혼란들이 사라져 감에 따라, 우리의 시야 또한 맑아졌다. 집중을 방해하는 것들이 사라지자, 많은 사람이 더 철학적인 마음가짐을 갖고 무시되었던 감정과 생각, 삶에 대한 질문에 대해 생각해 볼 수 있게 되었다. 우리는 덜 소비하고, 덜 쇼핑하고, 더 천천히, 더 검소하게 살아가도록 강제되었다. 더 많은 사람이 다시 자연과 연결되고, 우리 주변의 공기가 더 깨끗하게 느껴지기 시작하자 환경에 대한 의식 또한 자라났다.[19] 코로나 위기는 우리의 자만심에도 흠집을 냈다. 우리의 기술로도 전 세계적 봉쇄 조치를 피할 수 없었다면, 인류가 무적은 아니었는지도 모른다. 어쩌면 기후 과학자들이 경고한 돌이킬 수 없는 지점에 이르렀을 때, 기후 재앙을 빠르게 되돌릴 방법은 없는지도 모른다.[20]

그러니 결과적으로는 코로나가 모든 것을 바꾼 셈이다. 코로나는 새로운 경제 생산 체제의 생존 가능성과 지속 가능성을 변화시켰다. 코로나는 우리의 삶에서 무엇이 가장 중요하고 무엇이 가장 중요하지 않은지에 대한 생각을 변화시켰다. 코로나는 우리가 왜 어떤 행동을 하게 되는지, 무엇이 우리를 괴롭게 하고 무엇이 우리를 일으켜 세우는지에 대한 우리의 이해를 부분적으로나마 변화시켰다. 근래에 생각되었던 것보다 체계적인 경제적 개혁이 더 가까울 수도 있다는 사실을 고려할 때, 이 모든 변화가 새로운 정신 건강 패러다임이 오래지 않아 승산을 갖게 될 것이라는 희망을 준다. 결국 어떤 경제적 패러다임도 영원히 가지는 못했기 때문이다.[21] 그리고 현재의 패러다임도 그러한 역사적 경향을 따를 수밖에 없다. 변화는 도래할 것이며, 변화가 도래했을 때 정신 건강 분야에 존재하는 대안적 생각들은 시행될 준비가 완료되어 있을 것이다. 우리가 지금 하고 있는 노력을 계속하기만 한다면, 즉 우리가 계속해서 신자유주의의 압력과 유혹에 저항하기 위해 노력한다면, 그리고 우리가 신자유주의 교리가 강제하는 율법이 아닌 사람들의 필요에 부응하는 개입들을 개발한다면 말이다.

서론

1 이 실례와 관련해 나는 발표에서 이 실례를 사용한 리처드 벤탈(Richard Bentall) 교수에게 감사의 인사를 전한다.

2 이러한 주장에 대해서는 8장에서 더 자세하게 다룰 예정이다.

3 미국에서만 200억 달러가 정신의학과 신경생물학 연구에 투자되었는데, 눈에 띄게 자살과 입원을 줄이거나 정신 질환을 앓는 수천만 명의 사람들의 회복률을 개선하지는 못했다. 다음을 보라. Henriques, G. (2017), 'Twenty Billion Fails to "Move the Needle" on Mental Illness', https://www.psychologytoday.com/gb/blog/theory-knowledge/201705/twenty-billion-fails-move-the-needle-mental-illness (accessed Jan. 2020).

4 2019년에만 영국 전체 성인 인구 중 17%가 항우울제를 처방받았다. 다음을 보라. Public Health England (2019), *Prescribed Medicines Review Report*, https://www.gov.uk/government/publications/prescribed-medicines-review-report (accessed Jan. 2020).

5 미국의 수치만 보려면, 다음을 보라. NIMH (2020), 'Mental Illness 2020', https://www.nimh.nih.gov/health/statistics/mental-illness.shtml#:~:text=Mental per cent20illnesses per cent20are percent20common per cent20in, mild per cent20to per cent20moderate per cent20to per cent20severe (accessed Aug. 2020).

6 2013년에만 100개 이상의 비판적 사설, 기명 논평 및 기사가 진지한 매체에 출판되었고, 『네이처』『영국 정신의학 저널』『랜싯』등의 명망 있는 학술지에도 무수히 많은 글이 실렸다. 이 글들은 DSM-5가 진단 역치를 낮추고 '정신 질환'의 숫자를 확장함으로써 인간 고통을 과잉 의료화하고 있다고 비난했다. 이러한 비판은 2012년 후반부터 전문가들에게 지지를 받았으며, (영국심리학회, 미국정신분석협회, 덴마크심리학회, 미국상담협회 등을 포함하는) 전 세계 50개 이상의 정신 건강 단체가 매뉴얼의 출판 중지를 요구하는 온라인 청원에 서명했다. 다음을 보라. Davies, J. (2019), 'Deceived: how Big Pharma persuades us to swallow its drugs', in Watson, Jo (ed.), *Drop the Disorder*, London: PCCS Books.

7 Frances, A. (2013), *Saving Normal*, New York: William Morrow. [앨런 프랜시스, 『정신병을 만드는 사람들』, 김명남 옮김, 사이언스북스, 2014]

8 보다 최근에 이루어진 분석을 보려면, 다음을 보라. 'Expert consensus v. evidence-based approaches in the revision of the DSM', *Psychological Medicine* 46 (11): 2255-2261

9 다음에 인용됨. Davies, J. (2013), *Cracked: why psychiatry is doing more harm than good*, London: Icon Books.

10 Davies, J. (2016), 'How voting and consensus created the *Diagnostic and Statistical Manual of Mental Disorders* (DSM‐III)', *Anthropology and Medicine* 24 (1): 32‐46. Decker, Hannah, S., (2018), *The Making of DSM‐III: A Diagnostic Manual's Conquest of American Psychiatry*, Oxford: Oxford University Press.

11 다음에서 인용. Davies, J. (2013), *Cracked: why psychiatry is doing more harm than good*, London: Icon Books.

12 가장 최근 판본인 DSM‐5 위원회에서는 29명 중 21명이 이전에 업계에 연줄이 있었다고 보고했다.

13 Cosgrove, Lisa, and Shaughnessy, Allen F., 'Mental Health as a Basic Human Right and the Interference of Commercialized Science', *Health and Human Rights Journal* (2020), https://www.hhrjournal.org/2020/06/mental‐health‐as‐a‐basic‐human‐right‐and‐the‐interference‐of‐commercialized‐science/ (accessed Sept. 2020).

14 나는 주장이라는 말을 썼는데, 교수가 제안하고 있는 내용이 아직 확실하게 입증된 것은 아니었기 때문이다. 하지만 이 대화를 나누고 6개월이 지난 뒤, 나는 버지니아주 알링턴에 있는 미국정신의학협회의 DSM 기록 보관소에서 연구를 수행하던 중 그의 주장을 검증해 보기로 결정했다. 문서 보관 담당자가 DSM 판매의 대부분이 대량구매에 의한 것임을 확인해 주기는 했지만, 나는 출판자인 APA가 고객 쪽의 정보를 수집하거나 밝힐 수 없다는 얘기를 듣기도 했다.

15 Carlat, D. (2010), *Unhinged: the trouble with psychiatry*, London: Free Press. Gøtzsche, P. (2013), *Deadly Medicines and Organised Crime: how Big Pharma has corrupted healthcare*, London: Radcliffe Publishing. Whitaker, R., and Cosgrove, L. (2015), *Psychiatry Under the Influence: institutional corruption, social injury, and prescriptions for reform*, New York: Palgrave Macmillan.

16 Campbell, E. G., et al. (2007), 'Institutional academic‐industry relationships', *Journal of the American Medical Association* 298(15): 1779‐80.

17 Whitaker, R. (2017), 'Psychiatry Under the Influence', in Davies, J. (ed), *The Sedated Society: the causes and harms of our psychiatric drug epidemic*, London: Palgrave Macmillan.

18 Angell, M. (2011), 'The illusions of psychiatry', *New York Review of Books* 58 (12): 82‐4.

19 Spielmans, G. I., and Parry, P. I. (2010), 'From evidence‐based medicine to marketing‐based medicine: evidence from internal industry documents', *Bioethical Inquiry* 7: 13‐29. Turner, E. H., et al. (2008), 'Selective publication of antidepressant trials and its influence on apparent efficacy', *New England Journal of Medicine* 17: 252‐60. Kondro, W., and Sibbald, B. (2004), 'Drug company experts advised to withhold data about SSRI use in children', *Canadian Medical Association Journal* 170: 783.

20 Spielmans, G. I., and Parry, P. I. (2010), 'From evidence‐based medicine to marketing‐based medicine: evidence from internal industry documents', *Bioethical Inquiry* 7: 13-29. Turner, E. H., et al. (2008), 'Selective publication of antidepressant trials and its influence on apparent efficacy', *New England Journal of Medicine* 17: 252-60.

21 이러한 연구 중 몇 가지를 보려면 다음을 보라. Lexchin, J., et al. (2003), 'Pharmaceutical industry sponsorship and research outcome and quality: systematic review', *BMJ* 326: 1167-70. Orlowski, J. P., and Wateska, L. (1992), 'The effects of pharmaceutical firm enticements on physician prescribing patterns', *Chest* 102: 270-3. Adair, R. F., and Holmgren, L. R. (2005), 'Do drug samples influence resident prescribing behavior? A randomized trial', *American Journal of Medicine* 118 (8): 881-4. Lo, B., and Field, M. J. (2009), *Conflict of Interest in Medical Research, Education, and Practice*, Institute of Medicine (US) Committee on Conflict of Interest in Medical Research, Education, and Practice, Washington DC: National Academies Press. Spurling, G. K., et al. (2010), 'Information from pharmaceutical companies and the quality, quantity, and cost of physicians' prescribing: a systematic review', *PLoS Medicine* 7(10): e1000352.

22 물론 사람들이 정신과 약물이 진실로 자신을 도왔다고 믿는다면 그들을 존중하는 것이 옳다. 영향력 있는 정신의학과 교수인 조안나 몬크리프(Joanna Moncrieff)의 말을 빌리자면, 특정한 상황에서 몇몇 정신과 약물들을 사용하는 것은 타당하며, 가장 심각하게 고통받는 사람들에게 사용되고 가능한 한 짧은 기간 동안 사용될 때 특히 정당하다. 그러나 오늘날의 상황은 이런 것과는 아주 거리가 멀다. 지난해 영국 성인 인구의 1/4이 정신과 약물을 처방받았고, 평균 복용 기간은 지난 10년간 두 배로 늘어났다. (장기 사용이 수많은 해악과 관련되는데도 말이다.)

23 NHS Mental Health Taskforce Strategy (2020), 'The Five Year Forward View for Mental Health', https://www.england.nhs.uk/wp-content/uploads/2016/02/Mental-Health-Taskforce-FYFVfinal.pdf (accessed Sept. 2020).

24 자살률의 증가는 정신 건강 서비스에서 상담을 받는 사람들의 숫자가 늘었다는 사실에 의해 부분적으로 설명될 수 있다. 그럼에도 불구하고 자살률의 증가가 정신 건강을 향상하기 위해 존재하는 서비스에서 보고 싶을 만한 결과는 아닐 것이다. 다음을 보라. Nuffield Trust (2020), 'Suicide in mental health service users', https://www.nuffieldtrust.org.uk/resource/suicide-in-mental-health-service-users (accessed Sept. 2020).

25 Turner, J., et al. (2015), 'The History of Mental Health Services in Modern England: Practitioner Memories and the Direction of Future Research', *Medical History* 59 (4): 599-624, doi:10.1017/mdh.2015.48.

26 Syme, Kristen L., and Hagen, Edward H. (2019), 'Mental health is biological health: Why tackling "diseases of the mind" is an imperative for biological anthropology in the 21st century', https://doi.org/10.1002/ajpa.23965.

27 심각한 정신 질환이 있는 사람과 일반 인구 간의 표준화사망비(standard mortality ratio)는 1970년대 이전 연구에서는 평균 2.2였고 1970년대 이후 연구에서는 평균 3.0인데, 이는 37%의 증가를 나타낸다. 다음을 보라. Lee, Ellen E. et al. (2018), 'A Widening Longevity Gap between People with Schizophrenia and General Population: A Literature Review and Call for Action', *Schizophrenia Research* 196: 9-13. 다른 고도로 의료화된 정신 의료 환경에서도 이러한 추세를 볼 수 있다. 호주가 효과적인 예시가 될 수 있는데, 호주에서는 1980년대 초 이래 기대수명 격차가 점점 커져 1985년과 2005년 사이에 남성의 경우 13.5년에서 15.9년으로, 여성의 경우 10.4년에서 12.0년으로 증가했다. 다음을 보라. Lawrence, D., et al. (2013), 'The gap in life expectancy from preventable physical illness in psychiatric patients in Western Australia: retrospective analysis of population based registers', *BMJ* 346, https://doi.org/10.1136/bmj.f2539. 영국에서도 같은 현상을 볼 수 있다. 조현병으로 병원에서 퇴원한 사람들에게. 표준화사망비는 1999년에 1.6이었던 반면 2006년에는 2.2였다. (P<0.001 for trend) 양극성 장애의 경우, 표준화사망비는 1999년에는 1.3이었고 2006년에는 1.9였다. (P=0.06 for trend). 다음을 보라. Hoang, U., et al. (2011), 'Mortality after hospital discharge for people with schizophrenia or bipolar disorder: retrospective study of linked English hospital episode statistics, 1999-2006', *BMJ* 343: d5422, doi: 10.1136/bmj.d5422. 영국에서 2014-2015년에 있었던 전체 사망률 감소의 주요 동인은 호흡기 질환과 순환계 질환, 알츠하이머병과 뇌신경계 질환과 정신 장애였다. 다음을 보라. https://www.bmj.com/content/362/bmj.k2562.

28 De Mooij, Liselotte D., et al., 'Dying Too Soon: Excess Mortality in Severe Mental Illness', *Frontiers in Psychiatry*, 6 December 2019, https://doi.org/10.3389/fpsyt.2019.00855. NHS Digital (2020), 'Mental Health Bulletin: Annual report from MHMDS returns – England, 2011-12, further analysis and organisation-level data', https://digital.nhs.uk/data-and-information/publications/statistical/mental-health-bulletin/mental-health-bulletin-annual-report-from-mhmds-returns-england-2011-12-further-analysisand-organisation-level-data (accessed Sept. 2020).

29 이 흥미로운 글을 참고해 달라. 나는 이 글의 일부를 내 말로 바꾸어 썼다. Khullar, Dhruv, 'The Largest Health Disparity We Don't Talk About: Americans with serious mental illnesses die 15 to 30 years earlier than those without', *New York Times*, 30 May 2018, https://www.nytimes.com/2018/05/30/upshot/mental-illness-health-disparity-longevity.html (accessed Sept. 2020).

30 Kendrick, T. (2015), 'Long-term antidepressant treatment: Time for a review?', *Prescriber* 26 (19): 7-8.

31 Gafoor, R., et al. (2018), 'Antidepressant utilisation and incidence of weight gain during 10 years' follow-up: Population based cohort study', *BMJ* 361: k195.

32 Viguera, A. C. (1998), 'Discontinuing antidepressant treatment in major depression', *Harvard Review of Psychiatry* 5: 293-305.

33 Richardson, K., et al. (2018), 'Anticholinergic drugs and risk of dementia: Case-control study', *BMJ* 361: k1315.

34 Fava, G. A., et al. (2015), 'Withdrawal symptoms after selective serotonin reuptake inhibitor discontinuation: a systematic review', *Psychotherapy and Psychosomatics* 84: 72-81. Blier, P., and Tremblay, P. (2006), 'Physiologic mechanisms underlying the antidepressant discontinuation syndrome', *J. Clin. Psychiatry* 67, Suppl. 4: 8-13.

35 Higgins, Agnes, et al. (2010), 'Antidepressant-associated sexual dysfunction: impact, effects, and treatment', *Drug, Healthcare, and Patient Safety* 2: 141-50.

36 Maslej, M. M., et al. (2017), 'The mortality and myocardial effects of antidepressants are moderated by preexisting cardiovascular disease: A meta-analysis', *Psychotherapy and Psychosomatics* 86: 268-82.

37 Angermeyer, M., Matschinger, H. (2005), 'Causal beliefs and attitudes to people with schizophrenia: trend analysis based on data from two population surveys in Germany', *British Journal of Psychiatry* 186: 331-4.

38 Kempa, Joshua J., et al. (2020), 'Effects of a chemical imbalance causal explanation on individuals' perceptions of their depressive symptoms', *Behaviour Research and Therapy* 56: 47-52.

39 Schroder, Hans S. (2020), 'Stressors and chemical imbalances: Beliefs about the causes of depression in an acute psychiatric treatment sample', *Journal of Affective Disorders* 276: 537-45.

40 Kvaalea, Erlend P., et al. (2013), 'The "side effects" of medicalization: A meta-analytic review of how biogenetic explanations affect stigma', *Clinical Psychology Review* 33 (6): 782-94.

41 Larkings, J. S., and Brown, P. M. (2018), 'Do biogenetic causal beliefs reduce mental illness stigma in people with mental illness and in mental health professionals? A systematic review', *International Journal of Mental Health Nursing* 27: 928-41.

42 Berardelli, I., et al. (2019), 'The Role of Demoralization and Hopelessness in Suicide Risk in Schizophrenia: A Review of the Literature', *Medicina* (Kaunas, Lithuania) 55(5): 200, https://doi.org/10.3390/medicina55050200.

43 다음을 보라. Timimi, S. (2011), 'Campaign to Abolish Psychiatric Diagnostic Systems such as ICD and DSM', http://www.criticalpsychiatry.co.uk/index.php?option=com_content&view=article&id=233:campaign-to-abolish-psychiatric-diagnostic-systems-such-as-icd-and-dsm-timimi-s&catid=34:members-publications&Itemid=56.

44 이 연구 결과에 대한 좋은 요약본이 여기에서 논의되고 있다. E. Watters (2010), 'The Americanization of Mental Illness', *New York Times*, https://www.nytimes.com/2010/01/10/magazine/10psyche-t.html (accessed Dec. 2020).

45 Corrigan, P. W., and Watson, A. C. (2002), 'Understanding the impact of stigma on people with mental illness', *World Psychiatry* 1(1): 16-20.

46 Kvaalea, Erlend P., et al. (2013), 'Biogenetic explanations and stigma: A meta-analytic review of associations among laypeople', *Social Science & Medicine* 96: 95-103, https://doi.org/10.1016/j.socscimed.2013.07.017. Mehta, S. and Farina, A. (1997), 'Is being "sick" really better? Effect of the disease view of mental disorder on stigma', *Journal of Social and Clinical Psychology* 16: 405-19, 10.1521/jscp.1997.16.4.405.

47 Kvaalea, Erlend P., et al. (2013), 'The "side effects" of medicalization: A meta-analytic review of how biogenetic explanations affect stigma', *Clinical Psychology Review* 33(6): 782-94.

48 역설적이게도 (감정적 고통을 '질병'과 '장애'라는 의학적 용어로 재구성하면서) 정신 건강 문제가 신체 건강 문제와 다르지 않다고 주장하는 많은 낙인 반대 캠페인들은, 감정적 고통이 개인이 통제할 수 없는 장기적인 생물학적 '질환'을 의미한다는 대중적 공포를 재천명했는지도 모른다. 그리고 연구들은 이런 메시지들이 낙인을 강화한다는 것을 보여준다. 아이러니한 것은 이 캠페인들이 이와 같은 논리를 동원함으로써 그들이 의도한 것과는 정반대되는 결과를 가져올지도 모른다는 사실이다.

1장 경제적 서곡

1 Thatcher, M. (1981), Interview for *Sunday Times*, Margaret Thatcher Foundation. https://www.margaretthatcher.org/document/104475 (accessed 10 Nov. 2018).

2 Marglin, Stephen A., and Schor, Juliet B. (2011), *The Golden Age of Capitalism: Reinterpreting the Postwar Experience*, Oxford: Oxford University Press.

3 Kotz, D. M. (2017), *The Rise and Fall of Neoliberal Capitalism*, Boston: Harvard University Press.

4 Thatcher, M. (1985), Speech to Joint Houses of Congress, Margaret Thatcher Foundation, https://www.margaretthatcher.org/document/105968 (accessed Dec. 2018).

5 이 지점에서 마르크스는 헤겔과 명확히 갈라졌다. 헤겔은 고통이 역사적 과정에서 필수적이라고 보았으며, 고통은 신적인 초월이라는 궁극적 상태로 이어질 것이라고 보았다. 그

러나 보다 실용적인 성향의 마르크스에게, 고통은 인간적 개화(unfurling)를 위한 사회적 혁명으로 이어질 수 있는 것으로 여겨졌다. 다음을 보라: Green, R.M., and Palpant, N. J. (eds.) (2014), *Suffering and Bioethics*, Oxford: Oxford University Press, p. 76.

6 우리는 이러한 사고방식이 경제적 우파(프리드리히 하이에크와 밀턴 프리드먼의 작업에서 볼 수 있는)와 좌파(위르겐 하버마스, 테오도르 아도르노, 에리히 프롬) 모두에게 퍼져 있는 것을 볼 수 있다.

7 이 분야의 핵심 용어에 대한 특히 유용한 개괄을 찾는다면, 다음을 보라. Keith, H., and Hann, C. (2011), *Economic Anthropology*, London: Polity Press.

8 하지만 나를 포함한 많은 분석가에게, 계산된 의도야말로 제약 산업의 정신과 약물 홍보의 핵심이라는 것은 명백하다.

2장 빚과 약물을 확산하는 새로운 문화

1 PWC (2020), 'COVID-19: UK Economic Update', https://www.pwc.co.uk/premium/covid-19/uk-economic-update-covid-19.pdf (accessed Aug. 2020).

2 Bank of England (2020), 'Money and Credit – April 2020', https://www.bankofengland.co.uk/statistics/money-and-credit/2020/april-2020 (accessed Aug. 2020).

3 TUC (2020), 'Record household debt levels show why workers need a new deal', https://www.tuc.org.uk/blogs/record-household-debt-levels-show-why-workers-need-newdeal (accessed Dec. 2020).

4 Almenberg, Johan, et al. (2018), 'Attitudes towards debt and debt behaviour', https://voxeu.org/article/our-changing-attitudes-towards-household-debt (accessed Dec. 2020).

5 Brewer, J. (2017), 'Applicants to UK arts and design university courses decline by over 14,000 this year. It's Nice That', https://www.itsnicethat.com/news/ucas-artand-design-university-applications-decline-210717 (accessed June 2018).

6 Harrow M. (2007), 'Factors involved in outcome and recovery in schizophrenia patients not on antipsychotic medication', *Journal of Nervous and Mental Disease* 195: 406–14.

7 이 문제에 대한 논의에 관해서는 휘태커의 변론을 보라. Whitaker, R. (2016), 'The Evidence-Based Mind of Psychiatry on Display', https://www.madinamerica.com/2016/05/the-evidence-based-mind-of-psychiatry-on-display/ (accessed Oct. 2020).

8 예를 들어 영국에서는 1990년대 후반 이래 정신 건강 장애가 두 배 증가했다.

9 처방약 의존에 관한 초당적 의원 모임(All-Party Parliamentary Group for Prescribed Drug

Dependence)에 로버트 휘태커가 제시한 데이터(Houses of Parliament, Sept. 2016).

10 Harding, C. M., et al. (1987), 'The Vermont Longitudinal Study of Persons With Severe Mental Illness, I: Methodology, Study Sample, and Overall Status 32 Years Later', *American Journal of Psychiatry* 144: 6.

11 Whitaker, R. (2012), 'E. Fuller Torrey's Review of Anatomy of an Epidemic: What Does It Reveal About the Rationale for Forced Treatment?', https://www.madinamerica.com/2012/05/e-fuller-torreys-review-of-anatomy-of-an-epidemic-what-does-it-reveal-about-the-rationale-for-forced-treatment/ (accessed Jan. 2020)

12 1961년 캘리포니아 정신위생부에서 수행된 또 다른 연구는 항정신병제 소라진이 1950년대 중반에 병원에 도입된 이후 어떤 효과를 가져왔는지에 대해 연구했다. 연구자들은 첫 번째 조현병 삽화로 인해 입원한 1,413명의 환자 중 약물을 복용한 환자들이 결과적으로 더 오래 병원에 머물렀다는 사실을 발견했다. 약물을 복용하지 않은 사람들은 88%가 입원 후 18개월 이내에 퇴원했으나, 소라진을 복용한 사람들은 74%만이 퇴원했다.

13 Van Scheyen, J. D. (1973), 'Recurrent vital depressions', *Psychiatria, Neurologia, Neurochirurgia* 76: 93-112.

14 D. Goldberg (1998), 'The effects of detection and treatment of major depression in primary care', *British Journal of General Practice* 48: 1840-44.

15 Hengartner, M. P., et al. (2019), 'Antidepressant Use During Acute Inpatient Care Is Associated With an Increased Risk of Psychiatric Rehospitalisation Over a 12-Month Follow-Up After Discharge', *Frontiers in Psychiatry* 10: 79, doi: 10.3389/fpsyt.2019.00079.

16 Hyman, S. (1996), 'Initiation and adaptation: A paradigm for understanding psychotropic drug action', *American Journal of Psychiatry* 153: 151-61.

17 Andrews, P. W., et al. (2011), 'Blue again: perturbational effects of antidepressants suggest monoaminergic homeostasis in major depression', *Frontiers in Psychology* 2: 159.

18 Bockting, C. (2008), 'Continuation and maintenance use of antidepressants in recurrent depression', *Psychotherapy and Psychosomatics* 77: 17-26.

19 Patten, S. (2004), 'The Impact of antidepressant treatment on population health', *Population Health Metrics* 2: 9.

20 Jablensky, A., et al. (1992), 'Schizophrenia: manifestations, incidence and course in different cultures. A World Health Organization ten-country study', *Psychological Medicine Monograph Supplement 20*, Cambridge: Cambridge University Press.

21 Coryell, W. (1995), 'Characteristics and significance of untreated major depressive disorder', *American Journal of Psychiatry* 152: 1124-29.

22 Hegarty, J. D., et al. (1994), 'One hundred years of schizophrenia: a meta-analysis of the outcome literature', *American Journal of Psychiatry* 151(10): 1409-16.

23 한 논평과 관련해, 휘태커는 다음과 같이 말했다. "책이 출판된 날에 하버드 의사가 쓴 리뷰가 있었는데, 그는 나를 에이즈 부정론자와 비교하며 정신과 약물이 수많은 사람의 삶을 더 낫게 만들었다는 사실에 진지하게 이의를 제기할 사람은 아무도 없다고 주장했습니다."

24 Wunderink, L., et al. (2013), 'Recovery in Remitted First-Episode Psychosis at 7 Years of Follow-up of an Early Dose Reduction/Discontinuation or Maintenance Treatment Strategy: Long-term Follow-up of a 2-Year Randomized Clinical Trial', *Journal of the American Medical Association Psychiatry*.

25 Insel, T. (2013), 'Post by former NIMH director Thomas Insel: Antipsychotics: Taking the Long View', https://www.nimh.nih.gov/about/directors/thomas-insel/blog/2013/antipsychotics-taking-the-long-view.shtml (accessed Jan. 2020).

26 Vittengl, J. R. (2017), 'Poorer long-term outcomes among persons with major depressive disorder treated with medication', *Psychotherapy and Psychosomatics* 86: 302-4.

27 Ho, B. C. et al. (2011), 'Long-term antipsychotic treatment and brain volumes: a longitudinal study of first-episode schizophrenia', *Archives of General Psychiatry* 68(2): 128-37.

28 Dreifus, C. (2008), 'Using Imaging to Look at Changes in the Brain', http://www.nytimes.com/2008/09/16/health/research/16conv.html?scp=1&sq=Nancypercent20Andreasen&st=cse (accessed Jan. 2020).

29 Voineskos, A. N., et al. (2020), 'Effects of antipsychotic medication on brain structure in patients with major depressive disorder and psychotic features: Neuroimaging findings in the context of a randomized placebo-controlled clinical trial', *Journal of the American Medical Association Psychiatry*, doi: 10.1001/jamapsychiatry.2020.0036.

30 Warren, J. B. (2020), 'The trouble with antidepressants: why the evidence overplays benefits and underplays risks - an essay by John B. Warren', *BMJ* 370: m3200.

31 Jakobsen, J. C., et al. (2020), 'Should antidepressants be used for major depressive disorder?', *BMJ Evidence-Based Medicine* 25: 130.

32 Cipriani, A., et al. (2018), 'Comparative efficacy and acceptability of 21 antidepressant drugs for the acute treatment of adults with major depressive disorder: a systematic review and network meta-analysis', *The Lancet*.

33 Kirsch, I. (2009), *The Emperor's New Drugs: exploding the antidepressant myth*, London: Bodley Head, p. 54.

34 Timimi, S., et al. (2018), 'Network meta-analysis of antidepressants', *The Lancet*, doi.org/10.1016/S0140-6736(18)31784-7.

35 전문용어로 말하자면, 차이는 우울증의 심각성을 측정하는 HAM-D 척도상 1.6점의 차이에 불과했다. 차이가 "임상적으로 유의한" 것으로 분류되기 위해 필요한 점수인 3.0점보다 한참 낮은 것이다. 하지만 위약과 항우울제의 이와 같은 아주 작은 차이조차 설명될수 있는데, 항우울제를 복용하는 사람들 대부분이 위약을 복용할 때와 달리 부작용을 경험하기 때문이다. 부작용은 임상시험을 진행하는 동안 자신이 항우울제를 먹고 있다는 사실을 알아차리도록 돕고, 이는 회복에 대한 기대와 위약 효과를 북돋는다. 한마디로, 부작용은 위약 효과를 강화하며, 이는 심각한 우울증의 치료에 있어서 항우울제가 위약과 비교했을 때 약간 더 효과가 있어 보이는 이유를 설명해준다.

36 Pigott, H. E., et al. (2010), 'Efficacy and effectiveness of antidepressants: current status of research', *Psychotherapy and Psychosomatics* 79: 267-79.

37 Longden, E., et al. (2018), 'Assessing the Impact and Effectiveness of Hearing Voices Network Self-Help Groups', *Community Mental Health Journal* 54: 184-188.

38 Calton, Tim, et al. (2008), 'A Systematic Review of the Soteria Paradigm for the Treatment of People Diagnosed With Schizophrenia', *Schizophrenia Bulletin* 34 (1): 181-92.

39 오픈 다이얼로그 접근은 영국의 몇몇 NHS 현장에서 시범 단계에 있으며, 목소리를 듣는 사람들의 네트워크는 특히 영향력과 효과 면에서 점점 더 성장하고 있다.

40 Kendrick, T. (2015), 'Long-term antidepressant treatment: Time for a review?', *Prescriber* 26 (19): 7-8.

41 Eveleigh, R., et al. (2018), 'Withdrawal of unnecessary antidepressant medication: a randomised controlled trial in primary care', *BJGP Open* 1(4):bjgpopen17X101265, doi. org/10.3399/bjgpopen17X101265.

42 2018년, 존 리드(John Read) 교수와 나는 『중독 행동』(*Addictive Behaviours*)에 게재되고 나중에 『영국 의학 저널』(*British Medical Journal*)에 요약해 게재한 체계적인 리뷰 연구에서 이 신화에 도전했다. 연구가 게재되자 이 연구는 광범위하게 보도되었고, 상당한 양의 공적이고 전문적인 논쟁을 일으켰으며, 반박과 재반박이 오갔다. 결과적으로, 우리의 입장을 지지하는 다른 연구가 『랜싯』에 게재되었으며, 여기서부터 전문가 컨센서스가 형성되기 시작했다. 이는 왕립정신과협회(Royal College of Psychiatrists)와 영국 국립보건임상연구원(NICE)이 우리의 연구 결론에 부합하도록 국가적 지침을 수정하는 결과로 이어졌다.

43 McHugh, R. K., et al. (2013), 'Patient preference for psychological vs pharmacologic treatment of psychiatric disorders: a meta-analytic review', *Journal of Clinical Psychiatry* 74 (6): 595-602, PMID: 23842011.

44 Mind (2013), 'We still need to talk: a report on access to talking therapies', https://www. mind.org.uk/media/494424/we-still-need-to-talk_report.pdf (accessed Mar. 2018).

3장 현대적 노동이 낳은 새로운 불만

1   Grint, K. (2005), *The Sociology of Work* (3rd edn), London: Polity Press.

2   1990년대 동안, 평균적인 영국 가정은 매주 7시간씩 더 일하고 있었다. 또한, 2000년대 이래로 영국과 미국의 노동시간은 증가해 왔다. 다음을 보라. *The Economist* (2019), 'Why do some countries work longer hours than others?', https://www.economist.com/graphic-detail/2018/12/28/why-do-some-countries-work-longer-hours-than-others.

3   1970년대의 평균 근속연수는 10년이었다. 다음을 보라. Green F., et al. (2000), 'Job insecurity and the difficulty of regaining employment: an empirical study of unemployment expectations', *Oxford Bulletin of Economics and Statistics* 62: 855-83.

4   해마다 우리 중 약 20%가 이직하고 있다. 다음을 보라. Andersen, T., *Job Mobility in the European Union: Optimising its Social and Economic Benefits*, European Commission. Danish Technological Institute, final report, Copenhagen, Denmark. 2008. Macaulay, C. (2003), *Job Mobility and Job Tenure in the UK*, London: Office for National Statistics, http://www.statistics.gov.uk/articles/labour-market-trends/jobmobility-nov03.pdf (accessed June 2014).

5   Full Fact (2019), 'Has the gig economy doubled in size in three years?', https://fullfact.org/economy/has-gig-economy-doubled/ (accessed July 2020).

6   다음을 보라. National Centre for Social Research (2007), *Travel to Work—Personal Travel Factsheet*, 'Commuting times increase substantially, to 54 minutes per day return (or 78 min if you work in London)', http://webarchive.nationalarchives.gov.uk/+/http:/www.dft.gov.uk/pgr/statistics/datatablespublications/personal/factsheets/traveltowork.pdf (accessed Aug. 2015). 오늘날 300만 명 이상의 영국인이 하루에 2시간 이상을 통근에 쓴다. 다음을 보라. TUC (2015), 'Number of Commuters Spending more than two Hours Travelling to and from Work up by 72 per cent in Last Decade', https://www.tuc.org.uk/workplace-issues/work-lifebalance/number-commutersspending-more-two-hours-travelling-andwork-72 (accessed Nov. 2015).

7   Jacobs, K., (2018), 'Is psychometric testing still fit for purpose?', *People Management*, https://www.peoplemanagement.co.uk/long-reads/articles/psychometric-testing-fit-purpose (accessed July 2020).

8   Kantrowitz, T. M. (2014), 'Global Assessment Trends', https://www.cebglobal.com/content/dam/cebglobal/us/EN/regions/uk/tm/pdfs/Report/gatr-2014.pdf (accessed Jan. 2019). Also see: Society for Industrial and Organizational Psychology (2020), 'Personality Test', https://www.siop.org/workplace/employment per cent20testing/usingoftests.aspx (accessed July 2020).

9 Burns, Gary N., et al. (2017), 'Putting applicant faking effects on personality tests into context', *Journal of Managerial Psychology* 32 (6): 460-8.

10 Frayne, D. (2015), *The Refusal of Work: rethinking post-work theory and practice*, Chicago: University of Chicago Press.

11 예를 들어 2013년에 수행된 영국 공인인력개발연구소(CIPD) 연구 보고서는 평균적으로 영국에서 직업에 만족하고 있다고 보고하는 사람들의 비율은 40%이며, 공공 부문(25%)과 대기업(30%)에서 가장 낮은 수치가 나타난다는 것을 보여준다. 다음을 보라. Chartered Institute of Personnel and Development (2013), 'Employee Outlook', http://www.cipd.co.uk/binaries/employee-outlook_2013-autumn.pdf (accessed Oct. 2017).

12 Chartered Institute of Personnel and Development (2018), 'UK Working Lives: in search of job quality', https://www.cipd.co.uk/Images/uk-working-lives-summary_tcm18-40233.pdf (accessed Dec. 2018).

13 Dahlgreen, W. (2013), '37 per cent of British workers Think Their Jobs are Meaningless', YouGov, https://yougov.co.uk/news/2015/08/12/british-jobs-meaningless/ (accessed Nov. 2018).

14 만족과 정서적 몰입의 수준이 매년 달라지기는 하지만, 역사적으로 직업 만족도와 정서적 몰입은 1970년대 이래로 하락세를 보이고 있다. 미국에서 1970년대 중반과 1990년대 중반 사이에 자신의 직업에 매우 만족하는 사람의 비율은 8%로 떨어졌다. 다음을 보라. Blanchflower, D. G., and Oswald, A. J. (1999), 'Well-Being, Insecurity and the Decline of American Job Satisfaction', http://www.dartmouth.edu/~blnchflr/papers/Job Sat.pdf (accessed June 2014). 영국에서의 유사한 추세에 대해서는 다음을 보라: Kular, S., et al. (2008), 'Employee engagement: A literature review', Working Paper Series No. 19, Kingston Business School, http://eprints.kingston.ac.uk/4192/1/19wempen.pdf, (accessed Jan. 2014). 다른 연구들은 직업 만족도의 하락이 더 크다고 본다. 컨퍼런스 보드의 설문조사는 1980년대에는 61.1%였던 직업 만족도가 2010년에는 42.6%까지 하락하여, 25년에 걸쳐 총 19% 하락했다는 것을 보여준다. 다음을 보라. Ray, R. L. (2013), 'Job Satisfaction: 2013 Edition', Conference Board, https://hcexchange.conferenceboard.org/publications/publicationdetail.cfm?publicatio nid = 2522 (accessed Dec. 2017).

15 Office of National Statistics *UK Productivity Introduction*, https://www.ons.gov.uk/employmentandlabourmarket/peopleinwork/labourproductivity/articles/ukproductivityintroduction/octobertodecember2017 (accessed Dec 2017).

16 Whitmore, M., et al. (2018), 'Promising Practices for Health and Wellbeing at Work', Rand Europe. https://www.rand.org/pubs/research_reports/RR2409.html (accessed Oct. 2017).

17 이 장에 포함된 MHFA, ACAS, CMHA에 대한 데이터와 분석 중 일부는 나의 논문에서

따온 것이다. 다음을 보라. Davies, J., (2016), 'Back to balance: labour therapeutics and the depoliticisation of workplace distress', *Palgrave Communications* 2 (1): 16027.

18 Mental Health First Aid England (MHFAE), 2015, http://mhfaengland.org/ (accessed June 2018).

19 Ibid.

20 Whitmore, M., et al. (2018), 'Promising Practices for Health and Wellbeing at Work', Rand Europe, https://www.rand.org/pubs/research_reports/RR2409.html (accessed Oct. 2017).

21 CMHA (2011), 'Workplace mental health PSA', https://www.youtube.com/watch?v=x-hacuOiUYw (accessed Feb. 2020).

22 다음을 보라. CMHA (2017), 'Work Life Balance – make it your business', https://cmha.ca/resources/work-life-balance-make-it-your-business (accessed June 2018).

23 다음을 보라. ACAS (2012), 'Promoting Positive Mental Health at Work', http://www.acas.org.uk/media/pdf/j/i/Promoting_positive_mental_health_at_work_JAN_2012.pdf (accessed Jan. 2018).

24 American Psychiatric Association (2013), *Diagnostic and Statistical Manual of Mental Disorders*, 5th edn, Washington DC: APA.

25 ACAS (2018), 'Working for Everyone', http://www.acas.org.uk/index.aspx?articleid=1900 (accessed Nov. 2018).

26 Wightwick, A. (2018), '500 Lecturers at Cardiff University Sign Open Letter Saying Their Workload is Unmanageable', WalesOnline, https://www.walesonline.co.uk/news/education/500-lecturers-cardiff-university-sign-14946705 (accessed Jan. 2019).

27 이 단락은 다음 글에 나온 내용을 재구성한 것이다. Davies, J. (2016), 'Back to Balance: labour therapeutics and the depoliticisation of workplace distress', *Palgrave Commununications* 2: 27.

4장 직장 복귀를 위한 새로운 심리치료

1 Layard, Richard (2005), 'Mental health: Britain's biggest social problem?', Paper presented at the No.10 Strategy Unit Seminar on Mental Health, 20 January 2005.

2 치료를 받기로 한 날에 한 번도 나타난 적이 없는 사람들을 이런 통계에서 제외하는 것이 옳은지에 관한 논쟁이 있다. 한편으로는 치료받지도 않은 사람들을 치료하지 못했다고 어떤 서비스를 비난할 수는 없다. 그러나 다른 한편으로는 의뢰되어 오고 나서 실제 치료를 받기 전에 호전이 생겨 치료를 받으러 나오지 않았을 가능성도 있다.

3 Griffiths, Steve, and Steen, Scott (2013), 'Improving Access to Psychological Therapies (IAPT) Programme: Setting Key Performance Indicators in a More Robust Context: A New Perspective', *Journal of Psychological Therapies in Primary Care* 2: 133–41.

4 Whiteford, H., et al. (2012), 'Estimating remission from untreated major depression: a systematic review and metaanalysis', *Psychological Medicine* 43(8): 1–17.

5 치료 이후에 후속 조사를 시행하는 IAPT 센터는 매우 드물다. 2018년에는 의뢰되어 온 환자 중 후속 조사에 참여해 달라는 연락을 받은 이들은 1.5%에 불과했다. 후속 조사의 결과는 출판되지도 않았다. 치료 이후의 재발률에 관한 학술 연구들은 대체로 암울한 결과를 보여주곤 한다.

6 British Psychological Society (2017), 'New Savoy survey shows increasing mental health problems in NHS psychotherapists', https://www.bps.org.uk/news-and-policy/new-savoy-survey-shows-increasingmental-health-problems-nhs- psychotherapists (accessed Jan. 2020).

7 Murray, Marylou Anna, et al. (2017), 'GPs have levels of mental health comparable to the rest of the nation. GPs' mental wellbeing and psychological resources: a cross-sectional survey', *British Journal of General Practice* 67 (661): e547-e554.

8 Plant, R. (2012), *The Neo-Liberal State*, Oxford: Oxford University Press, pp. 11–14.

9 Frayne, D. (2019), *The Work Cure: Critical Essays on Work and Wellness*, Monmouth: PCCS Books.

10 IAPT에서 성공의 척도는 IAPT가 직장 복귀를 강조함으로써 얼마나 많은 비용을 절약할 수 있느냐에 있지, IAPT 서비스를 이용하는 사람들의 삶이 명백하게 나아졌느냐에 있지 않다. 회복이란 어차피 통계를 조금만 주물러 줘도 나오는 것이기 때문이다. IAPT 서비스는 개인의 필요는 광범위한 경제의 필요보다 부차적인 무언가라는 암시로 가득하다. 그럼에도 불구하고 IAPT 서비스의 비용 대비 효과 분석을 꼼꼼히 살펴보면, IAPT 서비스가 약속했던 비용 대비 효과의 달성은 요원한 것을 알 수 있다. IAPT의 자체 기준에도 미치지 못하고 있는 것이다.

5장 실업의 새로운 원인

1 자바의 법정 변호사는 자바가 단 하나의 기소 조항에 대해서만 유죄 판결을 받았다고 알려주었다. 그의 관리자와 협업하여 에이전시의 한 피고용인을 위해 가짜 질문지를 썼다는 혐의에 대해서만 유죄 판결을 받은 것이다. 관리자는 자바에게 이 질문지를 채우라고 지시했고, 자바는 이 일로 돈을 받지 않았다. 게다가 그 질문지가 가짜라는 것을 자바가 알았다고 해도, 그는 질문지가 청구를 위한 자료로 쓰일 것이라고는 생각하지 못했다. 그러나 나중에 상급 관리자는 이 질문지가 진짜라는 서명을 했다. 상급 관리자는 청구 내용에 대한 제대로 된 검토를 전혀 하지 않았다. 자바의 관리자는 이 청구가 가짜라는 사실을 알고 있었는데도 말이다. 자바는 직무를 위한 훈련을 전혀 받지 않은 상태였다.

2 기술적으로 말하면, 자바는 12개월 징역에 2년 집행유예를 받았다. 항소심에서는 형기가 축소되어 6개월 징역에 2년 집행유예를 받게 되었다.

3 Sutcliffe-Braithwaite, F. (2013), 'Margaret Thatcher, individualism and the welfare state. History and Policy', http://www.historyandpolicy.org/opinionarticles/articles/margaret-thatcherindividualism-and-the-welfare-state (accessed Jan. 2020).

4 이 장에서 든 이와 같은 예시들은 웹 잡지 『레드 페퍼』(Red Pepper)에 실린 탁월한 사설에서 따온 것이다. Clark, W. (2013), 'Workfare: a policy on the brink', https://www.redpepper.org.uk/-workfare-a-policy-on-thebrink/ (accessed Dec. 2019).

5 이 사례는 린 프리들리 박사가 내게 말해준 것으로, 그는 심리 강제에 대한 연구를 위해 이와 유사한 여러 건의 이야기를 수집했다.

6 Webster, D. (2013), 'Briefings on the DWP's JSA/ ESA (and UC from 22 Feb. 2017) sanctions statistics release', Child Poverty Action Group.

7 Webster, D. (2017), 'Inquiry into Benefit Sanctions Policy Belying the Oakley Review. Evidence submitted to the House of Commons Work and Pensions Committee'.

8 Ryan, F. (2019), 'Welfare Reforms are Pushing the Mentally Ill over the Edge', *Guardian*, https://www.theguardian.com/commentisfree/2019/jan/24/welfare-reformmentally-ill-injustice (accessed July 2019).

9 Bulman, May, and Polianskaya, Alina (2017), 'Attempted suicides by disability benefit claimants more than double after introduction of fit-to-work assessment', *Independent*, https://www.independent.co.uk/news/uk/home-news/disability-benefitclaimants-attempted-suicides-fitto-work-assessment-i-daniel-blakejob-centre-dwp-a8119286.html (accessed Dec. 2019).

10 ESRC (2018), Welfare Conditionality Project, http:// www.welfareconditionality.ac.uk/wp-content/uploads/2018/06/40475_Welfare-Conditionality_Report_complete-v3.pdf (accessed Feb. 2020).

11 프리들리와 스턴은 모든 종류의 증언을 적극적으로 수집하기는 했지만, 가장 적극적으로 증언한 이들은 부정적인 관점을 표현한 사람들이었다. 프리들리와 스턴은 이러한 증언이 더 널리 퍼진 감성을 반영한다고 보기 시작했다.

12 이 다음의 내용에서, 나는 이지 콕살이 '오픈 데모크라시'에 실은 중요한 폭로의 내용을 직접 인용하고 재구성했다. Koksal, I. (2012), '"Positive Thinking" for the unemployed – my adventure at A4e', https://www.opendemocracy.net/en/opendemocracyuk/positivethinking-for-unemployed-my adventures-at-a4e/ (accessed Nov. 2019).

13 다음에서 인용함. Friedli, L., and Stearn, R. (2015), 'Positive affect as coercive strategy: conditionality, activation and the role of psychology in UK government workfare programmes', *Medical Humanities* 41 : 40–7.

14 Ibid.

15 Ibid.

16 Department for Work and Pensions (2003), *'Dirty Old Town'. Employment and Regeneration in Salford. A Joint Study by Disadvantaged Groups and the Labour Market Division to Understand the Differences in Worklessness Between Areas*, London: Department for Work and Pensions.

17 Shildrick, T., et al. (2012), 'Are "cultures of worklessness" passed down the generations?', https://www.jrf.org.uk/report/are-culturesworklessness-passed-down-generations (accessed Nov. 2019).

18 Dewson, S., et al. (2007), *Evaluation of the Working Neighbourhoods Pilot: Final Report*, Leeds: Department for Work and Pensions.

6장 교육과 신관리주의의 부상

1 Department of Education (2011), 'Support and Aspiration: a new approach to special educational needs and disability', http://www.educationengland.org.uk/documents/pdfs/2011-green-paper-sen.pdf (accessed June 2018).

2 항우울제 수치에 관해서라면 다음을 보라. Bachmann, Christian J. (2016), 'Trends and patterns of antidepressant use in children and adolescents from five western countries, 2005-2012', *European Neuropsychopharmacology* 26 (3): 411-19. ADHD 처방은 1996년 4,000건 전후에서 2006년 35,000건 전후까지 증가했다. 다음을 보라. Beau-Lejdstrom, R., et al. (2016), 'Latest trends in ADHD drug prescribing patterns in children in the UK: prevalence, incidence and persistence', *BMJ Open* 6: e010508. 10년 동안 처방 수치는 지속적으로 증가하여 2005년과 2009년 사이에만 200,000건 증가했다. (2005년에는 전체 아동의 14.9%가 처방을 받았다면 2009년에는 17.8%가 처방을 받았다.) 다시 말해, 4년 만에 110만 건에서 130만건으로 증가(즉 20만 건 증가)한 것이다. 이러한 계산 결과는 근삿값이며 다음의 자료에 나타난 분석에 기반하고 있다. Department of Health (2009), 'Schools, Pupils and their Characteristics', https://www.gov.uk/government/uploads/system/uploads/attachment_data/file/219260/sfr10-2012.pdf (accessed Jan. 2020).

3 Department of Education (2011), 'Support and Aspiration: a new approach to special educational needs and disability', http://www.educationengland.org.uk/documents/pdfs/2011-greenpaper-sen.pdf (accessed Jan. 2018).

4 Snowdon, K. (2019), 'Proportion of pupils with SEND continues to rise, and 4 more findings', *Schools Week*, https://schoolsweek.co.uk/sendpupil-proportion-rise-dfe/(accessed Dec 2019).

5 교육정책연구원이 2019년에 학생부에서 학생의 이름을 빼버리는 이런 관행이 얼마나 널리 퍼졌는지를 분석했을 때, 아무런 설명도 없이 전체 학생의 7.5%가 학생부에서 빠졌다는 사실이 발견되었다. 이들 중 얼마나 많은 수가 정학을 받지 않았는데도 명단에서 빠졌는지는 알 수 없지만, 많은 학생이 빠졌을지도 모른다는 것이 암시되고 있다. 다음을 보라. Hutchinson, J., and Crenna-Jennings, W. (2019), 'Unexplained Pupil Exits from Schools: a growing problem?', https://epi.org.uk/ wp-content/uploads/2019/04/EPI_Unexplained-pupil-exits_2019.pdf (accessed Dec. 2019).

6 Adam, R. (2019), 'One in four teachers say pupils are being forced out to boost school rankings', *Guardian*, https://www.theguardian.com/education/2019/may/10/one-in-four-teachers-in-england-say-they-have-witnessed-off-rolling (accessed Nov. 2019).

7 Adams, R. (2016), 'Schools Under Scrutiny in Crackdown on League Table Gaming', *Guardian*, https://www.theguardian.com/education/2016/apr/08/gcse-league-tablegaming-schools-crackdown (accessed July 2019).

8 다음 책에서 이러한 예시를 찾을 수 있다. Strathern, Marilyn (2000), *Audit Cultures: Anthropological Studies in Accountability, Ethics and the Academy*, London: Routledge.

9 Belfield, Chris, et al. (2018), *Annual Report on Education Spending in England*, Institute for Fiscal Studies, https://www.ifs.org.uk/publications/ 13306 (accessed Oct. 2018).

10 Skinner, Barbara, et al. (2019), 'Managerialism and teacher professional identity: impact on well-being among teachers in the UK', *Educational Review*, doi: 10.1080/ 00131911.2018.1556205.

11 전형적인 한 교사가 말하고 있듯, "사람들에게 목표에 맞는 성과를 내라는 엄청난 압박이 가해지고 있어요. 그리고 교사들이 본래 가지고 있었던 자발성의 상실이 나타나고 있는 것처럼 보입니다. 모든 게 교수 요목의 엄격함에 따르기 위한 일이에요. 당신이 돌보는 아이들과 학생들에게 부응하는 일이 아니라요. 통계에 관한 말뿐이지 아이들에 대한 말은 없습니다." (Ibid.)

12 Ofsted (2019), 'Summary and recommendations: teacher wellbeing research report', https://www.gov.uk/government/publications/teacher-well-being-at-work-in-schools-and-further-education-providers/summary-and-recommendations-teacher-well-being-research-report (accessed Jan. 2020).

13 나는 전작인 『*Cracked*』 집필을 위해 티미미를 인터뷰하게 되면서 그를 처음 만났다. 당시 나는 그의 온순하고 평화적인 행동 아래 예리한 지성이 숨겨져 있음을 알게 되었다. 언제 어디서 우리의 개입이 해를 끼치는지를 폭로하기 위한 끊임없는 노력을 경주하는 지성 말이다. 우리는 연락을 계속하며 몇 개의 프로젝트를 함께했다. 그럼에도 불구하고 우리는 실제 만날 기회를 거의 갖지 못했기에, 예타 강을 따라 걸으며 내가 깊이 존경하는 정신과 의사와 대화하는 것은 신선한 경험이 되었다.

14 Mental Health First Aid England (2018), 'A Whole Organisation Approach to Young People's Mental Health', https://mhfaengland.org/mhfa-centre/resources/for-schools/ Youth-MHFA-Brochure-digital_wp.pdf (accessed Jan. 2019).

15 Pelosi, Anthony (2008), 'Is early intervention in the major psychiatric disorders justified?', *BMJ* 337: a710.

16 Timimi, Z., and Timimi, S. (2020), 'Psychiatrisation of school children: Secondary school teachers' beliefs and practices on mental health and illness', in Fixsen, A., and Harbusch, M. (eds), *Troubled Persons Industries - The Expansion of Psychiatric Categories beyond Psychiatry*, Routledge, accepted for publication.

17 Newland, Oliver (2019), 'Child mental health referrals up 26 percent in five years, says report', *5 Live Investigates*, https://www.bbc.co.uk/news/health-45748562 (accessed July 2020).

18 Challen, Amy, et al. (2012), *UK Resilience Programme Evaluation: Final Report*, Department of Education, https://assets. publishing.service.gov.uk/ government/uploads/system/ uploads/attachment_data/file/182419/DFE-RR097.pdf (accessed Sept. 2019).

19 오늘날까지 활발히 연구되고 있는 유일한 회복탄력성 훈련 계획인 영국 정부의 회복탄력성 프로그램 UKRP(UK government's Resilence Programme)는 형편없는 결과를 보여준다. 우울증 점수, 결석률, 학업적 성취의 측면에서 근소한 단기적 향상이 나타난 것은 사실이나, 이러한 효과는 단기적이었다. 학생 자신의 자기 보고로 측정하건 선생님의 보고를 바탕으로 측정하건, 행동 점수와 삶의 만족도 점수에는 아무런 영향도 없었다. (Ibid.)

20 다음을 보라. Govorov, Elena, et al. (2020), 'How Schools Affect Student Well-Being: A Cross-Cultural Approach in 35 OECD Countries', *Frontiers in Psychology*, 25 March 2020. 그리고 다음을 보라. OECD (2009), 'Comparative child well-being across the OECD', https://www.oecd.org/social/family/43570328.pdf (accessed July 2020).

21 나는 다음에 실린 사례를 인용하여 나의 말로 표현했다. Gregory, L. (2017), 'The price of prizes and the cost of competition in our schools – and the story of the willow weave dragonflies', https://weneedtotalkaboutchildrensmentalhealth.wordpress.com/2018/08/21/the-price-of-prizes-and-the-cost-of-competition-in-our-schools-and-the-story-of-thewillow-weave-dragonflies/ (accessed June 2019).

22 OECD (2009), 'Comparative child well-being across the OECD', https://www.oecd.org/social/family/43570328.pdf (accessed July 2020).

23 NHS Digital (2017), 'Mental Health of Children and Young People in England', https://digital.nhs.uk/data-and-information/publications/statistical/mental-health-of-children-and-young-people-in-england (accessed Jan. 2020).

24 그레고리가 말하길, "저는 이런 문제를 다루는 게 영국보다는 웨일스에서 가능한 일이라고 생각합니다. 웨일스에는 다른 정부가 있기 때문이죠." 더 심오한 사회민주주의적 원칙에 따라 행동하는 정부가 있는 것이다. "웨일스 사람들은 우리가 아이들에게 가하는 압박에 대해 좀 더 비판적입니다." 이 사실이 웨일스 정부가 7~11세 대상의 SAT 시험을 전면 폐지한 이유를 설명해 주는지도 모른다. 하지만 웨일스 학교가 시험에서 자유로운 것은 아니다. 웨일스 학교에는 SAT 대신 매년 시행되는 전국시험이 있다. SAT와 전국시험의 차이는 SAT의 경우와 달리 웨일스 학교들은 전국시험 결과에 따라 평가되고 순위가 매겨지는 것이 아니라는 데 있다. 이 점수는 아동의 발달을 평가하는 일을 돕는 도구로 사용될 뿐이다.

7장 소위 화학적 치료의 탈규제화

1 Gorman, Joseph B. (1971), *Kefauver: A Political Biography*, New York: Oxford University Press.

2 Avron, J. (2011), 'Learning about the Safety of Drugs – A Half-Century of Evolution', *New England Journal of Medicine* 365: 2151–3.

3 Cohn, J. (2003), 'Politics, Profits and Pharma', *Frontline*, http://www.pbs.org/wgbh/pages/frontline/shows/prescription/politics/ (accessed Jan. 2020).

4 Margaret Thatcher Foundation, Archive, 'Conservatism: Lawson minute to MT ("Visit of Milton Friedman") [brief for MT's forthcoming meeting with Friedman]' 22 Feb. 1980, https://www.margaretthatcher.org/document/ 117157 (accessed Jan. 2020).

5 *The Daily Hatch* (2013), 'Milton Friedman's *Free to Choose*. "Who protects the consumer?"', https://thedailyhatch.org/2013/08/12/milton-friedmans-free-to-choosewho-protects-the-consumertranscript-and-video-60-minutes/ (accessed Jan. 2020).

6 제약 업계는 단순한 로비 집단이 되는 것을 넘어 이젠 명백하게 국가의 일부가 되었다. "단순한 이익 집단이었던 것이 정치적 문턱을 넘어 확장된 국가의 일부가 된" 한편으로, 소비자 사용을 위해 허가된 약물의 수는 1970년대와 비교했을 때 두 배 이상 증가했다. 다음을 보라. Gaffney, A. (2014), 'How Many Drugs has FDA Approved in its Entire History? New Paper Explains', *Regulatory Focus*, http://www.raps.org/Regulatory-Focus/News/2014/10/03/20488/How-Many-Drugs-has-FDA-Approved-in-its-Entire-History-New-Paper-Explains/ (accessed May 2018).

7 Corley, T. A. B. (2003), 'The British pharmaceutical industry since 1851', in Richmond, L., et al. (eds.), *The Pharmaceutical Industry: a guide to historical records*, Aldershot: Ashgate, pp. 14–32.

8 Davis, C., and Abraham, J. (2013), *Unhealthy Pharmaceutical Regulation: Innovation, Politics and Promissory Science*, Basingstoke: Palgrave Macmillan.

9 Patients4NHS (2019), 'Private companies' involvement in the NHS', http://www.patients4nhs.org.uk/private-companies-involvement-in-the-nhs/ (accessed Feb. 2020).

10 이러한 부처에는 보건부, 통상산업부, 영국 국립보건임상연구원(NICE)이 포함된다.

11 Health Select Committee (2004–5), *The Influence of the Pharmaceutical Industry: Fourth Report of Session*, https://publications.parliament.uk/pa/cm200405/cmselect/cmhealth/42/42.pdf (accessed June 2018).

12 Turner, E. H. et al. (2008), 'Selective publication of antidepressant trials and its influence on apparent efficacy', *New England Journal of Medicine*, 17: 252–60.

13 Kirsch, I. (2009), *The Emperor's New Drugs: exploding the antidepressant myth*, London: Bodley Head.

14 https://www.psychiatrist.com/JCP/article/Pages/switching-theantidepressant-after-nonresponse.aspx.

15 어떤 이들은 (NICE가 감독하는) 우리의 임상 지침이 영국에서 이런 일이 일어나는 것을 막아주지 않겠냐고 반박하기도 한다. 이러한 임상 지침은 상당히 엄격하며, 어떤 약물이 가장 좋은 근거 기반과 안전 프로파일을 갖고 있는지 알려준다는 것이다. 이러한 주장이 사실일 수도 있겠지만, NICE가 모든 데이터를 알고 있으며 의사들이 임상 지침을 준수할 것이라는 가정에는 논쟁의 여지가 있다. (예를 들어 NICE는 벤조디아제핀이 4주 이상 처방되어서는 안 된다고 명시하고 있다. 그럼에도 불구하고 영국에서 벤조디아제핀을 처방받는 사람들의 대다수가 해당 약물을 장기 처방받았다.) 어떤 약물이건 승인 없이 처방됨으로써 공식적인 임상 지침의 지시를 우회할 수 있다.

16 Goldacre, B. (2014), 'Drug Firms Hiding Negative Data are Unfit to Experiment on People', *Guardian*, http://www.guardian.co.uk/commentisfree/2010/aug/14/drugcompanies-bury-negative-research (accessed Dec. 2011).

17 Timimi, S. (2018), 'Starting Young: children cultured into Becoming Psycho-Pharmaceutical Consumers', in Davies, J., *The Sedated Society: the causes and harms of our psychiatric drug epidemic*, London: Palgrave.

18 Davis, C., and Abraham, J. (2013), *Unhealthy Pharmaceutical Regulation: Innovation, Politics and Promissory Science*, Basingstoke: Palgrave Macmillan.

19 MHRA는 자신들의 '옐로 카드 전략'이 단기 임상시험 결과만을 요구했을 때의 문제를 상쇄해 줄 것이라 반박할 게 뻔하다. 이러한 전략은 의사들이 모든 약물 부작용을 MHRA에 보고하도록 한다. 비판자들은 의사들이 "옐로 카드"를 제대로 작성해 주지 않는 경향이 있으며, 이들의 옐로 카드가 새로운 의약품 정책에 영향을 주는 경우는 드물다고 지적한다. 쉽게 말해, 옐로 카드는 장기 임상시험의 부적절한 대체제일 뿐이다. 효과적으로 사용된다면 옐로 카드도 좋은 정보를 주는 것이 사실이라곤 해도 말이다.

20 더 많은 정보를 위해서는 다음을 보라. Department for Business, Innovation & Skills (2014), 'Review of the pharmaceutical manufacturing and production sector', https://www.gov.uk/government/uploads/system/uploads/attachment_data/file/316202/bis-14-855-review-pharmaceutical-manufacturing-and-production.pdf (accessed Jan. 2020). 그리고 다음을 보라. Abraham J., and Ballinger, R. (2011), 'The Neoliberal Regulatory State, Industry Interests, and the Ideological Penetration of Scientific Knowledge: Deconstructing the Redefinition of Carcinogens', in *Pharmaceuticals, Science, Technology, & Human Values*, https://doi.org/10.1177/0162243911424914. 마지막으로, 탈규제화 이후 어떤 약물이 대중적으로 사용될 수 있는지를 검토하기 위해 투입되는 시간은 상당히

짧아졌다. (1980년대에는 154일이었던 것이 1990년대에는 고작 44일로 줄었다.) 옹호자들은 약물이 빨리 승인되는 것이 비즈니스적으로는 좋다고 주장한다. (어찌 되었건 규제 검토를 받기 위해 제출되는 순간부터 약물의 특허 기간은 줄어들기 시작하니 말이다.) 그러나 비판자들은 오늘날 검토 기간이 짧아진 것은 검토 과정의 향상 때문이 아니라 업계 로비의 성공 때문이었다고 지적한다. 본질적으로 이러한 검토 기간의 축소는 더 빈틈없는 규제를 희생함으로써 가능해졌으며, 덜 빈틈없는 규제는 환자들의 건강을 희생함으로써 가능해진다.

21 Lynn, M. (2020), 'It's time to scrap wealth-destroying taxes and empower Britain's army of entrepreneurs', *Telegraph*, https://www.telegraph.co.uk/business/2020/11/14/dominic-cummings-exit-should-open-bold-era-rishinomics/ (accessed Nov. 2020)

22 Gibson, L. (2005), 'UK government fails to tackle weaknesses in drug industry', *BMJ* 331(7516): 534.

23 그나마 가장 비슷한 것은 MHRA가 임명한 사람들에 의해 수행되는 연간 검토뿐인데, 이들의 상당수는 우연히도 제약 업계와 경제적인 이해관계로 엮여 있다. 이들의 보고서("문제 없다"는 서술로 가득한 2페이지 전후의 보고서)들은 좋게 말해도 실망스럽다.

24 보건특별위원회의 한 전임 위원은 내게 이처럼 자신감 있게 말하기도 했다. "나는 그저 케빈에게 내가 그의 전임자에게 갖고 있었던 종류의 존경심을 느끼지 못했습니다."

25 Gibson, L. (2005), 'UK government fails to tackle weaknesses in drug industry', *BMJ* 331(7516): 534.

26 힌치클리프가 말했듯이, "제러미 코빈이 리더가 되었다면 상황이 달랐을 수도 있겠지만, 토니 블레어 총리 때에는 아니었습니다. 규제는 가볍기 그지없게 이루어졌죠. (…) 정부에겐 제약 업계가 필요했으니 심기를 거스르지 않으려고 노력했던 겁니다."

27 Adams, B. (2019), 'UK looks to shake up trial, medicines regulations amid Brexit', *FierceBioTec*, https://www.fiercebiotech.com/biotech/ u-k-looks-to-shake-up-trial-medicines-regulation-rules-amid-brexit (accessed Dec. 2019). 'The *Guardian* view on Boris Johnson's NHS plan: trading patient data', *Guardian* editorial, 8 December 2019, https://www.theguardian.com/commentisfree/2019/dec/08/the-guardian-view-on-boris-johnsons-nhs-plan-trading-patient-data (accessed July 2020).

28 Williams, K. (2016), 'How the car industry trumped banking for sociopathic corporate behaviour', *Guardian*, https://www.theguardian.com/commentisfree/2016/apr/29/car-industry-banking-emissions-scandal-vw (accessed Jan. 2020).

29 Chazan, G. (2014), 'Energy Providers Face Prosecution Over Price Fixing', *Financial Times*, https://www.ft.com/content/ab44af16-1cbb-11e4-88c3-00144feabdc0 (accessed Jan. 2020).

30 Millstone, E., and Lang, T. (2008), 'Risking regulatory capture at the UK's Food Stand-

ards Agency?', *The Lancet* 372(9633): 95-97.

31 Davis, C., and Abraham, J. (2013), *Unhealthy Pharmaceutical Regulation: Innovation, Politics and Promissory Science*, Basingstoke: Palgrave Macmillan.

8장 물질주의는 이제 그만

1 윌리엄 데이비스(William Davies)는 이것을 "생산적인 불만족"이라 부른다. 나는 그의 이런 발상에 빚을 지고 있다. 다음을 보라. Davies, W. (2016), *The Happiness Industry*, London: Verso Books.

2 이러한 학자들에는 프리츠 펄스, 아론 벡, 롤로 메이, 에이브러헴 매슬로와 칼 로저스가 포함된다.

3 나는 이 주제를 더 이른 시기 저술한 학술서에서 더 자세하게 개괄했다. 이 내용은 다음 책의 내용을 재구성한 것이다. Davies, J. (2012), *The Importance of Suffering: the value and meaning of emotional discontent*, London: Routledge.

4 Fromm, E. (2013), *To Have or To Be*, London: Bloomsbury Academic. [에리히 프롬, 『소유냐 존재냐』, 차경아 옮김, 까치, 2020]

5 Fromm, E. (1993), *The Art of Being*, London: Routledge. [에리히 프롬, 『존재의 기술』, 최승자 옮김, 까치, 2024]

6 Ibid., p. 76

7 Piff, Paul K., et al. (2012), 'Higher social class predicts increased unethical behaviour', *PNAS* 109(11): 4086 4091, https://doi.org/10.1073/pnas.1118373109.

8 Kasser, T. (2003), *The High Price of Materialism*, Boston: MIT Press.

9 Ibid., p. 18.

10 Ibid., p. 56.

11 Ibid., p. 57.

12 Ibid., p. 50.

13 Ibid., p. 57.

14 Ibid., p. 31.

15 Ibid., p. 31.

16 Ibid., p. 72.

17 Ibid., p. 1.

18 Kasser, T. (2018), 'Materialism and living well', in E. Diener, et al. (eds), *Well-Being*, Salt Lake City, UT: DEF Publishers, doi:nobascholar.com.

19 Kasser, T. (2003), *The High Price of Materialism*, Boston: MIT Press, p. 17.

20 Dittmar, H., et al. (2014), 'The Relationship Between Materialism and Personal Well-Being: A Meta-Analysis', *Personality Processes and Individual Differences* 107(5), 879-924, doi: 10.1037/a0037409.

21 나는 마지막 장에서 소득 불평등의 해로운 효과에 대해 탐구하면서 이 주제에 대해 더 알아보려고 한다.

22 Steidtmann, Dana, et al. (2012), 'Patient Treatment Preference as a Predictor of Response and Attrition in Treatment for Chronic Depression', *Depression and Anxiety* 29(10): 896-905.

23 Khalsa, S. R., et al. (2011), 'Beliefs about the causes of depression and treatment preferences', *Journal of Clinical Psychology* 67(6): 539-49, doi: 10.1002/jclp.20785.

24 Pilgrim, D., and Rogers, A. E. (2005), 'Psychiatrists as social engineers: a study of an anti-stigma campaign', *Social Science & Medicine* 61(12): 2546-56.

25 Goldstein, Benjamin, and Rosselli, Francine (2003), 'Etiological paradigms of depression: The relationship between perceived causes, empowerment, treatment preferences, and stigma', *Journal of Mental Health* 12: 6, 551-63, doi: 10.1080/09638230310001627919.

26 이 문장은 다음에서 인용한 것이다. Fraser, G. (2015), 'Giles Fraser: my hopes for the Occupy St Paul's drama that puts me on the stage', *Guardian*, https://www.theguardian.com/stage/2015/may/24/giles-fraser-occupy-london-st-pauls-protest-drama-temple-donmar (accessed Sept. 2019).

9장 생산성을 비인간화하기

1 케인스는 주 15시간제를 발전의 결과로 이해했다. 그러나 케인스는 여가를 적절하게 활용하는 것은 배워야만 하는 기술이라고 경고하기도 했다. 잘못 관리되면, 여가는 고통이 될 수도 있었다. 여가가 어떻게 사용되는지가 여가를 무엇으로 정의해야 할지를 결정한다. 케인스의 이러한 관점은 에리히 프롬의 관점을 반영하는 것으로, 『자유로부터의 도피』에 나오듯 프롬은 사람들이 자유로부터 도피해 수많은 병리적이고 건강하지 않은 행동을 하게 될 수도 있다고 주장했다.

2 『고용, 이자 및 화폐의 일반이론』에서 가장 명확하게 이러한 사실을 추론해 낼 수 있다. 이 책에서 케인스는 부르주아 절약가 내지는 축적가에 대해 논하는데, 부르주아 축적가는 케인스가 평생 경멸해온 집단이자 그가 보기에 대공황에 부분적으로 책임이 있는 집단이기도 했다. 그는 역동적인 경제를 유지해 주는 투자자들을 더 가치롭게 여겼으며, 특히 강한 사회적 양심에 기반한 투자를 하는 이들을 가치롭게 여겼다. 다음을 보라. Rothbard, M. N. (2010), *Keynes the Man*, Auburn: Ludwig von Mises Institute.

3 나는 케인스의 자전적 에세이 「나의 초기 신념들」(My Early Beliefs)로부터 그가 이러한 믿음을 가지고 있다고 추론했다. 그 에세이에서 케인스는 자신의 삶을 형성한 주된 신념에 대해 논하고 있다. 철학자 에드워드 무어의 강한 영향을 받아, 케인스의 말로 표현하자면 자신의 "종교"에 대해 이야기하면서, 케인스는 이렇게 말한다. "[나의 종교는] 부, 권력, 인기 혹은 성공에 대해서는 아무런 관심도 두지 않았다. 그것들은 완전히 경멸의 대상이었다." 케인스에게 인생의 주된 목표는 "사랑, 미학적 경험의 창조 및 향유, 지식의 추구"였다. 다음을 보라. Keynes, J. M. ([1933] 1972), *Essays in Biography*, Vol.10, London: Macmillan. 경제학자 피에로 V. 미니(Piero V. Mini)는 케인스를 이렇게 묘사하고 있다. "케인스는 자신을 실존주의자라고 생각하는 르네상스형 인간이었습니다. 그는 르네상스형 인간의 다변적 관심사와 호기심을 가지고 있었고, 실존주의자의 열정과 분주함을 가지고 있었습니다. 행동과 자기 성찰, 경제적 활동과 문학, 역사와 논리, 통계와 심리학, 비즈니스와 책 수집, 정치적 경기장과 연극 무대에 이르기까지 (…) 그가 손대지 않은 인간 활동이나 인간 생각의 영역은 매우 적었습니다. 그리고 이 모든 것들로부터 그는 통찰을 얻어냈고, 이는 적절한 순간이 되었을 때 놀라운 독창성을 보여주는 관찰로 이어졌습니다." 다음을 보라. Mini, Piero V. (1991), *Keynes, Bloomsbury and the General Theory*, London: Palgrave Macmillan.

4 몇 사람을 언급해 보자면, 칼 로저스, 카를 융, 에이브러햄 매슬로, 오토 랑크, 에리히 프롬, 클라크 무스타카스 등의 심리학자가 이러한 움직임을 이끌었다.

5 철학자 왕이라는 발상, 가장 고차원적인 인간 완전성을 체현하는 리더십에 대한 케인스의 선망에서 자기발전에 대한 그의 선망이 가장 뚜렷하게 나타난다.

6 페트라르카는 『나의 비밀』에서 우리는 방대한 지적, 창의적 잠재력을 가지고 있으며, 이

를 완전하게 실현해야 한다고 주장했다. 신께서는 신을 찬미하는 데 쓸 수 있도록 이러한 자질을 부여했기에, 우리가 우리의 자질을 활용하는 한 우리는 신의 신성에 근접하고 그의 영광에 동참하게 된다. 1486년에 피코는 『인간 존엄성에 관한 연설』(*Oration on the Dignity of Man*)에서 신의 모든 피조물은 천국으로 이어지는 사슬 속에 존재하며, 인간은 이 사슬에서 가장 높은 고리를 차지한다고 주장했다. 그 고리의 가장 높은 수준으로 가기 위해서, 우리는 우리의 지적이고 사색적인 능력을 계발하고 활용해야 한다. 문화적, 지적 작업을 통해 자신의 발전을 드러내 보일 수 있는 우리의 능력은 우리에게 우리가 가진 지위와 존엄을 부여한다. 이는 다음의 책에 나온 내용을 재구성한 것이다. Davies, J. (2011), *The Importance of Suffering: the value and meaning of emotional discontent*, London: Routledge, p. 182.

7 스피노자는 1677년에 저술한 『에티카』에서, 모든 살아 있는 존재는 코나투스(*conatus*)를 갖는다고 보고 있다. 코나투스는 만물에 존재하는, 자신의 힘을 늘리고 완벽을 추구하려는 성향이다. 코나투스는 우리의 가장 큰 능력을 발전시키는 길을 향해 가도록 우리의 행동을 지휘한다. 그러나 우리는 코나투스가 방해를 받을 때 좌절하고 파괴적으로 변할 수 있다. 이는 다음의 책에 나온 내용을 재구성한 것이다. Davies, J. (2011), *The Importance of Suffering: the value and meaning of emotional discontent*, London: Routledge, p. 182. 애덤 스미스는 우리가 가진 "신이 준 재능"의 발전을 방해하는 모든 정부 개입은 사회와 개인의 발전이 이루어지는 과정을 가로막을 수밖에 없다고 보았다. 정부의 과도한 관여는 우리의 창의성과 주도성을 개발하는 방향으로 우리의 윤리적, 경제적 삶을 발전시켜 나갈 수 있는 권리를 빼앗아 버린다. 국가는 국민이 자신의 진취성과 재능을 추구할 자유가 있을 때만 비로소 번창할 수 있다. 이는 다음의 책에 나온 내용을 재구성한 것이다. Davies, J. (2011), *The Importance of Suffering: the value and meaning of emotional discontent*, London: Routledge, p. 182.

8 코플스턴이 밀의 생각에 대해 말하듯, "[밀에 의하면] 공리주의의 원리는 모든 사람에게 자신의 의지와 판단에 따라 자신의 힘을 개발할 자유가 주어져야 한다고 주장한다. 그러한 자유가 다른 사람들이 자유를 행사하는 것을 방해하지 않는 선에서 말이다. 모든 사람이 같은 패턴에 따르도록 강제되거나 그러한 기대를 받는 것은 공익에 맞지 않는다. 오히려 사회는 각 개인이 자신을 자유로이 개발하는 만큼 풍요로워진다. [밀은 다음과 같이 말한다.] '개인성의 자유로운 발전은 인간 행복의 핵심 구성 요소 중 하나이자, 개인의 발전과 사회적 발전의 핵심 구성 요소이기도 하다.' 따라서 자유가 필요한 것이다." 코플스턴은 다음의 책에서 인용했다. Davies, J. (2011), *The Importance of Suffering: the value and meaning of emotional discontent*, London: Routledge, p. 182. 훔볼트는 『국가 행동의 한계』(*Limits of State Action*)에서 이렇게 쓰고 있다. "인간의 목표는 (…) 자신의 힘을 가장 고차원적이고 조화롭게 개발하여 완벽하고 일관된 전체로 빚어내는 것이다." 그는 "모든 인간 존재가 끊임없는 노력을 경주해야 하는 목표이자, 동료 인간에게 영향을 미치고자 하는 이들이 눈여겨봐야 하는 것이 있다면, 그것은 능력과 발달에 있어서의 개성이다." 훔볼트

의 말은 다음에 인용된 내용이다. Davies, J. (2011), *The Importance of Suffering: the value and meaning of emotional discontent*, London: Routledge, p. 182.

9 마르크스는 "유적 본질"이라는 개념에 대해 논한다. 자본주의는 소외를 만들어냄으로써 유적 본질을 실현하는 데 실패하고 있다. "소외된다"는 것은, 다른 말로 하면, 우리가 가진 인간 본질의 몇몇 핵심적인 부분들로부터 소외된다는 것을 의미한다. 다른 형태의 사회 체제만이 우리가 이런 부분들에 다시 참여함으로써 다시금 완전한 인간이 될 수 있게 할 수 있다. 우리의 완전한 인간성을 실현할 수 있는 체제를 그는 "공산주의"라 불렀다. 공산주의라는 새로운 체제하에서 살게 될 때 비로소 인간은 자신의 인간 본성과 개성을 온전히 실현할 수 있다. 다음에 나온 내용을 재구성했다. Davies, J. (2011), *The Importance of Suffering: the value and meaning of emotional discontent*, London: Routledge, pp. 182-3.

10 물론 여기서 아이러니한 점은 영국이 여러 해에 걸쳐 생산성 슬럼프를 겪는 동안, 더 사회적인 형태의 시장을 가지고 있는 독일과 스칸디나비아 국가들은 훨씬 높은 생산성 수준을 보여준다는 것이다.

11 APA (1980), *Diagnostic and Statistical Manual of Mental Disorders*, 3rd edn, Washington DC: American Psychiatric Association, p. xxii.

12 Ibid., 12.

13 Mayes, R. and Horwitz A. (2005), DSM-III and the revolution in the classification of mental illness. *Journal of the History of the Behavioral Sciences* 41(3): 249-67.

14 다음을 보라. Greenberg, P. E., et al. (1993), 'The economic burdens of depression in 1990', *Journal of Clinical Psychiatry* 54: 405-18. Crott, R. G., and Gilis, P. (1998), 'Economic comparisons of the pharmacotherapy of depression: An overview', *Acta Psychiatrica Scandinavia* 97: 241-52.

15 Krause, R. (2005), 'Depression, antidepressants and an examination of epidemiological changes', *Journal of Radical Psychology* 4(1).

16 이 새로운 서사는 우리가 현장에서 일하는 방식을 바꾸어 놓았다. 예를 들어 1980년대 중반에는 직장 내 "근로자 지원 프로그램"이 번창하여 직장에서의 정신적 고통까지 다루는 방향으로 자신들의 소관을 확장했다. 이는 주로 정신 건강 개입 의뢰를 통해 이루어졌다. 다음을 보라. Attridge, M., et al. (2009), 'History and growth of the EAP field', *EASNA Research Notes* 1(1): 1-4.

10장 너 자신만을 탓하라

1 다음을 보라. Davies, J., et al. (2018), *Antidepressant Withdrawal: A Survey of Patients' Experience* (an APPG for PDD report).

2 그러므로 내게 있어 진단이란 별 도움이 되지 않는 의학적 설명일 뿐이었으며, 진짜 중요한 것보다는 많은 의사가 인간의 경험을 어떻게 보고 있는지에 대해 더 많은 것을 알려주었다. 도움을 찾는 이들의 이야기, 분투, 필요와 희망을 어떻게 보는지를 말이다. 당연하게도, 어떤 정신과 진단에 대해서도 객관적인 검사(혈액 검사, 침 검사, 소변 검사를 포함해 온갖 종류의 신체적 검사)는 존재하지 않기 때문에, 자신의 고통이 병리적인 의학적 상태를 구성한다는 것을 보여주는 객관적인 증거를 제시받은 사람은 아무도 없었다. (그리고 이는 일반 의학과 달리 어떤 정신 질환에 대해서도 생물학적 원인이나 표지가 발견된 바가 없기 때문이다.) 이러한 접근은 정신 건강 서비스에서 최적의 표준으로 여겨지기는 하지만, 실제로는 의사들에게는 이해라는 환상을 제공하고, 환자들에게는 낙인과 자기낙인을 부여하는 것 외에 달리 하는 일이 거의 없다. 한편 약물 자체도 더 심각한 고통을 겪는 이들에게는 단기적인 효과가 있기는 하지만, 장기적으로는 사람들의 회복을 저해한다. 게다가 이러한 약물의 효과는 우리 모두에게 혼란을 초래한다. 어떤 경험이 약물 때문이고 어떤 경험이 개인이나 상황의 산물인가? 얼마간의 시간이 지나면 환자도, 심리학자도, 의사도, 아무도 알 수 없게 된다.

3 이 증거는 왜 (설탕약 같은) 위약이 대다수 사람에게 항우울제만큼의 효과를 발휘하는지 설명해준다. (이 위약들은 의사와 환자 간의 관계를 바탕으로 처방되었기 때문에 효과가 있는 것이다.) 그뿐만 아니라 이는 전문가와 환자 사이에 존재하는 관계의 질이 (개입의 종류와 무관하게) 환자가 회복할 확률을 가장 잘 예측해 주는 이유를 설명해 주기도 한다.

4 1960년대 이래로, "등가성"이라 불리는 개념에 대한 연구는 심리치료에 중대한 영향을 미쳐 왔다. 이러한 연구는 서로 다른 심리치료 기법들을 비교해 보면, 대략적으로 봤을 때 이러한 기법들 모두가 똑같은 효과, 혹은 등가적인 효과를 보여준다는 사실을 보여준다. 환자와 치료사가 함께 보낸 시간의 양이 같다면 말이다. 결과를 결정짓는 것은 사용되는 기법보다는 환자와 치료사 사이에 존재하는 관계의 질이라는 이론은 그 이후로 줄곧 광범위하게 주장되어 왔다. 나는 다음 문헌에서 이 이론에 대해 더 많은 내용을 다루었다. Davies, J. (2019), 'Lessons from the Anthropological Field: reflecting on where culture and psychotherapy meet', in Martin, K., *Psychotherapy and the Work of Culture*, London: Routledge.

5 Kendrick, Tony, et al. (2009), 'Management of depression in UK general practice in relation to scores on depression severity questionnaires: analysis of medical record data', *BMJ* 338: b750.

6 Ilyas, S., and Moncrieff, J. (2012), 'Trends in prescriptions and costs of drugs for mental disorders in England, 1998-2010', *British Journal of Psychiatry* 200(5): 393-8, doi:10.1192/bjp.bp.111.104257.

7 오늘날 일차 의료에서 PHQ-9과 GAD-7의 사용빈도는 줄었지만, IAPT 서비스 전반에 서는 계속 사용되고 있으며, NHS의 온라인 진단 도구로도 사용되고 있다.

8 Jacque Peretti, *Billion Dollar Deals and How They Changed Your World: Health*, BBC2, 2017.

9 나는 여기서 특히 『노예의 길』에서 사회민주주의와 공산주의를 동일시한 하이에크에 대해 말하고 있다.

10 사실 프리드먼의 가장 유명한 책 역시 이러한 생각을 표현하고 있다. Friedman, M. (1980), *Free to Choose*, New York: Pelican Books. [밀턴 프리드먼, 『선택할 자유』, 민병균, 서재명, 한홍순 옮김, 자유기업원, 2022]

11 대처가 수상으로 선출된 뒤 오래지 않아 프리드먼이 다우닝 가에서 대처를 만났을 때, 프리드먼은 최근 들어 대처의 메시지가 느슨해진 것은 아닌지 우려하고 있었다. 대처는 새로운 자본주의와 자유의 연결고리를 계속해서 강조할 필요가 있었던 것이다. 나이절 로슨이 당시 대처에게 말했듯이, 프리드먼은 "정부가 기계적 방식에만 너무 집중해서 도덕적 목표는 무시하고 있는 것은 아닌지 속으로 두려워하고 있었다." 다른 말로 하면, 도덕적 근거를 확보하기 위해 자유의 수사를 써야 한다는 것이다. 로슨이 대처에게 보낸, 출판된 메모를 보라. http://fc95d419f4478b3b6e5f3f71d0fe2b653c4f00f32175760e96e7.r87. cf1.rackcdn.com/E6DD924ED1284679BC1A67C63ABA99E0.pdf (accessed July 2018).

12 이 일화에 대한 정보와 인용은 필립 모건(Philip Maughan)이 쓴 훌륭한 기사에서 나온 것이다. 나는 다음 글의 내용을 직접 재구성해 책에 실었다. Maughan, P. (2013), 'Mental health and Mrs Thatcher: "All due to a lack of personal drive, effort and will" - A discussion over dinner', *New Statesman*, https://www.newstatesman.com/lifestyle/2013/05/mental-health-and-mrs-thatcher-all-due-lack-personal-drive-effort-and-will (accessed Jan. 2020).

13 이 인터뷰는 『*Woman's Own*』 잡지에 실린 것이다. 출처는 다음과 같다. Thatcher Archive, THCR 5/2/262, https://www.margaretthatcher.org/document/106689 (accessed Jan. 2020).

14 Field, Frank (2009), 'Thatcher wasn't perfect, but she helped bring shipping jobs to Birkenhead', https://www.politicshome.com/thehouse/article/thatcher-wasnt-perfect-but-she-helped-bring-shipping-jobs-to-birkenhead (accessed Nov. 2020).

15 Public Health England (2019), Prescribed Medicines Review: *Report*, https://www.gov.uk/government/publications/prescribed-medicines-review-report.

16 다음을 보라. Kleinman, A. (1997), *Social suffering*, Oakland: University of California Press. Das, V., Kleinman, A., Lock, M., Ramphele, M. and Reynolds, P., et al. (eds.) (2001), *Remaking a world: violence, social suffering and recovery*, Oakland: University of California Press.

11장 고통의 사회적 결정 요인

1 The Equality Trust (2020), 'The scale of economic inequality in the UK', https://www. equalitytrust.org.uk/scale-economic-inequality-uk (accessed Aug. 2020).

2 Class: The Centre for Labour and Social Studies (2017), 'The Facts - Inequality', http:// classonline.org.uk/blog/item/the-facts-inequality.

3 Full Fact (2018), 'Does the UK have the Poorest Regions in Northern Europe?', https:// fullfact.org/economy/does-uk-have-poorest-regions-northern-europe/.

4 Ibid.

5 Cribb, J. (2018), 'Income inequality in the UK', Institute for Fiscal Studies (IFS), https:// www.ifs.org.uk/docs/ER_JC_2013.pdf.

6 The Equality Trust (2019), 'The Scale of Economic Inequality in the UK', https://www. equalitytrust.org.uk/scale-economic-inequality-uk.

7 어떤 식으로 봐도, 새로운 자본주의 시대의 세금 정책은 명백하게 부자를 빈자보다 편애 하고 있다. 국가 보조금을 고려할 때조차 마찬가지이다. 영국 국립통계청(ONS)에 의하 면, 순소득의 불평등은 복지제도에 의해 감소한다(11배에서 4배로). 적어도 보조금을 받 는 사람들에 한해서라면 말이다. 다음을 보라. ONS (2019), 'Effects of taxes and benefits on UK household income: financial year ending 2019', https://www.ons.gov.uk/people-populationandcommunity/personalandhouseholdfinances/incomeandwealth/bulletins/ theeffectsoftaxesandbenefitsonhouseholdincome/financialyearending2019 (accessed Aug. 2020).

8 Wilkinson, Richard, and Pickett, Kate, The Equality Trust, http://www.equalitytrust.org. uk/why/evidence/physical-health (accessed Jan. 2021).

9 이 논쟁은 여기서 다루기에는 너무나 방대하기 때문에, 관심이 있는 독자들은 다음을 참 조하기 바란다. The Equality Trust: https://www.equalitytrust.org.uk/.

10 Wilkinson, Richard, and Pickett, Kate, The Equality Trust, http://www.equalitytrust.org. uk/why/evidence/physical-health (accessed Jan. 2021).

11 Layte, Richard, and Whelan, Christopher T. (2014), 'Who Feels Inferior? A Test of the Status Anxiety Hypothesis of Social Inequalities in Health', *European Sociological Review* 30(4): 525-35, https://doi.org/10.1093/esr/jcu057.

12 Wilkinson, R., and Pickett, K. (2018), *The Inner Level: How More Equal Societies Reduce Stress, Restore Sanity and Improve Everyone's Well-Being*. London: Allen Lane, p. 5. [리처드 윌킨슨, 케이트 피킷, 『불평등 트라우마』, 이은경 옮김, 생각이음, 2019]

13 Bowles, S., and Jayadev, A. (2014), 'The Great Divide: one nation under guard', *New York*

Times, https://opinionator.blogs.nytimes.com/2014/02/15/one-nation-under-guard/.

14 이러한 연구들 상당수를 따르는 힘, 위협, 의미 프레임워크는 고려해볼 만한 좋은 자료를 제공한다. 다음을 보라. Johnstone, L., & and Boyle, M., with Cromby, J., et al., Dillon, J., Harper, D., Kinderman, P., Longden, E., Pilgrim, D. & Read, J. (2018), *The Power Threat Meaning Framework: Towards the identification of patterns in emotional distress, unusual experiences and troubled or troubling behaviour, as an alternative to functional psychiatric diagnosis*. Leicester: British Psychological Society.

15 Marmot, M. (2020), 'Michael Marmot: Post COVID-19, we must build back fairer', BMJ Opinion, December 15, 2020 https://blogs.bmj.com/bmj/2020/12/15/michael-marmot-post-covid-19-we-must-build-back-fairer/?utm_source=twitter&utm_medium=social&utm_term=hootsuite&utm_content=sme&utm_campaign=usage.

16 내가 재구성하고 인용하며 요약하고 있는 2개의 보고서는 다음과 같다. Pūras, D. (2017), Statement by Mr Dainius Pūras, Special Rapporteur, on the right of everyone to theen-joyment of the highest attainable standard of physical and mental health at the 35th session of the Human Rights Council, https://www.ohchr.org/en/NewsEvents/Pages/DisplayNews.aspx?NewsID=22052&LangID=E (accessed Feb. 2020) 그리고, Pūras, D. (2019), Right of everyone to the enjoyment of the highest attainable standard of physical and mental health, Human Rights Council, United Nations https://www.un.org/en/ga/search/view_doc.asp?symbol=A/HRC/41/34 (accessed Feb. 2020).

17 푸라스 또한 인정하고 있듯, 생의학적 모델은 적절히 사용되면 소수의 환자들에게는 유용할 수 있다. 푸라스가 말하길, "환자가 특이한 방식으로 행동하기 시작했고 당신이 그의 뇌에 종양이 있다는 것을 알게 되었다면 생의학적 모델을 적용해야죠. 병이 무엇인지를 알아내고 다뤄야 하는 겁니다. 하지만 정신 건강 분야에서 이러한 방식은 10,000명 중 한 명꼴의 환자에게만 적절합니다. 정신의학은 이런 방식이 모든 사람에게 적용된다고 하겠지만요."

18 다음을 보라. Davies, J. (2013), *Cracked: why psychiatry is doing more harm than good*, London: Icon Books.

결론

1 이러한 집단과 단체는 많다. 언급한 원칙들을 대체로, 혹은 부분적으로나마 포함하고 있는 단체와 집단의 목록은 다음과 같다. The Association for Humanistic Psychology Practitioners, Drop the Disorder, Hearing Voices Network, Psychologists for Social Change, Recovery in the Bin, Soteria Network, Open Dialogue UK, National Survivors User

Network, Mindful Occupation, Council for Evidence-based Psychiatry, Mad in the UK, Critical Psychiatry Network, Mental Health Europe, Critical Mental Health Nursing Network, The Free Psychotherapy Network, The Alliance for Counselling and Psychotherapy, The United Kingdom Council for Psychotherapy, The British Association of Counselling and Psychotherapy, The British Psychological Society, The Association of Clinical Psychologists.

2 Saad-Filho, A. (2020), 'From COVID-19 to the End of Neoliberalism', *Critical Sociology*, https://doi.org/10.1177/089692052092996 6 (accessed 29 May 2020).

3 Mutikani, Lucia, 'What to know about the report on America's COVID-hit GDP', World Economic Forum, https://www.weforum.org/agenda/2020/07/covid-19-coronavirus-usa-united-states-economy-gdp-decline/ (accessed Oct. 2020). BBC News, https://www.bbc.co.uk/news/business-53918568 (accessed 26 Aug. 2020).

4 Comas-Herrera, Adelina (2020), 'Mortality associated with COVID-19 outbreaks in care homes: early international evidence', ILTCPN, 2020, https://ltccovid.org/2020/04/12/mortality-associated-with-covid-19-outbreaks-in-care-homes-early-international-evidence/(accessed Oct. 2020).

5 Van Lancker, Wim, and Parolin, Zachary (2020), 'COVID-19, school closures, and child poverty: a social crisis in the making', *Lancet Public Health*, https://doi.org/10.1016/S2468-2667(20)30084-0.

6 BBC News Online (2020), 'Coronavirus: higher death rate in poorer areas, ONS figures suggest', https://www.bbc.co.uk/news/uk-52506979 (accessed Jan. 2021).

7 Weale, Sally (2020), 'Four in 10 pupils have had little contact with teachers during lockdown', *Guardian*, https://www.theguardian.com/education/2020/jun/15/2m-children-in-uk-have-done-almost-no-school-work-in-lockdown (accessed Sept. 2020).

8 Saad-Filho, A. (2020), 'From COVID-19 to the End of Neoliberalism', *Critical Sociology*, https://doi.org/10.1177/0896920520929966.

9 Sheridan, Danielle (2020), 'Companies accused of furlough fraud after data found two thirds of workers carried on working', *Telegraph*, https://www.telegraph.co.uk/news/2020/08/23/companies-accused-furlough-fraud-data-found-two-thirds-workers/(accessed Sept. 2020).

10 Campbell, Denis (2020), 'UK lockdown causing "serious mental illness in first-time patients"', *Guardian*, https://www.theguardian.com/society/2020/may/16/uk-lockdown-causing-serious-mental-illness-in-first-time-patients (accessed Sept. 2020).

11 Office for National Statistics (2020), 'Coronavirus and depression in adults, Great Britain: June 2020', https://www.ons.gov.uk/peoplepopulationandcommunity/wellbeing/articles/

coronavirusanddepressioninadultsgreatbritain/june2020 (accessed Sept. 2020).

12 Fujiwara, Daniel (2020), 'The Wellbeing Costs of COVID-19 in the UK. An Independent Research Report by Simetrica-Jacobs and the London School of Economics and Political Science', https://www.jacobs.com/sites/default/files/2020-05/jacobs-wellbeing-costs-of-covid-19-uk.pdf (accessed Oct. 2020).

13 NHS (2020), 'BSA Medicines Used in Mental Health, England 2015/16 to 2019/20', https://nhsbsa-opendata.s3-eu-west-2.amazonaws.com/mh-annual-narrative-final.html (accessed Sept. 2020).

14 Pierce, Mathias (2020), 'Mental health before and during the COVID-19 pandemic: a longitudinal probability sample survey of the UK population', *Lancet Psychiatry* 7(10): 10883-92.

15 Public Health England (2020), 'Guidance for the public on the mental health and wellbeing aspects of coronavirus (COVID-19)', https://www.gov.uk/government/publications/covid-19-guidance-for-the-public-on-mental-health-and-wellbeing/guidance-for-the-public-on-the-mental-health-and-wellbeing-aspects-of-coronavirus-covid-19 (accessed Oct. 2020).

16 The Collective Psychology Project (2020), 'Collective Resilience: How we've protected our mental health during COVID-19', https://www.collectivepsychology.org/wpcontent/uploads/2020/09/Collective-Resilience.pdf (accessed Oct. 2020).

17 Social & Human Capital Coalition (2020), 'Only 9 per cent of Britons Want Life to Return to "Normal" Once Lockdown Is Over', https://social-human-capital.org/only-9-of-britons-want-life-to-return-to-normal-once-lockdown-is-over/(accessed Oct. 2020).

18 UCL (2020), 'Third of people report enjoying lockdown', https://www.ucl.ac.uk/epidemiology-health-care/news/2020/jul/third-people-report-enjoying-lockdown (accessed Oct. 2020).

19 Harrabin, Roger, 'Climate change: Could the coronavirus crisis spur a green recovery?', BBC Online, https://www.bbc.co.uk/news/science-environment-52488134 (accessed Oct. 2020).

20 Lenton, Timothy (2019), 'Climate tipping points - too risky to bet against', *Nature*, https://www.nature.com/articles/d41586-019-03595-0 (accessed Oct. 2020).

21 내가 이러한 확신을 갖는 것은 증거에 의해 뒷받침되는 여러 이유 때문이다. 특히, 데이비드 M. 코츠의 『신자유주의의 부상과 미래』(원제 *The Rise and Fall of Neoliberal Capitalism*)에 소개된 설득력 있는 주장을 보라.

고통과 진통을 다시 생각하기

고통과 진통

이 책의 원제인 *Sedated*는 특히 약물을 통해 괴로움, 불안, 흥분 등을 진정시켜 차분한 상태로 만드는 것을 의미한다. 그런데 이때 이렇듯 정신적 고통을 진정시켜 없앤다는 것이 정말로 의미하는 바는 무엇일까? 고통이 느껴지지 않는다는 것은 언제나 의심의 여지 없이 좋은 상태일까?

효율성의 논리에 종속된 현대 사회에서, 고통은 그 무엇보다도 빠르게 진정되고 제거되어야 하는 것으로 상상되곤 한다. 그러나 살아 있는 모든 것들에는 기능이 있다. 여름철이면 우리의 증오를 한몸에 받는 겨드랑이털에게도 겨드랑이를 보호한다는 기능이 있는 것처럼 말이다. 그러나 겨드랑이털의 효용이 당장에 드러나는 것은 아니기에, 우리는 겨드랑이털을 밀어버리고 한참을 뛰어 겨드랑이가 헐고 나서야 그 기능을 비로소 깨닫게 되기도 한다.

고통 또한 마찬가지이다. 고통은 우리가 가장 피하고 싶어 하는 것이기에, 고통의 효용을 깨닫기는 쉽지 않다. 그러나 바로 그렇기에 고통은 우리에게 필수적인 기능을 수행할 수 있다. 고통의 기능은 크게 두 가지로 나누어 볼 수 있다. 첫째, 고통은 고통의 원인, 즉 우리의 안녕을 위협하는 요인의 존재를 알리고 이에 맞서 싸울 것을 촉구한다. 암에 걸렸는데도 고통을 느끼지 못한다면 적절한 시기에 암을 발견하여 필요한 조치를 취하기 어려울 것이다. 둘째, 고통은 회복을 위한 시간을 갖도록 유도하는 기능을 가지고 있다. 심각한 질병에 걸렸는데도 평소와 다른 것을 느끼지 못해 휴식과 재정비를 위한 시간을 갖지 않는다면 병세는 악화할 수밖에 없다. 결과적으로, 고통을 느끼지 못한다면 위급한 손상이 존재하는 상황에서도 적절한 대응을 취할 수 없다.

상기한 고통에 관한 이야기는 신체적 고통에만 해당하는 이야기가 아니다. 위급한 상황에 처했을 때 우리 몸에서 분비되는 자연적인 진통제인 엔도르핀에는 정신적 고통을 중화하는 효과도 있다. 상습적으로 자해를 하는 이들이 자해에 중독되는 여러 이유 중 하나이다. 이와 유사하게 타이레놀의 성분인 아세트아미노펜에는 사회적 거부의 고통과 같은 정신적 고통을 완화하는 효과도 있다는 연구 결과가 발표되기도 했다.[1] 정신적 고통과 신체적 고통은 거의 한가지라고 할 수 있을 만큼 매우 유사한 현상으로, 이미 도래한 위협을 경고하고 위협의 원인을 찾아 해결할 것을 촉구하며, 위협으로 인한 손상으로부터 회복하기 위한 조치를 취할 것을 요구한다.

우울증의 시대?

그러나 정신적 고통과 신체적 고통이 경험되는 방식에는 중대한 차이가 있다. 신체적 고통은 대개 신체적 손상의 정도, 상처의 크기에 비례해 경험된다. 그러나 정신적 고통이 이해되고 경험되는 방식은 단순히 "상처의 크기"뿐만 아니라 사회적 맥락과 문화적 환경의 영향을 받는다. 정신적 고통은 사회적으로, 관계적으로 경험된다. 이는 고통의 실재를 부정하려는 것이 아니다. "우울증"은 문화와 역사를 초월해서 존재하는 개념이 아니며, 고통은 특정한 사회문화적 맥락 속에서 비로소 우울증으로 이해된다는 것을 주장하려는 것이다.

저자인 데이비스가 서론에서부터 지적하듯, 지난 몇십 년에 걸쳐 "우울증" "ADHD" 같은 정신 질환의 프레임은 우리 사회를 이해하는 데 있어 핵심적인 키워드로 자리를 잡아 왔다. 이는 한국 사회에서도 마찬가지로, 최근 한국 사회에서는 특히 우울증 "환자"가 빠르게 증가함과 동시에 우울증 환자의 증가라는 현상에 대한 사회적 관심 또한 증대되고 있다. 예를 들어 2022년 국민건강보험공단의 "최근 5년간 (2018~2022년) 우울증 진료 인원 현황"에 따르면, 우울증 환자는 5년 전보다 33%나 급증해 2022년에는 우울증으로 진료를 받은 인원이 100만 744명에 달하게 되었다고 한다. 이 자료를 건네받아 검토한 남인순 위원의 말은 이러한 사실을 받아들이고 해석하는 보편적 방식을 보여준다. "우울증도 조기에 치료하면 호전시킬 수 있는 만큼 우울증 치료에 대한 인식 개선 등을 통해 접근성을 높여야 한다"는 것이다. 이러한 주장은 우울증은 개인 안에 위치한, 치료가 필요한 질병이며, 우울증 환자의 증가세는 이 "질병"의 증가세를 의미한다는 전제에 기반하고 있다. 이러한 관점에서 보면 결국 가장 중요한 쟁점은 "무엇이 우울증 치료에 가장 효과적인가"일 뿐이다.

위와 같은 지표가 현대 사회에 고통이 만연하고 있음을 보여준다는 것은 분명하다. 그러나 이러한 관점은 지난 몇십 년에 걸쳐 우리 사회가 심리적 고통을 이해하고 받아들이는 사실에 중대한 변화가 일어났다는 사실을 간과한다. 우울증에 관한 논쟁은 단순히 무엇이 효과적인 우울증 치료인가를 논하는 것을 넘어, 그러한 치료법의 전제가 되는 세계관이 어떻게 우리의 관점과 행동을 변화시켜 왔는가를 질문해야만 한다.

저자인 데이비스가 지적하듯이 현대 사회에서 "우울증"이라는 질병의 범위는 공격적으로 확대되어 왔으며, 이에 따라 이전에는 질병으로 이해되지 않던 감정이 질병으로 이해되는 과정인 의료화 또한 급속히 진행되었다. 2장에 소개된 로버트 휘태커가 지적하고 있듯이, 1960~70년대까지만 하더라도 우울증은 매우 소수에게만 해당되는 질병이자, 별다른 치료 없이도 자연적으로 관해되는 질병으로 여겨졌다.[2] 그러나 특히 SSRIs 계열 항우울제가 개발되면서 우울증은 "마음의 감기" 같은 질병, 즉 개인의 내부에 위치한 생물학적 질병이자 그렇기에 누구나 걸릴 수 있는 질병으로 이해되기 시작했으며, 이러한 이해 방식의 확산과 함께 치료를 요하는 "우울증 환자"의 범위 또한 빠르게 확장되어 왔다.

일반적으로 알려진 것과는 달리 세로토닌과 같은 신경전달물질이나 특정한 뇌 영역과 우울증의 관련성은 명확히 밝혀진 바가 없으며, 이러한 관련성은 지금까지도 논쟁의 대상이다.[3] 우울증은 특정한 신경화학적, 뇌 구조적 기능 이상에 대응되는 실재적 질병이라기보다는, 정신의학 "전문가"들이 증상이라고 규정한 행동과 사고의 목록에 붙여진 이름, 하나의 "임상적 증후군"에 가깝다.[4] 그럼에도 불구하고 우울증을 개인 안에 존재하는 "뇌의 질병"이라고 이해하는 방식이 확산되어 온 것은 일차적으로는 의료 산업 복합체, 특히 제약 업계의 이윤 추구와 관련되어 있다. 의료화 개념의 주창자인 사회학자 피터 콘래드가 지적하듯 질병을 마케팅하여 약물을 홍보하는 것은 이제는 흔한 관행으로 자리를 잡았으며, 이러한 관행이 의료화의 주된 동력이 되고 있기 때문이다.[5]

고통을 경영하는 인간

그러나 저자가 서론에서부터 이야기하고 있듯, 이 책의 문제의식은 제약 업계의 이윤 추구 행위보다 더욱 심오한 과정에 관한 것이다. 제약 업계와 정신의학 전문가 집단이 유포하는 "과학적" 지식과 치료가 우울증을 개인의 문제, 뇌의 질병으로 이해하는 방식을 확산하는 데 핵심적인 역할을 한 것은 사실이다. 그러나 이러한 의과학적 지식은 더 넓은 사회경제적 맥락 및 분위기와 합치됨으로써 비로소 힘을 얻게 된다. 『치료요법 문화』를 저술한 사회학자 프랭크 푸레디는 치료는 단순히 임상적 기법이기만 한 것이 아니라 하나의 사유방식이자 문화임을 지적하며, 치료적 사유방식은 공적인 것을 사적인 감정의 문제로 탈정치화하여 이해하도록 만드는 주체성 형성의 도구라고 주장한다.[6] 고통받고 있음을 치료의 대상이 되는 질병으로 이해하는 정신의학적, 심리학적 세계관이 유행하는 것은 이러한 세계관이 의료 산업 복합체의 이윤 창출에 도움이 될 뿐만 아니라 현대의 사회경제적 체제를 유지하는 데 있어 유용한 기능을 수행하기 때문이다.

치료가 단지 임상적 기법이기만 한 것이 아니라 하나의 세계관이나 문화인 것처럼, 신자유주의 역시 하나의 경제체제일 뿐만 아니라 자유라는 이름으로 제시되는 자기책임의 논리를 일반화함으로써 사회적 연대와 공공의 책임을 해체하는 하나의 정치적 세계관이다. "경제가 아니라 접근법을 바꾸겠다"는 대처의 말이 암시하는 바이기도 하다. 신자유주의의 중요한 특징 중 하나는 개인 또한 하나의 상품이 된다는 것으로, 신자유주의 속에서 개인들은 진정한 자아의 실현이라는 명목 하에 끊임없이 현대의 경제에 적응할 수 있는 능력과 이미지를 계발할 것을 요구받는다. 진정한 자아를 실현하는 주체성과 자유를 발휘하고 있다는 믿음은 어떤 외적인 강제보다도 더 효과적으로 우리 자신을 감시하고 향상하도록 한다. 고전적 자유주의가 경제적 인간을 중시한다면, 신자유주의에서는 인간 그 자체, 감정과 마음, 영혼을 포함하는 인간의 모든 것이 경제적으로 경영되어야 하는 것, 상품으로서 개인의 가치를 높이는 것이 된다. 우리는 이제 노동을 열심히 수행하는 것을 넘어, 노동에 자아실현이라는 의미를 부여하고, 마음속에서 깊이 우러나오는 기쁘고 긍정적인 마음을 가지고 노동을 수행하기까지 해야 하는 것이다. 저자인 데이비스가 3장의 초반부에서 포착하고 있는 것은 바로 이러한 현상이다. 프랑스 사회학자 볼탕스키와 시아펠로가 『자본주의의 새로운 정신』에서 포착하고 있듯이, 새로운 자본주의는 데이비스가 9장에서 탐구하고 있는 것과 같은 자아실현, 창의성, 개인성 등의 자율성에 대한 요구를 신자유주의적인 "자유"를 실천하라는 요구로 번안하여, 이전 시대의 기계적인 생산 노동을 대신해 대두된 비물질 노동에 필요한 자질을 스스로 계발하게 한다.

이러한 체제에서 인간의 감정은 또 다른 내밀한 자기감시와 향상의 대상이며, 심리적 고통이란 효율적이고 경제적으로 관리되어야만 하는 무언가에 지나지 않는다. 언급한 바 있듯 고통은 단지 우리의 뇌가 만들어낸 허상이 아니며, 실재하는 고통의 원인이 존재함을 우리에게 알리고 이에 대처할 것을 촉구하는 역할을 한다. 이러한 과정은 폐쇄적이고 자기몰입적인 "치료"만이 아니라 외부 환경에 대한 적극적인 대처를 요하는 과정이며, 우리 자신, 나아가 우리가 다른 사람들과 세상과 맺고 있는 관계에 대한 깊이 있는 성찰과 변화를 요하는 길고 때로는 고통스러운 과정이다. 때로 고통스러운 수술과 재활만이 회복으로 향하는 유일한 길인 것처럼 말이다. 고통이 아무리 개인적인 것처럼 보인다고 할지라도, 사회 속에서 살아가는 존재로서 인간이 경험하는 고통에는 단번에 드러나지만은 않는 외적 기원, 사회구조적 차원이 있을 수밖에 없다. 번번이 시험에 떨어지는 것이나 가족과 갈등을 겪는 것, 범죄의 피해자가 되는 것에 이르기까지 가장 개인적이고 때로는 우연적이기까지 한 사건이라 할지라도 그렇다. 고통은 우리에게 바로 이런 것들을 직면할 것을, 참된 회복을 위한 시간을 가질 것을 요구한다. 고통을 진실로 해결하는 과정은 이처럼 지난할 수밖에 없으며, 이렇게 기나긴 과정은 아무리 필요하다고 해도 효율성의 논리에 종속된 현대 신자유주의 사회에서는 그저 불필요한 소란, 생산성의 방해물, 가장 빠르고 효율적인 방법, 즉 개인적인 방법으로 교정해야 할 결함일 뿐이다.

그런 점에서 보면 정신 질환이 현대 신자유주의 사회가 요구하는 인간상, 즉 지치지 않으며, 항상 활동적이고, 생산적이며, 긍정적인 인간상의 반대항을 포함하게끔 구성되곤 한다는 것은 상당히 의미심장한 사실이다. 저자인 데이비스가 9장에서 지적하듯, DSM의 총괄기능척도(GAF)는 낮은 노동 생산성과 업무 능력을 정신 장애의 주요 특징들 중 하나로 개념화한다. ICD-11 또한 집중의 어려움, 일에 대한 지속적인 주의를 유지할 수 있는 능력의 부재, 결정의 어려움, 피로함, 정신 운동의 지연을 우울 삽화의 주된 특징으로 정의하기도 한다. 경제적 상황이나 가족 상황 등에 대한 걱정에서 애초에 집중이 불가능한 일거리나 일터 환경에 이르기까지 수없이 많은 요인이 집중과 동기를 하락시킬 수밖에 없다는 것은 중요하지 않다.

예를 들면 『불쉿 잡』의 저자 그레이버가 지적하듯, 상품의 생산이 아니라 판매와 할당이 중심이 되는 정치경제적 구조에서는 대부분의 일자리가 애초에 의미도 재미도 없는데다 사회적으로 백해무익하기까지 하다는 사실은 중요하지도 않다. 아니면 현대 노동자 대부분이 너무 긴 노동시간으로 고통받고 있다는 사실도 중요하지 않다. 『도둑맞은 집중력』의 저자 요한 하리가 지적하듯이 우리의 주의력을 빼앗기 위해 설계된 기술들이 우리의 삶을 잠식해 가고 있다는 것도 중요치 않다.

현대의 정신의학적, 심리학적 세계관에서는 오로지 개인의 병리만이 존재하며, 병리적인 인간이 된다는 것의 의미는 효율적이고 생산적인 인간이 되지 못한다는 것이다. 일터에서 인간관계에 이르기까지 모든 것이 해체되고 점점 더 불확실해지는 사회에서, 불합리하고 부정의한 고행으로 가득한 사회에서, 애도해야 마땅할 고통과 상실이 넘쳐나는 사회에서, 적당히만 괴로워하고 언제나 자기 할 일을 할 수 있는 사람이야말로 정상이 아닌 것은 아닐까? 하지만 현대 사회에서는 바로 이런 사람, 일이 되었건 공부가 되었건 언제나 생산적인 의무를 수행할 수 있는 사람이 새로운 정상의 기준이며, 이를 달성하지 못하는 이들은 가장 빠르고 효율적인 방법으로 교정되어야만 한다. 그렇기에 3장과 4장이 보여주듯 가장 "가성비" 좋게 노동자들을 "회복시키는", 즉 일터로 돌려보내는 것이 치료의 목적으로 이해되고, 5장이 보여주듯 실업의 원인을 개인의 성격적 결함에서 찾는 개입이 도입되며, 6장이 보여주듯 아이들의 시험 스트레스마저 의료화되기도 하는 것이다.

물론 현대 정신의학과 심리학은 사회와 문화 같은 외적 요인이 개인의 정신에 미치는 영향을 인정한다. 그러나 이러한 요인들은 결과적으로 개인의 뇌에 영향을 미치는, 정신 병리를 탄생시키는 요인으로서만 중요성을 부여받을 뿐, 현대 사회를 지배하는 치료요법적 세계관에서 결국 직접적인 변화의 대상이 되는 것은 외적 요인이라기보다는 개인의 정신 병리이다. 사회문화적 요인을 중시하는 정도에는 정신의학, 심리학 분파에 따른 차이가 있다. 그러나 『감정 자본주의』 『근대 영혼 구원하기』의 저자 에바 일루즈가 지적하듯, 다양한 심리학 분파들 간의 경쟁, 그리고 정신의학과 심리학의 경쟁에도 불구하고, 감정적 삶은 (구조적 해결보다는) 일차적으로 관리와 통제를 필요로 한다는 합의는 오늘날 정신의학과 심리학 전반에 공유되고 있다.[7]

정신과 의사들에서 환자들의 자조 집단에 이르기까지, 우울증에 대한 낙인 반대, 우울증 환자의 "탈낙인화"를 주장하는 이들은 우울증은 누구나 걸릴 수 있는 "마음의 감기"이며, 그렇기에 누구나 쉽게 "우울증" 진단과 치료를 받을 수 있어야 한다고 주장한다. 우울증 환자에 대한 현대의 낙인 반대 캠페인은 우울증에 대해 낙인화된 인식을 가지지 말라는 말로 교묘하게 개인에게 "우울증"이라는 진단명을 수용할 것을 요구한다. 이러한 움직임이 동성애자에 대한 낙인 반대 운동과 같은 진보적인 운동처럼 보이기까지도 한다.

그러나 이러한 방식의 "탈낙인화"는 "고통받고 있음" 그 자체에 대한 낙인을 제거하고, 진정으로 고통을 사유하고 회복하기 위한 공간을 마련하는 것과는 거리가 멀다. 아무리 질병에 걸린 것은 당신 잘못이 아니라며 "탈낙인화" 캠페인을 펼친다 한들, "환자"로 진단된다는 것, 특히 "누구나" 겪을 수 있는 질병의 환자로 진단된다는 것의 의미는 결국 회복이 무엇보다 개인에게 달려 있다는 것이다. 암 환자 개인의 회복이 일차적으로 개인이 수술, 치료, 재활이라는 상품을 잘 소비하는 일에 달린 것처럼 말이다. 고통받는 이에 대한 낙인이 정말로 없는 사회는 고통을 겪는 개인을 병자로 진단해 교묘하게 회복의 책임을 전가하기보다는, 굳이 의학적 진단명을 받지 않아도 고통받는 이에게 너그러운 사회, 궁극적으로는 고통에 대한 공동체적, 사회적 해결을 강구하는 사회일 것이다. "우울증"에 대한 낙인이 없는 사회가 되어야 한다는 것의 진정한 의미는 더 많은 사람이 우울증 진단을 받아야 한다는 것이며, 그 결과 더 많은 치료 상품을 소비해야 한다는 것이다. 우울증에 대해 낙인화된 인식을 가지지 말라는 것의 진정한 의미는 자기치유를 위해 비용을 쓰는 인간이 되라는 것, 즉 소비하는 인간이 되라는 것이다. 효율적인 소비를 통해 영혼마저 경영하고 관리하는 인간. 8장의 주제가 물질주의인 이유이기도 하다.

고통의 민주주의

 고통이 인간에게 필수적인 기능을 수행한다고 해도, 고통이 그 기능만을 위해 체계적으로 설계된 것은 아니다. 그렇기에 때로 삶이 부과하는 고통은 지나치게 커서 오히려 기능적인 삶을 사는 데 방해가 되기도 한다. 인간이 진통제를 발명한 이유이다. "우울증" 환자들에게는 진단명과 처방을 받는 것이 바로 이러한 기능을 수행하기도 한다. 오늘날의 우울증 진료 장면에서는 의사가 아니라 "환자", 병원에 오기 전부터 적극적으로 자신을 우울증 환자로 정체화하여 진단과 처방을 받으려는 환자들의 적극적 주체화가 매우 중요한 역할을 하고 있다. 공식적인 진단명을 받는 것이 나는 이상한 사람이 아니라 "아픈 사람"일 뿐이라는 안도감을 얻고, 자신과 타인에게 자신의 행동을 설명하고 이해시킬 수 있는 방법이 되기 때문이다.[8] 절박한 이에게 우울증 진단, 관련된 처방 및 치료가 이렇듯 진통제와 같은 기능을 수행한다는 사실을 부정할 수는 없다. 과학적 증거의 부재와 제한된 임상적 유용성에도 불구하고 "우울증" 개념이 보편화되고 인기를 얻게 된 이유이기도 하다. 그렇기에 우울증 진단과 치료를 받거나 받지 않는 것과 관련한 조언을 주거나 우울증 환자로 진단받고 치료받기를 원하는 이들을 판단하는 것이 이 글의 목적은 아니다.

 그러나 진통제에 과도하게 의존함으로써 잃게 될 수도 있는 기회비용이 무엇인지를 생각해볼 필요는 있다. 진통제가 우리를 고통의 근원에 지나치게 무감각하게 만들 때, 우리는 진통제에만 의존하다가 암이 온몸에 퍼져버린 것을 깨달은 사람처럼 뒤늦게 고통이 아니라 고통의 근원이 우리를 파괴해 버렸음을 깨닫기도 한다. 고통에 대한 정신의학적 설명 방식은 우리에게 위안과 진통을 제공하지만, 여기에는 비용뿐만이 아니라 기회비용이 있다. 정신의학적 세계관은 나와 나의 고통을 사유하는 방식뿐만 아니라 "우리"와 우리의 고통을 사유하는 방식을 근본에서부터 변화시킨다. "우리"를 희생함으로써 결과적으로는 우리를 더 큰 고통으로 몰아넣는 것이다.

치료적 세계관은 고통을 감기처럼 "누구나" 걸릴 수 있는 질병, 뇌의 세로토닌 문제로 개념화한다. 언급한 바 있듯 이러한 개념화는 사람들에게 이해의 느낌, 내 문제는 우울증으로 설명할 수 있다는 이해의 느낌을 제공한다. 그러나 실제로 이러한 세계관이 제공하는 "이해"란 얄팍하기 그지없을 뿐만 아니라, 파편화와 소외를 유도하는 고통에 대한 이해의 방식을 보편화한다. 우울증이 "정상적인" 질병이고 "누구나" 겪는 질병이라면, 우울증도 "정상"이라는 말을 쉽게 받아들일 수 있을 만큼 현대 사회에 고통이 만연하다는 사실에 대해서는 질문할 필요가 없는 것일까? 고통받는 상태가 정상이라며 얄팍한 위안을 제공하는 데 그치는 것이 아니라, 애초에 더 적게 고통받는 사회를 만들 수는 없는 것일까? 정신의학이 내세우는 세계관은 이런 질문에 답할 수 있는 우리의 능력을 깊이 손상하며, 가장 탈정치화되고 소외된 우울증에 대한 이해의 방식을 제공한다.

어떻게 하면 인간은 덜 고통받을 수 있는가 하는 질문은 전통적으로 신학자, 철학자, 사회학자에 이르기까지 수도 없이 많은 사람을 괴롭히는 심오한 질문이었다. 그러나 치료적 세계관의 단순하기 그지없는 등식은 정신 건강 "전문가"들을 고통에 대한 유일한 권위자로 만들고 고통에 대한 깊이 있는 이해를 불가능하게 한다. 오늘날 사회에 만연한 치료요법적 세계관에서 행복이란 곧 세로토닌이며, 불행이란 곧 우울증이다. 점점 더 복잡해져만 가는 세상에서 이처럼 단순한 설명이 주는 매력은 부정할 수 없다. 하지만 더운 여름철 아이스크림을 먹으며 느끼는 상쾌함, 권력을 휘두르고 다른 사람을 착취하며 얻는 저열한 만족감, 오랜 이별 뒤의 재회가 주는 기쁨, 창조행위에 깊이 몰입한 예술가의 열락감, 미적인 경험이 주는 감동과 환희에 이르기까지, 이 모든 것을 단지 "세로토닌"의 작용으로 요약할 수 있을까? 마르크스에서 하이에크에 이르기까지 인간 사유의 복잡성을 몇 가지 신경전달물질로 설명할 수 있다는 말이나 다름없는 황당한 거짓말이다. 우리가 "고통"이라 부르는 현상 역시 치료를 통해 쉽게 교정할 수 있는 "세로토닌의 부재"가 아니라 복잡한 원인과 경로를 갖는 현상이며, 구체적으로는 복잡한 사회구조적 과정에 의해 매개되는 현상이다.

어떤 단어가 모든 것을 의미할 수 있다면 그것은 아무것도 의미하지 않는 것이나 다름없다. "누구나" 겪는 "마음의 감기" 같은 질병이라는 말로 그 어느 때보다 많은 고통을 포괄하고 있는 "우울증"이라는 개념은 너무나 많은 것을 의미할 수 있기에 아무것도 설명해주지 못하며, 타인과 공유할 수 있는 어떠한 의미체계도 만들어내지 못한다. 실제로 우리는 우울증은 너무나 보편적이라 누구나 걸릴 수 있다는 주장과, 우울증은 다른 사람이 결코 이해할 수 없는(그래서 의사만이 개입할 수 있는) 질병이라는 상반되지만 같은 뿌리를 가진 주장을 동시에 접하게 된다. "우울증은 누구나 걸릴 수 있다"라는 말과 "너만 힘든 줄 아느냐"라는 말이 어딘가 닮은 것은 우연일까? 일루즈가 "고통의 민주주의"[9]라는 말을 통해 포착하고 있듯, 세상 모든 사람에게 각자의 고통이 있어 누구나 우울증에 걸릴 수 있다는 식의 평등주의(?)적인 주장으로는 고통에 대한 공동체적, 구조적 이해와 연대의 기반을 마련하는 것은 불가능하다. 진실은 모두가 서로 다른 각자의 개인적인 문제로 고통받고 있다는 게 아니라, 고통을 체계적으로 생산해 내는 사회구조적 맥락이 있으며, 이 사회구조란 불평등과 부정의로 가득 차 있다는 것이다.

고통과 진통을 다시 생각하기

11장의 제목처럼 "고통의 사회적 결정 요인"에 민감한 정책과 개입법의 개발뿐만 아니라, 궁극적으로는 우리가 정신 건강을 이해하는 방식의 근본적인 개혁을 가능하게 할 정치 경제 패러다임의 변화가 필요하다는 것이 저자인 데이비스의 주장이다. 그런데 이렇듯 근본적이고 거대한 변화가 대체 언제쯤 일어난다는 것일까? 근본적인 사회구조적 차원의 변화가 있을 때까지는 고통받을 수밖에 없다는 것인가? 하는 반감 섞인 의문이 들 수도 있다. 이처럼 근본적인 패러다임의 변혁은 멀고도 요원하게만 느껴지곤 한다. 실제로도 이는 고통스럽고 장기적인 과정이다. 언급한 바 있듯, 고통이 지나치게 커서 오히려 역기능적인 상황이 많다는 것도 부정할 수 없는 사실이다. 그렇다면 고통의 근원을 직면하면서도, 고통의 무게를 온전히 짊어지면서도 그 고통에 매몰되지 않으려면 어떻게 해야 할까.

신자유주의 시대에 만연한 고통의 세계관은 고통을 사람들을 분열시키는 요인으로만 이해한다. 세계적으로 유행한 드라마 〈오징어 게임〉

을 위시한 소위 "데스게임" 장르는 극한 상황에서 점점 더 가학적으로 변모하는 인간 군상을 그리며, 고통 앞에 분열하고 싸우는 것이 인간의 본성이라고 주장한다. "에너지 뱀파이어" "감정 쓰레기통" 같은 (유사) 심리학적 단어들의 대유행은 고통에 관한 대화를 자신의 감정적 건강에 대한 잠재적 위협으로 인지하게 한다. 늘 긍정적인 사람과 같이 지내고 싶은 것이 대다수의 바람임은 부정할 수 없다. 그러나 이렇듯 인간을 손익의 관점에서 세분화하고 유형화하는 것이 일상화됨에 따라, 우리가 자신의 직관에 따라 적극적으로 대화와 상호작용에 참여하기보다는 신경을 곤두세운 채 손익을 판단하고 저울이 기우는 순간 "손절 각"을 재는 데 급급해진 것도 사실이다. 이전에는 유독물질 같은 것을 지칭할 때나 쓰였을 법한 "유해하다"는 표현이 이제는 명백하게 폭력적인 관계나 행동을 넘어 수도 없이 많은 행동, 성격, 사고방식을 지칭하는 데까지 쓰이는 것에서도 우리 시대의 지배적 세계관을 알 수 있다. 그래서 우리는 『나를 빌려드립니다』의 저자 앨리 혹실드가 지적하듯이 어떨 때는 오히려 치료사가 친구보다 낫다고 느끼고, 치료사를 기준으로, 즉 얼마나 묵묵히 잘 들어주는지를 기준으로 친구의 가치를 평가하게 되기도 하는 것이다.[10]

인간 그 자체가 상품이 되는 체제에서 우리는 시장에 내맡겨진 물건처럼 서로를 경쟁의 대상으로만 볼 뿐만 아니라, 나의 자본(이 경우에는 감정적 건강)을 잠재적으로 증진해 줄 수 있느냐 없느냐의 관점에서 서로를 판단하곤 한다. 특히 정신의학과 심리학이 퍼뜨리는 건강과 질병의 메타포는 고통과 슬픔을 이해하는 방식을 넘어 삶의 광범위한 영역에 침투하여, 대화와 인간관계를 포함하는 삶의 수많은 경험을 자신에 대한 잠재적 위험 요인으로 생각하게 한다. 저자인 데이비스도 지적하듯이, 고통받는 사람을 이해하고 도와주기 위해 "우울증"이라는 진단명이 꼭 필요하지는 않다. 그런데도 많은 사람이 단지 고통받고 있다는 사실 자체를 인정받기 위해서라도 이러한 진단명이 꼭 필요하다고 느낀다는 사실은, 그만큼 우리 사회가 고통받는 이에게 너그럽지 못하다는 것을 보여준다. 고통받는 이는 변혁적인 가능성을 품은 사람, 사회의 균열을 민감하게 느끼고 포착할 수 있는 사람이 아니라, 늘 긍정적이고 생산적이며 활동적이어야 할 사람들을 전염시키는 바이러스를 가진 보균자일 뿐이다.

오늘날 만연한 고통의 세계관은 고통을 해결할 수 있는 가장 효과적이며 효율적인 방법이란 스스로 해결하는 것이라고 주장한다. 광범위한 사회문화적 맥락 속에서 고통의 기원을 사유하고, 고통의 기원을 다루기 위해 연대하는 것은 자신에게도 좋은 일이라기보다는 귀찮고 고역스러운 일, 무의미한 헛짓거리, 나의 감정적 건강에 대한 또 다른 위협처럼 여겨진다. 고통 앞에 분열하여 자기 자신만을 챙기는 것이 정말 인간 본능이라면, 연대니 사회적 해결이니 하는 것은 본능을 거스르는 일일 뿐이다.

그러나 또 다른 진실은 고통 앞에 유대감을 느끼고 서로 연대하는 것이야말로 진정한 인간 본능이라는 것이다. 주변인이 틀린 답을 고른다는 이유로 명백하게 틀린 답을 고르는 것을 보여준 솔로몬 아시의 실험, 개인주의적이고 자유로운 서구 사회와 반대되는 집단주의적이고 권위주의적인 "공산주의" 사회에 대한 문화적 공포에 이르기까지, "인간은 사회적 동물"이라는 말의 어두운 이면은 특히 냉전 시대를 전후해 현대인의 상상력을 지배해 왔다. 그러나 이런 어두운 이면에도 불구하고 인간이 사회적 동물인 까닭은 관계야말로, 공동체야말로 인간이 발명한 첫 번째 진통제이자 회복의 첫걸음이기 때문이다.

거의 포르노적이라고까지 할 수 있는 오늘날의 고통 서사들은 종종 고통이 어디까지 인간의 존엄과 인간성을 훼손할 수 있는지를 강조하고 또 강조하곤 한다. 심지어 때로는 좋은 의도에서 그렇게 한다. 그러나 한편으로 극도의 고통 속에서 사람들이 유대감을 느끼고 서로 돕기 시작하는 것은 매우 보편적인 일이다. 우리는 재난 상황과 자연재해, 심지어는 아우슈비츠와 같은 극단적인 폭력 상황에서도 자신을 희생해 타인을 돕는 이들의 이야기를 수도 없이 많이 들어왔다. 아마도 그런 일은 특별히 고결한 성품을 가진 이에게나 해당하는 일이라고 생각하면서 말이다. 그러나 고통을 바탕으로 피어오르는 유대감과 연대 자체는 모든 인간에게 보편적인 현상이다. 비행기 추락 사고, 건물 붕괴 사고 등의 재난에서 살아남은 생존자들이 서로 깊은 유대감을 형성하는 것이나, 전쟁에서 돌아온 이들이 죽을 때까지 전우애를 갖고 살아가는 것은 흔하게 볼 수 있는 현상이다. 단지 그들이 특별히 친근하거나 선량한 성격이라서가 아니라, 그러지 않고서는 그들 자신부터가 살아갈 수 없기 때문이다.

어떤 상처는 쉽사리 봉합될 수 없다. 그러나 고통은 사람들을 봉합한다. 타인에 대한 공감과 연민, 연대와 공동체는 약물을 위시한 각종 자조 상품처럼 쉽게 소비될 수 없다. 그리고 그것들은 현 체제에 위협적이기까지 하다. 한마디로 말해 귀찮고 비효율적이다. 그러나 사회적 연대와 공동체는 인간이 홀로 다룰 수 없는 고통을 다루기 위해 발명한 가장 효과적인 해결책이자 진통제이며, 반대로 고통에 관해 이야기하고 연대할 수 있다는 것이야말로 관계와 공동체의 성립 조건이다. 우리는 긍정적인 경험(신자유주의 사회에서 이 경험이란 주로 소비이다)을 나누는 것만이 관계를 쌓고 의미 있는 삶을 살아가기 위한 유일한 방법인 것처럼 생각하곤 한다. 홀로 여러 자조 상품을 소비하는 것만이 우리의 우울(증)에 대한 유일한 해결책인 듯이. 그러나 공통된 인식, 사유 또는 목표를 공유하지 않는, 세로토닌으로만 맺어진 관계나 집단이란 빈약하기 그지없다. 그 어느 때보다도 물질적으로 풍요로운 것처럼 보이는 사회에서 우리가 그 어느 때보다도 외롭고 우울하다는 뉴스가 끊이지 않는 것은, 함께 고통에 대해 사유하고 변화를 위해 연대하는 것이 그 누구보다 우리 자신에게 좋은 일, 의미 있는 관계와 삶을 구축하기 위한 유일한 방법이라는 것을 잊어버리고 있기 때문이다.

신자유주의가 정치체계일 뿐만 아니라 하나의 세계관이라면, 저항은 다른 세계관을 믿는 것에서부터, "우리"를 믿는 것에서부터 시작된다. 불합리한 고통이 완전히 소멸한 사회를 상상하기란 어렵다. 현대인의 고통을 낳는 사회문화적, 구조적 요인은 여기에 일일이 나열할 수 없을 만큼 수도 없이 많다. 이 모든 불평등과 부정의는 쉽게 시정되지 않을 것이다. 우리는 수도 없이 실패하고 넘어지며, 때로는 뒷걸음칠 수도 있다. 그럼에도 불구하고 우리는 그 과정에서 서로를 얻을 수 있다. 진통제의 역할을 하면서도, 고통을 새로운 세상을 향해 가는 진통(陣痛)으로 바꿀 수 있는 유일한 방법을.

1 DeWall, C. N., MacDonald, G., Webster, G. D., Masten, C. L., Baumeister, R. F., Powell, C., ... & Eisenberger, N. I. (2010), ʿAcetaminophen Reduces Social Pain: Behavioral and Neural Evidenceʾ, *Psychological Science*, 21(7), 931–937.

2 로버트 휘태커 (2023), 『약이 병이 되는 시대』, 장창현 옮김, 건강미디어협동조합, 204–208. (Whitaker, R. (2010), *Anatomy of an Epidemic: Magic Bullets, Psychiatric Drugs, and the Astonishing Rise of Mental Illness in America*, New York: Crown Publishers.)

3 박혜경 (2012), 「우울증의 ʿ생의학적 의료화ʾ 형성 과정」, 『과학기술학연구』, 제12권 2호, 135–140.

4 이정연 (2022), 「우울의 시대: 우울의 의료화와 ʿ우울증ʾ의 자전적 서사 담론의 의미」, 『현상과인식』, 제46권 1호, 125–152.

5 피터 콘래드 (2018) 『어쩌다 우리는 환자가 되었나』, 정준호 옮김, 후마니타스, 272–275. (Conrad, P. (2007), *The Medicalization of Society: On the Transformation of Human Conditions into Treatable Disorders*, Baltimore: Johns Hopkins University Press.)

6 프랭크 푸레디 (2016), 『치료요법 문화』, 박형신·박형진 옮김, 한울아카데미, 54–55. (Furedi, F. (2013), *Therapy Culture: Cultivating Vulnerability in an Uncertain Age*, London: Routledge.)

7 에바 일루즈 (2023), 『근대 영혼 구원하기』, 박형신·정수남 옮김, 한울아카데미, 234. (Illouz, E. (2008), *Saving the Modern Soul: Therapy, Emotions, and the Culture of Self-Help*, Oakland: University of California Press.)

8 이정연 (2022), 「우울의 시대: 우울의 의료화와 ʿ우울증ʾ의 자전적 서사 담론의 의미」, 『현상과인식』, 제46권 1호, 125–152.

9 에바 일루즈 (2010), 『감정 자본주의』, 김정아 옮김, 돌베개, 115. (Illouz, E. (2007), *Cold Intimacies: The Making of Emotional Capitalism*, New York: Polity.)

10 앨리 러셀 혹실드 (2013), 『나를 빌려드립니다』, 류현 옮김, 이매진, 297–318. (Hochschild, A. R. (2012), *The Outsourced Self: What Happens When We Pay Others to Live Our Lives for Us*, New York: Metropolitan Books.)